U0725706

本成果受教育部人文社会科学研究项目资助，
项目批准号：11YJC720054

儒家生命伦理思想研究
——以原始儒家为中心

The Study On the Thoughts of Confucian Bioethics:
Focused On Original Confucianists

张舜清◎著

人民出版社

目　　录

导论:生命的焦虑与当代儒学

对生命的探究是哲学的一个永恒话题。在漫长的历史岁月中,由于对生命的体悟与理解不同,人类形成了形色各异的有关生命的学问。儒家生命伦理学,即是这样一种有关生命的学问。它以"天地之大德曰生"为伦理总纲,在天人关系的运思模式中,建构起了一套会通天人、和合物我的生命伦理学说。在这套学说中,儒家系统地回答了诸如生命的本原、生命的本质和意义、对待各种生命及其相互关系的原则和伦理根据,人类干预生命进程的道德合义性等等有关"生命"的伦理问题。本书的宗旨,即在于对这一别具特色的生命伦理思想进行探究,以期揭示出儒家生命伦理的基本精神、主要内容、思想特色,以及儒家在解决诸如因生命技术等引起的具体的生命伦理问题上基本观点和立场。

一、研究的背景及意义

在展开具体的研究之前,我们需要事先交代一下本书研究的背景和意义。需要特别强调一下的是,本书并非一般的对儒家有关"生命"的伦理思想的探究,而是把儒家有关"生命"的伦理思想与当代生命伦理学(Bioethics)相结合的研究。于是,对当代生命伦理学发展状况和实践需求的关注,即构成了本书研究的一个宏观背景。此外,本书的研究也与我们对儒学在当代的发展状况和前途的关注有关。儒学在当代的创新与发展,很重要的一个途径即是与当代极具现实意义的伦理问题相结合,借助现实问题谋求自身发展,这是当今儒学保持自身发展的重要方法之一,本书的研究也是出于儒学慧命相传的现实考虑。当前我国的生命伦理学建设面临着诸多问题,而儒学的发展和前途也颇值得关注,如何有效处理好当代生命伦理学和当代儒学所面临的一系列问题,即构成了本书研究的动机和宏观背景。对这一背景的说明,同时也能说明本书研究的意义。

（一）当代生命伦理学的扩张及其问题

众所周知,当代生命伦理学是 20 世纪中叶以后伴随着现代生物医疗技术的飞速发展而兴起的一门应用性的伦理学科。这门学科产生时间虽然不算长,但由于其所关注问题的现实性和尖锐性,短短几十年,便发展成为一门为全社会所关注的显学。今天的生命伦理学,我们可以这样说,无论是在学科视域、还是在理论内涵上,都已经大大超出其原有之义,而表现出极强的扩张性。

毋庸置疑,当代生命伦理学之所以在全世界范围内发展迅速,主要与它所关注问题的现实性、紧迫性和根本性有关。生命伦理学关注的基本上都是当代生命科技的前沿问题,如人体试验、基因工程、器官移植、生殖技术、安乐死等问题,甚至生态环境与老龄化社会问题也被纳入其中,这些生命伦理问题基本上都涉及了人类根本的伦理问题、价值问题,而且不少问题如克隆人技术、基因技术的应用等,对既定的伦理信念和秩序也可能造成颠覆性的后果。这是需要引起我们格外注意的。当维系我们生命正常展开的道德信条、礼仪规范受到根本性的冲击、破坏之时,人们传统的稳定的生命状态和生活信念势必发生动摇,而可能发生颠覆性的革命,也许最初只是表现为技术的革命,但它可能会引发心理的混乱和恐慌,如果我们处理不及时、不当,都可能引发剧烈的社会问题。时下,生命技术的发展所带来的革命性颠覆性的社会变动可能尚未发生,但没有理由否定这种可能性。这就是生命伦理学在欧美、乃至全世界范围内突发猛进的重要原因。它的意义并非表现在"医学挽救了伦理学"这种浅薄之论,而是预示了一种未来,一种根本的社会伦理变革。

事实上,由技术引发的伦理观念的变迁和革命,本是历史上常有之事。自古以来,技术进步都起着人类进步的排头兵的作用,追求技术进步似乎也是人类的当然的、正当性的追求。技术进步最终导致的不是人类社会的崩溃,而是一种更稳定、更能体现人文意义的新的社会的建构。但何以现代生命技术或者说生物医疗技术的巨大发展反而会造成当代人类巨大的忧虑呢? 归根结底,这与当代生物技术与医疗技术所引发的社会问题和伦理问题的性质有关,这些问题相对于传统问题和道德观念不仅新颖,而且破坏了延续了几千年的人类关于生命构成与演化以及生命之间关系的传统认识。

譬如,我们如何看待运用技术制造出来的人的地位和尊严? 他们的人格如何确立? 代替自然天道和上帝的角色干预生命创化和进程,其合义性何在? 我们又如何理解生命的神圣性? 在无性生殖技术面前,人伦如何确证和维系? 在诸如器官移植、安乐死、基因工程等这些技术的使用方面(比如大面积推广、种植转基因作物),一切出于善良动机的行为是否具有伦理上的正当性? 如果说,这些问题自始至终都将会是人类面对的伦理难题,那么这些问题在当代随着生物医疗技术的迅猛发展和广泛使用就愈加尖锐和复杂。如果说,中国传统的许多观念如夫妇、兄弟、朋友等人伦关系和孝悌、诚信等伦理观念在诸多领域依然是华人共同体的生活信念的话,而这些信念面对诸如克隆人、安乐死、器官移植、动物权利等生命伦理问题时,似乎都显得与之格格不入。甚至出于所谓“善的意志”的行为,如以解决人类口粮为由,大面积推广、种植转基因作物,其效果的不确定性仍然带给人类更多的不是对技术使用乐观的心理预期,而是疑虑,并由此导致的精神紧张和混乱。解决这些问题,单纯依靠行政、法律措施或许能解燃眉之急,然而一旦处理不当,其引发的冲突可能会更为激烈。

可见,当代生命伦理问题挑战的并非只是人类生活中的某种操作规范及其道德操守,而是对人类的未来发展带来了极大的前所未有的影响,特别是由于它的不确定性,对人类生活未知状态的不确定影响,加剧了人类对自身生存前途的巨大疑虑。它不是“杞人忧天”似的一种无谓幻想,而很可能如电影《后天》①所预示的那样,是一种真实而可怕的后果。正是看到了这些巨大问题,因此,当代生命伦理学问题由最初的生物医学领域的专家对其行业行规及其道德操守的关注,迅速演变为全世界各个领域的专家学者以及普通大众关注的问题领域。特别是全球一体化趋势的快速发展,更使当

---

① 《后天》是美国 20 世纪福克斯出品的一部电影,英文名为 *The Day After Tomorrow*,影片讲述的是由于温室效应造成的气候异变从而给人类事业来灾难的故事。

代生命伦理学迅速超越了它的学科界限和地域范围,成为人类迫切需要解决的问题。

以上分析表明,当代生命伦理学面临的巨大问题,虽然在一定程度上可以说是传统与现代的紧张关系导致的问题,但又不全是这样一种问题。在现实生活中,发挥作用的伦理观念可能是传统的延续,也可能是在特定年代和背景下形成的"当下"的伦理信念,比如当下中国的思想道德体系中就包含"中国优秀传统道德"(比如儒家道德中的"优秀成分"),也包含特定的传统如"革命道德传统"和"马克思主义传统"。当代生命伦理学触及的伦理问题,实际上是打破了现存的整个伦理体系,任何一种传统的和所谓"当下的"道德传统都面临着解体的危险。也就是当代生命伦理问题有把过去、现在和未来的延续性打破、使之出现断裂的可能性,这样一来,人的何去何从就成了悬疑的难以确定的问题。

毋庸置疑,当代生命伦理问题,归根结底是由于应用新兴生物技术对业已存在的伦理体系功能的瓦解造成的。所以,解决这一问题,最终还是落实到我们究竟怎么看待既有的伦理体系与人类未来生存的关系问题。这个问题实际上可以归结为我们怎么看待传统与现代的问题。传统与现代实际上很难截然分开,这是因为人类文明的发展总体而言具有连续性,而影响人类生存与发展的思想观念更是如此。伽达默尔曾经暗示过:人类总是生活在传统与现代的互动关系中,人类的当下生活与其赖以生存的伦理观念总是处在传统与现代的交叠意识中。"当下"相对于"传统"而言,它是"现代",相对于未来而言,它是"传统"。传统与现代的"视域融合"及其紧张关系就是我们"当下生活"的实质。① 我们既无法完全割裂传统与现代之间的联系,也不能固执地认为二者天然就可融合,人类实际的生活总是会在二者之间找到一种"传统而现代、现代而传统"的平衡点。这种平衡点既包含了促使传统观念现代更新的因子,也包含了我们对未来可能生活的极为审慎的态度。人类的生活总是建基于某种传统,并在它的更新基础上才有可能真正地发展出未来的生活模式。从这种意义上说,解决当代生命伦理问题一

---

① 加达默尔著,洪汉鼎译:《真理与方法》,上海译文出版社 2004 年版,第 392—397 页。

个重要的着眼点不是抛弃"传统",而是认真研究"传统"与未来的关系。因此,解决当代生命伦理问题的一个重要着眼点在于我们是否愿意继续维持旧有的伦理体系,还是彻底清除这种伦理而重设新的伦理观念,或者在既有生活伦理体系中找到更新点,从而重构和发展既有的伦理体系。也就是,当新情况带来新的伦理问题时,我们要做的不是立刻放弃传统而创新,相反,认真审视和检讨既有的伦理观念和价值,弄清楚这些观念对于维护我们稳定的生活、保持人类的繁荣上,是否仍然具有重大价值,我们又该在何种限度上更新其内容等等基本问题,对于促进人类发展,保障人类社会的繁荣上,仍然具有重大意义。

所以,当代生命伦理学的发展客观上要求我们加强对那些在现实中仍然具有巨大影响力的文化传统的研究,但这种研究并不是要我们把传统的思想理所当然地拿来作为生命伦理学的基础,而是要求我们对之作更深入的研究,要求我们重新审视其价值所在,在此基础上,面对新的伦理问题,要做一种伦理的抉择。生命伦理学的发展必须建立在某种伦理观念的抉择基础之上,因为它必须要回答和确证我们当代人作为"人"的意义所在。正如让·贝尔纳教授所言,生命伦理学的主要使命就是维护"人的意义",以免生物技术把人贬低为它的单纯的生物学基质。这就是生命伦理学之对象的最高定位。① 正是在这样一种认识背景下,作为中国传统文化核心的儒学,才成为我们研究的重要对象。儒家生命伦理,面对这样的问题,能够提供给我们什么,它的伦理精神是否还能为我们的安身立命提供有效的指导?因此,研究儒家生命伦理思想,不仅有助于为我们思考生命伦理问题提供一种思考途径,它自身的影响力恐怕也是当代人进行伦理抉择时难以回避的。这是我们要进行儒家生命伦理思想研究的重要原因之一。

(二)全球伦理与生命伦理学的本土化问题

面对着现代生命技术给人类未来生活带来的巨大的不确定性,尤其是可能的可怕后果,人们必须要思考和建构一种能够应对这种挑战的生活方

---

① 诺埃勒·勒努瓦著,阿劳译:《生物伦理学:宪制与人权》,载《第欧根尼》1997年第1期。

式和精神基础。因为正常的社会生活需要我们在不确定性中维持一种确定性。而应对的方式，并不是急着塑造新观念，而是认真思考当下维系我们生命的伦理体系的合宜性和有效性，只能在这个基础上，审慎地考虑培育和建设新的伦理观的问题。正是在这种认识基础上，人们意识到生命伦理学的"文化特征"之重要性。正如不同民族的个性是由不同文化塑造而成的一样，对生命伦理问题的认知和解决方式，往往也具有"文化个性"。而且这种明显的具有"文化个性"的处理方式，在当今多元文化现实之下，相较"普遍伦理"或"全球生命伦理"而言，显得更加现实且有效得多。所以，在世界范围内，当代生命伦理学的发展方向目前并不是论证一套具有普适意义的"全球生命伦理"，而是对自我文化的审视和检讨，建构一种切实能行的、用恩格尔哈特先生的话说——一种充满内容的真实的生命伦理学。①

回归"自我文化"的立场，也许是出于一种无奈，但这也是文化多元和后现代社会中生命伦理学的理性的、现实的抉择。的确，就美国生命伦理学的产生来说，它的确存在着一种"超越具体文化"、追求"普世伦理"的姿态。20世纪中期以后，受"上帝之死"和"后形而上学"思想的影响，美国的精神文化处于一种没有权威的俗世文化之中，人们的道德生活因其信仰的文化不同，而处于"各自为政"之中（其实这种"各自为政"应当是美国社会的常态，只是生命伦理问题加剧了彼此道德观念的冲突），这种情况使得当时因生命技术的应用而产生的伦理问题，显得异常复杂和难以解决，在这种情况下，生命伦理学应运而生，它的主要目的就是在"上帝之后"（after God）和"形而上学之后"（after Metaphysics）创造一种基于自然法的具有普世意义的俗世的伦理观，以填补传统道德、各类职业道德和宗教道德被边缘化后的"道德真空"。恩格尔哈特指出，这种生命伦理学旨在两个层面上填补所谓的"道德真空"：一是找到可以替代宗教神学的俗世对应物，以引导文化走向（传统上是以神学观为文化导向的）；二是重新树立

---

① 参见 H.T.恩格尔哈特著，范瑞平译：《生命伦理学基础》，北京大学出版社2006年版，导言部分。

道德生活的权威取代神学人士和各方面的权威,如设立伦理委员会以处理生命伦理问题。① 这两个层面的努力,在现实中表现为生命伦理学的原则主义进路,即通过一种缺乏明确"自我文化"导向的所谓"普世原则"来建构当代生命伦理学。恩格尔哈特基于后现代文化多元的客观现实,通过对俗世社会中"文化战争"的现实的描述以及生命伦理学所具备的"文化的自我理解"特征的论述,雄辩地反驳了这样一种努力,认为它注定失败。在他看来,真正具有实质内容的生命伦理学只能是具备某种"自我文化"特征的生命伦理学,只有承认和肯定这种生命伦理学的价值,然后审慎地进行全球合作,才是一种可行之路。并且这种号称为"普适"的伦理原则,实际上仍然是西方文化(基于自由主义传统和精神信念)的反映,而非真正的放之四海而皆准的普适原则。"道德及俗世的生命伦理学具有无可避免的多元性。没有人能够通过完美的理性论证来确立一种唯一正当的实质的全球生命伦理学。"②"生命伦理学首先出现在美国,它不可避免地打上了20世纪后期西方文化价值的烙印。"③他提醒人们,在生命伦理学的发展上,不能不注意生命伦理学的这一固有的"文化特征",一种有益的、有用的生命伦理学,应当是这样一种充满对自我文化理解成分的生命伦理学。④

恩格尔哈特的观点产生了广泛影响。现如今,在文化多元的背景下,建立一种普适的具有实质内容的全球生命伦理学的观点已经受到越来越多的学者的质疑。如英国学者开普拜尔在其《全球生命伦理学——梦想还是梦魇?》一文中暗示人们,建立具有实质内容的全球生命伦理学的梦想在很大程度上可能只是一种新的形式的文化帝国主义。人们出于美好目的建构全球生命伦理学,而事实上结果可能是梦魇。"大部分的生命伦理学著作仍然以一直支配英美哲学的理性经验主义者们的方法论假定为基础,这一点

---

① 这是恩格尔哈特先生在2011年由香港浸会大学主办的"中美暑假生命伦理学研讨班"上所作的报告中讲述的内容,这次演讲内容香港浸会大学印有会议文稿。

② H.T.恩格尔哈特著,范瑞平译:《生命伦理学基础》,北京大学出版社2006年版,中文版序言。

③ H.T.恩格尔哈特著,范瑞平译:《生命伦理学基础》,北京大学出版社2006年版,中文版序言。

④ 请参阅上书的中文版序言和第一章。

应格外引起注意。……我们的'自由、公开、合理'的宗旨是由特别西方化的理性方式塑造的。这种方式在催产无所不能的科技时取得了明显的成功，但它决不是建立伦理学路标的唯一的、甚至也不是最好的方式。"①与此同时，在当代多元文化背景下，如何建构一种真正具有实质内容的"本土化"的生命伦理学，而不是谋求建立普适的全球生命伦理规范，也成为越来越多的学者的共识。

客观地说，生命伦理学的这种"本土化"发展倾向也与人们对"全球化与本土文化之关系"这一宏大课题的认知有关，也与对所谓"全球伦理"的实质认识有关。张旭东指出，"全球化"问题的深刻性并非只是表现在人类活动的一种全球性的联系上，如可以到世界各地旅游、看各国影片、购买全球范围内的各式商品，甚至不表现在生产上的全球关联性上，而是体现在隐藏在背后的文化价值观念上。就参与者而言，人们往往容易看到"全球化"过程中那种"客观的"、"普遍的"趋势，而忽视它"总是服从于特定集团的利益和价值观，总带有现实的、具体的、政治性的考虑"这一事实。② 西方推行其特定的价值理念虽然假借"现代性"的"普适伦理"的名义，但仍然掩盖不了其特殊价值立场的实质。因此，"'现代性'问题背后最大的紧张和焦虑并不是经济和技术发展问题，而是价值认同的问题。如果我们对自身的理解和对自己生活现象的解释都落实不到自己的生活世界，而只能从别人那里获得解释的框架，就说明我们还没有能力从价值层面上维持和组织好我们的生活世界，使其成为一个整体。"③因此，"当代中国知识分子不得不考虑的是，如何在'全球化'的背景下保持文化的自主性？ 如何让价值的、伦理的、日常生活世界的连续性按照自身的逻辑展开，而不是又一次被强行纳入一种'世界文明主流'的话语体系和价值系统中去。这并不是说，面对全球化过程，我们一定要强调中国文化的特殊性、不可兼容性、甚至对抗性；而是说，我们要在历史发展的非连续性当中考虑连续性的问题，要寻找一个中

---

① A.V.开普拜尔文，单继刚译：《全球生命伦理学——梦想还是梦魇？》，载《世界哲学》2002年第5期。

② 张旭东：《全球化时代的文化认同》，北京大学出版社2005年版，第1页。

③ 张旭东：《全球化时代的文化认同》，北京大学出版社2005年版，第5页。

国现代性历史经验的当代表达形式。"①而且我们也应当考虑一下塞缪尔·亨廷顿说过的一段话:"西方赢得世界不是通过其思想、价值或宗教的优越(其他文明中几乎没有多少人皈依它们),而是通过它运用有组织的暴力方面的优势。西方人常常忘记这一事实;非西方人却从未忘记。"②

所以,在当代我们重新思考传统文化对于生命伦理学的意义、自觉把传统哲学思想作为当代生命伦理学建设的思想基础之一,完全不是对诸如儒学这样的传统文化的一种情感反应,更不是出于文化沙龙主义,而是由于这种研究是与当代中国整体发展的现实诉求息息相关的。恩格尔哈特语重心长地提醒中国说:"道德和生命伦理学总是有两个层次:一个层次是在一个大范围的世俗国家内约束道德异乡人的程序道德,另一个层次是在各个道德共同体内规范道德朋友的实质道德。对于今天的中国来说,她既需要在世界上进行经济合作,又需要保持自己的文化传统,因此,认识到道德和生命伦理学的这两个层次乃是至关重要的。"③基于同样的认识和立场,日本学者山崎康仕也指出:"在中国飞速发展的经济,和日韩受强烈向心力影响的现代,如何构筑东亚共生型生命伦理规范将是今后的课题。"④

在这样的认识基础上,中国的生命伦理学者开始有意识地从事起建构"中国的生命伦理学"的工作,开始认真探讨如"生命伦理学之本土化发展路径"之问题。很显然,所谓"建构中国的生命伦理学"绝非否认前期生命伦理学在中国的出现、发展及其成果,不是否认前期学者的努力,而是对当代中国生命伦理学的研究方法和价值取向在作一种新的尝试。这种尝试有着多元文化背景下对全球伦理与生命伦理本土化之关系的深刻理解,是对中国生命伦理发展方向的审慎而现实的抉择。本书的研究,也正是在这样一种背景和认识下的研究。

---

① 张旭东:《全球化时代的文化认同》,北京大学出版社 2005 年版,第 1 页。

② 塞缪尔·亨廷顿著,周琪等译:《文明的冲突与世界秩序的重建》,新华出版社 1999 年版,第 37 页。

③ H.T.恩格尔哈特著,范瑞平译:《生命伦理学基础》,北京大学出版社 2006 年版,中文版序言。

④ 山崎康仕:《东亚型式生命伦理规范的架构》,载《法治论丛:上海大学法学院上海市政法管理干部学院学报》2004 年第 6 期。

（三）中国生命伦理学之学科建设问题

客观地讲，对全球伦理与生命伦理学本土化之问题的认识，不仅促进了人们对自我文化价值与应用前景的反思，而且也激发了人们对中国生命伦理学的学科性质、发展方向和研究方法的深刻思考。这在客观上也深化了人们对中国生命伦理学当前发展现状及其问题的认识。

众所周知，中国的生命伦理学大约始于20世纪七八十年代，经过三十来年的发展，到现在可以说已经取得长足进展，比如研究队伍逐步团队化、专业化，也有了较为固定的研究机构和学术交流平台，在学科框架、体系和研究方法上也取得了不小的进步。在这些方面，较早从事生命伦理学研究的学者们作出了很大的贡献，这些我们应该给予肯定。但同样一个不容忽视的事实是，人们现在对于中国的生命伦理学的研究内容、理论框架和研究方法还存在不小的争议，对于涉及学科体系化的一些基本问题甚至也存在着较大分歧和模糊认识，这十分不利于我国生命伦理学学科体系的真正建立和深化发展。

我们注意到，迄今为止，影响中国生命伦理学学科体系化向纵深发展的一个重要因素，还是在于我们对这一学科的理论根基的认识问题。我丝毫不怀疑生命伦理学的"应用伦理学"的性质，但作为一门学科，它的意义绝对不能只停留在根据某种理论凝练成几个原则或规范来指导具体的实践，不能沦落为"职业道德规范或道德原则"。生命伦理学的产生固然肇始于"问题"，但谋求建立医疗实践上的伦理行为原则和规范，却不应作为生命伦理学的终极追求。生命伦理学的核心在于"生命"二字，对这二字的伦理追问表征着这一学科赖以建立的深刻的哲学背景，那就是人类有关生命的现实的与终极的伦理探讨，它的应用意义更多的应该是给予人们观念上的启迪和引导。① 所以，要使当代中国生命伦理学的学科体系真正建立起来，

---

① 在这方面，生态伦理学是个参照物。生态伦理学也具有应用伦理学的性质，但这门学科之所以在当代伦理学中影响甚大，一方面固然与人类生存的生态或环境恶化有关，但另一方面则在于这门学科探讨的主要内容均为深刻的哲学话题，比如人与自然的关系问题，这里面又衍生出许多具体话题，如"人类中心论"、"人的主体性的限度"、"动物权利"、"敬畏生命"、"生存伦理"等，在这里，我们很难看到这门学科和具体职业领域的联系，很难想象这门学科的"应用"性质是为了给诸如"环境保护局"或相关部门提供开展工作的指导原则。生命伦理学如果只是为了给某种职业的道德操守提供伦理根据，其学科价值难免大打折扣。

使这一学科真正成为当代一门拥有广泛公众影响力和公共卫生政策导引能力的学科,我们就要加强生命伦理学的理论研究,尤其要对那些悠远的、对人类思想史起着重大影响和实践的理念具备强烈的探究和反思意识。唯如此,我们才能真正打开生命伦理学的发展空间,使它获得深厚的哲学之源的支持,从而使当代中国的生命伦理学摆脱徒有一个"生命伦理学"的名字而远离真正的生命伦理学的意义这样的尴尬境地。从这个角度说,一切在现实生活中发挥着重大影响力的有关生活、生命的信仰和理念都应当成为建构当代生命伦理学的思想资源,也是我们应当重视的基础性理论资源。

总之,正如肖巍教授所说,生命伦理学的发展需要多角度的理论资源的支撑,对生命伦理问题的思考需要我们开放现有的讨论模式,需要从更基础、更本真、更内在的意义上研究这门科学,特别是要把它当成关于生命的道德哲学来研究,这样,才能调动我们已有的知识营造这一学科,以深厚的人类哲学和伦理学理论积淀为背景解决现实问题。[1] 毫无疑问,要做到这些,加强对包括儒家生命伦理在内的各种道德哲学等基础理论资源的研究,应当是其题中之义。

(四)儒学的当下境遇及其重构问题

本书研究也与儒学的当下境遇以及我们对"儒学的重构"这一问题的认识有关。在一定意义上,我们可以说,加强儒家生命伦理研究,也是适应儒学自身发展的现实要求。这种研究,客观上也有助于加深我们对儒学的认识。

毫无疑问,把儒学与生命伦理学结合起来研究,这与当今人们对儒学的性质认识以及儒学地位的提升有关。儒学是传承悠久、具有开放性理论品质的一大思想体系。然而它的命运却向来跌宕起伏,充满变数,在近现代史上,还一度被看成"游魂"而被扫进历史的故纸堆,成为"博物馆"中仅被观瞻的物品。但伴随着中国综合国力的不断攀升,以及人们对自我民族文化认同感的增强,这种情况已经大大改观。当代儒学实际上已经摆脱了"博物馆"的命运,并且出现一股复兴的潮流。应该说,儒学的复兴,就其现实

---

[1] 参见肖巍:《生命伦理学的兴起与疆域》,载《学习时报》2005 年 10 月 24 日第 006 版。

层面,是与二战之后人们对科技的滥用密切相关的。二战后,人们过分沉醉于科技开发和利用,在这种情况下,科学虽然在一定程度上意味着对真理的追求,但膜拜科学的心理也容易滋生对科学的迷信。当人的灵性完全附着于科技之上时,即完全受制于科技引领的物质化追求之时,人精神存在的完整性、丰富性就会出现断裂和崩溃,于是精神向度上人的安身立命就成了问题。在日新月异的科技发展面前,在"时间就是生命"这种现代格言的警示下,内在的生命本性的展放为消费主义所取代,外在物质的光环成为现代人价值取向的标准。但这种东西带给人的不是生命应有的适度与安详,不是生命本真而自由的表现,生命的意义为紧张、不安、焦虑和外表的虚荣所取代。在这种背景下,对科技发展的人文诉求日益成为理论界关注的焦点问题。也正是在这种背景下,作为一种向来以安身立命之学著称且具有千年成功实践的儒学开始受到重视。而在我们惯常的"实用主义"思维驱使下,我们也很想知道儒学在面对这些新问题、新情况时还有没有"用"。

另外,儒学的复兴也与儒学慧命相传的内在要求相关。儒学是一发展的思想体系,而儒学要发展,就不能停留在传统的问题领域,而必须要正视现实问题、时代问题。这是儒学保持生命力、能够在当代有所创造和发展的前提。把儒学与生命伦理学结合起来研究,客观上也适应了儒学发展的这一内在要求。当然,这种结合不是把儒学义理简单地与现实问题相结合,而是基于儒学理论的开放性品质和现实问题的特殊性,对儒学重构后的理论研究和应用。对儒学的重构实质是当代儒者基于儒学的理论品质和时代要求,谋求儒学在当代发展的一种努力。而所谓"儒学的重构",简单地说,就是指儒学在一定的历史条件下保持和延续自身生命力而展开的理论性建构。重构不意味着彻底推翻儒学的根本义理,而是能够自觉地把儒学视为建构当代社会的一项主要思想资源。[①] 应当说,从现代新儒家的第一代人物开始,直至目前的儒学研究者,儒学研究的主要内容或者致力的主要方向都是关于儒学的这种理论性建构问题。对儒学的理论重构,历史上实际上发生过多次。如孟子从心性角度、荀子从礼法角度、董仲舒杂糅百家对儒学

---

① 彭国翔:《全球视域中当代儒学的重构》,载《中国哲学史》2006 年第 2 期。

的理论建构,以及宋明儒家融合佛、老二教理论对儒学的理论建构等等,其实都可以在某种意义上视为对儒学的理论重构。

任何一种有生命力的思想体系,必然是一种动态的开放的理论体系,它不应是死的、一成不变的,而应当是始终紧扣时代脉搏的,儒学也是如此,今天我们对儒学的重构工作,也正是反映了儒学的这一理论品质。如同对马克思主义不能采取教条主义理解一样,我们也不能用静态的、教条主义的理解来对待当今儒学的创新与发展。通过重构儒学以谋求儒学在当代的出路和发展,是包括大陆、港台及海外儒学人士的共同愿望,也是他们长期以来努力的方向。在生命伦理学领域,范瑞平先生提倡的"重构主义儒学"(Re-constructionist Confucianism)的主张,也正是这样一种努力。①

总之,"儒学要成为现时代的时代精神的'精华',它就必须不仅能够对时代精神进行概括和总结,而且能够充当时代精神的塑造者。"②而要做到这一点,除了我们对儒学义理的深入研究,最为重要的一点就是能够根据突出的时代问题来审视儒学的价值和发展方向,让儒学义理精神可资现代人建构其生活理念之用并对其实际人生发挥重大意义。儒学的这种诉求,实际上和生命伦理学对人文的诉求是相互呼应的,这对双方的发展都有一种促进作用,体现了一种相与之道。这种情况,也构成了研究本书的一个背景。因此本书的研究,可以说也顺应了儒学与生命伦理学发展的双重需求,这也构成了本书研究的重要意义之一。

二、研究之可能性问题

儒家生命伦理学研究是否可行? 关于这一问题,我曾撰文讨论过,③这里我不准备重复原文观点。在我看来,在今天开展儒家生命伦理思想研究,这不仅是理论上的需要,它也有实践上的充分可能性,即当前中国政治、经济和文化的发展,为开展这种研究创造了十分有利的条件。另外,生命伦理

① 参见范瑞平:《当代儒家生命伦理学》,北京大学出版社 2010 年版,第 2—3 页。
② 张志伟:《"断裂"与"兼容":儒学复兴面临的困境》,载《中国人民大学学报》2007 年第 1 期。
③ 参见张舜清:《儒家生命伦理学何以可能》,载《道德与文明》2008 年第 4 期。

学研究上的方法论转向客观上也推动了这一研究。

首先，在当代进行儒家生命伦理思想研究，并非出于一种怀乡恋旧式的思想情绪，而是在当前中国政治、经济发展的宏观背景下，具备了儒家生命伦理研究的有利条件，具备了良好的开展儒学研究和其他重要学术思想交流互动的学术氛围。当代中国政治上的日益强大、经济上的日益发达、文化自我信心的日益增强，客观上为我们开展儒家生命伦理思想的研究创造了实践的可能性。

应当说，从传统文化角度展开的任何理论性和应用性研究，从根本上都取决于该文化传统在民族文化中的地位以及人们对于本土文化自觉意识的提高。没有对民族文化的认同意识、相应的"文化主权"意识，这种研究的观念基础也将失去。当今，中国已经把实现"中华民族的伟大复兴"确立为基本的施政纲领，在这一纲领下，中国人正坚定地走在实现"中华民族伟大复兴"的道路上。而追求国家的复兴与富强，必定要以相应的文化价值观念为基础。2012年《中国文化报》刊文称，中华民族的伟大复兴就是中华文化的复兴。"伟大的复兴需要伟大的文化，中华民族的伟大复兴，不仅是经济的腾飞，更重要的是古老文明重新焕发生机，以新的姿态和形式走向世界。"该文还说，"文化是立国之根，中国文化的当代复兴，不仅在于它在全球文化政治版图中要重新确立自己的独特个性并恢复自信，也不仅在于它将继续维系中华民族的内在统一，而且在于它在参与世界文化价值体系的建构中，以自己的核心价值观及其所代表的国家软实力为'和谐世界'建设作出贡献。大国的崛起从最终意义上看是文化的崛起。中国作为大国的崛起，不仅应体现为经济上的强大，更应体现为具有五千年历史的文明大国在理念上的建构，中国应成为全球化时代国家理念和文明形式的创新者，它的国家理念和文明形式要为其他国家所尊崇。"①

这里面讲得很清楚，中华民族的伟大复兴，其重要的内涵就是重构后的传统文化的复兴。重构传统文化的方式有两种："其一是通过积极引入西

---

① 参见王京生：《中华民族的伟大复兴就是中华文化的复兴》（上），载《中国文化报》2012年7月5日第10版。

方文明中最具活力及最具文明价值的思想理念,不断激发中国文化传统中活的因子,通过创造性转化形成新的中国文化传统;其次是通过对传统文化本身的批判和反思从传统文化的内在理路来重新诠释传统文化,复活传统文化中最具文明价值的思想因子。"①这种方式既不盲目排斥外来文化、特别是西方文化,更不否认民族文化的价值。相反,它是用一种理性态度审视民族文化的核心价值。"从世界文化发展史看来,真正优秀的文化都是人文性的、民族性的和人民性的。儒家思想中真正的有活力的东西也是人文性、民族性和人民性的东西。"所以在实现中华民族伟大复兴的道路上,我们"要把儒家文化作为当代中国文化向前推进与发展的一个重要资源"。②

可见,当今中国,已经把以儒学为核心的传统文化的复兴提高到文化战略的高度,这无疑为传统文化的研究创造了极为有利的政治文化背景,其重构文化的理性姿态,也为儒学研究指示了重要的途径。因此,儒学与生命伦理学互相走入对方的视野,不仅缘自二者自身理论发展的时代诉求,中国政治文化发展的取向,更为儒家生命伦理的研究奠定了实践的可能。

坦率地说,这种实践的可能性是与中国近年来具有的强劲的经济实力分不开的。经济腾飞能够带动人们对该经济体背后文化的重视,这符合经济与文化互动关系的一般规律。当代中国人对传统文化的热情与中国经济的崛起也可以说有直接关系。实际上,在很大程度上人们对某一文化体系的特殊关注和热情是由该文化体系的"综合实力"决定的。中国传统哲学文化固然博大精深,但如果没有中国综合实力的不断上升,传统文化热也就失去了"热"的契机和推动力。正像白彤东所说:"中国哲学是一个丰富的、应该给予严肃对待的传统。但是一个无法回避的事实是:不管中国哲学传统有多么丰富,如果中国还是一个政治与经济在世界上没有足够影响的国家,中国哲学就不会被这么认真地对待。"③

---

① 参见王京生:《中华民族的伟大复兴就是中华文化的复兴》(上),载《中国文化报》2012 年 7 月 5 日第 10 版。

② 参见王京生:《中华民族的伟大复兴就是中华文化的复兴》(上),载《中国文化报》2012 年 7 月 5 日第 10 版。

③ 白彤东:《中西、古今交融、交战下的先秦政治哲学——关于比较哲学方法的一些思考》,载《云南大学学报》(社会科学版)2009 年第 1 期。

其次，当代中国哲学界在对待中国哲学、西方哲学和马克思主义之间的相互关系上的态度和研究方法上的转向，客观上也为我们开展儒家生命伦理思想研究创造了良好的学术氛围和条件。

事实上，在当代的中国，马克思主义、以儒学为核心的中国哲学和西方哲学均在不同程度上参与着中国文化与思想的重构工作。我们绝不能忽视这种现实，以及由此带来的方法论的革新。我们应该注意到，在当代中国学界、特别是马克思主义学界，人们对于儒学在整体中国学术建构中的地位已经有了全新的认识，在处理马克思主义与儒学的关系时，其方法也有了重大变化，即"悬置意识形态的功能论与学理论的确立"，[①]也就是在处理儒学与马克思主义的关系时更加注重学理的研究，而不是意识形态的争议。这种方法的确立，为人们深入了解马克思主义与儒学的关系创造了思想前提。比如就马克思主义哲学而言，长期以来学界一直在致力于"马克思主义哲学中国化"的研究，而这项研究的重要内容之一，就是探讨马克思主义与儒学的关系，发现马克思主义与儒学实现深层次对接的"思想桥梁"，从而实现马克思主义哲学的"综合创新"，为马克思主义真正内化为民族精神奠定传统文化基础。这些学者认识到，马克思主义与儒学在学理上存在着诸多相似性和相融性的因素，这也是早期中国知识分子和普通民众接受马克思主义的重要理由。"除了实践上的根据外，深受中国传统文化熏陶的新青年们能够接受马克思主义的本质原因，在于学理上的相容性与相似性。"[②]因此，他们把吸收、融会儒学的思想精华以建构当代中国的马克思主义，看做当代马克思主义哲学发展的重要途径之一，这业已成为马克思主义学界的一项共识。"毋庸置疑，理论界在马克思主义哲学未来走向的探讨中形成了基本共识：中国哲学发展的主导方向既不是自由主义全盘西化论，也不是保守主义儒学复旧论，而是马克思主义中国化的综合创新论"，即"融会'中西马'，实现马克思主义哲学的综合创新"。[③]客观地讲，当今中国"中、西、马"哲学相融共生、相竞互补的研究态势，为我们开展儒家生命伦理研

---

① 贾红莲：《马克思主义与儒学关系研究的现状》，载《求是学刊》2003 年第 7 期。
② 李鹏程：《中国马克思主义哲学中的中西文化关系》，载《哲学动态》2000 年第 9 期。
③ 贾红莲：《马克思主义与儒学关系研究的现状》，载《求是学刊》2003 年第 7 期。

究创造了良好的思想条件和学术氛围。

除此之外，从生命伦理学领域来说，在生命伦理学的研究方法上，也发生着研究方法论的转向。这种转向，用范瑞平的话来说，其实质就是"从'照搬'变为'重构'"。① 生命伦理学领域这种研究方法论的转向是建立在对以往的研究方法批判反思的基础上的。中国生命伦理学自诞生以来，其基本研究方法和理论框架都是"西方式的"，采取的是一种简单的"拿来主义"或"进口主义"方法。在生命伦理学发展初期，应用这种方法有它特殊的时代背景，是可以理解的一种做法。但随着中国生命伦理学的深入发展，这种方法的缺陷就越来越明显，客观上要求我们克服这种缺陷。我们既不能简单地采取"拿来主义"的态度，把西方的理论方法浅尝辄止地应用一番，也不能采取文化沙龙主义或"国粹主义"态度，盲目排斥西方的思想理论方法，而是在批判反思中华文化的基础上，认真对待传统文化与现代思想文化的融合问题，实现中华文化的"综合创新"。

可见，在当代进行儒家生命伦理思想研究，具备了良好的政治、思想和文化的氛围，它既顺应了时势，也是中国生命伦理学发展的具体要求，因此是充分可行的。

三、国内外研究状况及文献综述

从生命的视角解读儒家思想，这种诠释角度和方法早已有之。早在 20世纪上半叶，面对着欧风美雨对中国文化的洗礼，以梁漱溟、熊十力、张君劢、方东美等人为代表人物的现代新儒家就已经十分注重从生命的角度诠释儒家理念，以后他们的弟子辈如牟宗三、徐复观、唐君毅等人又将这一诠释进路加以推进，从而使儒学的研究带有了明显的生命哲学的意味，儒学也被定性为"生命的学问"。不过，早期的这种研究还带有十分强烈的西方哲学的味道，事实上，现代新儒家对儒家生命哲学的研究也主要是受西方生命哲学或者说非理性主义哲学影响的结果，尤其是柏格森、狄尔泰、倭铿等人的生命哲学思想对现代新儒家的早期人物影响比较大。这种哲学思潮有它

---

① 范瑞平：《研究方法论的导向》，载《中外医学哲学》（香港）2009 年第 1 期。

产生的特定时代背景。近代以降,由于科学技术的发展,人类拥有了改造自然的更为强大的力量,这种力量的展现促成了人们对科学与理性力量的迷信,然而科学与理性并未能同时解决人的价值与意义的问题,人的商品化、工具化,以及大规模战争对生命的屠戮,本身也说明了科学与理性的局限,人类并未因为科学与理性能力的蓬勃发展而使生命活得更有尊严,正是在这种时代背景下,生命哲学应运而生。科学与理性能带给人类什么,不能带给人类什么,人类是否需要科学与理性之外的东西,这种困惑当时在中国也有鲜明的反映。不过,中国学界对此问题的反映,是与思索现代中国的命运和出路相联系在一起的。近现代的中国风雨飘摇,中国该何去何从是当时中国知识界普遍思考的问题。在回答这个问题上,中国知识界产生了分化,形成两派针锋相对的思想阵营。一派坚持"科学救国论",否认中国固有文化的价值,这一派以所谓"西洋派"为代表;而另一派鉴于世界大战的影响,通过反思中国文化,认为中国文化仍然具有重大价值,从而肯定心性、人生哲学的重大意义,这一派以"国粹派"或"玄学派"为代表。值得一提的,无论是"西洋派"还是"国粹派"或"玄学派",他们均认识到了中西文化结合的重要性和意义,对中西文化并非是绝对的非彼即我的立场,而是试图将中西哲学相结合,以图开出中国学术乃至民族发展之一途。现代新儒家在理论上的构建,尤其如此。他们注意到西方哲学与儒家哲学存在着一定程度上的融通性,于是援引西方哲学的一些内容进入儒学,以论证以儒学为中心的中国文化的价值。比如现代新儒家的开山人物梁漱溟即将柏格森的生命哲学融入儒学,从而开出一种以"大生命"思想为特征的儒家本体论哲学。①梁漱溟这种以"生命"进路探究儒学的做法极大影响了当时乃至以后的中国学界研究中西文化的方向和方法。应当说,现代以生命进路探究儒学义理的做法实滥觞于此。

可见,现代新儒家以生命为进路探究儒学义理有它特有的时代背景和原因,但是这种研究进路和方法却对日后儒学的研究产生了重大影响,尤其是港台学者在此领域颇有建树,并产生了一批颇有影响的研究成果,如罗光

① 参见宋志明:《中国现代哲学通论》,中国人民大学出版社 2008 年版,第 50—54 页。

的《儒家生命哲学》(台北:学生书局 1995 年版),李明焕的《易经的生命哲学》(台北:文津出版社 1992 年版),等等,相关的论文更是多不胜数。

但是,这里需要我们说明的是,这种儒家生命哲学研究与我们这里所说的儒家生命伦理学是有区别的。儒家生命伦理学(Confucian Bioehtics)是伴随着当代生命伦理学(Bioehtics)而产生的一个研究领域,是伴随着当代生命伦理学的发展、与当代生命伦理学的问题领域紧密结合而产生的一个新的研究领域。在理论上,它虽然以儒家生命哲学为基础,但在研究领域和方法上并不完全等同于儒家生命哲学研究,而是始终以当代生命伦理问题为中心,以当代生命伦理学的建设和发展需求为理论归宿。本书所谓的儒家生命伦理思想研究,是指后面这一意义上的研究,也就是基于当代生命伦理学的发展诉求和问题视域,对儒家有关"生命"的伦理思想的研究。毫无疑问,这种研究尽管是以"服务"当代的生命伦理学为出发点,有着明显的应用倾向,但从基础理论角度而言,它本质上仍然是一种有关"生命"的道德哲学研究。因此,它不可能完全脱离现代新儒家有关"生命"的伦理思考。从这一意义上说,现代新儒家以及其他学者从道德哲学角度对儒家有关生命问题的研究成果,应当成为我们构建当代中国生命伦理学的重要的参考资料。他们的研究虽然缺乏当代生命伦理学的视野和进路,但在本质上与我们追求的生命伦理学的理论深度是一致的,因此他们的研究成果客观上也为我们开展儒家生命伦理思想研究奠定了一定基础。但是,现代新儒家的理论成果毕竟非当代意义上的儒家生命伦理学,因此这里我们不准备对他们的著述进行综述,而只就狭义的当代儒家生命伦理学的研究状况和相关文献作一述评。

从当代儒家生命伦理学的研究状况来看,这一研究领域大致始于 20 世纪末,其从兴起到现在也不过二十来年的时间。专就这一研究领域而言,台湾学者李瑞全较早关注这一研究领域,并著有《儒家生命伦理学》(台北:鹅湖出版社,1999)一书。这本书可以视为儒家生命伦理学研究的开拓之作。在这本书中,李先生结合西方生命伦理学的理论和方法,尤其借助"原则主义"的进路,通过把儒家思想与西方生命伦理理论和原则的分析对比,初步探索了儒家生命伦理学的理论结构,并结合一些具体的生命伦理问题如人工生殖、克隆人等问题探讨了儒家相应的观点。不过遗憾的是,在该书中李先生并未对儒家生命伦理思想进行较深的文本梳理和解读,而且,从该书的一个特色来看,该书特别重视运用西方生命伦理学的理论和方法检讨儒家思想,基本上还是以西方生命伦理学的理论框架和流行方法为标准检视儒家思想与西方生命伦理学会通的可能性和途径。这种方法,本质上是以西方的生命伦理理论和方法为中心,从儒家思想中找出相应思想比附之,或强调儒学对这种理论与方法具有"吸纳与消融"的功能。客观地讲,李先生的这种做法是和早期生命伦理学在中国的发展状况相一致的。早期中国的生命伦理学研究在很大程度上就是对西方生命伦理学理论与方法的译介与直接应用,我认为李先生的著作也是这种方法的一个表现。然而,正如前文我们指出的,今天我们已经意识到这种研究方法的不足,并且已经发生了研究方法论的转向。不过,李瑞全先生的这本著作,毕竟是一种开拓性的研究尝试,它本身需要完善,我们不能对它求全责备。相反,我们应该看到这本著作对于儒家生命伦理学研究的促进意义。可以说,正是在李瑞全先生与其他一些学者的积极倡导下,儒家生命伦理学才开始逐渐为人所重视。

除去李瑞全先生的这本著作,范瑞平先生的《当代儒家生命伦理学》(北京大学出版社,2011)可谓该领域的又一力作。在该书中,范先生对西方生命伦理学理论的思想背景、理论根基都做了深入分析,对西方生命伦理学的"自我文化特色"作了深刻的探讨,在此基础上反思了中国生命伦理学建设的方法和途径,从而深刻论证了儒家生命伦理学研究的重要意义。需要一提的是,范先生对于早期中国生命伦理学的研究方法具有一种自觉的反思与批判,这本书也可视为这种批判与反思基础上的研究成果。在该书中,作者并不预设某种西方生命伦理学理论为标准,亦不以"国粹主义"态度看待儒学的价值,而是力图以儒学的本真义以表达儒家对当代生命伦问题的可能态度和立场。从整体来看,范先生重视在中西比较的宏观视野下,分析儒家生命伦理学。在具体内容上,则侧重从儒家的家庭主义、社会责任等角度为我们展示儒学在解决当代生命伦理困境上的重大价值及可能前景。不过,该书同样不注重对儒家生命伦理思想的文献学研究,缺少较为系统的对儒家生命伦理思想的文本论证,这当是本书的一种缺憾。

　　除去上面提到的两本著作，从专著的角度来说，笔者的《儒家"生"之伦理思想研究》（中国社会科学出版社，2010），也可看做这一研究领域的成果。不过，笔者主要是从哲学伦理学的角度，对儒家"生"这一概念进行系统探讨，并未在实践角度过多关注当代生命伦理问题，虽然书中也提到当代生命伦理问题是该书研究的一个动机，但该书并未就具体的当代生命伦理问题探讨儒家的立场和可能态度。这部书的主要目的，是想通过"生"这一概念，揭示出儒家生命伦理的基本精神和儒家言说生命问题的思维方式、基本理路，以及由此而形成的特有的儒家养"生"工夫论的要点和方法，为现实人们的安身立命与养生提供儒家的理论参考。所以这部书并未明确地把当代生命伦理学的问题作为研究的出发点，而且由于这一著作侧重于对儒家"生"之概念的内涵和义理模式的探讨和概括，亦缺少对儒家原始的文本的深入分析。这就使得此书可能显得有些"不接地气"，给人以"空洞"之感。而本书的研究，则力图弥补这一缺憾。事实上，本书的研究对笔者的这本著作是一种补充性的研究，在很大程度上，二者探讨问题的方式和基本问题是一致的。但本书的研究不是对上一著作的重复性研究，这也是笔者要提醒读者注意的。许多相关的问题，如果上一著作已经详细论述，本书将以注释的方式提醒读者参阅上一著作的相关内容，本书不会再重复论述。一些难以避免的重复，也是为了照顾到本书研究的逻辑性与可读性，以免只读本书的读者有较强的"断篇"之嫌。这是我应当事先声明的。

　　除以上专著外，国内关于儒家生命伦理学的研究成果主要见于一些论文。这些论文从研究内容来看，主要是针对具体的生命伦理问题探讨相应的儒家立场和观点，或者是对儒家与其他文化背景下的生命伦理思想进行的跨文化比较研究。香港学者罗秉祥、陈强立、张颖合作而成的论著《生命伦理学的中国哲学思考》（中国人民大学出版社，2013），收录了三位作者一些代表性的从中国哲学角度探究生命伦理问题的论文，其中有多篇是从儒家角度对生命伦理问题的讨论，这些论文颇具深度，也很有代表性，值得认真对待。西安交通大学主办的《中国医学伦理学》和中国自然辩证法研究会主办、大连医科大学承办的《医学与哲学》也较注重对有关儒家生命伦理研究的成果的刊发与推介。

十分值得一提的是,罗秉祥教授、陈强立教授与张颖教授所在的香港浸会大学应用伦理研究中心,与范瑞平教授携手,自 2007 年开始举办以"建构中国生命伦理学"为专题的研讨会,迄今为止,该研讨会已经举办了九届,每届均选出一部分论文发表于其所创刊物《中外医学哲学》上,这些论文中,有相当一部分属于儒家生命伦理学领域的研究。他们的努力,在推动儒家生命伦理研究和扩大儒家生命伦理学的影响上,起了十分积极的作用。在一定程度上,他们对儒家生命伦理的研究,也具有一定的前沿性。

总体来看,国内的儒家生命伦理学研究已经取得较大的进展,但是基本上还主要是应用型的研究,其中重点是探讨儒家在对待诸如安乐死、克隆人、人工生殖技术等方面的可能态度和立场,很少触及文献的分析,对儒家生命伦理思想还缺乏较为深刻的文本分析和基础理论研究。而这方面的研究对于建构中国生命伦理学来说,则是内在要求,需要加强。

在国外,关于儒家生命伦理的研究并不多见,迄今为止,我们能看到的有关儒家生命伦理研究的文章与著述主要是由华人学者完成的。其中一部分成果是由身居海外的留学生和定居于国外的华人学者完成的,一部分是由国内学者以外文写成并发表于国外刊物的研究成果。比如由范瑞平先生主持编著的"Confucian Bioethics"(Kluwer Academic Publishers,1999)一书,该书主要收录的是身在海外的留学生和华人的一些有关儒家生命伦理方面的研究论文,主要内容是就生命伦理的某一具体问题探讨儒家相应的思想观点。但是限于作者对儒学理解程度的不同,本书明显缺乏对儒家伦理生命精神的整体性认识和把握。总体来看,国外有关儒家生命伦理的研究成果并不多见,也乏善可陈。但是,儒家生命伦理研究已经在海外产生一定影响力,并受到越来越多的人的关注也是事实。比如日本学者池泽优的《生命伦理与文化传统——建构儒教生命伦理的尝试》(见《中日"东亚生死学"国际学术研讨会论文集》,2008)和 Lisa M. Rasmussen 的 "Confucianism's Challenge to Western Bioethics"(*the American Journal of Bioethics*, April 4, 2010)等文章,对儒家生命伦理学均有所关注和讨论。

整体而言,尽管儒家生命伦理学研究越来越受到人们的重视,并且已经取得一定的研究成果,但总体上这一研究还处于进一步探索的阶段,有待于深化发展。尤其是立足于儒家经典文本对儒家相应思想的基础理论研究,还显得非常薄弱,而这种状况,正是本书研究的学术价值之所在,因为本书的研究正是为了弥补这方面研究的不足。

四、研究的范围与方法

本书的主要目的,是从道德哲学的角度,借助当代生命伦理学的问题,对儒家有关"生命"的伦理思想进行理论研究,以资建构中国生命伦理学。但是从事这一研究,本身有些基础性的问题需要说明,因为这些问题影响着本书的研究角度、研究范围和方法。比如什么是生命伦理学?儒家生命伦理学是何种意义上的儒家和儒学?等等。这些问题不澄清,本书研究也就难以进行。

(一)对生命伦理学和儒家的界说

什么是生命伦理学?从目前人们对生命伦理学的理解来看,这并非是个自明的问题。虽然生命伦理学迄今已有六七十年的历史,但我们不得不承认的是,关于这一学科的研究内容、理论视域仍然存在颇多争议。即使在生命伦理学这一词汇本身的蕴涵上,人们似乎也没有统一的意见。就像恩格尔哈特所说:"什么是生命伦理学?谁是生命伦理学家?……对于这些问题,没有直接的答案。的确,任何想就这些问题给出答案的企图都将引发争议。生命伦理学就是一个谜,它本身就是争议,是一台争议戏剧。"[①]因此,我们有必要事先对这一问题进行一些说明,因为它不仅决定着我们怎么看待生命伦理学的学科性质和研究内容,也决定着我们进行儒家生命伦理思想研究的范围和方法。

(1)对生命伦理学的界说

从目前的情况来看,国内学界对于生命伦理学的认识存在着不同的观

---

① H.Tristram Engelhardt, *Bioethics Critically Reconsidered*, New York: Springer Science and Business Media, 2012, p.1.

点,目前尚未形成一个统一的意见。比如有人认为生命伦理学乃是运用伦理学的理论和方法,在跨学科跨文化的情境中,对生命科学和医疗保健的伦理学方面,包括决定、行动、政策、法律,进行的系统研究。该看法十分强调生命伦理学的"应用性",认为它"主要侧重实践和行动,侧重于解决特殊案例中的道德问题,生命伦理学的研究内容虽然涉及理论与文化层面,也仅仅是不同的道德理论解决生命科学和医疗保健中的伦理问题时的优劣比较,以及在解决这些问题中所处的地位或所发生的影响。"[①]这一看法虽然突出了生命伦理学的"应用性",但似乎没有看到道德生活的实质是道德共同体的群体生活方式及其信念的继承与更新的问题,而非简单的不同道德理论的比较与应用的问题。还有人认为生命伦理学"是对生命诸问题的道德哲学注释,是对人类生存过程中生命科学技术和卫生保健政策的伦理学研究,是有关人和其他生命体生存状态和生命终极问题的学科群"。[②] 这个定义突出了生命伦理学应当具备的深厚的道德哲学的理论根基和中心问题,突出了生命伦理学内涵的广泛性、包容性。但这个定义似乎又有扩大内涵之嫌,因为按照这个看法,我们很难把生命伦理学与生态伦理、人口伦理、医务伦理等区分开来。或许正是出于这一考虑,沈铭贤教授才认为"生命伦理学,简要地说是研究生命科学和医学发展中提出的伦理问题,并加以规范的学科"。[③]

从这些定义来看,当前学界对于生命伦理学的认识,往往与论者的学科视域和身份相关,也与生命伦理学在我国的发展历史相关。这里有一个突出的问题值得我们注意,即对于生命伦理学的理解,我们是应当只关注其"专业性"和"应用性",还是应该充分考虑这一概念本身内涵的广泛性与包容性,这涉及我们怎么样构建这门学科的问题。不能否认,在中国,生命伦理学的诞生主要是由一批具备医学背景的人士努力而成的,医学实践构成了生命伦理学在中国发展的起点,这门学科所考虑的问题也主要是由于生命技术在医疗领域应用时产生的伦理问题,所以,在中国,生命

---

① 参见翟晓梅、邱仁宗主编:《生命伦理学导论》,清华大学出版社 2005 年版,第 1 章。
② 孙慕义主编:《新生命伦理学》,东南大学出版社 2003 年版,第 9 页。
③ 沈铭贤主编:《生命伦理学》,高等教育出版社 2003 年版,第 1 页。

伦理学常常被当作医学伦理学的代名词来使用,或者看做传统医务伦理发展的新阶段。但是,无论从生命伦理学这一词汇本身蕴含的意义,还是生命伦理学这一研究方向本身的历史来看,这样一种理解都具有很大的局限性。

首先,如果把生命伦理学局限在医务伦理的层次,那么我们就是人为地缩小了生命伦理学的内涵。即使把它看成是传统医学伦理发展的新阶段,那么它也不过是"当代的医学伦理学",而不是生命伦理学。从生命伦理学的历史来看,虽然促成生命伦理学产生的许多现实问题缘于医疗领域的伦理问题,但显然这只是广义的生命伦理问题在医学的一个表现而已,与其说它诞生于医疗技术问题,倒不如说它诞生于生命技术应用时产生的伦理问题。生命技术既可以应用于医疗领域,也可以应用于其他领域,如战争、环境等。并且,我们从首次使用 Bioethics 这一概念的波特那里也注意到,波特并没有把这一定义局限在医疗领域,相反它本身具备对伦理学的深刻理解,即对人及其生命的深刻理解。"生命伦理学是利用生物科学以改善人们生命质量的事业,同时有助于我们确定目标,更好地理解人和世界的本质,因此它是生存的科学,有助于人类对幸福与创造性的生命开具处方。"①

更好地理解人和世界的本质,改善生命质量,预示着我们如何理解生命的本性、价值与意义,也就预示着生命伦理学虽然起源于生物技术、医疗技术的研究与应用等领域,但绝不意味着它等同于生物伦理、医学伦理。相反,它的研究领域和内容要比生物伦理、医学伦理广泛得多。这正如托马斯·香农所说:"生命伦理学,它是一个更具涵盖性的术语。既然生命伦理学是从中心和边缘地带审查技术、医学和生物学应用于生命时所提出的问题的伦理维度,它所覆盖的领域就必然是宽阔的。这使生命伦理学成为一个复杂而又令人兴奋的学科。它意味着对于一种思维革命的要求,因为没有一个领域能够宣称拥有生命领地的主权,必须把许多专业和学科包括进

---

① 转引自杜治政:《关于生命伦理学——伦理学道德观念面临的挑战》,载《医学与哲学》1986 年第 7 期。

来进行研究。生命伦理学正在教导我们真正地跨学科思考与合作的必要性。"①

其次,光从"生命伦理学"这一汉语译法的字面意思看,它本身并不一定指向生物医疗领域的伦理问题。严格地说,生命伦理学并非是当代出现的一个新生事物,早在19世纪末20世纪初,生命伦理学就已作为现代伦理思想史上的一个重要流派而存在。为了叙述的方便,我们可以将这一时期的生命伦理学称为现代意义上的生命伦理学,而将目前的生命伦理学称为当代生命伦理学。

现代生命伦理学派生于生命哲学这一母体,是在现代伦理思想史上占有相当地位的一股强劲的伦理思潮,在当时影响甚大。其代表人物主要有狄尔泰、西美尔、杜里舒、居友、柏格森、史怀泽等人。他们把"生命"一词作为核心概念,把人的生命的特点及意义作为理论的出发点,主张伦理学应以个人现实的生命存在现象和运动现象作为唯一对象,通过对生命内在特征和意义的探究,以达到对生命存在的本体把握和动态说明。他们牢牢地固守着生命这一活的存在本原,使人们从理性主义对生命的淡漠中觉醒过来,从而"恢复了'生命'的意义和对'生命'的崇拜,对由'希望'所伴随的'努力'之崇拜"。②

毋庸置疑,现代生命伦理学的产生与现代生物学、心理学、社会学等现代科学发展也有着千丝万缕的联系,生物技术和心理科学的发展及其面对的问题,同样也是现代生命伦理学的理论渊源和背景,但这些哲学家的理论视野却并没有局限在特定的技术领域,相反他们侧重对"生命"的哲学诠释,从而促使人们对生命的意义、价值与尊严投以更多的关注,极大唤醒了人们对生命的人文关照。

不过现代生命伦理学尽管在当时影响巨大,但在当代生命伦理学的语境中我们却难觅其踪影。我们发现,在现有的生命伦理学著述中,很少有人

---

① 托马斯·A.香农著,肖巍译:《生命伦理学导论》,黑龙江人民出版社2004年版,第2页。

② 居友著,余涌译:《无义务无制裁的道德概论》,中国社会科学出版社1994年版,第125页。

在现代意义上的生命伦理学的语境中指称当代生命伦理学。甚至在追溯当代生命伦理学的起源与发展历程中,以及寻求当代生命伦理学的理论基础与源头时,也几乎没有人提到现代意义上的生命伦理学。现代生命伦理学的旨趣、方法和所关心的问题似乎已经逐渐淡出了当代生命伦理学的视野。

其实,我们考察生命伦理学的整个发展历史及其概念的蕴含,便会发现,生命伦理学的重大意义,恰恰是与生命伦理学对"生命"的本质和终极关怀紧密相关的,生命伦理学的思想高度正是建立在人对生命的无限责任和思考之中。西方生命伦理学的概念本身也蕴含着这一终极关怀。比如美国学者阿拉斯泰尔就指出,"Bioethics"这一词汇,就其字面意思来说,它实质就是"Ethics of life"的意思。① 也就是说,"Bioethics"在应用层面,实际上就是"Ethics of life"包容的理论在生物医学技术领域的应用。这样理解生命伦理学,和 Warren T.Reich 在《生命伦理学百科全书》中对生命伦理学的定义是一致的,即"在那些影响人的生死、人性以及人们生命质量的生物医学领域决定人们应当如何行为"。②

所以,对于生命伦理学的理解,我们应当回到"生命"本身,对"生命"的基础性的哲学伦理学的研究,应当视为生命伦理学的主要内容,在此基础上谈应用,生命伦理学的学科价值才会真正得以彰显。我的意思是,虽然生命伦理学主要起源于生命和医疗技术研究和应用时所产生的伦理问题,但这只限于对生命伦理学应用领域的理解。而对于"生命"的伦理问题本身,显然人们可以有更宽泛的理解。Bioethics 这一术语本身也暗示和预示了生命伦理学可能的丰富内容,不宜为我们狭隘地理解。固然生命伦理学产生于生命技术、医疗技术的研究与应用问题,但就一学科的发展来说,我们实不宜将之只看做"实践和行动"的学科,而只是把一些伦理原则拿来比较、应用。因为任何一门因某种"问题"而产生的伦理学分支学科,都同样会"侧重实践与行动"。所以不能把对生命伦理学的理论研究仅仅看成是"不同的道德理论解决生命科学和医疗保健中的伦理问题时的优劣比较"。因为

---

① Alastair V.Cambell,*Bioethics:The Basics*,Routledge,2013,p.1.

② Warren T.Reich.ed,:*Encyclopedia of Bioethics*,NewYork:The Free Press,1978,p.126.

很显然的是,不同的道德理论本身我们很难比较优劣,道德理论的产生是基于一定群众的生活风俗、生活模式而产生的生活信念,它总是在一定的文化情境中才有效用,因此忽视这种根源而单纯进行"效用性"比较,是没有意义的。所以生命伦理学如果真正成为一门当代显学,真正发挥它的意义的话,它应当在人们的道德信念的确立和实际的道德生活中发挥作用,而这势必要求我们重视生命伦理学之于一定道德共同体的生活信念的建构与培育的研究,而生命伦理学也只有成为一定道德生活共同体的实际的道德信念的成分,它才真正可能发挥指导实践、帮助我们解决具体生命伦理问题的作用。这也是为什么恩格尔哈特把生命伦理学理解为"文化的自我理解的中心成分"的原因。所以,对于什么是生命伦理学,我更倾向于把生命伦理学看成是对有关"生命"的伦理问题的研究。但这样一种理解,又无可避免地会扩大化生命伦理学的研究范围,因为对"生命"问题的伦理研究,涉及一个广泛的学科群,如医学伦理、生态伦理、科技伦理、性伦理、人口伦理等。所以,我认为把生命伦理学的研究范围或者说问题领域在应用层面把它限制在最初的领域是适当的,即生物技术和医疗技术领域。但其研究的伦理主题,则必须突破单纯地寻找伦理原则以"应用"这种局限,而应该侧重对生死、生命价值及其依据、人性、物性以及相互关系、人类干预生命进程的正当性基础、各种生命现象及其相互关系等这些问题的道德哲学研究。我很赞同孙慕义先生在《后现代生命伦理学》中对生命伦理学的性质和内涵的界定:"它应是这样一门学科:对人的生命状态进行道德追问;对生命的终极问题进行伦理研究;对生命科学技术进行伦理裁判与反省;对生命特别是人的生命的本质、价值与意义的道德哲学进行解读。"①

毫无疑问,这些问题和生态伦理等诸多学科存在着交叉性,但研究的视角和应用的领域是不同的。比如生态伦理,尽管它也同样要研究生命价值问题、各种生命现象及其相互关系问题,但它是把人与环境的伦理关系作为主题,它要解决的是人应当如何对待生态环境这一问题。而生命伦理学主要解决的是我们应当如何看待生命的问题,人们是否应当干预生命进程及

① 孙慕义:《后现代生命伦理学》,中国社会科学出版社 2015 年版,第 16 页。

其程度问题,归根结底是我们应当如何维护和改善生命质量的问题,是针对生命技术和医疗技术的研究与应用领域、对"生命"的道德哲学研究。因此,它必须兼具元伦理学和规范伦理学的双重特征。在这一领域中,道德主体的道德信念或者说德性对于生命伦理的实践同样起着至关重要的作用,因为生命伦理学的良好实践还必须诉诸道德主体的德性,因而它也应当具备德性伦理的特征。

在这样理解生命伦理学的基础上,我认为从事儒家生命伦理思想研究其方向和范围都是明朗的。儒学本身就是具备深厚哲学基础的一门"生命的学问",它也尤为强调"行动和实践",它的终极诉求也在于维护和改善整个生命系统的存在状态。儒家生命伦理学就其性质和内容来说,拥有对生命的天道人伦机制的理解,有精致的生命本源说、价值理论,并在此基础上具备明晰的实践原则,是德性与规则相统一的思想体系。这将构成儒家生命伦理研究的理论基础和基本构成。本书的研究即从这些方面展开,并在适当地方注重对将这些理论应用于实际的生命伦理问题的分析。

(2)对儒家的界说

本书所说的儒家或儒学又是何种意义上的儒家与儒学呢? 这一问题也需要事先说明一下。我们知道,儒学在其演进发展过程中具有不同的样态和谱系,如果我们将儒学发展的各个历史时期、各个派别的思想逐一分析,显然不是本书所能承载的。而且,将儒家各个思想家、不同谱系的思想杂糅一起,来研究儒家生命伦理思想,事实上也难以把握,也容易引起对儒学的误解和误读,甚至会导致针对同一问题运用儒家学说来解释却得出不同结论的情况。所以,我们怎么界定儒家,是否具有某种儒家"道统"的意识,对于开展本书研究也是重要的。

儒家思想的谱系,从时段来说,有所谓原始儒家、新儒家、现代新儒家等等之说;在内容上,有所谓心性儒学、政治儒学、生活儒学等等之说。这种多样性,虽然看似形式多样,但这并不意味着儒家思想的根本精神发生了变异。这种多样性本质上是儒家出于回应不同时代、不同问题的必要,是儒家思想在特定历史条件下的历史性表现,不同谱系的儒家虽然义理上表现为不同的样态,但其思想内核却始终是一个一以贯之的连续体。理解和把握儒学最重要的就是对这个一以贯之的思想内核有较深入的认识和把握。而这个一以贯之的思想内核是由孔子、孟子等为代表的原始儒家所奠定的。儒学是孔子开创的,是由"七十子"及其后学共同创造和发展的,经过春秋战国及至秦汉才蔚为大观。包括子思、孟子和荀子在内的"七十子"及其后学对于儒学的整体建构和思想发展功不可没,他们的思想也是对孔子思想多角度的继承和发展,而且存在互补性。因此,从一个具有整体性的思想体系来说,由先秦至秦汉之际的儒家可视为一个统一的整体,他们可视为"原始儒家",他们的学问可统称为"原始儒学"。① 这一思想体系,不仅系统而全面,也最为原始和本真地反映了儒家的思想面貌。本书所指的"儒家",主要立足于这一意义上的儒家,重点剖析这一阶段的儒家有关"生命"的伦理思想。也就是说,本书对儒家生命伦理思想的研究,主要是立足于原始儒家经典文本,以原始儒家伦理精神作为论说导向的。假如我们不作这种处理的话,不分轻重地对所有儒家谱系的文献进行解读,显然是本书不能承受之重,也并不利于我们对儒家生命伦理精神的整体把握。不过儒家思想并非是一个静止的知识场域,所以我们虽然侧重原始儒家文本及其精神,但也会充分考虑到新儒家乃至现代新儒家的理论贡献。

如此,孔子、孟子、子思、荀子及其他孔门高贤等先秦儒家将成为我们研究儒家生命伦理思想的重点对象,《易》、《诗》、《书》、《礼》、《春秋》、《论语》、《孟子》、《荀子》、《郭店楚墓竹简》中的儒简部分,主要反映原始儒家思想的早期儒家经典文献将成为我们分析儒家生命伦理思想的基础文献。

(二)研究的具体思路与方法

本书将从理论与实践两个层面展开。

在理论层面,我将首先对涉及儒家生命伦理思想的相关概念进行分析,

---

① 对于什么是原始儒家,学界并没有统一的界说,有以孔子为原始儒家者,亦有以孔子、孟子、荀子等为代表之先秦儒家为原始儒家者。唐文明认为,原始儒家的概念的厘定要以孔子为基点而瞻前顾后地讲,他从天命观的历史演进之于早期儒家义理形成之意义角度出发,认为原始儒家的谱系是:从周公到孔子到思孟。(请参阅唐文明:《与命与仁——原始儒家伦理精神与现代性问题》,河北大学出版社 2002 年版,第一章。)本书大致赞成这一看法。但同时认为,对于"原始儒家"不宜界定为某几个人物,从孔子到"七十子"后学,先秦儒学应视为一整体,从这一整体上把握儒学,才能较为完整地理解儒学。

明确儒家生命伦理学的概念系统，尤其注重对儒家言说"生命"的角度、内涵进行分析，通过儒家生命伦理学的特殊概念来理解儒家生命伦理观点的特殊性和特色。其次，为获得较为原始的儒家生命伦理思想信息，我们将立足于原始儒家经典文本，对其中蕴含的生命伦理思想进行挖掘，从而为我们整体上把握儒家生命伦理奠定文献学的基础，并在此基础上试图概括出儒家生命伦理思想的基本内容和特征，从而为我们呈现出儒家生命伦理的基本面貌。如此，对于儒家生命伦理思想的义理模式、基本精神和思想特性的进一步的认识和把握才成为可能。最后，根据我们对儒家生命伦理精神及义理的把握，进一步研究儒家生命伦理的实践原则，以便为具体的生命伦理实践提供儒家的指导。在实践的层面，我将根据儒家生命伦理的实践原则探讨一些具体的生命伦理问题，如克隆人、安乐死、医疗公正以及养老等问题。约略而言，我研究的具体思路如下。

第二，以儒家经典文本为依据，探究儒家视野中的"生命"的内容，对儒家言说"生命"的方式，所使用的主要概念进行讨论说明。

第二，主要立足于原始儒家的文献，探讨原始儒家生命伦理思想的主要内容和思想特色，明确儒家有关"生命"的伦理思想的主要观点，以便为我们呈现出较为本真和原始的儒家生命伦理思想的面貌。

第三，在上述研究基础上，对儒家生命伦理思想的整体框架和结构特征进行分析说明。

第四，在上述研究基础上，进一步分析儒家生命伦理的实践原则，明确儒家在解决当代生命伦理问题上的立场和态度。

在研究方法上，系统的生命伦理学的研究应当是理论、原则与应用的三位一体，所以要做到对儒家生命伦理的系统研究，也应注意这三者的综合，这也是本书研究的一个总的方法。在具体研究方法上，本书主要采用历史与逻辑的相统一的方法和文献分析法进行基础理论研究，由于本研究也需要经常性地进行"传统"与"现代"观念的比较分析研究，因之比较分析法也是本研究经常性采用的方法。

此外，我们需要指出的是，本书主要是从哲学伦理学的基础理论角度来研究儒家生命伦理思想，主要是一种"传统中国哲学"的叙事模式，而且本书对生命伦理学的理解侧重于对生命伦理学的广义理解,也就是作者在探讨儒家生命伦理学时,不会把诸如医疗领域面临的具体问题等作为思考问题的出发点,而是侧重于思想史、学术史上对原始儒家有关"生命"思想的探究、梳理,并在此基础上探究儒家生命伦理学的义理与精神。我认为,这是儒家生命伦理学研究的基础性工作,也是儒家生命伦理学应用于实际问题的思想前提,这主要是一种理论性的道德哲学研究。因此本书的研究可能对于一些特别强调生命伦理学的"应用性"的学者来说,或许显得有些"悠远"而不"现实",长篇大论的文献分析过多,而在"应用"上不够直截了当。但我坚定地认为,从哲学伦理学的基础理论角度探讨儒家生命伦理思想,是一切儒家生命伦理学研究的前提,在此基础上对其现代转换和融入现实的相关问题要作深刻的探讨,如此才谈得上儒家生命伦理学的"应用"。所以,本书的主要工作即在于从理论上系统呈现出儒家生命伦理思想的基础面貌,这是本书研究的重点。立足儒家经典文本,专门而系统地梳理、探讨儒家生命伦理思想,目前学界还比较缺乏,因此本书研究,也可以说是填补这方面研究空白的一次有益尝试,这也从另一个方面说明了本书研究的意义和价值。

第一章 生·性·命

——儒学语境中的"生命"

以儒学进路探究生命伦理问题,首先需要我们对儒学语境下的"生命"概念有一个准确的解读,在此前提之下,我们才能建构一种真正意义上的儒家生命伦理学。儒学语境下的"生命"概念,不同于当代生命伦理学语境下的"生命"概念,儒家是借助一些特别的概念及其相互的关系来表达它对生命问题的认识的。这些概念,内涵相对独立,又彼此联系,构成了儒家言说其思想义理的一套特有的概念系统。儒家有关生命的基本观点和深刻洞见,就完全蕴含在儒家这一特有的概念系统之中。我们今日所说的"生命"一词,其实并不见诸于原始儒家文献,儒家解读"生命"问题,主要借助的是"天"、"生"、"性"、"命"等这几个概念,而从语义的相近性说,"生"、"性"、"命"与今日所谓"生命"更有直接的关系。因此,要说明儒家有关"生命"的思想观点,就不能不对这些概念及其在儒家语境中的特殊内涵有所认识和了解,这是我们探究儒家生命伦理思想的基本前提之一。本章的意图,即旨在通过对儒家言说"生命"问题所涉及的一些主要概念的文献解读,来揭示儒家言说"生命"问题的基本方式和儒家语境下的"生命"的基本内涵,从而为我们进一步探究儒家生命伦理问题创造条件。

第一节 儒学语境中的"生命"特性

儒学语境中的"生命"和当代语境中的"生命"颇为不同,这种不同,不只表现为语文的古今差异上,而是在根本的思维方式和表达机制上二者根本不同。儒家对生命的解说，一方面有它一套独有的话语系统，另一方面它本身就表现为一种深刻的伦理思想体系。儒家并不是单纯地使用一种描述性的语言来阐说生命本身，而是用一套均具独立意义但又彼此关联的概念来解读生命。这种差异具体表现为以下几个方面：

首先，作为一个独立的合成的词汇，当代语境下的"生命"一词，并不见诸于原始儒家文献。在先秦的儒家文献中，我们未能发现"生命"一词。在先秦文献或反映先秦时期的思想事件的其他文献中，"生命"作为合成词使用，似乎也仅见《战国策·秦策三》中。在此章的"蔡泽见逐于赵"一节中，蔡泽回答应侯时说，"富贵显荣，成理万物，万物各得其所。生命寿长，终其年而不夭伤。"这里面提到了"生命"一词。除此之外，"生命"作为合成词使用，鲜见于秦汉之前的文献。据徐复观的说法，"生命"作为一合成词使用，大致是东汉以后的事情。①

其次，原始儒家文献虽然鲜见"生命"一词，但有一些意义与今日"生命"一词的内涵颇为接近、并且能够在诸多方面取代今日"生命"一词用法的概念，如"生"、"命"、"性命"等。我们今日所说的生命的内涵和用法，在特定的情况下，均可为儒家的这些概念所取代。但是我们不能一般地将之与当代语境下的生命概念等同起来。儒家所说的"生"、"命"、"性"等均有独立内涵，而且涉及儒家特有的思维方式，整体表现为一天道人伦的思想机制。这些词的相互组合，如"性命"和日后出现的"生命"连用的情况，也是在这种特定思维下具有丰富内涵的意义组合，其中"生"是"生"、"命"是"命"、"性"是"性"，这些概念组合在一起使用时，虽然表明了它们内在的联系性，但其独立意义并没有消失。因此，这些概念，就一般而言，不能与今日所谓生命同日而语。这些概念的独立性和关联性，使之本身就表现为一思想系统。

最后，儒家对于生命的界定，并不像当代生命观那样侧重于从结构和功能角度来阐释生命的内涵和性征。

当代的生命概念，往往是建立在现代科学思维下的生命定义，是依据不

---

① 徐复观:《中国人性论史》(先秦篇)，上海三联书店2001年版，第8页。

同的学科如生物学、生理学、物理学、遗传学等学科视域对生命作出的独特的学科化的理解。由于学科视域的不同，人们对生命的理解往往也存在差异。但不管这些基于学科视域而产生的生命概念有何不同，它们一般都侧重从生命的结构和功能角度来界说生命。这两种界定方法，我们可以称为"结构主义"的生命说和"功能主义"的生命说。"结构主义"生命定义是从构成生命的物质结构着眼，把生命看做是一类特殊的物质结构或有特殊结构的物质。比如把生命看做某种携带某些特殊功能和信息的大分子的存在形式，比较典型的是"生命核酸说"，也就是把生命视为携带特定遗传信息且能自我复制的大分子有机体。"功能主义"生命定义则强调生命的性质和功能。比如生理学将生命定义为具有进食、代谢、排泄、呼吸、运动、生长、生殖和反应性功能的系统。这样一种定义可以说是"功能主义"生命说的典型代表。[1] 但不管是"功能主义"的、还是"结构主义"的说法，这种关于生命的定义都只能说是对生命内涵的部分揭示，相对于具有巨大包容性、且具有不同发展性质的生命概念来说，它们都不足以说明生命的全体性征。因之，人们试图综合现有的生命观点，从而提出一种更为普遍的生命概念。比较简洁的方式是把"结构主义"和"功能主义"两种对生命定义的方法结合起来。比如《不列颠百科全书》结合这两种方法试图给出一个普遍性的生命定义，认为生命只是某种物质复合体或个体为执行某些功能而存在的状态，并且认为生命是有机分子的一种聚合生成的状态。[2] 这种关于生命的定义，实际上是把生命看作一种生物有机体的存在形式，它包括了这种有机体的构成特征、功能表现等一系列的生命现象。它强调生命的动态存在形式，既能够繁殖、和外界具有能量交换能力，且能不断适应环境的生存能力的有机体。简而言之，即把生命视为"活的有机体"。

然而，儒家对生命的解释与上述当代语境中的生命定义有很大的不同。儒家对生命的理解，往往不是从生命的构成和功能立说，它几乎不触及现代

---

① 关于这两种说法请参阅李建会《论生命的本质》一文（载于吴彤等编：《科学技术的哲学反思》，清华大学出版社2004年版）。

② 参见《不列颠百科全书》（国际中文版），第10册，中国大百科全书出版社1986年版，第74页。

生物学意义上的生命构成或自然存在本身的物理特性、生物特性，而是强调生命的形成、演化、存在以及诸生命之间关系的哲学义、伦理义，是通过一整套的宇宙化生论、生命本源论、价值论和道德哲学来讨论各种生命现象、特别是人的生命以及万有生命之关联性的。就其目的而言，它是要借助一套天人哲学证成生命产生的根源、存在的本质和意义、生命实现的方式，以及各种生命之间和谐共生的生命境界，也即儒家所谓"太和"境界。也就是说，儒家使用的这些概念，本身是和儒家的价值观念和伦理目的融为一体的。它也体现了儒家的认知方式和思维方法。这就使得儒家对生命的阐释具备了一种宏大的叙事特征，也即它并不注重从细微处探讨生命的夭寿长短等问题，而是强调从宇宙时空演化规律的角度把握生命的性质、意义和开展方式。应当说，这是儒家有关生命的理解非常有特色的一个地方。所以，我们对于儒家关于"生命"的解读，就不能局限于对生命语义的解释，而是应当在儒家阐说生命的思维方式和整体机制中去把握儒家语境下的生命内涵，这就需要我们对与之直接相涉的几个重要概念如"天"、"生"、"性"、"命"等在儒家思想中的内涵和位置，以及相互关系有较为充分的认识。这实际上就是本章的主要目的。

不过，儒家的生命观与当代的生命观相比，也并不总是表现为相异的一面，它们也有相合的一面。儒家这套生命观，实际上我们可以理解为一种系统的生命观，从系统的生命观角度来说，儒家对于生命的理解，与今日系统生命观的基本认识是相合的。这样一种情况，颇有益于我们对当代生命伦理学与儒家生命伦理学之关系作一种融通性的理解。

当代系统的生命观是伴随着对传统的生命定义的方法之弊端的认识不断深入而产生的。伴随着人类对人与自然关系认识的深入，传统上基于学科视域对生命的定义方法，实际上已经表现出诸多弊端。这样的生命观实际上是一种狭隘的生命观，它不仅人为地缩小了"生命"的范围，它也很难让我们在纷繁复杂的生命现象中注意到生命之间以及生命与其生长条件之间的普遍联系性。当代人类对其生存环境的长远考虑，开始让我们跳出旧有的生命观念之囿。比如上述提到的"结构主义"和"功能主义"的生命观点，这些观点实际上都是从局部对生命的定义，由于采取的标准和视域不同,对生命的认识也必然五花八门,对非此"结构"和"功能"的"生命"之间的相关性往往也缺乏相应的关注。比如生理学定义就会把休眠的种子、病毒、类病毒等排除在生命系统之外,因为它们并不进行新陈代谢,又把汽车等非生命的系统当做是有生命的,因为汽车也能进行新陈代谢。生物化学和分子生物学的定义会把蛋白感染素(导致瘙痒病的似蛋白感染粒子)排除在生命之外。①

又比如前面提到的将"生命"理解为"活的有机物"的生命观点,这种观点也面临着严峻挑战。因为按照这种观点,我们很难截然区分出有机物与非有机物的界限,很难把"生命"绝对地理解为是一种有机的构成,或是无机物的存在。比如无机物的世界实际上同样存在着一种与外界进行物质形式转换的现象。以唯物史观的发展变化的观点来看,作为一种特定的物质形式,也总是处在不断地生成变化过程中,都有其生成、发展、消亡的过程和规律。并且,对于无机世界的特定存在状态和条件的改变与破坏,不仅可以直接改变无机物如土壤、岩石、金属等的存在状态,也可能引发一系列的生存危机。如滥采矿产导致的环境破坏,直接会改变特定区域的土壤构成和物种变化,从而引发生态危机。同样,按照进化论的观点来看,高级存在物均由低级存在物进化而来,有机物也是从无机世界中进化产生的,这也说明,"活的有机物"的世界和"死的非生物"世界似乎并不存在泾渭分明的界限。并且我们还应看到,自然宇宙中的任何存在,实际上都是相互关联的,这种关联有的是直接的,有的是间接的,无论是有机物还是无机物,它们都以某种形式储藏着能量并与他者发生着能量转换,它们互为基础,也经常性地相互转化。没有"死物","活物"也没有生存的空间和基础。"活物"也经常转化为"死物",而"死物"则是一种新的物质形式,同样有它的"生命周期"。现代科技的发展,也让我们对这种"死物"的"生命"性征有了更深刻的认识。比如人工智能机械不仅可以具备自我复制、自我更新的能力,甚至还能"思考",其高度发达的程度甚至可以取代人类在诸多领域的位置。

---

①　参见李建会:《论生命的本质》,载于吴彤等编:《科学技术的哲学反思》,清华大学出版社2004年版,第211页。

总之，诚如李建会所说，"生命现象与非生命现象存在着连续性，它们之间并没有一条截然分明的界限；而我们的定义生命的目的又是要把它们明确地区分开来，这必然使我们关于生命的定义要么太宽，把一些非生命的现象也包括在内；要么又太窄，一些生命现象也被排除在生命之外。"①伴随着这种意识的加深和人们对人与自然之关系的深刻反思，人们开始提出一种新的系统生命观。

首先，新的系统的生命观要求打破旧有生命定义中所存在的生命与非生命现象之间的"非连续性"，充分注意到了天地万物均有某种"命"的形式而且彼此存在着紧密的联系，从而在生命的范围上，均赋予自然万物某种"生命"意义。按照这种观点，山石、河流、太阳、地球等也都是有生命的，"只不过它们的生命特征和规定性不尽相同而已。"②其次，新的系统生命观注重生命的层级结构，即认为万物之间存在一种相互制约和依赖关系，万物整体间存在这样一种系统关系，万物中又可分出许多亚系统，如各式各样的生物圈。也就是这种生命观是把各种生命现象看成具有层级结构和序列的不同的生态系统，这种生态系统，也是一种"生命"形式，也是有"生命"的。小到一个具体的由不同动植物构成的生物圈，大到太阳系乃至宇宙，都可以说是一种生命形式。各生命圈之间彼此关联，又有着各自的规律和独立性。这种生命观，可以使我们在研究生命现象时，既能注意到各层次之间的关系性，也能充分意识到它们之间的独立性，同时它也提示我们要注重从整体角度来理解生命的存在本质和意义，以及生命演化的方式和目的。很显然，这种系统生命观是以生命的共有性质或"家族相似性"为前提的，是以一种整体的、有机联系的、发展的眼光看待各种生命现象，实际上是一种辩证的生命观念。③

儒家的生命观在很大程度上和这种系统生命观的认识存在相合之处。

---

① 参见李建会：《论生命的本质》，载于吴彤等编：《科学技术的哲学反思》，清华大学出版社 2004 年版，第 211 页。

② 乔清举：《河流的文化生命》，黄河水利出版社 2007 年版，第 18 页。

③ 对这种生命观，读者可参阅李建会：《论生命的本质》（载于吴彤等编：《科学技术的哲学反思》，清华大学出版社 2004 年版）和乔清举著《河流的文化生命》（黄河水利出版社 2007 年版）的第一章。

儒家的生命观实际上是一种整体的生命观,在儒家的"生命"话语体系中,儒家视天地生成的一切均具有某种生命的形式,所谓"大凡生于天地。者皆曰命"①,而一切生命、或曰生于天地间的一切也均具有普遍的、一致的生成根源和性质。在这种意识中,儒家才会有"民胞物与"、"万物一体"的观念,王阳明等才会认为甚至砖石草木都是生命等。此外,儒家虽然具有这种普遍联系的、整体的生命视域,但也不否认各种生命之间具有层级结构,从而区分出人的生命、动植物的生命等不同的生命体系。儒家也既不单纯从个体角度分析生命现象,亦不从"静态"角度理解各种生命现象,而是倾向于从复合性和动态性角度理解生命。《易经》里的"易道生生"的生命观念,充分说明了这一点。

总体来看,儒家对生命的理解,主要是一种存在主义的和辩证主义的生命观念,即把生命理解为宇宙法则的一种展现状态,由这种宇宙法则创生的一切事物,都具有"生命"的特征,且这种"生命"是整体联系的、发展的、变动的。所以儒家十分注重生命的"理一",同时也强调生命的"万殊",一方面它注重运用"同一性"的观点来揭示生命的本源、本质和内在价值,又善于在矛盾中处理各种生命存在之间的相互关系,这突出体现在儒家的"阴阳"观念中。

综上可见,儒家关于"生命"的认识,并不局限于某种功能和结构的定义,②也不追求对生命现象的整全描述,它实际上是在一种"生"的伦理思维中,用一种哲学伦理学的"善的目的论"导引的生命观。凡是"生命",皆天造地设阴阳互动之结果,这是"天地之性",这也就是"生生","生生"就是万有的生命世界,继此"天地之性"、体现天地之"生"者,即是现实的种种生命,它们的存在本身即是一种"应然",所谓"一阴一阳之谓道,继之者善也,成之者性也"。③ 这是儒家生命观的一个基本特色。

---

① 《礼记·祭法》。
② 如果说儒家的生命观也存在某种"结构"说的话,那么,这种结构也不是从物理角度来说的,而是一种哲学的观念,是用哲学思维把握的"生命结构";其一是阴阳,阴阳不仅创造了生命,也构成了生命;其二是形、气、神。但这种生命构成说,显然异于当代语境中的生命构成论诸说。
③ 《易·系辞上》。

如前所述,儒家这种生命观是借助"天"、"生"、"性"、"命"等这些概念及其相互关系得以说明的。因此,我们只有对这些概念有着清晰的认识,才可能真正做到对儒家有关生命理解的认识,以及把握住儒家生命观的基本精神和生命原则。除此之外,通过对这些概念的文本考述,我们不仅能抓住儒家生命伦理的关键信息,也能比较清晰地意识到这些概念与当今语境中的生命概念的差异性和相关性。这就是为什么本章撷取这几个概念着重讨论的原因。不过,关于这些概念的字形演化和意义发展,学界考究得已经很多,我们不必再做相同的工作。在这里,我主要是结合当代语境中的生命内涵,来挖掘这些概念所蕴含着的儒家独特的生命意识,以及其中蕴含的生命伦理意蕴,以便我们对儒家言说生命的方式和特殊内涵能有一个基础性的系统理解,并以这种理解来系统分析儒家关于生命伦理问题的可能立场。我们首先来看儒家文献中的"生"。①

第二节　原始儒家文献中的"生"

"生"在儒家伦理中,实际上具有伦理总纲的意义。儒家对宇宙的生成、世界的本体、生命的根源以及个体生命的意向性和规定性中都离不开这个"生",我们平常所说的"生命",在儒学中很多情况下也常常可以简约为这一个"生"字。所以讨论儒家生命伦理思想,了解这一"生"的概念十分重要。有鉴于此,这里我们把"生"作为考察儒家对生命认识的基点,通过原始儒家文献中"生"的意义考述,进而明了儒家言说生命的方式及其内涵。

一、"生"之本义

从儒学的思想体系来看,儒家的"生"主要是一个伦理学概念,儒家十

---

① 毫无疑问,"天"在儒家伦理中具有本根地位,"生"、"性"、"命"这些概念本身的内涵也与"天"息息相关,但由于学界对"天"的专门论述甚多,且"天"在形式上与我们所说的"生命"有一定距离,所以这里不拟专门考述儒家之"天",而是把它当做不言自明地阐释"生"、"性"、"命"等儒家生命观念的思想前提加以看待。

分注重挖掘"生"的德性内涵,并围绕着它诠释对生命和天、地、人、我相互关系的看法。但是考之原始义,"生"并没有这些复杂内涵。从汉语演化的情况来看,"生"最初也没有"性"、"命"的意思,"生"是如何有了"性"、"命"的意思,又继而演化出"生命"来,这恰是"生"为何成为我们探究儒家生命伦理思想的关键原因。因为"生"与"性"、"命"相连并具有特别重要的伦理内涵,儒家在这里实际上发挥着巨大作用。我们先来看一下"生"的基本含义。

"生"在先秦文献中,使用相当频繁,从甲骨文时代直至秦兴,"生"广泛见诸各类文献之中。从"生"的构字内涵来看,在甲骨文中,"生"字的写法是上部是一个象征草木的形状"屮",下部从"一",象征土地之形,有的则直接把这个"一"写成"土",从而形成会意,其意思就是草木生长于土地之上。金文中,"生"的写法也都承接甲骨文的这个写法,即一个象征草的形状的符号加一个土字,草在土上,象征草木长出土地之上。所以,从甲骨文和金文中"生"字的构意来看,"生"的本义就是指"诞生"、"出生"或"长出"之义。许慎在《说文解字》中将"生"字解释为"生,进也。象草木生出土上"①。也就是说"生"的字型象草木生长之形,它的基本意思即"长、进、向上或往前发展"之义。文选魏都赋注引刘巘易义曰"自无出有曰生",②这是就事物的生长状态而言,说的也是"生"的基本意思,事物从不存在到存在,即是事物之"生"。而存在的阶段亦因此可用"生"来称谓。因此,从语源学的角度来看,"生"的本义即"长进"、"生长"、"长出"、"从无到有"之意。后来关于"生"的许多意思,多由此义引申而来。凡事物从无到有,并自产生的生存状态,或涉及事物这一过程的事态和性征,往往都可以用"生"或围绕"生"来构词加以称谓。这样"生"的词性也发生了变化,从最初的动词也衍生出名词和形容词的意义。从语源学的角度看,"生"的引申义,在名词方面,主要有"生命"、"生存"、"生活"、"生性"、"生机"、"生气"等意思;在动词方面,主要有"出生"、"产生"、"生成"、"生育"、"发生"、

---

① 许慎撰,崔枢华、何宗慧校点:《说文解字》,北京师范大学出版社 2000 年版,第 250 页。

② 参见方俊吉:《尔雅义疏释例》,文史哲出版社 1980 年版,第 40 页。

"养生"等意思;在形容词方面,主要有"活的"、"不成熟的"、"在世的"等意思。从原始儒家文献中"生"的使用情况来看,原始儒家文献中的"生",多是在这种引申意义上使用的"生"。

后来,由于人们普遍性思维的增强,人们渐渐从"生"中悟出"万物之始"的意义来,这样"生"就逐渐具备了哲学的含义,慢慢地"生"开始有了万物本源之意义。在儒学中,儒家常常用"生"来指称万物得以生的最初原动力,并把决定事物生长的这种原动力称为"生意",比如二程尝曰"万物之生意最可观"①。"生意"一词表明了儒家对生命最深刻的体会。在儒家看来,有"生意"生命才会得以生长壮大,无"生意"则万事皆休。因此儒家总是刻意维护这种"生意",使之生,促其生,利其生。儒家的基本精神就是让有"生意"的物体能够顺利地、饱满地生长,从而实现"厚生"的目的。我们在现代语境上使用的任何关于"生"的词语,可以说都是这种"生"的哲学思维普遍发散的结果。比如"生气"、"生意"、"生活"、"生动"、"生长"、"生成"、"生育"、"生发"、"生机",都蕴含着"生"的最基本意义和它的哲学意蕴。我们今天所谓的"生命",之所以在儒学中有时可以用一个"生"字来表示,很大程度上就是由于"生命"承载着"生"的主要意思。"生命"首先意味着生命的产生、诞生,其次意味着成长和存续,生命的成长和存续都需要生命力的支持,也都是一个由稚嫩到成熟的过程,而这即万物之"生",也即万物之"生命",这是从"生"的角度推测"生命"概念的产生和内涵上的关联性。但是儒家对于生命的诠释,往往并不是直接用这个"生"字,或者说单纯用这个"生"字并不能揭示儒家对于生命的重大看法。接下来我们就立足原始儒家的经典文献,对"生"字的使用情况进行一下考察,我们的目的是要揭示儒家是在何种意义上用"生"的,"生"如何与"生命"发生的联系,或者儒家是怎样借助"生"来言说有关生命的问题的。我们先来看下先秦"五经"中的"生"。

二、先秦五经中的"生"

这里所谓先秦"五经"是指孔子创立儒学前即业已存在的中华上古典

---

① 程颢、程颐著,王孝鱼点校:《二程集》(上),中华书局2004年版,第120页。

籍《诗经》、《尚书》、《仪礼》、《春秋》和《易经》。① "五经"原本是"六经"，但《乐》失传，故这里只以"五经"为论。根据笔者的统计，《诗经》中的"生"凡57见，《尚书》中的"生"凡36见，《仪礼》中有10见，《易》经文中凡2见，《春秋》经文中凡13见。由于《仪礼》和《春秋》经中的"生"主要用于人名或称谓，《易》经文中这两处"生"也没有特殊意义，故这里论述"五经"中的"生"，主要以《诗经》、《尚书》这两部文献为主。

（一）《诗经》中的"生"

"生"在《诗经》中凡57见，主要见于下列各句②：

"死生契阔，与子成说。"（《诗经·国风·击鼓》，为简洁起见，以下只注篇名）

"既生既育，比予于毒。"（《谷风》）

"我生之初，尚无位我生之后，逢此百罹。"（《兔爰》）

"有杕之杜，生于道左。"（《有杕之杜》）

"翘翘错薪，不求友生？"（《兔爰》）

"皎皎白驹，在彼空谷。生刍一束，其人如玉。"（《白驹》）

"乃生男子，载寝之床。"（《斯干》）

"式月斯生，俾民不宁。"（《节南山》）

"夙兴夜寐，毋忝尔所生。"（《小宛》）

"哀哀父母，生我劬劳。"

---

① 先秦"五经"的原初文本，我们今日已经很难窥其全貌了。后世流传的版本多有不同。比如今日我们看到的《尚书》已经很难说就是先秦时的《尚书》，所以这里需要作一点说明。我们这里所谓"五经"，主要是指今天通行本《尚书》（关于《尚书》的思想年代问题，我们下一章会有所讨论，此处从略）《诗经》、《仪礼》；这里所说的《易》，则指《周易》的"经文"部分，不包括《易传》，《易传》中的"生"另论；《春秋》亦以此种方法处理；本章各节均采取这一办法。

② 为了叙述的方便，凡是重复使用的情况，我们只择列一句。《诗经》中的诗句往往反复歌咏，如《国风·兔爰》中的"我生之初"和"我生之后"句，反复出现共6见，这样的情况我们只择列一处。另外还存在大量意思和用法完全一致的情况，如"有杕之杜，生于道左"（《有杕之杜》）；"既沾既足。生我百谷"（《信南山》）；"梧桐生矣，于彼朝阳"（《卷阿》）等句，这种情况的"生"，我们也只择列一处。

"父兮生我,母兮鞠我。"

"鲜民之生,不如死之久矣。"

(以上三句见《蓼莪》)。

"天之生我,我辰安在?"(《小弁》)

"天生烝民,有物有则。"(《烝民》)

"厥初生民,时维姜嫄。生民如何?"(《生民》)

"昊天孔昭,我生靡乐。"(《抑》)

以上所列为《诗经》中可见的主要之"生"字。总体上来看,《诗经》中的"生"多数都是在基本引申义上来使用的,就其内涵来说和我们今日所谓"生"字区别不大,主要是"出生"、"产生"、"生长"、"生活"、"生存"、"发生"的意思。所以傅斯年说:"《诗经》中之'生'字,其用法与今日无殊。"①但是有几种现象也值得我们特别注意。

其一,《诗经》中的"生"和其"天命"观念息息相关。如"天之生我,我辰安在?""天生烝民,有物有则。""天命玄鸟,降而生商。""昊天孔昭,我生靡乐。"等句。这里明显表达了一种对左右自我生命状态的终极力量的追问,均触及到儒家对于生命本源和生命法则的思考,可以说是儒家生命伦理本体论思想的一种流露。

其二,《诗经》中的"生"也涉及儒家对于现实生命的血亲基础和情感纽带的说明。如:"哀哀父母,生我劬劳。""父兮生我,母兮鞠我。""鲜民之生,不如死之久矣。"这几句已经透露出关怀父母、不辱父母的孝道意识。对自然血亲情感的重视,事关儒家伦理生成的现实根据,在许多方面,儒家的"生命"意识均与此有关。

其三,《诗经》中的"生"已经和"德"发生了联系,开始具备道德内涵。如"生刍一束,其人如玉"一句。这里的"生"指"初生",引申为"嫩的"意思,"生刍"可释为"嫩的、青绿的草"。"生"如何由"长"、"进"、"初出"的基本义演化出与"老"、"旧"、"熟"相对的意思,我们并没有直接的文献说

---

① 傅斯年:《性命古训辩证》,广西师范大学出版社2006年版,第34页。

明,但有一种合理的推测,即初生或正在生长之物,显示出一种生机、生意,有一种蓬勃的、清新的气息,从而具备了一种与老、旧等意思相对的意蕴。而本句中,作者也正是从"生刍"的这一物理特性中,喻示了人德的可贵。"生刍一束,其人如玉",这里面已经把人天生、纯真的清新之气看成可堪比人的德行的东西,后人也常用这句来比喻一个人清正之德行。"生"是相对"不生"的,而有"生"才有"德",以"生"喻德,这也是《诗经》的一个思想特色。

总的来说,《诗经》中的"生"已经触及到儒家伦理的一些议题,但是这里的哲学伦理含义还不甚明显,"生"还不能说是显而易见的伦理概念,儒家那种"重生"、"厚生"的生命意识和伦理观念,还没有特别鲜明地突显出来。这种情况在《尚书》中则发生了较为明显的变化。

(二)《尚书》中的"生"

《尚书》中,"生"凡36见,主要见于以下各句:

"修五礼、五玉、三帛、二生、一死贽。"

"舜生三十征,庸三十,在位五十载,陟方乃死。"

这两句见《尚书·舜典》(以下只注篇名),第一句中的"生"通"牲","二生"是指羊羔和雁二牲。第二句据郑康成读此经云:"'舜生三十',谓生三十年也。"[1]依此,这里的"生"当为"出生"之义。

"正德、利用、厚生惟和。"(《大禹谟》)

"好生之德,洽于民心。"(《大禹谟》)

"帝光天之下,至于海隅苍生。"(《益稷》)

蔡沈《书集传》说:"厚生者,衣帛食肉,不饥不寒之类,所以厚民之生也。"[2]依此,第一句中的"厚生"之"生"即"生活"义。第二句中的"生"与广为流传的"上苍有好生之德"中的"生"同义,"好生"即爱惜生命的意

---

① 孙星衍撰,陈抗、盛冬铃点校:《尚书今古文注疏》,中华书局 2003 年版,第 74 页。

② 蔡沈:《新刊四书五经·书经集传》,中国书店出版社 1994 年版,第 19 页。

思,这里的"生"即"生命"之义。第三句中的"苍生"与今日之"苍生"意思也相同,这里的"生"也是"生命"之义。

> "惟天生民有欲。""惟天生聪明时义。"
>
> 这两句见《仲虺之诰》。这里的"生"是"生下、生出"之义。
>
> "罔克胥匡以生。"(《太甲中》)
>
> "克绥先王之禄,永厎烝民之生。"(《咸有一德》)
>
> 这两句中的"生"都是生存、生活之义。
>
> "汝万民乃不生生,暨予一人猷同心,先后丕降与汝罪疾。"(《盘庚中》)
>
> "往哉生生! 今予将试以汝迁,永建乃家。"(《盘庚中》)
>
> "朕不肩好货,敢恭生生。"(《盘庚下》)
>
> "无总于货宝,生生自庸。"(《盘庚下》)

这几句都是"生生"连用。第一句中的"生生",前一"生"为动词,后一"生"字,孙星衍疏:"《诗传》云:财业也。""言汝万民不知自营其生。""生生"在这里即"自营其生"之义。① 后几句中的"生生"与第一句的"生生"意思相同。这里的"生生",前一个"生"都是动词,可释为"使之生",后一个"生"是名词,是"得以生的内容"或者说"生活资本","生生"有"谋生"的意思。

> "惟民生厚,因物有迁。"(《君陈》)

此句中的"生"通"性",意为民众本性敦厚。

综上,《尚书》中的"生",除去一些通假借用的情况,主要有"出生"、"产生"、"生命"、"生活"、"生存"、"使之生"等意思。我们可以看到,相对于《诗经》而言,《尚书》中的"生",已经较为频繁地在"生命"意义上使用

---

① 孙星衍撰,陈抗、盛冬铃点校:《尚书今古文注疏》,中华书局2003年版,第235页。

了,而且更多地与"德性"相连,"重生"、"爱生"已经成为一种明确的生命意识和道德品性。同时,具备这种生命意识或者"德性"也被视为"在位者"应有的素养,是"在位者"能在其位的伦理基础。爱护生命、以天下苍生为重,使"生民"能够"遂其生",是儒家"德治"的重要内容。在这里,"生"已经具备了现代日常语言中的"生命"的含义,而且附着了明显的道德的属性。可以说,《尚书》中的"生"已经显示出了儒家生命伦理的基调。"上天有好生之德",这句广为流传的中华民族劝善之语,实滥觞于此,这也充分表明《尚书》具有一种十分明确的以生命为本的伦理意识。但这种意识的明确表达,则有赖于后人的发展。

三、孔子、孟子、荀子论"生"

孔子、孟子、荀子是原始儒家的主要代表人物,在儒家思想中具有特别重要的地位。儒学由孔子开创,以后孟子和荀子开出两种不同路向发挥其义,二者承上启下,又以一种互补姿态完善着整个儒学体系,儒学显著于当时及后世,二子功不可没。故这里我们把孔子、孟子和荀子放在一起来论。孔子、孟子和荀子的思想集中体现在《论语》、《孟子》、《荀子》中。所以,这里我们主要以《论语》、《孟子》和《荀子》为基础,来讨论孔子、孟子和荀子所说的"生"。

(一)孔子论"生"

孔子对"生"的论述,我们主要以《论语》为据。在《论语》中,包含重复使用的情况,"生"字凡22见。其中重要的句子有:

> "君子务本,本立而道生。"(《论语·学而》)
>
> "天何言哉! 四时行焉,百物生焉,天何言哉?"(《论语·阳货》)
>
> "天生德于予,桓魋其如予何?"(《论语·述而》)
>
> (这几句的"生",主要是"产生"、"生出"的意思。)
>
> "生,事之以礼;死,葬之以礼。"(《论语·为政》)
>
> "志士仁人,无求生以害仁,有杀身以成仁。"(《论语·卫灵公》)
>
> "爱之欲其生,恶之欲其死。"(《论语·颜渊》)

（这几句中的"生"主要是"生活"、"活着"、"在世"之义。）

"未知生，焉知死？"（《论语·先进》）

"死生有命，富贵在天。"（《论语·颜渊》）

"其生也荣，其死也哀。"（《论语·子张》）

以上几句的"生"都和"死"相对，其意义和今日所谓"生死"之"生"的意义相同。

"人之生也直，罔之生也幸而免。"（《论语·雍也》）

朱熹解之曰："生理本直。罔，不直也，而亦生者，幸而免尔。"①按照这种解释，"直"乃人天生本然之理，亦即"性"之内容。故此中之"生"，当作"天性"解。冯友兰先生也说："孔丘常讲'直'。他说：'人之生也直，罔之生也幸而免。'意思就是说，以自己为主，凭着自己的真情实感，是什么就是什么，有什么就说什么，这是人的本性，生来就是这个样子的。以别人为主，不是这个样子，这就是'罔'。"②按照这种说法，这里的"生"显然也和"性"有很大关系。

除去以上各句，《论语》中的"生"也有通假借用的情况，如《论语·乡党》："君赐生，必畜之。"这里"生"指"活物"。

综合《论语》里的"生"可知，在《论语》中"生"显然是一个很重要的概念，这里面的"生"多是围绕着"生命"问题而发，这说明孔子的伦理思想，在很大程度上也是基于"生"的思考。人的生命当以何种形式存在，现实的人生受到何种规定，其应当的走向如何，生命的意义存在哪里，生命的根源和动力是什么，这些有关"生命"的问题，在《论语》中相当程度上都是围绕着"生"而得以阐释的，或者说孔子有关生命的观点，主要是以"生"的论题形式发出的。生命的问题，在《论语》中很大程度上已经由"生"这一概念所涵摄。

---

① 朱熹：《四书章句集注》，中华书局1983年版，第89页。

② 冯友兰：《中国哲学史新编》（上卷），人民出版社1998年版，第150页。

不仅如此,《论语》里面的"生",它的形上意义也开始显露。我们注意到,孔子论述"生"的问题,事实上是和"天"的属性有关联的。或者说,孔子对"生"的问题的阐释,本于孔子对"天道"的一种理解。也就是孔子对生命问题的阐释,其背后的思想依据是他的天道观。《论语·阳货》记载:"子曰:'予欲无言。'子贡曰:'子如不言,则小子何述焉?'子曰:'天何言哉!四时行焉,百物生焉,天何言哉?'"这段话表明,孔子之教是效法于天的。《论语·宪问》亦记载:"子曰:'莫我知也夫!'子贡曰:'何为其莫知子也?'子曰:'不怨天,不尤人,下学而上达,知我者其天乎!'"这段话又显示,在孔子这里,学问的根本和目的即是"上达于天",换言之,学问的根本即在于对"天道"的体悟和践履。如果我们再联系《论语》中所有关于"天"的言论来看,我们可以断定,孔子对"生"的问题的揭示,是完全建立在他对"天"的存在法则的一种理解基础之上的。根据《论语》,尽管孔子很少谈论"天道",但是透过"天何言哉!四时行焉,百物生焉,天何言哉?"等说法,我们也可隐约感觉到,"天"的显证,在于"百物生",这大致表明孔子的思想是以天之"生物"法则为本的,也即孔子眼中的"天道",大概就是天的"生道"。①

可见,在孔子这里,生命的根源和动力,人的生命的发展方向或者说生命的实现形式与终极目的,都与"天"相关。而"天"提供给人类的可效法的内容或精神,即其"生物"的法则或精神,而以天之"生道"为本,实际上也就确立了人之生命实现的根本方式和终极方向,即在于遵循天道、实践天道。生命的价值和意义只能在对天道的体悟、践履、弘扬中才能得到确认和体现。这实际上是儒家有关"生命"认识的一个根本的观点。"生"的问题,本质上就是体悟和实践天道的问题,因此,对"天道"如何理解,必然会决定对生命的根本认识。《论语》言"生"的这一方式表明,离开"天"谈论生命问题,就根本上背离了儒家对"生命"问题的认识方式,就不可能获得儒家有关"生命"的认识的正确观点。

生命问题,存在于天与人的交互关系之中,它的中心点是"天"之"生"

---

① 在随后的章节中,我们会对孔子"天道"观的实质作进一步的分析,此处从略。请参阅本书第四章和第六章的相关内容。

与"人"之"生"的关系问题。天生万物,则规定万物,人亦受此规定,故人道当效法于天,这可谓《论语》的一个根本思想,尽管这一思想在《论语》中表明得还不是那么明朗。但是在孔子的潜意识中,天起着万物本源的意义,这一点我们还是可以肯定的。不然孔子就不太可能说出"天生德于予"之类的话。唯天是伦理价值之本源,"德"生于天才成为可能。唯天规定人性,天与人具有某种同一性,从天之中寻求人之行动合宜性的根据和动力才成为可能。孔子之"仁"正是融贯天、人的这样一个概念。我们注意到,在孔子这里,"生"的问题已经表现出相当复杂的面向,孔子是把"生"的问题和"天"、"性"、"命"等诸多概念融会在一起加以阐释的。上述"人之生也直,罔之生也幸而免"一句已经表明"生"与"性"的牵连。又如"死生有命,富贵在天"一句,这句虽出子夏之口,但收录在《论语》中,当显示了孔子日常教学中对此有着论述和重视。此句初看有一种宿命论倾向,但生死均有命,却又显得合情合理,弄清这句话的含义,关键要弄清这个"命"字。毫无疑问,本句涉及重大的儒家对生命问题的认识,但本句同时也说明,要弄清儒家"生"的问题,同时也要具备"命"的背景知识,这进一步验证了我们探究儒家有关"生命"的认识,务须将之纳入一整套的儒家概念系统中之必要性。

总体来看,《论语》中凸显着十分浓烈的"生"的意识,并注重围绕着"生"抒发诸德之义和死生的终极性伦理问题。在这里,"生"之义贯通于"天"、"德"、"命"、"仁"之中,其形上义、伦理义都得到体现,并形成诸多哲学伦理问题,如"天"与"生"、"仁"与"生"、生与死等问题,启发着人们如何领悟生命之本、生命之价值与意义、如何做人、为人之人生哲学等问题。孔子关于"生"的基本思想,孟子对其都有继承和发挥。

(二)孟子论"生"

"生"在《孟子》中出现次数较多,凡60见,除去一些在基本义上使用的"生"字,体现了孟子生命伦理思想的句子主要有以下各句:

> "养生丧死无憾,王道之始也。"(《孟子·梁惠王上》)
>
> "养生者,不足以当大事;惟送死,可以当大事。"(《孟子·离娄下》)

"拱把之桐梓,人苟欲生之。皆知所以养之者,至于身,而不知所以养之者,岂爱身不若桐梓哉? 弗思甚也。"(《孟子·告子上》)

以上三句中的"生",从字义来看,第一句和第二句中的"生"可释为"生命",虽然这句话说的是"王道"之于民众生活的意义,但这里"生"不宜解作"生活",因为"生活"不宜说"养"。第三句是"使之生长"义。"养生丧死"同样的说法亦见于《礼记》、《荀子》,可见战国时这是非常普遍流行的说法。这里的"养生"不是今日狭隘的身体健康方面的"养生",因为这里的"生"是广义的,既包括个体的身心之养,也包括"民生"之养。与之相应的"养生之道"既包括个体的养生、修身,也包括政治上的对民众生存与发展的保障。

"君子之于禽兽也,见其生,不忍见其死。"(《孟子·梁惠王上》)
"有天下易生之物也,一日曝之,十日寒之,未有能生者也。"(《孟子·告子上》)
"以生道杀民,虽死不怨杀者。"(《孟子·尽心上》)

这三句中的"生",第一句中的"生"与"死"相对,与今日"生死"之"生"同义。第二句的两个"生",可释为"存活"。第三句的"生道",杨伯峻释之为"生存的原则"①,依此,此中之"生"即"生存"之义。这几句体现了孟子重"生"、以生命为本的意识,尤其是"生道"二字,颇值得深味,因为这显示出孟子对生命问题的深度而系统的思考。

"生,亦我所欲也,义,亦我所欲也,二者不可得兼,舍生而取义者也。"(《孟子·告子上》)
"然后知生于忧患而死于安乐也。"(《孟子·告子下》)

这两句中的"生"都是"活着"、"生存"的意思。

①　杨伯峻:《孟子译注》,中华书局 2005 年版,第 305 页。

"生之谓性。"(《孟子·告子上》)

此语出自告子之口,非孟子的观点。但孟子基于这一观点与告子发生了一场辩论。孟子并不认同这种观点,但同时他与告子的论辩也表明,"生"是与"性"有重大关联的。仅就孟子与告子的争辩来看①,此句之"生",即"天赋之禀性"之义。

"且天之生物也,使之一本,而夷子二本故也。"(《孟子·滕文公上》)

"仁义礼智根于心,其生色也,睟然见于面,盎于背,施于四体,四体不言而喻。"(《孟子·尽心上》)

这两句的"生",就字面意思来看,乃"产生"、"生出"之义,但其实都包含更复杂的意义,这些句子都涉及我们对孟子整体生命伦理精神和主要内容的理解。

除上各句,《孟子》中还有一些涉及"生"的句子,但意思均不出以上各句,这里就不再列出。我们通观上述各句,我们可以说孟子一脉相承地继承了孔子的观点,并于形而上学和实际的政治方面作了较为深刻的理论拓展。比如孔子以"慎终追远"的姿态来安顿个体生命、化解生死问题,将生死置于仪礼化的类宗教生活中,强调"生,事之以礼;死,葬之以礼"。② 孟子之"养生者,不足以当大事;惟送死,可以当大事"之论,即是强化孔子之意。"天"与"生"之本体关联,在孟子这里也显得较为清晰。我认为孟子"一本、二本"之论,即含此意。"天道"在"生",万物本于天之"生道",意即各种生命皆本于此,《中庸》讲"天地之道,可一言而尽也:其为物不贰,则其生物不测",③说的也是这个意思。

总的来看,孟子论"生",既关乎个体德性之养成和表现,更关系到家国天下的修齐治平的问题,但都是对孔子思想的发挥和理论拓展。如"舍生

---

① 具体请参见《孟子·告子上》。
② 《论语·为政》。
③ 《中庸·第二十六章》。

取义"本于孔子"杀生成仁",而"养生丧死无憾"之"王道",亦是对孔子"庶、富、教"①之民生思想的继承。孟子和孔子一样,在他们潜在的思维当中,"天"都是"生"之本源的存在,"天"的本性都在于它的道德性,都表现出一种"善生"的思维倾向和价值取向。与孔子不同的是,孟子对于"生"与"性"的关系——这一儒学中十分重要的关系——作了认真的讨论。"性"的问题,于孔子还是一个颇为经验性的命题,"性相近也,习相远也",而在孟子这里则成为"天道性命相贯通"的一个命题,正是在孟子这里,形成了"尽心—知性—知天"和"存心—养性—事天"从而"立命"的生命伦理路径。② 所以说,孔子潜隐不发的"生"之哲学义、伦理义,在孟子这里则逐渐明朗起来。至于荀子,大道不偏于孔子,但与孟子所论又有不同。

(三)荀子论"生"

"生"在《荀子》中出现也较频繁,近70处,荀子生活于战国末期,从语言学的发展角度来说,"生"的意思将更为丰富,与其他概念范畴的联系和区别也将更为鲜明。从思想发展的角度来说,"生"的哲学伦理义也因时代的问题变得更有针对性和现实性,这些在《荀子》中都有表现。我们先看一下《荀子》中关于"生"的一些重要言论。

"天地者,生之始也;礼义者,治之始也。"(《荀子·富国》)

"天地生之,圣人成之。"(《荀子·富国》)

"礼有三本:天地者,生之本也。"(《荀子·礼论》)

"无天地,恶生?"(《荀子·礼论》)

"天地合而万物生,阴阳接而变化起,性伪合而天下治。"(《荀子·礼论》)

这里面的"生"与天地之本联系起来,是在本体意义上论"生"。从字面意思来看,这里面的"生"可以理解为"生命"或"创生"。

---

① 见《论语·子路》:子适卫,冉有仆。子曰:"庶矣哉。"冉有曰:"既庶矣,又何加焉?"曰:"富之。"曰:"既富矣,又何加焉?"曰:"教之。"

② 关于孟子这一生命伦理路径的讨论,请参阅本书第四章。

"故人无礼则不生,事无礼则不成,国家无礼则不宁。"(《荀子·修身》)

"扁善之度——以治气养生。"(《荀子·修身》)

"不由礼则触陷生疾。"(《荀子·修身》)

"水火有气而无生,草木有生而无知,禽兽有知而无义,人有气、有生、有知,亦且有义,故最为天下贵也。"(《荀子·富国》)

"故人莫贵乎生,莫乐乎安;所以养生安乐者,莫大乎礼义。人知贵生乐安而弃礼义,辟之,是犹欲寿而殇颈也,愚莫大焉。"(《荀子·强国》)

"其行曲治,其养曲适,其生不伤,夫是之谓知天。"(《荀子·天论》)

"以从俗为善,以货财为宝,以养生为己至道,是民德也。"(《荀子·儒效》)

以上诸句中的"生"主要是"生命、生存、生活于世"之义。在这里面,荀子重点强调了道德与生命的关系,特别是"礼"对于生命的重大意义。这是儒家生命伦理思想中"德命"观的重要体现,道德并非只是一种纯粹的精神修养,它的根本意义实际上是体现了生命的本质和生命得以实现的最佳方式,是一种非常特殊的"养生"思想。人的生命的根本生发于"德",由"德"体现和维系,而不是靠外物保证和体现,所谓"生乎由是,死乎由是,夫是之谓德操。德操然后能定,能定然后能应,能定能应,夫是之谓成人"。①

此外,《荀子》中还有两处论及"生"的值得我们认真对待。一处是《荀子·王制》篇里讲的"六畜皆得其长,群生皆得其命"。这里的"生"可以理解为"生命",也可以理解为"生物","群生"就是各种生命或各种生物之义。但是这里紧跟着又讲"命",这说明"命"和"生"是有重大区别的。天地阴阳相合,万物遂得其"生","生"而必须得"命",才构成万物之"生命",这显然说明"生"与"命"存在不同的向度,分别代表一些特殊的内容。万物

---

① 《荀子·劝学》。

根据天地阴阳相合得以生,生后还有一个"得命"的问题。把"生"和"命"一同考察,才有可能较为完整地理解儒家有关"生命"的观点,这再一次提醒我们,探究儒家生命伦理思想,必须对儒家言说"生命"的特殊概念系统要有清晰的认识。与"命"相连,说明"生"与"命"的意义相对独立且联系紧密。二者合在一起,是说凡是"生",皆为天赋,万物获得其"生"之时,也同时获得了"命"的规定,从而有了自己的"生命",所以这种意义上的"生命",显然不是生物学意义上的"生命"。另一处是《荀子·天论》篇里讲的"万物各得其和以生"。荀子多次讲到"和"的问题,从其论述来看,荀子应该是把"和"看成物之所生的重要条件。在儒学中,"和"确实是"生"的一个根本性条件,"和生"我们可以视为儒家生命伦理的一个重要原则。①

总体言之,荀子论"生",一个重大特色是把"生"的意思与"天道"和"礼"联系起来,并且尤其重视实现"生"的方式和方法。在荀子这里,"即生言性"和"天道在生"的观念得到更为鲜明的阐发,而"礼"对于维系人之"生"的重大意义揭示得尤其深刻而全面。荀子对于人的生命的特殊性和保障机制也都作了十分具体的规定。天道的"生"、现实的"生"、群体的生存之道、个体的养生方式、"和生"的法则等,在荀子这里都得到深刻表述。"生"的意思,在荀子这里实际上已经条分缕析地体系化了。

孟子和荀子都生活在战国时期,他们有关"生"的论述,实际上代表了儒家言"生"的两种基本的思想倾向。从孔子始创儒学到秦汉之际,"生"逐渐成为儒家的一个重要理念,并得到系统化表达。这种情况在《易传》和郭店儒简中,都有着更为明显的体现。特别是在《易传》中,"生"已经成为儒家哲学的一个具有纲领性的理念了。

四、郭店儒简与《易传》中的"生"

(一)郭店儒简中的"生"

郭店楚墓竹简中的儒简部分(以下均简称"郭店儒简")也是关于先秦

---

① 参见张舜清:《儒家"生"之伦理思想研究》,中国社会科学出版社 2010 年版,第194—200 页。

儒家思想的重要典籍,它的出土被认为是"先秦儒家著作的重大发现"。①
从郭店儒简反映的思想内容来看,学界多认为是孔孟之间的思想作品。比
如庞朴先生就认为儒简属思孟学派著作,是早期儒家心性学说的重要文献,
补足了孔孟之间思想链条上的缺环。② 因此,考察郭店儒简中的"生",有助
于我们更为全面地理解原始儒家的生命伦理思想,特别是由孔子到孟子、荀
子时期儒家伦理的演化情况。从"生"的角度来说,郭店儒简也十分强调
"生"。如丁四新先生认为,"对于生的强调是简书的一个重要观点。"③由
于历史的原因,郭店儒简有许多残缺处,有许多句子并不完整,并且有许多
通假借用的情况或者今天很少用的异形字,这里我们只择涉及"生"字的重
要句子或短句加以讨论,对于其中的假借字和异形字,我们按今天一般的理
解直接写出今文。

"生"在儒简中凡 104 见,重要的句子主要见诸下列各句:

> "凡物由望生。"
> "有生有智,而后好恶生。"
> "其生也亡为乎? 其刑……"
> "有生有知而后好恶。"
> "夫天生百物,人为贵。"

以上诸句均见郭店儒简《语丛一》。第一句按李零先生的看法,该句的
含义还不甚清楚。④ 但也有学者认为,此句的意思即老子所说的"有生于
无"。⑤ 依此,则此句中的"生",即"产生"之义。上面第二、四句都是"有
生"和"有知"等并列,这种用法郭店儒简中十分常见,如"有命有生"、"有性

① 李学勤:《先秦儒家著作的重大发现》,载《中国哲学》第二十辑,辽宁教育出版社
2000 年版,第 13—17 页。

② 庞朴:《孔孟之间——郭店楚简的思想史地位》,载《中国社会科学》1998 年第 5 期。

③ 丁四新:《郭店楚墓竹简思想研究》,东方出版社 2000 年版,第 223 页。

④ 李零:《郭店楚简校读记》,北京大学出版社 2002 年版,第 158 页。

⑤ 刘钊:《郭店楚简校释》,福建人民出版社 2003 年版,第 183 页。

有生"等。根据这种结构和上下文的内容来看,这里的"生"都是一个意思,均可作"生命"解。上述最后一句"夫天生百物人为贵",是儒家非常重要的一种思想,类似说法广泛见诸儒家典籍中,其重大的伦理意义此处兹且不论。

> "天刑成,人与物斯理……物有理而地能含之生之者。"
> "有性有生呼生。"
> "有天有命有生。"
> "生为贵。"

以上诸句均见《语丛三》。第一句大意或说上天有它的法则,所以成就地上的人与物,地上的人与物按"天则"而行,大地方能生养。这里的"生"就是"使之生"的意思。第二句刘钊释其为:"有性命有生长,叫做'生'。"①按此,第一个"生"为"生长",第二个"生"为"生命"。这句也可以理解为"有性且生存着"或者说"有性的在者"就叫"生"(生命)。尽管这句我们不能完全断定儒简作者的意思,但这句话显然也透露出古人对"生命"的一种理解向度。这对于我们理解儒家之"生命"内涵,也是相当有启发性的。上述第三句是讲"有天有命"才有所谓"生",这显然是强调"天"和"命"的特有地位或者说由"天"才会有"命"的这一特殊内涵,三个"有"字的构句法似乎也在说明"天"、"命"、"生"的产生次序和孰为根本孰为派生的问题。因此,从生命哲学的角度看,这其实是在回答生命的本源问题。"生为贵"中的"生",显然是指"生命"的意思,相较"天生百物人为贵",这里儒简作者明显表达出一种对普遍生命的呵护之情,与"厚生"的人道情怀相比,这里突出了生命的价值,是一种更为难能可贵的思想。

> "(节)乎脂肤血气之情,养性命之正,安命而弗夭,养生而弗伤。"

此句见《唐虞之道》,此句前面的字有残缺,是节乎还是顺乎不得而知。

---

① 刘钊:《郭店楚简校释》,福建人民出版社2003年版,第219页。

本句主要讲的是养生思想,但这里涉及多个概念如"血气"、"性命"、"命"等。从句子结构来看,作者似乎是认为"脂肤血气"是生命之本,但这个"本"显然是就自然生命的生理构成而言。调节或顺此生理机能,才能"正性命",才能使"命"不夭折,使生命才不至于受到伤害。这应当说是一种非常具体的养生实践观点了。

> "君子如此,古不皇生,不位死也。"

此句见《忠信之道》。此句之"皇"或读"迋",或读"妄"。本句之前有"忠人亡诡,信人不倍",即君子讲忠信,就不会贪生怕死。这里的"生"亦指"生命"。

> "圣人之性与中人之性,其生而未有非之,节于而也,则犹是也。"

此句见《成之闻之》。此句主旨是讲"性",就性"性"而言,人生来没有什么不同,强调人生来就有向善之能力。这颇有孟子性善论的意思。

> "性自命出,命自天降。道始于情,情生于性。"
> "牛生而长,雁生而伸,其性使然,人而学或使之也。"

以上两句出自于《性自命出》。前一句讲了"性"、"命"、"道"、"情"的相生关系,虽然这句对于我们理解儒家言说"生命"的方式很重要,但就其中的"生"之意义来说,则并无特殊之处。第二句则是讲人与万物皆有天生之性,而人的天性却因后天学习而表现各异。这里的"生"指"生来"或"天生"之义。

从上可以看出,儒简在论述"生"的时候,已经紧紧与"天"、"命"、"性"、"道"等诸概念联系在一起,"天"、"命"、"性"、"道"诸概念与"生"之间的逻辑义理关系在儒简中也得到深刻的反映。因此,我们这里很难从单纯的"生"的字义上去理解这里面的"生",而更适合将之视为一种有关"生"的伦理体系来解读其中的"生"。郭店儒简虽然用语简洁而且有所残缺,但是通过"天"、"生"、"性"、"命"等概念及其相互关系的说明,有关生命的问题,诸如生命的根源与意义、道德与生命的关系、人的生命的特殊性及其来源等问题,仍然得到了较为深刻的反映。这再一次表明,离开对"天"、"生"、"性"、"命"等概念及其相互关系的认识,我们是谈不上正确理解儒家有关生命问题之认识的。

(二)《易传》中的"生"

《易传》是今本《周易》的"传"的部分。在《周易》中,合"经"、"传"两部分,"生"字总共 43 见,其中见于卦爻辞的有两处,分别是《易·观卦》六三爻辞:"六三:观我生进退"和《易·大过卦》的九二爻辞:"九二:枯杨生稊,老夫得其女妻,无不利"。按照《象传》的解释,前一句中的"生"就是己身进退的意思,指自身的行为。①《易·观卦·象》曰:"观我生进退,未失道也。""观我生"也就是自观其道。后一句的"生"是"生"的本义,即长出之意。除去《周易》"经文"中的这两处"生",其余"生"字皆见于《易传》。《易传》中的"生",其哲学伦理学的意蕴鲜明,我们今日对儒家"生"之哲学和伦理学的阐释,其思想根源也多依据《易传》中的"生"。故对《周易》中的"生"的探讨,我们主要以《易传》为本。《易传》中涉及"生"的句子很多,其中主要的句子如下:

　　　"大哉乾元,万物资始,乃统天。……至哉坤元,万物资生,乃顺承天。"(《乾卦·象》)

　　　"屯,刚柔始交而难生。"(《屯卦·象》)

　　　"天地感而万物化生,圣人感人心而天下和平。"(《咸卦·象》)

　　　"天施地生,其益无方。"(《益卦·象》)

　　　"方以类聚,物以群分,吉凶生矣。"

　　　"刚柔相推而生变化。"

　　　"夫乾,其静也专,其动也直,是以大生焉。夫坤,其静也翕,其动

---

① 孙熙国根据李镜池的看法认为这里的"生"是"姓","观我生"即察看百官众民然后定夺是进是退。(见孙熙国:《先秦哲学的意蕴:中国哲学早期重要概念研究》,华夏出版社 2006 年,第 194 页。)这里依《象》说。

也辟,是以广生焉。"

"是故易有太极,是生两仪,两仪生四象,四象生八卦,八卦定吉凶,吉凶生大业。"

"是故天生神物,圣人则之;天地变化,圣人效之。"

以上各句均见《易·系辞上》。

"吉凶悔吝者,生乎动者也。"

"天地氤氲,万物化醇。男女构精,万物化生。"

"是故爱恶相攻而吉凶生,远近相取而悔吝生,情伪相感而利害生。"

以上各句均见《易·系辞下》。

"有天地,然后万物生焉。"

"屯者,物之始生也。物生必蒙,故受之以蒙。"

这两句见于《易·序卦传》。

以上所列诸句,均是《易传》从各方面讲述天地创生的原理,仅仅从字面上看,这里的"生"并无特殊之处,都是"出生、生长、产生"之义。但《易传》最重要的思想主题其实都和"生"有关,讲述的是"生"之道理,所以《易传》有几句十分重要的纲领性的语句说"生"。这几句涉及"生"的句子鉴于意义重大,这里单列如下。

"易与天地准,故能弥纶天地之道;仰以观于天文,俯以察于地理,是故知幽明之故;原始反终,故知死生之说。"

"天地之大德曰生。"

"生生之谓易。"

这几句均见《易·系辞上》。"天地之大德曰生"一句，明确地把"生"与德相属，意义已经超出"生"之本义，有了鲜明的哲学、伦理意蕴。在这里天地成为具有"生命意志"的存在，而"生"则是天地的一种属性，是一种本体之"生"。故这种"生德"下贯而为物，意味着万物皆赋予内在的"生"之德行，根据《易经》阐述的"天人合德"，那么是否具有呵护生命的意识，是否能够"重生"、"爱生"，就成为人之有德与否的判定标准。这种德行，显然是以关心生命为基础的，是由对待生命的态度和行为而显定的道德意识和标准。

"生生之谓易"一句也有特别的内涵。我们前文说过，"生生"二字连用，不仅见于《易经》，也见于《尚书》，但意义却完全不同。《易经》直接将"生生"定义为"易"，而"易与天地准"，因而具有特殊的哲学意义。在《周易》这里，"生"即是"天地之道"，也是天地之德，所谓"天地之大德曰生"。①将"生"明确列为本体范畴，标明为"天德"的根本内容，是《周易》论"生"的一大特色，它也从根本上揭示出儒家生命伦理的纲要、模式和原理。

《易传》相传为孔子所作，但不管是不是孔子所作，《易传》都意味着儒家的理论思维已经发展到相对成熟的程度。《易传》对"生"的高度重视，说明其时儒家已经形成明确的"生"的意识和伦理观念，这一观念极大地影响着儒家对生命的看法和处理生命问题的根本原则。

五、《礼记》、《左传》中的"生"

讨论原始儒家的思想，不能不谈《礼记》和《春秋》各传。《礼记》主要是对《仪礼》的阐释性文字，这部书虽然成书较晚，但其各篇主要创作于先秦时期，其思想反映的也主要是先秦儒家思想，故这里我们将之归为原始儒家作品。②《春秋》据说为孔子所作。作为本经的《春秋》由于创作者的"笔法"问题，其义晦涩难懂，加之时代变迁，其中许多历史事件和要表达的意义后人都难以理解。因此后人对于《春秋》的理解，主要是借助依其而生的

---

① 本书第五章对此有详细论述，请参阅之。
② 关于《礼记》诸篇的创作年代和思想性质，我们在第五章还有具体的说明，请参阅之。

"传"，主要有《谷梁传》、《公羊传》和《左传》。后来《谷梁传》、《公羊传》两传逐渐衰落下去，而《左传》独尊并一度被列入"五经"。《左传》一般被认为是"先秦古书"，是战国时期的作品，从时间段和其反映的思想内容来看，亦可归之为"原始儒家"的文献。① 因为《左传》中包括有《春秋》的经文，故本节以《左传》为基本，兼论《春秋》中的"生"。我们先看《礼记》中的"生"。

（一）《礼记》中的"生"

《礼记》主要是对《仪礼》的阐释。《仪礼》书如其名，只是讲具体礼仪、仪式的一部书，在这部书里，"生"字出现很少，总共凡 10 见，而值得一提的只有两处，这两处我们在《礼记》的文本中均可见到。这两处分别是：

> "天下无生而贵者也。继世以产诸侯，像贤也。以官爵人，德之杀也。死而谥，今也。古者生无爵，死无谥。"（见《礼记·士冠礼》）
> "知死者赠，知生者赙。"（见《礼记·既夕礼》）

这两句中的"生"，前者是"生来、出生"之义，后者是指"活着的、在世的"意思。这里的"生"本身字义上没有特殊之处，但前一句整体却反映了儒家一个重要思想，即人在人格和尊严上是生而平等的，生命的尊贵、等级只是因后天的德性高低而表现出差等来。有德者居其位，德与生命的尊严、状态、和成就有着莫大的关系。这里儒家并不把富贵看做人的生命价值的决定性因素。这种思想，也是儒家颇有特色的一个思想。

除去这两处，《仪礼》中其余的"生"皆是用于"先生"、"后生"这样的固定名词称谓中，并没有特殊的意义。总的来看，《仪礼》中的"生"都可见于《礼记》之中。据笔者统计，《礼记》中的"生"共出现 149 次，不过就其内涵来说，多数的意思和现代汉语中的"生"相同，但也有一些特殊的用法。考虑到篇幅问题，这里不再一一列出各句，而只就主要意思作一概括。《礼记》中的"生"，其意义大体有以下几类：

---

① 关于《左传》的创作年代和反映的思想可参阅张宗友注译的《左传》的前言部分（中州古籍出版社 2010 年版）和何新文的《〈左传〉人物论稿》（中国社会科学出版社 2004 年版）第一章第一节。

第一类是"活着、在世"之义。这一类用法在《礼记》中比较常见。如《礼记·曲礼》(以下只注篇名)曰:"知生者吊,知死者丧";"生名之,死亦名之"。《檀弓》曰:"生有益于人,死不害于人";"以生者有哀素之心也"。《礼运》曰:"故人者,天地之心也,五行之端也。食味,别声,被色而生者也。"《缁衣》曰:"生则不可夺志,死则不可夺名。"等等。

第二类是"出生、生出、生长"义。如《曲礼》曰:"人生十年曰幼。"《檀弓》曰:"乐其所自生","广谷大川异制,民生其间者异俗"。《哀公问》曰:"天地不合,万物不生。"《乐记》曰:"乐者天地之和也,化不时则不生。"《祭法》曰:"大凡生于天地之间者皆曰命。"等等。

第三类是"生命、生存、生活"之义。如《檀弓》曰:"阴阳争,死生分。"《礼运》曰:"夫礼,先王以承天之道,以治人之情,故失之者死,得之者生。"《祭法》曰:"众生必死,死必归土。"等等。

第四类是"天生、自然而生"之义,与人力相对。如《礼器》曰:"天时有生也,地理有宜也。"《乐记》曰:"人生而静,天之性也。"等等。

此外还有一些比较特殊的用法,比如《檀弓》曰:"生无以为养,死无以为礼也。"《祭义》曰:"君子生则敬养,死则敬享。"这里面的"生"专指父母在世时、活着的时候。又如《礼运》曰:"故礼达而分定,故人皆爱其死而患其生。"这里的"生"有"苟且偷生"之义,全句意为人民皆愿慷慨赴死也不愿苟且偷生。又如《问丧》曰:"三日而后敛者,以俟其生也。三日而不生,亦不生矣。"这里的"生"是"复生"的意思。

此外我们还注意到,《礼记》讲"生"的时候,也有"生气"一说。如《月令》曰:"是月也,生气方盛,阳气发泄,句者毕出,萌者尽达,不可以内。"我们联系本篇中的"气衰则生物不遂"的说法,这里明显是把"生"看成天地创化万物的一种属性,它的物质载体即是"气"。"气"与"生"有着重大关联。生命的构成、本源以及生命的存在状态都与"气"相关,这表明,《礼记》的作者至少是在潜意识中对"气"与生命的关系有着较为深刻的认识。

通观《礼记》一书,我们发现,《礼记》中的"生"主要是围绕如下几个方面的问题展开的,即道德与生命的关系问题、特别是"礼"与生命的关系问题,"气"与生命的关系问题,生死问题与孝亲意识等问题,这些问题,都是儒家生命伦理中的重要问题。这说明儒家生命伦理的问题，其实就表现为儒家所论的"生"之伦理问题，因此，对"生"的内涵的揭示，实际上就是对儒家有关"生命"伦理思想的揭示。

《礼记》的思想，反映的主要是自儒学始创不断走向分化和深入时期的儒家思想，实际上反映的是整体儒学的概貌，综合了先秦儒家的各个分支的思想，因此有一种"综合"而又略显"驳杂"的性质。而这种情况，又恰恰可以反映出原始儒家论"生"的基本内涵，可以让我们注意到"生"的使用的全体方面。这种情况，同样出现在《左传》中。

（二）《左传》中的"生"

和《礼记》一样，《左传》中的"生"字使用得也极为频繁，粗略统计约有280处。但与《礼记》相同，这些"生"字，绝大多数没有特殊的哲学内涵，且相当一部分仅仅是用于人名和对人的称谓上。并且从内涵上来看，《左传》中的"生"与《礼记》中的"生"也基本一致，所以，我们没有必要把《左传》中的"生"一一列出。这里，只就一些凸显出儒家哲学义理的"生"作一点概括和评述。

总的来看，《左传》论"生"，都是在"天"和"生"的关系框架中论说的。"生"是和"天"相联属的一类概念或事物，如《左传·僖公二十一年》曰："天欲杀之，则如勿生。"这表明，天地所生之物，实为天的意志所决定，并且天生一物，必使之生，而非生之以为虐杀之目的。又如《左传·僖公二十三年》曰："叔詹谏曰：'臣闻天之所启，人弗及也。晋公子有三焉，天其或者将建诸，君其礼焉！男女同姓，其生不蕃。'"在这里，男女依礼而婚，被视为依天道所行之事，而同姓为婚，则难以实现"生生"。又比如《左传·襄公十四年》曰："天生民而立之君，使司牧之，勿使失性。"这是说，天对其所创生之物，负有善加管理之义务和责任，以使之天性勿失而好好生存下去。总之，"生"是"天意"及其功能的表现，万物之"生"始于天，天赋予万物以"生"，而此亦即为万物之"命"。所以，"生命"实质是天赋予万物的一种存在形式，但它内含着天的律令和要求，本身是带有目的性的，这一目的性又是和天的伦理属性相关联的，所以"生命"是内在的具有伦理价值的，生命的本质与天的本质具有同一性。故《左传·定公十五年》曰："民受天地之中以生,所谓命也。"这一点,和《礼记·祭法》讲的"大凡生于天地之间者皆曰命"十分相似。"生命"本身是"天"的某种特性的一种形式载体,生命的本性与天地的本性是同一的。所以生命的保障也主要在于依天之律令而行。

需要说明一点的是,《左传》论"生"和《礼记》似乎存在很大的亲缘关系,因为《左传》中透露出来的"生"的内涵,往往都是在讲"礼"的过程中体现出来的。在《左传》中,天的律令都是以"礼"的形式存在的,"礼"是"承天之道,以治人之情"的,它是生命最为实际的保障。如《左传·昭公二十五年》曰:"礼,上下之纪,天地之经纬也,民之所以生也,是以先王尚之。"又如《左传·定公十五年》曰:"民受天地之中以生,所谓命也。是以有动作礼义威仪之则,以定命也。能者养之以福,不能者败以取祸。是故君子勤礼,小人尽力。"这些都是从"礼"的角度来讨论"生"的问题。"礼"是保障生命的基本手段,它本身是"天道"的表现,因此是"协于天地之性"的,在这一意义上,"礼"实际上就是生命的形式或表现,因此,它不仅可以发挥"制生死"的作用,本身也是"生死之体",如《左传·定公十五年》曰:"夫礼,死生存亡之体也。"生命的长久之道,亦系于此,如《左传·昭公二十七年》曰:"生,好物也;死,恶物也。好物,乐也;恶物,哀也。哀乐不失,乃能协于天地之性,是以长久。"由于生命的本质与天的伦理性同一,这也决定了生命的意义即在于体现"天地之性",是故《左传·昭公二十七年》曰"哀死事生,以待天命",这便是我们对待生命和处理生命问题的基本态度。以上即是《左传》之"生"主要的义理内涵。

六、小结

以上我们对原始儒家文献中"生"的使用情况和基本内涵进行了约略说明。通过以上的考察,我们发现,在原始儒家文献中,"生"虽然均可训为"生"之本义或一般引申义,但是"生"的哲学伦理意味也已经表现得非常鲜明。"生"不仅有静态的"生存"、"生活"、"生命"之义,也是对生命运行和生存活动、甚至整个生命流行的一种描述和概括。也正因为如此,"生"在儒家那里逐渐有了伦理总纲的意义,儒家关注的问题总的来看就是"生"的问题,"生"是他们思考问题的中心点,也是理论的出发点。"生"所涉及的主要问题，也即我们今日所谓生命的本源、生命的本质与意义、生命的价值、生态平衡、生死问题、个体养生等等生命哲学和伦理学问题。这一点在孔子、孟子、荀子的言论中体现得十分明显。对这些概念及其关联性的把握，是我们准确判断儒家"生命"内涵的关键。总体来看，儒家对于"生"的意义，主要是从以下几个方面来论述的。

其一是从"天道"角度或宇宙创生万物的角度来论"生"，如"天地者，生之本也"①，"生生之谓易"②，等等。这里的"生"都有本体内涵，是天地万物的生命意志，是天地自然的属性。"生"的这种用法表明了儒家对生命本源与意义归属的一种终极的追问和思考。儒家就是借助这种思考，去构建涵纳天地、万物、人、我以及诸生命相互关系的伦理体系的。

其二是从"生"与"性"、"命"等诸概念的关联性角度来诠释"生"之内涵，或者把"生"的意思，进一步的融入"性"或"命"的问题中加以理解，从而揭示人的生命与万物生命的性质与存在方式的异同，从而建构起以天人关系为枢纽的生命伦理模式，如郭店儒简所谓"有性有生呼生"、"有天有命有生"③等。在这里，"生"与"天"、"命"、"性"、"道"等概念的关联性也开始得到深刻说明。但儒家在谈到"生"、"性"、"命"时，有时是可以互训的，也可以组合在一起使用，但其分有的特定内涵则是明确的。

其三是以"死"相对，来凸显"生"的意义或者借"生"说"死"。如"未知生，焉知死"④，"养生者，不足以当大事；惟送死，可以当大事。"⑤等等。

其四是由"生"论"德"，并以此说明生命的目的和意义问题。如孔子讲的"无求生以害仁，有杀身以成仁"⑥；孟子讲的"舍生取义"⑦；荀子讲的"人无礼则不生"⑧；等等。在儒家眼里，"生"本身就是一种德，且是天地之大

① 《荀子·礼论》。
② 《易·系辞上》。
③ 见郭店儒简《语丛三》。
④ 《论语·先进》。
⑤ 《孟子·离娄下》。
⑥ 《论语·子张》。
⑦ 《孟子·告子上》。
⑧ 《荀子·修身》。

德,人德实际上也就是对这一天地之大德的领悟和实践,在这一层面上对"生"的理解,使儒家伦理诸概念事实上为"生"所统摄。比如儒家伦理两个最主要的概念"仁"和"礼",其实讲的都是"生"的道理。①

上述几种关于"生"的使用情况,一方面彰显了"生"在儒家伦理思想中的地位,一方面也说明了"生"的内涵由一般意义向特殊意义逐渐彰显的过程。"生"作为一统摄性的概念,在儒家文献中的确包含"生命"的意思,但它不是把"生命"理解为一静态存在,而是一个"活的"过程,且是一个合目的性、属心的过程。卜辞中,"生"字有时加在表示月份的月或某月之上以表示时间,这种情况,欧阳祯人认为,"这足见甲骨文时代的人们已经认识到,生长是一个生命延续的过程,因此,生命在不同的时期就有不同的内涵。"②在这种"生"的思维涵摄下的"生命",本质上也是一个哲学伦理学的概念。"生"作为一个统摄性、本体性的概念,也是"性"、"命"等概念形成的根本。"性"、"命"等概念实际上是在不同向度对"生"的说明,也是在不同向度对"生命"的一种解读。所以,我们如果要恰切地理解儒家视野中的"生命",我们还需要对"性"、"命"等概念作一番探讨。

第三节　原始儒家文献中的"性"

"性"也是儒家哲学中特别重要的一个概念,而且也是特别基础的概念,有学者甚至认为"'性'就是《论语》以至全部儒学语境中的唯一'主语'"。③ 儒家对"生命"的认识,与"性"的关系极大。儒学有时被称为"天人性命"之学,也是因为"生命"的问题,在儒学这里很大程度上就表现为"性"的问题。因此,要弄清儒家对"生命"的看法,缺少对"性"的充分认识,也是不可能的。

---

① 参见张舜清:《儒家"生"之伦理思想研究》,中国社会科学出版社 2010 年版,第四章。
② 欧阳祯人:《先秦儒家性情思想研究》,武汉大学出版社 2005 年版,第 65 页。
③ 顾士敏:《中国儒学导论》,云南大学出版社 2007 年版,第 93 页。

一、"性"之本义

根据傅斯年先生的考证,从"心"从"生"的独立之"性"字并不见诸于先秦文献之中。他认为甲骨文、金文以及先秦诸子的文献中,都没有独立的"性"字,在这些文献中,"性"统统都写作"生"字。也就是"性"的原形字是"生","性"的写法都是后人根据对"生"的通用假借的理解改写成"性"的。并且他认为先秦文献中的"性"都可从"生"的本义角度来理解,都不脱"生"之本义。言外之意,"性"之义,无非是"生"之本义的引申。他说"识得独立之性字为先秦遗文所无,先秦遗文中皆用生字为之。至于生字之含义,在金文及《诗》、《书》中,并无后人所谓'性'之一义,而皆属于生之本义。后人所谓性者,其字义自《论语》始有之,然犹去生之本义为近。至《孟子》,此一新义始充分发展。"①他又说:"孟、荀、吕子之言性,皆不脱生之本义。必确认此点,然后可论晚周之性说矣。"②

对于傅斯年的说法,欧阳祯人论及此时说:"傅斯年先生在其《性命古训辨证》中说,先秦时期《诗经》、《尚书》、《论语》、《左传》、《国语》、《孟子》、《荀子》、《吕氏春秋》等典籍'之言性,皆不脱生之本义。必确认此点,然后可论晚周之性说矣',这是值得商榷的观点,但是,他说在字的形体上,先秦时期并没有从心从生的'性',现在看来,十有八九是对的。"③欧阳祯人自己也作了考证。他说:"在目前有关中国先秦时期的传世文献和出土简帛资料中,笔者还没有发现写有'性'字(从心从生)的原始材料。"④但是,根据欧阳祯人的考证,先秦文献中虽然没有独立的"性"字,但也不是全写作"生",比如《郭店楚墓竹简》中"性"字均写作"眚",而且不管是道家简还是儒家简,其中的"性"都是从生从目的写法,区别是有的写得较为写实,有的则较为飘逸。⑤ 不管是从心还是从目,均说明"性"字源于"生",这应

---

① 傅斯年:《性命古训辨证》,广西师范大学出版社 2006 年版,第 3 页。
② 傅斯年:《性命古训辨证》,广西师范大学出版社 2006 年版,第 67 页。
③ 欧阳祯人:《先秦儒家性情思想研究》,武汉大学出版社 2005 年版,第 64 页。
④ 欧阳祯人:《先秦儒家性情思想研究》,武汉大学出版社 2005 年版,第 61 页。
⑤ 欧阳祯人:《先秦儒家性情思想研究》,武汉大学出版社 2005 年版,第 62 页。

当是无疑义的。

不过,纯粹语义学的分析,未必就能真实反映一种观念生成和演化的意义。傅斯年用训诂字义的方式考究"性"的意义,虽然有它的价值,但也可能存在问题。这一点徐复观早已指出。"此一方法,忽略了语言学本身的一项重大事实,即是语原的本身,也并不能表示它当时所应包含的全部意义,乃至重要意义。"①本杰明·史华兹也特意提到这一点。他根据先秦学者讨论"性"的史实指出,"在处理这个问题的时候,人们必须超越文献学证据的局限性。一个观念的历史可能并不完全等同于相应术语的历史,尽管该观念最终要靠那个术语来辨认。"②但几乎毋庸置疑的是,这里面的联系我们也不能轻易否定。即使是对傅斯年考证方法提出批评的徐复观也是承认这一点的。他说:"性字乃由生字孳乳而来,因之,性字较生字为后出,与姓字皆由生字孳乳而来的情形无异。性字之含义,若与生字无密切之关连,则性字不会以生字为母字。但性字之含义,若与生字之本义没有区别,则生字亦不会孳乳出性字。并且必先有生字用作性字,然后乃渐渐孳乳出性字。"③由此徐复观通过归纳中国早期古籍中的"性"字后认定:"性之原义,应指人生而即有之欲望、能力而言,有如今日所说之'本能'……即此生而即有的作用为性;所以性字应为形声兼会意字。此当为性字之本义。"④

可见,"性"与"生"有着十分紧密的联系,从先秦时期普遍流行的"即生言性"的传统来看,这一点也是别无疑问的。但是,应当从"生"的哪种角度言"性",或者"性"应当是对"生"的何种规定,则是另外一个问题。因为从不同方面的"生"来规定性,就会有不同的"性"的认识。先秦诸子中有关"性"的争论,其实根源就在于着眼的是不同方面的"生"。从先秦流行的一些有关"性"的界定来看,从自然的禀赋或"生物"之天生所具有的特性方面来界定"性",则是一种普遍的做法。这种做法,未必全尽中国哲学中"性"

---

① 徐复观:《中国人性论史》(先秦篇),上海三联书店 2001 年版,第 2 页。
② 本杰明·史华兹:《古代中国的思想世界》,程钢译,江苏人民出版社 2004 年版,第 182 页。
③ 徐复观:《中国人性论史》(先秦篇),上海三联书店 2001 年版,第 5 页。
④ 徐复观:《中国人性论史》(先秦篇),上海三联书店 2001 年版,第 6 页。

的内涵,但至少这是一个思考"性"的基础点。问题的关键在于,自然赋予"生物"的究竟是什么,这并非是一个有着一致答案的问题。先秦诸子"性论"之分野,实皆出于此。徐复观对"性"的理解,侧重于"本能"的理解,这与告子所谓"生之谓性","食色性也"①的观点其实并没有实质的区别。因为这种定义,并没有突出"性"的价值取向或者为"性"预设了价值基础。孟子从"善"的角度界定"性",实际上是把人之为人的天赋"善端",即将人之所以为人的天赋的内在价值作为了人性的内容。"性善论"在我看来并不否认"生之谓性"本身的逻辑,"善端"是人生来俱有的,事实上也是一种"生之谓性",区别在于告子以本能为生来俱有的,而孟子则强调了人生来就有的"善端",这无非是突出了人之为人的先天的特殊性而已,是为了实现儒家价值追求而对告子进行的理论驳难。但从根本上,孟子还是遵循了"即生言性"的传统,"性"就是对先天之"生"之内容的一种规定。

唐君毅先生对"性"也有较为翔实的讨论。他也肯定"性"是在"生"的基础上发展出来的一个概念,但与上面我们的讨论相比,他对"性"的认识有另外一层意思。唐君毅认为,"性"实质是指"生"的方向,生命以何种方式生,这是先天规定了的,这种先天规定了的生命发展的方向,在唐君毅看来即是所谓"性"。他说:"生字初指草木之生,继指万物之生,而于人或物之具体生命,亦可径指为生,如学生、先生、众生是也。一具体之生命在生长变化发展中,而其生长变化发展,必有所向。此所向之所在,即其生命之性之所在。此盖即中国古代之生字所以能涵蕴具性之义,而进一步更有单独之性字之所在。"他又说:"就一具体存在之有生,而即言其有性,则重要者不在说此存在之性质性相之为何,而是其生命存在之所向之为何。如草木之生长向于开花结实,即说其有开花结实之生性。"总之,"一物有生即有性。一物生,则生自有所向,即有性"。②"性"就是对"生"的一种合目的性、方向性的规定。

综上,我们可以看出,就其基本内涵来看,"性"实质上是对"生"的一种

---

① 均见《孟子·告子上》。

② 唐君毅:《中国哲学原论·原性篇》,中国社会科学出版社 2005 年版,第 6 页。

规定,是一生命之所以为这一生命先天的内在规定性,这种规定性不仅决定此生命的状态,也决定了此一生命的方向性。这种规定在先秦较早时期,初时未必具有价值规定,善恶并没有明确与"性"联系起来,这从先秦时期告子之谓"生之谓性"以及孔子的"性相近也"等说法也可看出来。但是,从儒家伦理的角度讲,脱离价值规定,也就很难确证人的生命的特殊性,很难确认我们应该对生命持何种态度。并且,对"性"以何种价值规定,也决定着整个伦理实践的方式。正是基于这种考量,后世儒者在论"性"的时候,"性"的伦理价值的规定性就越来越明显,这突出体现在《中庸》《孟子》的观点中。但是,从自然禀赋角度论"性",依然是儒家"性"论的一个重要内容。总之,对"性"的不同认识,形成了不同的儒家不同的理论倾向。但从整体而言,无论哪一谱系的儒家,"性"的基础都在于"天",都包含天赋之某种目的性、方向性的意思,这是儒家"性"论的一个大前提。接下来,我们通过原始儒家文献中"性"的考察,进一步探究"性"所蕴含的生命意识和伦理意义。我们先看一下先秦五经中的"性"。

二、先秦五经中的"性"

根据笔者的统计,在排除"生"、"性"通用的情况下,"性"在《诗经》中只有一见,《尚书》中有五见,《仪礼》、《春秋》和《易》经文中都没有"性"字,这表明,"性"作为儒家特别看重的一个概念,至少在孔子之前,它还不是一个专门的学理上的术语。孔子本人对"性"的概括也相当模糊。"性"这个概念被大量使用并成为儒家表达其哲学伦理思想的概念应当是孔子之后的事情。我们先简要看一下孔子之前有关"性"的论述,由于先秦五经中只有《诗经》和《尚书》中有"性",故这里只以这两种文献为据。

(一)《诗经》中的"性"

《诗经》中只有一处讲到了"性"。即《大雅·卷阿》中讲的"岂弟君子,俾尔弥尔性"。然而,这里的"性"到底是"性"还是"生",历来有所争议。傅斯年认为这里的"性"就是先秦原文中的"生",不宜改作"性"。他说:"所谓'俾尔弥尔性'者,即谓俾尔终尔之一生,性固不可终,则此处之性字必为生字明矣。"①傅斯年在这里是把"性"看作"生"之本字,并且将之理解为"生命、人生"。但是徐复观不同意这种看法,他认为这里的"性"字就应当作"性"解,"生"是"生命",而"性"则是生命中所蕴藏的欲望等本能。"《诗·卷阿》中的'弥尔性'中的性字,只能作生而即有的欲望解释。"②

《诗经》中的这一处"性"字到底当何解,目前尚未定论。古人传统的说法,是从"性"角度、而非"生"来理解,如从郑玄到阮元都是如此。从"性"而非原始的"生"来理解应当说是古代较为普遍的看法。但这里的"性"是何种"性",人们又有不同意见。欧阳祯人通过对《诗经》这篇文字及精神的考察,认为这里的"性"即"性情"之"性",是与"德"相联属的一个概念。③对这一看法,我表示赞同。"性"概念与"德"有着千丝万缕的联系,学界很早就注意到这一点。比如李玄伯就曾说:"德是一种天生的事物,与性的意义相似……最初德与性的意义相类,皆系天生的事物。这两字的发源不同,这团名为性(生团),另团名为德,其实代表的仍系同物,皆代表图腾的生性。最初说同德即等于说同姓(同性),较后各团的交往渐繁,各团的字亦渐混合,有发生分义的需要,性与德的意义逐渐划分,性只表示生性,德就表示似性而非性的事物。但研究图腾社会时,我们仍须不忘德的初义。"④其实这种意,我们在《易传》中也能感受到。《易传》讲"天地之大德曰生","性"本是对"生"的内容和方向的规定,所以"性"本身蕴含着"德",是对"生德"的界定和说明。万物之"生"各有不同,即表现为万物之个自之"性"、个自之"德"。从天地创生角度而言,万物之"生"皆是天地之生,故皆有"天地之性",而万物皆有各自之"生"的规定和方向,故各有个体之"生"。宋儒"性两"之论,应是基于此种认识。这里面"性"其实不是一个独立的概念,它是借助"天"这个"本体"而言的,而"德"儒家则刻意凸显之,并赋予了它更多丰富的内容。因此对"性"的理解,就越来越具有了伦理的味道。这从《尚书》中的"性"来看,已经表现得较为明显了。

① 傅斯年:《性命古训辨证》,广西师范大学出版社 2006 年版,第 34 页。
② 徐复观:《中国人性论史》(先秦篇),上海三联书店 2001 年版,第 50 页。
③ 参见欧阳祯人:《先秦儒家性情思想研究》,武汉大学出版社 2005 年版,第 67 页。
④ 李玄伯:《中国古代社会研究》,开明书店 1949 年版,第 184—185 页。

（二）《尚书》中的"性"

《尚书》中论"性"之处有五，分见如下：

> "若有恒性，克绥厥猷惟后。"（《尚书·汤诰》，以下只注篇名）
>
> "兹乃不义，习与性成。"（《太甲上》）
>
> "不虞天性，不迪率典。"（《西伯戡黎》）
>
> "节性惟日其迈。"（《召诰》）
>
> "犬马非其土性不畜。"（《旅獒》）

按照学界的一般理解，"若有恒性，克绥厥猷惟后"一句中的"性"和"不虞天性，不迪率典"一句中的"性"，都是指"天性"而言，是指天赋之"常性"。这是不就"性"的具体规定而言，只就"性"乃先天禀赋这一形式而言。从《尚书》的角度看，我们联系这两句的上下文，则可大致推断出，《尚书》所谓"恒性"或"天性"实际上是指人先天所禀有的一种善性。"兹乃不义，习与性成"一句中的"性"大致也是这个意思。多行不义，就会影响天赋之善性的发挥。

至于"节性"一句，自傅斯年将之训为"节生"以来，学界多有争论。如徐复观认为这里的"性"应作先天禀赋的欲望而言。[1]"节性"相当于"节欲"。与此相应，"养性"亦可解为"养人之欲望"。这种看法我觉得是有道理的。"养生"从某种意义上来说实际上就是以某种方式使人的生理机能和欲望处在和谐之中，因此"性"与"欲"联属而言，其实也反映了自先秦以来汉语哲学的一个普遍的认识，有"性"自有"欲"，"欲自性出"[2]，"欲"之实现与和谐即是生命之实现。《荀子》、《礼记》有关"性"的一些看法，实际上也与此种认识有关。

"犬马非其土性不畜"一句中的"性"是指"物性"而言，是说犬马的生长有其特定的土壤、环境。这与我们所论"性"与"生命"之关系不大，兹不多论。

---

[1] 参见徐复观：《中国人性论史》（先秦篇），上海三联书店2001年版，第6—7页。

[2] 见郭店儒简《语丛二》。

总体上看,《诗》《书》时代,"性"大概还没有发展为一明确的学术概念,它的哲学伦理义并不甚明显,基本上还处在"生之谓性"这个层次。及至孔子,"性"的善恶意识仍然处在一种较为朦胧的状态,这体现为孔子对涉及"性"的一句话"性相近也,习相远也"①的朦胧界定。孔子这句话虽然似乎语焉不详,但对于孔子这句"性"论的认识,实际上关系到整体儒家"性论"的发展。因为《论语》中并没有对"性"进行明确界定,尤其没有就"性"的伦理内涵进行明确说明,这才给后人讲"性"提供了发展的空间,孟子和荀子有关"性"的界定,我们完全可以看作是从两种不同的向度对"性"的界定。

三、孔子、孟子和荀子论"性"

(一)孔子论"性"

孔子对"性"的论述,我们仍然以《论语》为基础。《论语》中提到"性"的地方共两处。这两处可以说是我们管窥孔子之"性"的基本线索。一处是《论语·公冶长》中提到的"夫子之文章,可得而闻也,夫子之言性与天道,不可得而闻也"。一处是《论语·阳货》中提到的"性相近也,习相远也"。前一处是子贡对孔子很少谈论"性与天道"问题的感慨,并不涉及孔子对"性"的认识。第二处虽然涉及孔子之"性"论,但孔子也并未对什么是"性"进行规定。光从字面意思来看,孔子这句侧重点显然不在什么是"性"上,而是在"习"上,也即后天的习行对"性"有重大意义。但问题的关键则在这个"性"字上。如果这个"性"是孟子所说的"善性",那么孔子讲"习"的意义就在于,只有重视"习",我们才能好好地保持住这一"善性"并使之得到发挥。如果是荀子说的"恶性",那么显然"习"的意思就不是"保持"的意思了,因为对待"恶",我们不应当保持它,而是改造它。但不管是"性本善"还是"性本恶",通过"习",人的本性表现都可能会有所改变。"性本善"的,通过后天的习染,可能变恶,从而使本来相近的"善性"表现的程度不一,这是一种"习相远"的情况;"性本恶"的,因为后天的习染,可能会变

---

① 《论语·阳货》。

善,从而使本来相近的"恶性"表现出来却有了善恶的差别,这也是一种"习相远"的情况,可见,"性"的表现和"习"是有直接关系的。但是毕竟孔子未能明确从伦理价值上界定"性"的善恶问题,所以这对我们理解儒家的"性"的本质带来了一定的困难。也正因为如此,对于孔子这位儒家创始人的"性"之内涵就有必要考究一番。因为只有对"性"的内涵有明确的把握,才容易判断出诸如儒家所说的"性命"等之内涵、旨趣,这对我们在整体上认识儒家所说的"生命"是很必要的。

从现有的讨论来看,对孔子《论语》中所说的"性"历来争议比较大。但总的来看,大致有两类。一类是从"即生言性"的思想背景下言说孔子之"性",认定孔子此处所谓"性"仅仅指生而具有的自然禀赋。也就是说,孔子言"性"并未脱离"以生言性"的传统,他还是在"生之谓性"的层次上来说"性"的,这里并没有刻意突出"性"的伦理内涵。从"生之谓性"的角度而言,生而即有的"性"就其内容来看可以看做是善,也可看做恶,或者说"性"有善的内容,也有恶的内容,或者不需要就自然之禀赋标明善恶,善与恶都是人基于自身的交往需要和约定而产生的伦理观念,也就是"性"无善恶问题。先秦时期的人性论无论是告子的"生之谓性",还是世硕、宓子贱、漆雕开、公孙尼子之徒所论"性有善有恶"、"性可以为善,可以为不善",或者"有性善,有性不善"等等说法,其实都是在"以生言性"的意义上来说的。而这构成了孟子之前儒家人性论的主流观点。这正如陈来先生所说:"宓子、漆雕子、世子、公孙尼子、告子,他们的人性论虽然在说法上不完全一致,但都比较接近,可以说这类人性论共同构成了当时孔门人性论的主流。"① 宋明儒家也多是从这一路来理解孔子此处所论的"性",将之归结为与"义理之性"或"天命之性"相对的"气质之性",如朱熹说:"此所谓性,兼气质而言者也。气质之性,固有美恶之不同矣。"②

另一种影响比较大的观点,是认为孔子这里所说的"性"实质是从"善"的角度来说的。这类观点我们可以统称为孔子"性善论"。认为孔子是"性

---

① 陈来:《郭店楚简与儒学的人性论》,载于《第二届中国南北哲学论坛暨"哲学的当代意义"学术研讨会论文集》,发表时间为 2005 年 10 月 22 日。
② 朱熹:《四书章句集注》,中华书局 1983 年版,第 175 页。

善论"者,我认为显然是受了孟子观点的影响。古时这种意见以王阳明说得最为直接。他说:"夫子说'性相近',即孟子说性善。"①近人以徐复观为代表。徐复观结合整部《论语》,特别是孔子言"仁"的内容和方式以及孔子所说的"天命",最后得出结论来,认为孔子这里所说的"性",就是从善的角度来说的。他说:"孔子所感到的这种生命与天命的连结,实际即是性与天命的联结……性与天命的联结,即是在血气心知的具体地性里面,体认出它有超越血气心知的性质。这是在具体生命中所开辟出的内在的人格世界的无限性地显现。"②纯粹的血气心知之性,是生而即有的,但并不能说"性相近",因为人虽皆有生理欲望之同,但表现其实是差异性相当大的。比如有人"性子慢",有人"性子急";有人"嗜肉",有人则"嗜素";有人喝酒是海量,有人则滴酒即醉;所以从血气心知的生理之性来说,我们只能说同,而不能说相近。徐复观认为,"仅从血气心知处论性,便有狂狷等等之分。不能说'性相近';只有从血气心知之性的不同形态中,而发现其有共同之善的倾向……他才能说出'性相近'三个字。性相近的'性',只能是善,而不能是恶的;所以他说'人之生也直,枉之生也幸而免'(《雍也》)。此外之'人',乃指普遍性的人而言。即以'直'为一切人之常态,以罔为变态,即可证明孔子实际是在善的方面来说性相近。把性与天命连在一起,性自然是善的。"③徐复观又进一步把孔子所说的"仁"看成是"性与天道融合的真实内容",通过"仁"的内在性来论证孔子实际上是性善论者。他说:"孔子既认定仁乃内在于每一个人的生命之内,则孔子虽未明说仁即是人性,但如前所述,他实际是认为性是善的;在孔子,善的究极便是仁,则亦必实际上认定仁是对于人之所以为人的最根本的规定,亦即认为仁是作为生命根源的人性。"④而这种认定,我们不管它是不是实系孔子之思想,但孟子之性善论恰源于此种认知。以后牟宗三等人也多是沿此思路认定孔子之"性"是指道德善性。

---

① 王阳明著,张怀承注译:《传习录》,岳麓书社 2004 年版,第 340 页。
② 徐复观:《中国人性论史》(先秦篇),上海三联书店 2001 年版,第 78—79 页。
③ 徐复观:《中国人性论史》(先秦篇),上海三联书店 2001 年版,第 79 页。
④ 徐复观:《中国人性论史》(先秦篇),上海三联书店 2001 年版,第 87 页。

但是这种分析,我们还不能断言徐复观就是对的,因为如果说孔子认为人之为人的特殊性在于其"善性"或"为善的能力",我是认同的,但这并不能因此就说"性相近"之"性"就是特指人的"善性"。因为人性的内容显然不只是具有善性,人的生理欲望等也是人性的内容,并且我也不认同徐复观所说的这方面的人性就不能说"相近",从汉语的角度来说,我们说人人都有吃、喝、性的本能,这方面的需求是差不多的,这样说从汉语的角度来说是没有什么问题的。

总体言之,我认为孔子所说的"性"就是"生之谓性"之"性",孔子并没有刻意突显"性"的伦理义,但从他论述"天命"与"仁"的思想中,我们可以隐约感受到孔子是把人之善性视为人之为人的本质规定的,但这种思想在孔子那里还是潜隐的状态,到了孟子那里则变得格外鲜明起来。

(二)孟子论"性"

《孟子》全文"性"字凡 37 见,主要集中于《告子上》和《尽心上》两篇中。孟子对"性"的主要看法,也集中在这两篇文章中。孟子和告子的辩论,是学术上的一桩公案,但这场辩论却使我们对孟子关于"性"的看法,产生了这样的强烈的印象。

首先一个印象是,孟子对"性"的认识,主要是从价值上来理解的。"性"是善的,而非不善的。"性"的不善,正如我们将水"博而跃之,可使过颡"①一样,这不是"性"的本然。所以孟子说"人之可使为不善,其性亦犹是也"。② 这里孟子并没有明说"性"是什么,只是告诉我们"性"是带有价值规定的,不是不分善恶的。

第二个印象是,孟子不认可"生之谓性"。但是,如果我们认为孟子完全不认可"生之谓性",那么,我们就很难理解孟子说的"形色,天性也"③,以及他说的这段话:

口之于味也,目之于色也,耳之于声也,鼻之于臭也,四肢之于安佚

---

① 《孟子·告子上》。
② 《孟子·告子上》。
③ 《孟子·尽心上》。

也,性也,有命焉,君子不谓性也。仁之于父子也,义之于君臣也,礼之于宾主也,智之于贤者也,圣人之于天道也,命也,有性焉,君子不谓命也。①

我们看,孟子一方面批驳告子的"生之谓性",认为告子将人之性与牛之性、犬之性混同起来②,一方面又认可耳目口鼻之欲也是"性",这似乎是矛盾的,但实际上并不矛盾。这是因为孟子讲的"性",有两重内容,一重是体现为"本能之欲"的"性",一重是体现为"人之为人"的特殊性的"性"。他对告子的批驳,其实是不认同告子以"生之谓性"的角度来谈论人性。在孟子看来,"性"就其本质而言,的确表现为一种先天的规定性。但是这种规定对于人和动物而言是不同的,本能之欲是先天赋予的人与动物共有之性,但上天赋予人的除了本能之欲外,还有一种向善的能力或根源,即"善端"。也就是说,孟子也是从先天的规定性角度来理解"性",但这种先天规定性对人和对动物则有质的差异,"性"对动物而言,表现为其先天的本能,而对人而言,也包括天赋予人的一种特殊的"向善的能力",这就是孟子与告子之争的分歧所在。实际上,孟子与告子的辩论可看作儒家内部对"性"的理解和争论③,以及"性"在儒家思想的发展过程。他们的争论,实际上反映了儒家对"性"的看法由"即生言性"的大传统向人之为人的特殊性角度理解的过程。

从整体来看,孟子讲性善,并没有完全忽视或否定"以生言性"的传统,这在《孟子》中很多地方都有表现,如孟子与告子的辩论中,孟子虽对"生之谓性"大加批驳,但对告子后面提出的"食色性也"却不置可否。又如"形色,天性也"和上面所引"谓性不谓命或谓命不谓性"的这一段,这里面都很清晰地传达出孟子并不否定人性之中的"自然本能之性"的意思,他之所以

---

① 《孟子·尽心下》。
② 见《孟子·告子上》。
③ 陈来先生认为告子也是儒家,请参见陈来:《郭店楚简与儒学的人性论》,载于《第二届中国南北哲学论坛暨"哲学的当代意义"学术研讨会论文集》,发表时间为 2005 年 10 月 22 日。

把仁义礼智等道德视为"性",有它深刻的用意。"君子所性,仁义礼智根于心"①一句,也说明"君子之性"是一种刻意选择的行为,是人基于人的理性在人与禽兽的比较中明辨出的人禽之别的地方,它体现了人对自身存在性质与"生"的方式的一种自觉意识。正如梁涛先生所说:"所以人与禽兽虽然都有'生',但禽兽之'生'只是一种自然本能,而人之'生'则是一种自觉的选择和创造,故人之特殊性在于其能自觉地塑造、完成、实现其性,能'动性'、'逆性'、'实性'、'厉性'、'出性'、'养性'、'长性'(《性自命出》);正因为如此,人有自由,而禽兽没有自由。"②

可见,孟子讲"性",是有明显的价值导向的。孟子的性善论可以看做孟子对"以生言性"的传统思维与儒家伦理综合考虑的一个结果。"性"固然是"生",但是何种意义上的"生"才能突显儒家的价值追求和有助于实现儒家的伦理目的则需要特别重视人的特殊性问题,而不能泛泛而论"生性"。对孟子而言,生理层面的生命之存续并不是特别要紧的事,因为在孟子这里,决定人的生命状态、或者说人类生存状况的根本,完全取决于人以何种姿态回应我们面对的生存条件,人类究竟应该像动物那样被动地顺应自然而生存,还是积极地发挥人的特有之能力主动而积极地回应自然条件,这是人禽的重大区别。这一点,并非决定于人的动物本能式的生命存在,相反而是人的精神和道德性。换句话说,孟子是有意淡化人的生理需求对生命的意义,对孟子而言,食、色等本能,这是不言自明的自然生命的经验事实,相较于人的存在的特殊性而言,并没有多少讨论的价值,我们要做的,应该首先是知道人为什么成为人,而人之所以为人,就在于人是有向善的能力并能够创造"善"的,所以孟子要做的是他想给人类的生活提供价值的引导,唯其如此,美好的人生、和谐的社会才能成为现实。孟子提出人性善,正是其于此种认识和目的。如果有一种观点影响到了这一目的,那么他就会站出来加以反驳,反驳的目的不是要澄清我们关于某事某物本身的知识、还原事物的事实状态,而是要阻止对手宣扬不利于其宗旨实现的观点。所以

---

① 《孟子·尽心上》。
② 梁涛:《"以生言性"的传统与孟子的性善论》,载《哲学研究》2007年第7期。

孟子讲"性善",并不否定"生"与"性"的自然联系,它不是要修正我们对自然生命的经验理解或者改变这一事实(这一事实也改变不了),它实际上是想通过一种先验的理论预设为人性的发展走向确立一种符合人类价值追求的动力基础和目标。换句话说,他是要确证人的生命的特殊意义。因此,孟子的性善论是把人性的天赋之善与人类生命的目的善统一起来的"性论"。所以它不是一个知性的陈述,而是一种实践理性的表达,它的本质不是要告诉我们人性是什么,而是人性应该是什么。这就是孟子性善论的实质内涵。

由此,我们可以得出一个结论,在孟子那里,"性"固然有生命的规定性和方向性之义,但是从自然的本能角度来判定"性"这不是孟子的意图。孟子讲的"性",既有生命的自然性征之义,又专指人之为人的生命特性,而后者是他的"性"论的中心内容。① 在孟子这里,"性"有"生之谓性"之义,但它也是价值的根源。孟子的对"性"的认识,与荀子有相当大的区别。在荀子这里,"性"主要是"生之谓性"这个层面的意思,荀子并不认为"性"是"善"的根源。孟子和荀子争论的焦点,主要在这里。

(三)荀子论"性"

《荀子》中的"性"出现得十分频繁,凡119见,现择要列于下:

> "材性知能,君子小人一也。"
> "是非知能材性然也,是注错习俗之节异也。"

以上见于《荀子·荣辱》。

> "性不足以独立而治。性也者,吾所不能为也,然而可化也。"(《荀子·儒效》)
> "不能以义制利,不能以伪饰性。"
> "故人一之于礼义,则两得之矣;一之于情性,则两丧之矣。"

---

① 由于孟子对"性"的认识,极大地体现了孟子生命伦理的精神和思想特征,在第四章我们还有进一步的讨论。请读者参阅第四章"孟子的生命伦理思想"一节之相关内容。

　　"故曰:性者,本始材朴也;伪者、文理隆盛也。无性则伪之无所加,无伪则性不能自美。性伪合,然后成圣人之名,一天下之功于是就也。"

以上均见《荀子·礼论》。

　　"凡以知,人之性也;可以知,物之理也。以可以知人之性,求可以知物之理,而无所疑止之,则没世穷年不能无也。"(《荀子·解蔽》)
　　"生之所以然者谓之性;性之和所生,精合感应,不事而自然谓之性。"
　　"性者、天之就也;情者、性之质也。"
　　"欲不可去,性之具也。"

以上均见《荀子·正名》。

　　"凡性者,天之就也,不可学,不可事。"
　　"不可学不可事而在人者,谓之性。"
　　"人之性恶,其善者伪也。"

以上均见《荀子·性恶》。

　　根据以上材料我们可以看到,荀子对于"性"有着明确的界定。比如"生之所以然者谓之性";"不事而自然谓之性";"性者,天之就也";"凡性者,天之就也,不可学,不可事……不可学不可事而在人者,谓之性";"性者,本始材朴也";等等,这几种说法都可以看做荀子对"性"的直接规定。不过,我们同时可以看到,荀子对于"性"的定义,基本上都是从天赋的自然本性角度来说的,本质上没有离开"即生言性"的大传统,都是对"生之谓性"的延伸诠释。也就是说,荀子所讲的"性",归根结底说的是一种"生性",是一种自然形成的、先天的"性"。人之性,首先也是这种性,这一点我们是可以明确的。正如廖名春先生所说:"荀子所谓性的最基本意义是人性天然,是指人生而就具有的本能。"①他强调道:"学者们多视'荀子'之性为天然人性或自然人性,这是完全正确的。所以,我们在认识荀子的人性概念时,一定要坚持天然人性这一最基本的意义。"②

但是这里还要特别注意一个问题,那就是虽然荀子是从"生之谓性"的角度定义人性,但是对于人性的内容,荀子也并不局限于只从本能之欲角度加以界定,但不同于孟子的是,他不是从"善端"角度来讲人之性,而是从"知"与"情"等角度,来说明人成善和为恶的根源。"凡以知,人之性也。""情者,性之质也。""欲不可去,性之具也。""性之好、恶、喜、怒、哀、乐谓之情。"这些表明,荀子是把包括"知"的能力、心理倾向、情感表现,都看成"性"的内容的。而就"知"而言,无论从经验上还是逻辑上我们都难以得出"恶"的判断来。相反,由于荀子肯定人天生具有"知"的能力,所以人可以靠着其"知"而修善。所以荀子才讲"涂之人可以为禹",这与孟子讲的"人皆可以为尧舜",实际上是殊途同归。孟子是就人的天赋"善端"来讲人成善的可能和根据,荀子却是从"知"的角度来论人成善的可能。荀子讲的"知",有两重意义,一重相当于我们常说的"意识",这一重的"知",是人与动物共有的;另一重相当于我们常说的"智",而"知"唯人才具备,这一重"知"类似于我们现在常说的"知性"。在荀子这里,人借助其"知性"能力可以将由"性"(天生之欲)而生的"情"控制在合理的度内,这就是"善行"的根由,符合人类生存与发展的"善"的观念也由此得以建构,所以"善"是人出于人的生活实际而设定的,而不是像孟子说的那样出自"善端"。而荀子说的"恶",在我看来,与其说是"人性本然",毋宁说是顺人性发展的一种结果。也就是说,人之生理本能本身不为恶,但是顺其欲望发展,则容易为恶。因此,荀子所谓"恶",与孟子所谓"善"在逻辑上是一样的,即都是从善恶的根源或"端"的角度来论说"性"的。荀子下面这段话最能说明问题。

　　今人之性,生而有好利焉,顺是,故争夺生而辞让亡焉;生而有疾恶

---

① 廖名春:《荀子人性论的再考察》,载《吉林大学社会科学学报》1992 年第 6 期。
② 廖名春:《荀子人性论的再考察》,载《吉林大学社会科学学报》1992 年第 6 期。

焉,顺是,故残贼生而忠信亡焉;生而有耳目之欲,有好声色焉,顺是,故淫乱生而礼义文理亡焉。然则从人之性,顺人之情,必出于争夺,合于犯分乱理,而归于暴。故必将有师法之化,礼义之道,然后出于辞让,合于文理,而归于治。用此观之,人之性恶明矣,其善者伪也。(《荀子·性恶》)

人生而"好利"、"疾恶"、"有耳目之欲"、"好声色","顺是",则"争夺生而辞让亡"、"残贼生而忠信亡"、"淫乱生而礼义文理亡",所以"生而自然者"不恶,但"从人之性,顺人之情"则出恶。既然恶从性出,逻辑上也就容易得出"性恶"。这与孟子是完全相同的逻辑。在孟子那里,人皆有恻隐之心、羞恶心等"善端",顺是,则仁义生,善从性来,所以孟子主张性善论。可见,孟子与荀子虽然在"性"论上貌似持截然相反的看法,但其推导逻辑却是一样的。我认为,之所以二者逻辑相同却结论各异,这和孟、荀的伦理目标和看重的修齐治平的手段之不同有关。孟子更重人自身的德行修养和教化,注重人的精神提升对于家国社会的巨大作用,故讲"性善"。荀子讲"隆礼贵法",注重以即时见效的"礼法"制度治理社会,故强调"性恶"。对人性的理解不同,侧重的治国方略也会不同。毫无疑问,对"性"的理解不同,也势必会影响到其处理生命问题的理路和方式。

儒家的"性论",从孔子"性相近"的端绪,到孟子和荀子的不同向度的解读,儒家言说"性"的基本方向和主要内容其实已备大略。但是,要对儒家之"性"有更深切的认识,就不能不看郭店儒简、《中庸》和《易传》,儒家关于"性"的基本理路和思想精华,其实都体现在这几部文献中。借助这几部文献,我们不仅可以加深对儒家论"性"的认识,也能对儒家之"性"内涵的发展和在整体儒学中的地位有更深刻的理解。

四、郭店儒简、《中庸》和《易传》中的"性"

(一)郭店儒简中的"性"

由上,孔子基本上还是在"以生言性"的传统上谈到"性",并没有直接定义"性"并加以善恶的说明,何以后来的孟子和荀子分别就"性"之善恶而开出自己的"性"的观念呢？长期以来，由于文献的缺乏，人们很难说清楚孔子之"性"论与孟、荀之"性"论之间的"思想断裂"。然而郭简儒简的出土在很大程度上解决了这一疑问。郭简儒简在论及"性"的时候，不仅延续了"以生言性"的大传统，但同时也开始向着善恶的伦理观念走近了，出现了对"性"的伦理内涵的思考，而这种思考并不偏执善或恶，而是意识到"性"本身是可以开出善恶两途来的，从而对人的生命的本源及由此具备的"性"表现出较为深刻的认识。因此，郭店儒简对于我们了解先秦"性论"的发展，以及了解后世儒家理解"性"的路向，具有十分重要的作用，换句话说，郭店儒简对于我们了解整体儒家的"性"的内涵起着特别关键的中介作用，尤其是架起了我们理解由孔至孟、荀人性善恶二端论的桥梁，甚至是理解先秦儒家的"性论"与宋明理学家的"性论"彼此关联的基础。①

郭店儒简中论及"性"的地方很多，约有40见，重要的句子主要有：

"有性有生呼生。"（《语丛三》）

"（节）乎脂肤血气之情，养性命之正，安命而弗夭，养生而弗伤。"（《唐虞之道》）

"圣人之性与中人之性，其生而未有非之，节于而也，则犹是也。"（《成之闻之》）

"四海之内，其性一也。"（《成之闻之》）

"凡人虽有性，心亡奠志，待物而后作。"（《性自命出》）

"喜怒哀悲之气，性也。"（《性自命出》）

"好恶，性也。所好所恶，物也。善不（善），性也。所善所不善，势也。凡性为主，物取之也。"（《性自命出》）

"性自命出，命自天降。道始于情，情生于性。"（《性自命出》）

"牛生而长，雁生而伸，其性使然，人而学或使之也。"（《性自命出》）

"仁，性之方也，性或生之。"（《性自命出》）

---

① 参见彭国翔：《从出土文献看宋明理学与先秦儒学的连贯性——郭店与上博儒家文献的启示》，载《中国社会科学》2007年第4期。

　　"凡动性者,物也;逆性者,悦也;交性者,故也;砺性者,义也;出性者,势也;养性者,习也;长性者,道也。"(《性自命出》)

　　"未教而民恒,性善者也。"(《性自命出》)

　　对于郭店儒简中的"性",有几个方面值得我们注意。

　　其一,儒简认为,"性"是生命的一种内在规定。所谓"有性有生呼生",这种内在规定来自于"天命",也即"性"由天赋并构成生命的内在规定。有"命"则有"性",有"性"则有"生"。"性"、"命"、"生"是同一的存在,离则"生"伤"命"夭。所以要使生命正常展开,有赖于人自觉的"养性命之正"。①

　　其二,儒简认为,"天命"赋予的"性"是人人具有的,且是相同的。也即就天之禀赋而言,"性"是人所同然的。《成之闻之》云"四海之内,其性一也",说的就是这个意思。《成之闻之》又云:"圣人之性与中人之性,其生而未有非之节于而也,则犹是也。"这句话按李学勤先生的解释,大意是说,"圣人之性"和"中人之性"在人初生时很难分别,意思即天赋于人的性其实没什么分别,这一点和孟子讲的"尧舜与人同耳"②颇为相似。儒简虽认为天赋之性虽然相同,但另一方面也暗示了"性"是可以通过修为而显的,修为不同,"性"显现的程度也不同,即《性自命出》所云"人而学或使之也"。

　　其三,从感性自然角度论"性"。如《性自命出》所说,"喜怒哀悲之气,性也";"好恶,性也";"牛生而长,雁生而伸,其性使然"。人生来具有一些自然性征或心理倾向,这些倾向由外物引发而表现为人的情。所以从这些方面来看,儒简有一种自然主义人性论的特征。有学者也明确指出了这一点,如李天虹认为:"郭店简所讲的人性的基本内涵与传世文献相同,系人的生理机能或客观本能,即天生的资质或禀赋。"③

　　其四,儒简讲的"性"也有一种性善论的倾向。如《性自命出》曰:"未教而民恒,性善者也。"又曰:"仁,性之方也。性或生之。"廖名春认为,"仁,性

---

① 见郭店儒简《唐虞之道》。

② 见《孟子·离娄下》。

③ 李天虹:《郭店竹简〈性自命出〉研究》,湖北教育出版社 2003 年版,第 62 页。

之方也"里的"方"应理解为"表现",也就是"仁"是"性"的表现,是"性"可能生出的。① 这似乎是一种不确定的推断。但接下来《性自命出》又讲"唯性爱为近仁",而《语丛二》又说"爱生于性",这就是说"爱近于仁",而"爱"又生于"性",出自天性之"爱"实为"仁之端"。结合这些说明,儒简这里讲的"性",似乎又是孟子由"善端"讲性善的路数。

由上,《郭店儒简》一方面遵循了"以生言性"的思想传统;另一方面,对"性"的善恶伦理问题也开始有了较为明确的意识或思考,而正是这样,让我们看出了后来孟、荀等人言"性善"、"性恶"的端绪。从表面看,孟、荀二人观点似乎对立,但从儒家主流的性论立场来看,二者不仅不对立,而且恰恰形成一种互补的关系。从先秦性论的发展来看,荀子的观点主要是继承了"以生言性"的大传统,强调了感性自然的一面,只是明确地把这种自然本能定性为恶。其实这种恶,也只是一种诱发人为恶的自然因素,这种自然因素本身未必可称为恶。所以对荀子而言,生命的存在意义,就是运用道德力量和法制协调人的自然之欲,使之得以和,得以养。荀子所论虽然是经验事实,但这种性论无法确证人之为人的特殊性。所以荀子不得不另辟途径以说明人性之特殊,他所运用的方法,仍然是突出人的道德性,这一点和孟子并无质的区别。孟子讲性善,则直指人的特殊本质,从而从天性角度就赋予了人的生命以特殊意义。所以,从儒家性论发展角度来看,孟子的性论才具有真正的突破性。但孟子这种性论,也不是孟子的发明,它是建立在《中庸》的性论基础上的。这种性论通过宋明儒的发挥,遂取得正统地位,也形成儒家颇有特色的生命观。

(二)《中庸》中的"性"

《中庸》是《礼记》中的一篇,《礼记》中关于"性"的说法,也主要见于《中庸》之中。②《中庸》里的"性"主要见于以下几处:

---

① 廖名春:《郭店楚简〈性自命出〉篇校释》,载《清华简帛研究》第1辑,清华大学思想文化研究所2000年版,第49页。

② 《礼记》中的"性",总共有26见,但基本上都是在"天性"、"本性"这个角度上来说的,《礼记》中具有哲学伦理学内涵的"性",主要体现在《中庸》中,故这里不再专门讨论《礼记》中的"性"。

"天命之谓性,率性之谓道,修道之谓教。"(《中庸·第一章》)

"自诚明谓之性,自明诚谓之教。诚则明矣,明则诚矣。"(《中庸·第二十一章》)

"唯天下至诚,为能尽其性;能尽其性,则能尽人之性;能尽人之性,则能尽物之性;能尽物之性,则可以赞天地之化育;可以赞天地之化育,则可以与天地参矣。"(《中庸·第二十二章》)

"成己,仁也;成物,知也。性之德也,合外内之道也。"(《中庸·第二十五章》)

"故君子尊德性而道问学。"(《中庸·第二十七章》)

从现有文献看,直接把"性"界定为"天命"的,始见于《中庸》。《中庸》以"天命"为性,且通过"诚"、"道"、"教"等相互关系,明显表现出了性善论的倾向。"天命"不善,"率性"便难称为"道",更不必教人修此恶道,"诚"非善,亦难称得上"尽人、尽物之性"。所以《中庸》是非常鲜明地把"天性"视为善,把领悟和实践"天命"的要求视为人当然的价值追求的文献。

从天命角度谈"性",郭店儒简也同样重视。学者往往也会将《中庸》的"天命之谓性"一句与郭店儒简中的"性自命出、命从天降"一句加以比较。表面看,二者虽然同讲"性"与"天命"的关系,但内涵却非常不同。丁四新先生指出:"'性自命出,命从天降',此性纯从其渊源所自者说,与《中庸》'天命之谓性'实有区别。'性自命出,命从天降'只指出性的来源为天命,而对其自身的本质内涵则没有显明;而《中庸》'天命之谓性'则通过一种定义性的陈述,界定了性的内涵:天命即性,或者天之所命为性,性直接地回证、肯定天之所命者……而《性自命出》篇所谓'性自命出,命从天降'中的性,它仅仅是天命的内容和对象,与天命自身尚有着明显的差别,因为即使人们普遍认为天命自身是无有不善的,但天命之对象或内容却并非必定皆善,或者善、或者不善,其间不容含混雷同。"[1]吕绍纲也说:"《中庸》认定性

---

[1]　丁四新:《郭店楚墓竹简研究》,东方出版社 2000 年版,第 176—177 页。

命一也,其逻辑结果必是性善。《性自命出》尚未视性命为一物,故虽有性善论的意思,但不坚确。"①所以《中庸》对"性"的认识及由此产生的对生命的意义与郭店儒简中透露出的生命意识是有所不同的。徐复观认为,"天命之谓性"这种直接把天命规定为性的做法,其重大意义在于它能"使人感觉到,自己的性,是由天所命,与天有内在的关联;因而人与天,乃至万物与天,是同质的,因而也是平等的。天的无限价值,即具备于自己的性之中,而成为自己生命的根源,所以在生命之自身,在生命活动所关涉到的现世,即可以实现人生崇高的价值"。② 也就是,在《中庸》这里,"性"就是生命的根源,而这一根源与"天命"同一,从而《中庸》不仅说明了生命的本源问题,同时说明了生命的价值和尊严的问题。《孟子》讲的"性",无论在思维逻辑还是内容上,其实都和《中庸》的"性"论有着强烈的渊源关系。

毫无疑问,《中庸》的"天命之谓性"和孟子讲的"存心养性以事天",这是一种典型的对天人关系的中国哲学式的表达。天人同性,天人合一,人之德性本性自足,皆由天之大德"生"所予,万物虽皆禀赋此天性,但人是唯一能领悟此天性之生物,故人可参赞天地之化育,可尽己之性然后以尽万物之性。天性、人性同一,天人合一,本质上是就此"性"的同一而言。唯其如此,孟子之"万物皆备于我"③之说才圆备。应当说,儒家的"性论"在《中庸》和孟子之里,其主旨已经相当明确,其义理精神已经昭章显明,相应的生命实践原则也已明朗。"天命"、"性"、"道"、"生"本是一体,如此才能"尽心"、"知性"以"知天"、"事天",如此才能"下学"而"上达于天",如此才能通过"尽性"以"参赞天地之化育"。宋儒所谓"天道性命相贯通",也正基于此种认识。这种理论通过《易传》的更为明朗的表达,基本上给先秦儒家的"性论"发展画上了一个句号。

(三)《易传》中的"性"

《易传》全文"性"字共6见,主要见于下列各句:

---

① 吕绍纲:《性命说——由孔子到思孟》,载《孔子研究》1999 年第 3 期,第 21—23 页。
② 徐复观:《中国人性论史》(先秦篇),上海三联书店 2001 年版,第 102—103 页。
③ 《孟子·尽心上》。

"乾道变化,各正性命。"(《易・乾卦・象》)

"利贞者,性情也。"(《易・文言传》)

"一阴一阳之谓道,继之者善也,成之者性也。"(《易・系辞上》)

"成性存存,道义之门。"(《易・系辞上》)

"穷理尽性以至于命。"(《易・说卦传》)

"昔者圣人之作《易》也,将以顺性命之理。"(《易・说卦传》)

在上述诸句中,对"性"作了界定的只是这一句:"一阴一阳之谓道,继之者善也,成之者性也。""一阴一阳"是讲天地的创生法则或者说创生之道,其"大生"、"广生"即天地的大德,故曰"天地之大德曰生"。继此"生德"者,就是"善"。成此善或由此"善生之德"而成者,即是"性"。遵循此"性"而行即为"道",所谓"成性存存,道义之门"。万物皆是天地阴阳创化而成的,在创化过程中,天地便赋予万物以"性"、授予万物以"命",所以说"乾道变化,各正性命"。圣人作《易》,就是参透了这一性命之理,故能穷尽这里面的义理,从而尽性以实现生命的要求,也即"穷理尽性以至于命"。由此可以看出,《易传》言"性"的思路,和思、孟一派实质上并无不同,也遵循着"性"由"天命"、且有性善论的倾向。否则,《易传》不会在"尽性"前面说"和顺于道德而理于义"这样明显有伦理倾向的话。

总体言之,思孟学派和《易传》言"性",都是把"性"看作生命的先天规定性,且是生命向着善的目的可以内在生发的动力源,由此形成的工夫论必是养生与修德相统一的工夫论。"养性"就是"顺性"、培育"性",使之呈现出来,而不是"化性"、控制"性",这也是思孟与荀子的"性"论的一个重大区别。

此外,在《左传》等其他先秦文献中,也有一些关于"性"的观点,但基本可以为上述文献所涵纳,故此处不再专门讨论了。

五、小结

以上我们集中讨论了先秦儒家的"性"。通过以上讨论,我们大致可说,原始儒家论"性",本质上都没有脱离"即生言性"的大传统,但在善恶价值上却有了分野,这种分野说明了人的理性能力的提升,实际上是人类进步的表现。从告子"生之谓性"的"人禽共性"的语境中,升华到"人之有道也"的人的特殊性的认识,是先秦儒家性论的主要特色。就"性"的具体内涵而言,"性"来源于"生",是对"生"的某种性质的规定。一般而言,"性"被认为天赋的自然本性,预示一种事物的发展方向性。"性"也被视为事物自身之所以能发展的一种动力根源,有此"性",事物就具备某种向这个方向发展的内在动力。从"性"与"生"的关系来说,"性"可视为"生"的根源和动力的表达,也是"生"的方向的指称。"性"作为事物发展的内在规定和根据,因其内容规定的不同,先秦儒家往往会有不同的道德判断。从人欲出发,由人欲膨胀而对人类社会关系造成负面结果之角度思考,则倾向"性恶"说。由人的天赋良知出发,由人之成善的天赋能力而看到人性的积极力量带给社会的好处之角度,则倾向"性善"说。总体而言,儒家倾向将天之"生道"看作纯然本善的,从而"善生"思想成为性论的主流。"性"的问题,揭示了儒家怎么看待生命的本源、发展动力、实现方式的问题,也突出了儒家对于生命的性质、本质、意义以及价值问题的思考。它和"命"一起,完整的表达了生命的内在规定性和本质意义问题,同时也说明了生命的局限性问题。因此,要完整揭示"性"的内涵,乃至生命的问题,还需要我们对儒家所谓的"命"有着充分的自觉。

第四节　原始儒家文献中的"命"

"命"无疑也是儒家哲学的重要范畴,在儒家思想体系中发挥着特别重要的作用。从儒家的生命伦理思想角度来说,它也是我们探究儒家生命伦理思想的一个重要着眼点。儒家有关生命的哲学和伦理学问题的讨论,事实上都离不开"命"这个概念。因此,对儒家的"命"概念作一简要梳理和概括,也是我们探究儒家生命伦理思想的必需。需要事先说明一下的是,"命",尤其是和"天"连属的"天命",学界考述甚丰,这里我们就不必再作重复性工作。这里我选择了一个角度,即着重探讨这一概念是如何与"生命"发生联系的,儒家在这里起了什么作用,赋予了"命"以何种意义,这种意义又如何成为儒家伦理必要一环的,这也将影响到我们探究儒家生命伦理思想的内容和角度。

一、"命"之本义

现代汉语的"生命"一词,在很多情况下,也常常可以简化为一个"命"字,这应当是没有任何疑问的。比如我们说"某人命休矣"或者说"结果了某人的小命",这里的"命"字都可以直接换为"生命"。相较于"生"和"性"而言,虽然在儒学语境中这两个字也都有"生命"的意思,但从形式上看,"命"似乎更为接近现代汉语的"生命"一词。比如上面说的"某人命休矣"和"结果了某人的小命",就不能说成"某人生休矣"或者"结果了某人的小生",也不能说成"某人性休矣"或者"结果了某人的小性"。但一旦加上这个"命",不管是"生命"、还是"性命",上述说法则都可成立。可见,这个"命"对于儒家理解"生命"问题,似乎更有根本的决定意义。在现实汉语中,"命"无疑具有"生命"的意思,这在现代汉语语境中几乎是不需要说明的问题。但是我们考察汉字"命"之起源和思想史上的演化情况,我们就会发现,"命"字产生之初,却丝毫没有今天"生命"的意思,"命"由最初之义演化出今天的"生命"内涵,其实有一个漫长的过程。它实际上是伴随着古代先民对人与宇宙、人与自然、主体意志与客观必然等哲学问题的思考能力增强而出现的一种现象。所以说,古人的"生命"概念,本身就蕴含着深刻的哲学、伦理问题。

从思想史的角度来看,"命"意识的产生和上古先民的生存境遇有关,也即直接取决于上古先民与环境之间的作用关系。人是有理性的动物,人与动物的生存相比,人天生对自己的生存环境会有一种思考能力。人的生存实质上就是从周围环境中获取能量,但大自然的能量往往以异于人的需求和愿望的面貌出现,有时也会对人造成极为不利的影响,而人则无可奈何之,当这种情境频繁出现时,人的理性能力会促使人追问这背后的原因,从而产生自然亦有主宰的意识,一切均为这个主宰所支配,世间的一切其实就是这个主宰的旨意,而这古人即称之为"命"。"命"意识以及"命"的观念即由此诞生。"命"受制于人与环境的关系,正是在这个意义上,张岱年将

"命"定义为"环境对于人为的裁断。"①但这还不完全准确，因为这个定义只强调了环境对人为的限制，而"命"的观念产生更离不开主体的因素，主体对于人的生存之限制的自我反思，才促成了"命"观念的出现，而这也决定着"命"的内涵的演变。广泛流行于上古社会的占卜活动其实也说明了这一点。占卜的实质即"问命"，即通过同样一种神秘的形式与自然之主宰发生沟通，从而借助这种形式推断自身"命运"。在采取某种行动之前，人们往往想知道这种行动可能带来的结果，但人力无法做到这，这样就自然倾向于那个"主宰"——那种自然的神秘的力量，期冀通过这个"主宰"的某种形式的暗示，感悟到行动的方向和可能后果。这样，人的生存就成了人与这位通过理性把握的"主宰"之间的一种关系，一种领受其旨意而行动的关系。"命"字的产生，就是在这样一种思维意识或原始的"命运"意识之中被创造出来的。

根据傅斯年的考证，"命"其实就是"令"的衍生字，"令"就是"命"、"命"就是"令"，我们今天所说的"命令"一词，即"命"的本义。在甲骨文和金文中，"命"字已经大量使用，但都是在本义上使用的，均为"命令"之义，区别只是此一"命令"的发授者不同，一是"人"，一是"天"。所以联系发授者来看甲骨文和金文中的"命"，均为"王令"或"天令"的意思，可统而言之为"上帝或人王的旨意"。可见，"命"字最初根本没有"生命"的意思。"命"最初大概是用来指称那种神秘的自然主宰所发出的旨意或者代替这种主宰而向人们发出这种旨意的人间的王或知识阶层。但是，作为"王令"或"天令"的"命"，怎么会产生"生命"的意思呢？这是颇值得探究的一种现象，这对于我们探究儒家之"生命"观也有重大意义。"命"如何有了"生命"的意思？其间有何过渡？这种过渡又意味着思想史上的何种事件？对于儒学的思想体系又有何种影响？这些问题对于我们探究儒家的生命思想都有重要意义。但是从现有的文献来看，要获得上古的直接解释其实并不可能。我们只能根据相关的文献，尽可能作出符合逻辑的推测。我们先来看一下先秦五经中的"命"。

---

① 张岱年：《中国哲学大纲》，江苏教育出版社 2005 年版，第 365 页。

二、先秦五经中的"命"

在先秦五经中,"命"字被大量地使用。据笔者的统计,《诗经》中"命"字凡86见,《尚书》中"命"字凡249见,《仪礼》中凡321见,《易》经文中凡7见,《春秋》经文凡4见。如果光从使用的频繁程度来看,"命"似乎比"性"要重要得多。虽然事实可能并不是这样,但这种情况从另一个角度也说明,"命"范畴在儒学中,也是相当有分量的一个概念。

先秦五经出现并开始流行的时代,正是中国从原始宗教向人文精神跃进的时期,是人文理性逐渐占据思想主流的时代,因此"五经"中的"命",相较更早期的人们的"命"意识,已经表现出复杂的思维面向,具有了更多的思想内涵。这在"五经"文本中,我们可以清晰地感受到。从"命"与"生命"的关联角度来说,"五经"中的"命"已经明确地具有了"生命"的意思,并且也具备了相应的伦理意识。而在甲骨文和金文中,我们还不容易发现"命"与"生命"的关联,这时候人们尚处在一种原始宗教的迷魅之中,对于"生命"问题似乎还没有觉醒的意识,"生"只是一种被动的"生",是完全被"命"所笼罩的"生"。所以甲骨文和金文中的"命"未能揭示出古人理性地对待生命的能力,"生命"的问题其实只是"帝命"的问题,或者纯粹是在"上帝旨意"下的一种动物式生存。在这种意识中,世间一切冥冥中都自有主宰,人是受命而生的,因而是不需要怀疑自己生命状态的。

不过,人的存在的特殊性决定了人不会永远受制于这样一种"帝命"观,当人的生存状态出现严重与愿望和能力不匹配的时候,人的"天赋理性能力"会驱使人去进一步地思考,从而会对自我生命状态给予更多的关注。人们会追问自己为什么要这样生活,继而会追问决定自己这样生活的那种力量是一种什么样的力量,如果它是一种意志的存在,那么就会追问它的公正性。这种意识在上古时代可能还是一种非常朦胧的意识,但或许正是这种出于对自己被动生存状态意识的觉醒,"命"才逐渐和人的生命状态联系起来。人的生命状态到底取决于什么?是完全被动的,还是人对自身生命的展现也应当有一种积极的态度?随着人对自身生存状况关注意识的加强,人们对"命"的认识自然也会逐渐加深。在反思与"帝命"的关系中,人们开始更多地把注意力投入到自己生存的状态中,这样"命"的意思便逐渐与个体的命运相联系或者说与个体的人生相联系,"命"也就逐渐具有了"生命"的意思。但显然这样一种"生命",是一种融合了决定生命的那种外在力量与个体的生存状态相联系的"生命"。那种决定生命的外在力量,通常即是"帝"或"天",因此,这样一种"命"观,其实质就是"天命"或"帝命"与个体人生或命运相融合的"命"观。这样一种"命"的意识,在"五经"中我们可以明显感受到,这也可以看做"五经"中有关"命"的思想的主要特色。

总体来看,能够表现出"命"由本义逐渐具备各种与"生命"相关之内涵的文本,在"五经"中,主要是《诗经》和《尚书》。也就是说,"命"及其引申出来的各种意义,主要见诸于《诗》、《书》当中。《仪礼》中"命"字虽然高达三百多见,但基本上全是"命"的原义,即"命令"的意思。《易》和《春秋》经文中的"命"的意义亦可见诸《诗》、《书》。以下我们就以《诗》、《书》为主,论说"五经"中的"命"。《诗》、《书》的"命"字,如果从字面上来看,也主要是"命令"的意思,或者是"人王的命令"或者是"帝、天的命令或旨意"。由于学界对此讨论甚多,同时限于篇幅,这里就不再将这些涉及"命"的句子一一列出,而只就其中的"命"的意义和使用方法作一个总括性的说明。《诗经》和《尚书》中的"命",有这么几种现象非常值得我们关注。

其一,"命"字多是在"天命"角度或意义上使用的。如《诗经·小雅·小宛》曰"各敬尔仪,天命不又";《尚书·汤誓》曰"有夏多罪,天命殛之";《尚书·盘庚上》曰"先王有服,恪谨天命",等等。这表明,在《诗》、《书》时代,人们仍然笼罩在浓郁的天命观念当中,天命仍然是人们生存状态的决定者。"生"是天命下的"生"。以天命为前提来讨论个体命运和生存状态,这在当时是非常普遍的情况,这在《诗》、《书》中表现得比较充分。如《诗经·小雅·十月之交》曰"天命不彻,我不敢效我友自逸";《诗经·大雅·卷阿》曰"尔受命长矣,茀禄尔康矣";《尚书·大禹谟》曰"皇天眷命,奄有四海为天下君";《尚书·西伯戡黎》曰"呜呼!我生不有命在天";等等。"命"在根本上受天命制约,这实际上是对生命本源进行思考的一种观念反映。

其二,人们对于天命的态度,明显呈现出两种倾向:一是对于天命之悠远广大仍存敬畏心,如《诗经·周颂·维天之命》曰"维天之命,于穆不已"①,以及《尚书》中不断出现的"天命诛之"、"天命殛之"、"恪谨天命"等等句子,②都表明了这种情况。二是人们对于"天命"的权威性、"正确性"也开始表现出怀疑。如"天命靡常"、"其命多辟"、"天难谌"③等语。这表明人们已经不再纯粹从"定命"角度看待自己生存,"自主"意识开始加强。这种意识的加强,应当说,归根结底取决于人们物质生产水平的提升和理性思维的进一步发展。早期的"命"或者说传统上的"命",往往被视为人们的一种"定命",然而这种"命",在形式上一般表现为"天命",实质则是统治者灌输给民众的"命",而随着物质生产条件的改善和人的智力提升,人们必然也会因自身命运的变化而对这种"命"的当然性、合理性,以及由此引发的公正性产生疑问。如《诗经·国风·小星》里的"实命不同"的感慨,以及诸多"怨天"之语等。对于"天命"的怀疑,势必导致人们自主性的提升,慢慢人们也就产生了"一方面要靠天,另一方面也要靠自己"这样的想法,所以有了"永言配命,自求多福"④这样的说法。人的更好的生命状态,在很大程度上被认为是可以通过自主努力去实现的,这种认识应当是"命"走向"生命"在观念上的重大突破,但这种突破主要还是从"命"与"人的生命"的关联性来说的。⑤

其三,《诗》、《书》中的"命"虽然多是在本义上使用的,但它越来越脱离"命令"这一词的中性意义,而带有了更多的人的意志和情感色彩,对它的修饰语充分说明了这一点,如"大命"、"明命"、"休命",以及后来出现的"性命"等。《诗》、《书》中频繁出现的"大命"、"明命"、"元命"的说法,表明人类群体的"类生命"与"天命"存在根本目的的一致性。人类的生存就是执行"帝天"所授予的"大命"或"明命"的过程。这里,人执行"帝天的命

①　《诗经·周颂·维天之命》。
②　分见《尚书》之《泰誓上》、《汤誓》、《盘庚上》等篇。
③　分见《诗经·大雅·文王》、《诗经·大雅·荡》、《尚书·咸有一德》等篇。
④　《诗经·大雅·文王》。
⑤　动物的生命也可用"命"来指称,这当是"命"的引申义。由"天命"与人的生存状态的联系,衍生出"人的生命"的内涵,然后渐渐地"生命"也包括了动物的生命,这可能就是由"命"到"生命"的发展规律。

令",其实就是人的生命过程,这层意思已经表现得较为明显了。"生"的过程就是执行"天命",人的存在的本质即是如此,这就是人的"生命"。总之,人的生存或生活就是在实践"天命",通俗地说,就是接受了"帝天的命令"并加以执行。"生命"的过程就是执行"天命"的过程。这应当是《诗》、《书》中的"命"的一个重要内涵。在蒙昧的时代,这种"生命",最初只能表现为"类生命",或者说具有一种集体的性质,比如族群的存在,因此这种意义上的"命",是优于个体生命存在的。这种"命"通常称为"大命"、"明命"。如《诗经·大雅·荡》曰"曾是莫听,大命以倾";《尚书·太甲上》曰"先王顾諟天之明命";等等。"人王"或者掌握文化的人接受此"大命"、"明命"以统治天下百姓,于是有了普通人的"命"。普通人的"命",名义上是执行"天命",实际上执行的是"人王的命令",不按"命"而行,就没有普通人生存的可能。所以人的生命,实际上维系在这个"命"上。久而久之,"命"也就具有了"生命"的意思。无疑,这种生命观是以"天命"为前提的,换句话说,没有"天命"意识,也就没有"生命"观念,可以说,这是中国古代生命观、包括儒家生命观最为根本的一个特色。因此,脱离"天命"观来理解儒家的"生命",是根本不可能正确理解儒家的"生命"内涵的。

其四,天命与人的,或者说人从天受的"命"是有时限的。这种"命"正常情况下与人的肉体存在相始终,这种"命"即表现为人的寿命。比如《尚书·洪范》中的"考终命"中的"命",《尚书·盘庚上》里讲的"矧予制乃短长之命"中的"命",都可以理解为肉体上的生命。天授予人的"命"可长可短,也可剥夺,即天所授于人的,天可夺之。而夺之的原因多出于人不能以"德"保命,人做不到"敕天之命,惟时惟几"[1],也就是小心谨慎地对待天命的话,则"天用剿绝其命"[2]。《尚书·高宗肜日》里讲得很清楚:"惟天监下民,典厥义。降年有永有不永,非天夭民,民中绝命。民有不若德,不听罪,天既孚命正厥德。"这里的"命"也是"生命"之义。说的是人不能以德配天,

---

① 《尚书·益稷》。

② 《尚书·甘誓》。

天就要绝他的"命"。所以,人的"命"是和人能否践履天命息息相关的。人能认真履行天命,上天才会把美好的命运降给人。正如《尚书·益稷》所说,"僬志以昭受上帝,天其申命用休"。

以上我们结合《诗》、《书》中的"命",分析了"命"向"生命"演化的情况。总的来看,《诗》、《书》中的"命"虽然有了"类生命"或"个体生命"的意识,但这种"命"应当说主要还是一种"宿命"或"定命"意义上的"命",这种"命"的境界还不高,人类生命的复杂性以及生命的尊严、崇高与否等问题,以及由此衍生出来的各种伦理问题,在孔子之前还不甚鲜明。"命"的内涵,是到了孔子时,才发生了重大提升,是孔子及后人赋予了"命"更为广泛的意义和人文色彩。孔子对"命"的论述,意义颇为重大。故下面我们专门讨论孔子的"命"。

三、孔子论"命"

"命"这个概念,到了孔子始具有更多新的意义。张岱年说:"命的观念,起源颇早,至孔子乃予以新的意义。"[1]蒙培元也说:"儒家哲学讲'命',讲'天命',当然与此原初的宗教神学意义有很大关系,但自孔子始,这一意义已经发生了根本变化,并逐渐衍生出在后来的儒家哲学中占有重要地位的两个内涵:其一是从命定论的意义上说的,如'宿命'、'命运'、'命数'等等含义;其二是从自然目的论的意义上说的,如'天命'、'性命'等含义。"[2]在我看来,孔子对于"命"的内涵的提升,其重大贡献在于他把"天命"、"天道"、"生"与"性"等等问题,作了综合的理解,从而使"命"成为"天命性道相贯通"的重要一环,从而使儒家的"生命"概念成为一个系统的思想体系,只有从这个思想系统中,才能较为完整地理解有关"生命"的重大意义。当然,这种提升在孔子这里只能说是一种初始性的思考,它有赖于后儒的完善。这里我们仍然以《论语》作为讨论孔子"命"论的主要参考文献。在《论语》中,"命"字凡24见,主要见于下列各句:

---

① 张岱年:《中国哲学大纲》,江苏教育出版社2005年版,第365页。
② 蒙培元、任文利:《儒家哲学中关于"命"的学说》,载《齐鲁学刊》1998年第4期。

"五十而知天命。"(《论语·为政》)

"有颜回者好学,不迁怒,不贰过,不幸短命死矣!"(《论语·雍也》)

"伯牛有疾,子问之,自牖执其手,曰:'命矣夫! 斯人也,而有斯疾也!'"(《论语·雍也》)

"可以托六尺之孤,可以寄百里之命,临大节而不可夺也,君子人与?"(《论语·泰伯》)

"子罕言利,与命与仁。"(《论语·子罕》)

"赐不受命,而货殖焉,亿则屡中。"(《论语·先进》)

"死生有命,富贵在天。"(《论语·颜渊》)

"君命召,不俟驾行矣。"(《论语·乡党》)

"行己有耻,使于四方,不辱君命,可谓士矣。"(《论语·子路》)

"见利思义,见危授命,久要不忘平生之言,亦可以为成人矣。"(《论语·宪问》)

"道之将行也与,命也;道之将废也与,命也。"(《论语·宪问》)

"陪臣执国命。"(《论语·季氏》)

"君子有三畏:畏天命,畏大人,畏圣人之言。小人不知天命而不畏也,狎大人,侮圣人之言。"(《论语·季氏》)

"士见危致命,见得思义。"(《论语·子张》)

"不知命,无以为君子。"(《论语·尧曰》)

以上是《论语》中涉及"命"的主要句子。这些句子中的"命",有作"命令"解的,如"君命召"、"不辱君命"等;有作"寿命"解的,如"不幸短命死矣";有作"生命"解的,如"见危致命"等。其他几乎均可作"天命"解。这表明,孔子对"命"的理解,也是以"天命"为基础的。这充分体现在他所说的"畏天命"和"知天命"上。"天命"之所以可畏,是因为"天命"对于人而言,它首先表现为一种异己的力量,是人的生命的限定者。人在"天命"面前,无法主宰生命的寿夭。颜回的短命、伯牛之有斯疾,皆是"命",这种"命"分别构成了颜回和伯牛之个体的"命",也即他们的生命。生命受限于

"天命",这是孔子所承认的。这种由"天命"规定的人的"生命",人力是无法改变的。所以孔子对于颜回之短命、伯牛之有斯疾,也只有感慨。但是人的命只能这样"听天由命"吗?"天命"除了赋予我们肉身形色,它还能带给我们什么?人的生命的意义就存在于这无可奈何的肉身之中吗?人在"天命"面前,真的不能有所作为吗?人能否依据自身的努力,使天授命于人的东西在人身上体现得更好?这些问题其实可以归结为这一问题,即"天命"与人的具体生命究竟存在怎样的关系?这一问题,也许可以看作孔子思考"命"的出发点。

通观整个孔子思想,我们可以这样推测,即孔子认为天命与人的,除了肉身的形色存在之外,还有更为重要的内容,即人之为人的特性,也即"仁"。"仁"是真正地能彰显出人的生命价值和意义的内容,人的肉身存在固然可长可短,人力无法左右。但决定人之为人的精神生命却可以把人最重要的一面呈现出来,从而使生命不因夭寿而失色。然而,众生往往执着于肉身之生,而未看到人生最为本质的东西,所以才使生命不能发挥最大的价值,不能形成正确的对待生命的态度,所以孔子才讲"知天命"。"知天命"成为人的境界高低的一个判断标准,所以说"不知命,无以为君子也"①。天命赋予人的,除了长短不一的肉身存在,更重要的是赋予了人以恒久而弥珍的精神内核——"仁"。天命赋予人的有可为之事,亦有不可为之限,故知此天命,自然也会对天命产生一种敬畏感。这种敬畏感意在时时提醒人在对待天命时应当保持的一种谨慎和谦虚。所以,孔子对"命"的理解,并不是一种消极的"顺命",而是以一种豁达心态从容对待人之生命的局限性,并对宏扬人之为人的精神生命拥有高度的自觉性。这是一种生命的"达观",而孔子之所以具备这种"达观",最根本的在于他发现了人的价值的根本,从而使人的生活成为一种具有明确价值导引的合目的性的生活,这就是"仁"的生活。

孔子提出"仁",其最重大的意义就是改变了天人之间的"授命"与"听命"的意义,使人由原来的被动的天命执行者,变为天命的主动承担者和宏

---

① 《论语·尧曰》。

扬者。而由"被动"变为主动,就要消解天命的异己性。如果天命只是作为一种纯粹的异己力量而存在,那么人就不可能真正发自内心的领悟天命,这样的天命也只能作为一种如"上帝"般的信仰对象,它与现实的人心是分界的。所以孔子一方面承认天的超越性、临在性,另一方面他要打通天人在性质上的界限,消解天命对于人而言的异己性,这也就是后儒所说的实现"天道性命相贯通"。这种作法,也就是承认人是天之所命者,但同时人也是天命的承担者、实践者、宏扬者,而不是被动的规定者。人之所以能够自觉主动地承担、实践和弘扬"天命",取决于天人之间具有"共性",即天赋予了人与之一样的"性",在孔子那里,这就是"仁"。"仁"是天赋予人的"本性",人只有靠着这种"仁性",才能有效实践自己的生命。正是基于这种认识,徐复观才说"仁是性与天道融合的真实内容"。"仁"是天之所命,内在于人的生命之中。"天命"与人的生命实即一体。"天命"与人的生命联结在一起,而这种联结也就是"性"与"天命"的联结。[1]

在这里,我们可以十分清晰地看到,"命"在孔子这里,发生了重要的语义学的转向,"命"不再是单纯的"天命",而是一个整合了人的生命特征的概念,人的生命特征即在于"仁","仁"是对人的特殊生命本质的界定,而"仁"又源于天命,换句话说,在孔子这里,人的生命实质是由"仁"贯通起来的天命本身。而这个"仁",也正是"天命谓之性"的"性",这样,作为一种外在的异己力量的天命借助"性"实现了与人的高度统一,从而人的生命,即表现为人的"性命"。这即是孔子"命"论的重大的理论贡献。"命"和"性"本质同一,密不可分,这种意识的确立,对随后的儒学发展也产生了重大影响。《中庸》《易传》等有关"性命"之论,与此都有直接关系。

以上,是我们结合整部《论语》对孔子"命"的思想所作的一个分析。综合孔子的言论,我们大致可对孔子所论的"命"作一个总结。

其一,孔子说的"命",主要是指"天命"。但"天命"对于人而言,不只是一种异己力量,它除了赋予人生死寿夭和获得富贵与否的"运命"之外,它也赋予了人之为人之性,即"仁",这是人的生命本质。

---

① 参见徐复观:《中国人性论史》(先秦篇),上海三联书店 2001 年版,第 78 页。

其二，"命"是天人发生关系的纽带，天与人之间总的来说是"授命"与"受命"的关系。但人不是被动的"受命"者，而是积极主动地对"天命"的理解者、承担者。如同唐文明所说："人与天之间发生的事情用'命'来指称。'命'作为一个形式指引规划了人与天之间的基本秩序：天作为命令者、授命者，人作为听命者，受命者。"①但这种关系是互动的，不是单向度的。天赋予人的"仁性"让人有一种积极的能力去回应天命，但人毕竟是天之所命的结果，所以人也是一个有限的存在，它回应天命的能力从根本上来说是以顺应天命为主要特征的。所以，"命"对人而言，也表现为一种界限。

其三，在孔子这里，"命"对人的先天规定性和作为异己力量，不是纯粹的以意志神的面目出现的，它也体现为一种创生的积极力量。天命不只是限制人的，也是成全人的一种根本力量。这体现在他对"天生万物"之"不言而教"的推崇上以及他对鬼神的一种临在态度。《论语·阳货》曰："天何言哉？四时行焉，百物生焉，天何言哉？"②从孔子的思想旨趣来看，这样一种自然创生之天，当是孔子心目中主要的天。它的"生"的法则落实到个体人身上，也就是人的"生命"。所以这样的一种"天"事实上规定了人的生命的性质。人的生命就是践行天之"生"的法则。人的生命存在就是证知天命的过程。所以孔子很是强调"下学而上达"、要"知天命"。按徐复观的意思，孔子的这种努力就是在自己的生命实践中证知天命。③崔大华也认为，在孔子那里，"'天命'已不是信仰的对象，而是通过生活经验、思想经历的积累来认识或体验的对象"。④ 所以，把人的生命与天命统一起来，在天与人的"命"的游戏中，确证人的生命存在的意义和实践的方式，并凸显人性的力量，这是孔子"命"论最主要的内容，也是他最重要的理论贡献。

由上我们可以看出，孔子"命"论的重大意义，在于他将"天道、性、命、相贯通"，而对于我们要理解的"生命"而言，孔子这里把"天命"与"性"统

① 唐文明：《顺天休命：孔孟儒家的宗教性根源》，载《孔子研究》1999 年第 4 期。

② 《论语·阳货》。

③ 参见徐复观：《中国人性论史》（先秦篇），上海三联书店 2001 年版，第 78 页。

④ 崔大华：《人生终极的理性自觉——儒家"命"的观念》，载《孔子研究》2008 年第 2 期。

一起来,从而大大提升了"生命"的内涵,并且规定了儒家生命观的理论倾向。孔子之前,"性命"一词并不见诸于原始文献中,孔子之后,也即大约战国时期,"性命"一词则频频出现于儒家的著作当中。从儒学的发展角度来看,孔子之后,儒家的主要努力也即在由孔子开辟的这一"天道性命相贯通"的路向上来建构其理论。郭店儒简的"性命"思想,《中庸》的"天命之谓性",孟子的"知性、知天以立命",《易传》的"穷理尽性以至于命"等等,无不是孔子这一"性命"思想的继承和发挥。

四、后儒论"命"

孔子以降,儒家论"命",往往是"性"、"命"并举,儒学的天人性命之学的特征以十分显明的方式得以呈现。在"性"、"命"之间论"命",成为后儒论"命"的主流。这里所说的"后儒",主要是出于叙述的方便,用来指称包括子思、孟子、郭店儒简作者、《易传》作者等先秦儒家。这些儒家在论"命"时,有着较为相似或一致的看法,故合并论之。

《中庸》里的"命"字凡5见,其中两处是引用《诗经》的句子,严格来说只有3见,这3见分别是:

> "天命之谓性,率性之谓道,修道之谓教。"(《中庸·第一章》)
> "故君子居易以俟命,小人行险以侥幸。"(《中庸·第十四章》)
> "武王末受命,周公成文武之德,追王大王、王季,上祀先公以天子之礼。"(《中庸·第十八章》)

这三句中,"天命之谓性"一句至关重要,也是我们理解儒家"生命"观特别重要的一句。因此,我们这里主要以本句为中心来讨论《中庸》所说"命"的意思。

仅从字面上来看,"命"就是"天命",而此天命落实于人身上就是人的"性",由此成就人之"性命"。从概念的内涵演化上,汉语"性命"一词其基本的内涵应当就蕴含在"天命之谓性"这一句当中。"性命"是天之所命并成就于人身上的,因此人的存在就是一种"性命"显现的过程。这大概是古代汉语为何称人的生命为"性命"的主要原因。但这里我们要注意的是,由"天命之谓性"这一意义衍生出来的"性命"一词,主要是指人的生命而言。《中庸》讲"天命之谓性,率性之谓道,修道之谓教",而能够"率性"和"修道"的只能是人,所以由《中庸》导出的"性命"是指人的生命。丁为祥先生继而认为,《中庸》的"天命"就其内容来看,这天命于人的只是"善性"。《中庸》"系统地展开了儒家从天命到人性、从道到教以及从本体论到修养论的一个总体论纲;而在这四者中,无论是天命、人性还是道与教,虽然并没有明确的善的规定,但其相互限制的关系,却必须以道德之善为前提,并且也只有从善的角度,才能使整个论纲从根本上得以确立。否则,如果其中有一项与道德刺谬、与善背离,那么整个论纲也就必然要面临坍塌的命运。所以,《中庸》实际上是以人性之超越的善揭示了儒家天命观的确切内涵。也就是说,天之命于人者,形式上虽然表现为人之性,实质上即是善;性与善或者说本善之性就是人所秉承的天命,也是人之为人的本体依据。"①

　　《中庸》的"性命"思想开启了儒家"性善论"的理论先河,也为后世儒家理解"生命"蒙上浓重的"心性"、"道德"的色彩,甚至我们说由于这种先定的善的价值判断,让后来的许多儒者在理解"性命"时,更注重说"性",或者以"性"为前提,而淡化"命"的决定意义,或者把"命"后置,使之成为一个"有待"的存在,即所谓以"尽心、尽性"为前提,以"俟于命"。《孟子》对"命"的理解,可视为这方面的代表。《孟子》中,"命"凡 54 见,其中多数也是在本义上使用的,重要的句子见于以下各句:

　　　　"天与之者,谆谆然命之乎? 莫之为而为者,天也;莫之致而至者,命也。"(《孟子·万章上》)

　　　　"尽其心者,知其性也,知其性,则知天矣。存其心,养其性,所以事天也。夭寿不贰,修身以俟之,所以立命也。"

　　　　"莫非命也,顺受其正。是故知命者不立乎岩墙之下。尽其道而

────────────

　　① 丁为祥:《命与天命:儒家天人关系的双重视角》,载《中国哲学史》2007 年第 4 期。

死者,正命也。桎梏死者,非正命也。"

孟子曰:"求则得之,舍则失之,是求有益于得也,求在我者也。求之有道,得之有命,是求无益于得也,求在外者也。"

以上见《孟子·尽心上》。

"口之于味也,目之于色也,耳之于声也,鼻之于臭也,四肢之于安佚也,性也,有命焉,君子不谓性也。仁之于父子也,义之于君臣也,礼之于宾主也,智之于贤者也,圣人之于天道也,命也,有性焉,君子不谓命也。"

"君子行法,以俟命而已矣。"

以上见《孟子·尽心下》。

由以上材料可以看出,孟子对于什么是"命"以及"命"的内容都有规定。在孟子那里,"命"首先是"莫之致而至者",也就是孟子承认"命"是一种外在力量,不赖人为。但"命"对于人显然又不是消极的存在,而是天之所命于人的本然之命,对于这种"命"的态度应当是"顺",而顺什么命呢,从孟子的论述来看,应当就是人的"道德生命"。从上述材料中可以看出,孟子认为天命于人的,既有本能欲望之"命",亦有仁义礼智之道德之"命"。孟子之所以淡化"耳目口鼻之欲之命"的"性"的意义,而高扬"仁义礼智之命"的"性"的意义,与他的"性善论"目的完全一致,无非是高扬人的道德理性,"一方面,承认并接受命运的限制与规定,另一方面,则依据自己的'性分',强化主体的自我选择和自我担当,并在这种选择与担当中彰显属于自己的天命。"①所以孟子之"命",本质上与《中庸》之"命"并无区别。实际上,我们联系《郭店儒简》和《易传》中的"命"来看,这四者中的"命"都有一种相互发明的性质,至少我们可以说,其基本的内涵和思路是一致的。

---

① 丁为祥:《命与天命:儒家天人关系的双重视角》,载《中国哲学史》2007年第4期。

《郭店儒简》中"命"字凡 22 见。主要有以下各句：

"（节）乎脂肤血气之情，养性命之正，安命而弗天，养生而弗伤。"（《唐虞之道》）

"知己所以知人，知人所以知命，知命而后知道，知道而后知行……有知己而不知命者，亡知命而不知己者。"（《尊德义》）

"性自命出，命从天降。"（《性自命出》）

"有天有命，有物有名。"（《语丛一》）

"其知博，然后知命。"（《语丛一》）

"知天所为，知人所为，然后知道，知道然后知命。"（《语丛一》）

总的来看，《郭店儒简》并没有就"命"给出直接的规定，而是强调了"命"与"天"、"人"、"道"、"知"、"名"等的关系。丁为祥先生认为，"性自命出"里的"命"，"可能主要指生命，自然属于命运之命的范畴"。① 我倒认为，毋宁将之就作"天命"理解好。因为在郭店儒简中，"命"和人当循之"道"显然不可分，而且与孟子一样，对于人而言也有一个"顺受其正"的问题，即要"养性命之正"。这充分说明，郭店儒简论"命"同样是从义理化的"天命"角度来立论的。受自然本能之限，人易知其物质上需求什么、想要什么，但未必认识到天赋于人更重要的东西，此即知"小我"之生命，而能知天命者，更能在整全角度理解自身的规定性和天赋能力，故"有知己而不知命者，亡知命而不知己者"。这些都表明，郭店儒简的作者是和孟子一样，都是从"耳目口鼻之欲"之天赋与"仁义礼智之善端"之天赋的统一性角度来理解"生命"的。而这种生命观的基础，则完全在于"天命"。

总体而言，《中庸》、《孟子》和郭店儒简都遵循着一样的思路来理解"命"，都是从人性角度或者说围绕着人性问题来思考、说明"命"，所以这些典籍中的"性命"主要是指人的"性命"。这种性命论的共性就是：承认

---

① 丁为祥：《命与天命：儒家天人关系的双重视角》，载《中国哲学史》2007 年第 4 期。

"命"是对人的存在的一种先天规定性，同时又肯定人的道德理性对于"命"的开显能力，所以"立命"也好，"俟命"也好，都不是消极地任由命运安排，而是在"顺天"基础上依人自己的力量去证成己身之"命"，这种生命观，本质上是一种"德命观"。《易传》论"命"总体上与此一致，但有一点是有区别的，即《易传》里讲的"乾道变化，各正性命"。

《易传》中"命"字凡26见，也是多在"天命"意义上使用的。其中重要的句子有：

> "乾道变化，各正性命"。（《易·乾卦·彖》）
>
> "大亨以正，天之命也。"（《易·无妄卦·彖》）
>
> "利有攸往，顺天命也。"（《易·萃卦·彖》）
>
> "汤武革命，顺乎天而应乎人。"（《易·革卦·彖》）
>
> "顺天休命。"（《易·大有卦·象》）
>
> "旁行而不流，乐天知命而不忧。"（《易·系辞上》）
>
> "和顺于道德而理于义，穷理尽性以至于命。"（《易·说卦传》）
>
> "昔者圣人之作《易也》，将以顺性命之理。"（《易·说卦传》）

由以上材料可以看出，《易传》讲"命"的思路和基本观点和思、孟几无二致。"命"由天赋，"正"此"天命"即是人之当为，所谓"顺命"亦即顺此天之"正命"，这是《易传》讲"命"的主要特色。但是，如前所说，"乾道变化，各正性命"一句，却使我们有了一点不同的印象，那就是这里的"性命"似乎已经不是单指人的生命。因为阴阳天道的创生，不可能只是创生了人，只赋予人以"性命"，"各"字也说明，天所创生的万物是有类的，"各"逻辑上可指各类生命顺受其正之意。在先秦儒家中，大概只有《易传》比较鲜明地透露出"性命"包含万有之生命的内涵。而这一点，在宋儒中则是一个显见的命题。这虽然可能是宋明儒"扩往圣之未发"、进行理论创造的结果，但客观上也说明"性命"与"生命"并不是相同的概念，其内涵及外延存在很大不同。

不过，我们细致考察先秦儒家的"性命"学说就会发现，《易传》的这种思想其实并不是孤立的，《孟子》、《郭店儒简》、《荀子》和《礼记》都有类似的表达。①《孟子》说"万物皆备于我",《郭店儒简》所谓"有命有生",以及《礼记·祭法》所讲的"大凡生于天地之间者皆曰命"都包含类似思想。而《荀子·王制》所说的"六畜皆得其长,群生皆得其命",显然是在几近相当生命内涵的范围上来说"命"了,虽然这里并没有特别直接强调"性"的问题。

五、小结

"命"本为"命令"之义。在原始宗教思维中,世间一切均为"帝"或"天"所发之命令之表现。由是,"命"渐渐与万物的生存状态联系起来。万物之有"生",即万物从"帝"或"天"那里获得的"命"。所谓"大凡生于天地者皆曰命",这种观念即这种思维意识的充分表现。在早期的更为原始的宗教思维中,"帝"或"天"之"命"无疑具有很强的蒙昧意味,但随着人类理性思维的增强,"天命"之与人的异己性渐渐削弱,天与人渐渐被视为同一性的存在。天的异己性的消解,伴随着天的神秘性的消解,这样天命与人的存在关系就成为一种互相显证的关系,而不是一种单纯的天决定人的关系。所以这时候的"命"便不再只是一种由天发出的权威号令,相反它就是天的根本属性,因之,天命与人的,即是天将自身的根本属性赋予了人,这就是人的性,所以"命"才和"性"融为一体,从而有了"性命"之说。"性命"在儒家那里,绝对是一个富含伦理性的命题,因此,儒家的"命",就其伦理追求来看,它说的就是人的生命价值及其根据问题。这种价值根据就在于"天",但这种"天"不是宗教性的天,而是义理性的天,在儒家思想体系中,这一意义上的天,才是最为根本的天。这种天自身有一定的伦理法则,这就是"天道",天按照这种法则而生成万物,故万物本质上也是由这种天之伦理法则决定的存在物,因而任何生命,其存在天生就被赋予了道德性。所谓"民受天地之中以生,所谓命也"②。这也就是孔子所谓"分于道谓之命"③。这就

---

① 在《荀子》中"命"凡66见,但意思范围并未超出上述文献中的"命"义。《礼记》中"命"字使用相当频繁,高达315见,但基本是在本义上使用的。个别思想虽很重要,我们以后篇章也将专论。故这里不再专门讨论其中的"命"。

② 《左传·定公十五年》。

③ 《孔子家语·本命解》。

是儒家之"命"最为重要的内涵,也是儒家重大的理论贡献。

第五节　结语

由上,我们对儒家之"生"、"性"、"命"的概念约略进行了文本考述,对其意义特别是与"生命"的关系作了分析。总体而言,有天有命,有命有性,天人性命不可分离,这构成了儒家对"生命"理解的主体内涵。"生"、"性"、"命"分别具有不同的意义,代表着儒家对生命的不同向度的理解,它们在根本上,都可视为"天"之性质、功能的某种表现,是由"天"统摄起来的概念体系。所以,要完整理解儒家有关"生命"的思想,必须以"天"为根本,把这些概念作一统一联系的整体来看待。"生"由天来,"性"由天定,"命"由天出,这是我们对儒家这些概念的一个基本认识。在儒家那里,生命的问题,其实就是由"天"、"生"、"性"、"命"这些概念规定和衍生出来的问题。

"生"这个概念,在初始的意义上,是强调生命的存在状态或者实体性,在最初它可能并没有特殊的伦理性。上古先民习惯用"生"来指示一物从无到有和持续存在的状态,所以,"生"最初只是对生命的一种直接感受性的描述。但是随着上古先民抽象思维能力的增强,人们开始思考各种生命背后的决定力量问题,"生"开始逐渐具有本源的意义。这种思维发展的脉络体现在孔子之不言之教的喻词中。"四时行焉,百物生焉,天何言哉?"①宇宙万物自有安排,对这种自然事实的经验观察,使儒家抽象出了"天道生生"的理论认识,继而把天地创生的属性德性化,从而提出"天地之大德曰生"的命题。这样生命的存在就被伦理化了,这就是"生"这一概念得以产生并伦理化的主要情况。

"性"实质上则是儒家将"生"伦理化后产生的一个概念,它的重要意义也是确立儒家伦理追求的根据。"性"由"生"起,其基本内涵就是指一种"生性"。"性"意味着人类对天赋之内容的一种理性自觉,是人领悟了天的

---

① 《论语·阳货》。

属性后而产生的一种精神意识,也就是说,"性"是对天地内涵的"生"的属性的一种概括,或者一种特定的称谓,它说明"生"是具备一种伦理目的性的"生",不是盲目的"生"。这应当说是上古先民的一种思想观念上的进步。这种进步,使得古代先民不再盲目地对待万物之"生",而是意识到万物之"生"都是有"性"的,都有它自身的特殊的规定性。这种认识可能也是经验观察的结果。人们看到草长莺飞,花开花落,感受到万物之"生"都有它的方向性,都有它的特性,所以产生了"性"的意识和概念。这种"性"的意识,同样与人们对决定万物之"生"背后力量的思考相关联。这种"性"本质上来自这种形而上决定力量的"旨意"或"号令",是它赋予万物的。所以,在儒家那里,"性",这种决定生命发展方向和根本动力的因素,无非就是天之"命"的开显。

"命"决定了"性",没有"天"的"命",也就无所谓"性"。在儒家伦理的概念系统中,"命"实际上是更为根本的概念,是其他概念产生的逻辑前提。在儒家的视野中,"天命"是根本的决定力量,一切都是天命的结果,所以万物之"生",无非天命的体现。所以天命的权威性,儒家是承认的。尽管儒家在天命规定中,特别强调人为的作用,但是天命的权威性并没有被彻底消解掉。不过,儒家理解的天命却有一种驱魅化性质,这表现在儒家尽可能地淡化了天的神性,而将天理解为一主宰生化的义理之天,生养化育万物也成为这种天的本质。这样天的宗教性被降低,天的权威性主要表现在哲学意义上的创生之本上,而不是决定一切无所不能的神性上。在孔子之后,儒家几乎都是在自然创生意义上来理解"天道",把天的属性归结为"生性",把"生生"视为天道流行或者天命的体现。

这样,"生"、"性"、"命"就在不同向度上规定了儒家对于"生命"的理解。正如孔子在回答鲁哀公时所说的那样:"分于道谓之命。形于一谓之性。化于阴阳,象形而发谓之生。化穷数尽谓之死。故命者,性之始也;死者,生之终也。"①"生"、"性"、"命"有机统一,意义甚至相互涵摄,你中有我,我中有你,所谓"有生有命"、"有性有生"、"有命有性",所以,要想弄清

---

① 《孔子家语·本命解》。

儒家有关"生命"的内涵,就务须要对儒家言说"生命"的这一概念系统有充分的理解,儒家关于"生命"的主张和伦理思想,就完全蕴含在这些概念之中。

在这里,我们要特别注意的是,由这一概念系统确立的"生命"观念,具有明显的形上的义蕴。"天"这个根本的因素,是我们时刻要记住的。天人关系是儒家伦理建构的逻辑起点,也是我们把握儒家生命伦理要义的中心线索。如果忽视了这一点,我们很难说得出的观点和结论就是儒家的观点和结论。从逻辑关系上说,儒家关于"生命"的观点蕴含在以"天道性命相贯通"为基本特征的义理系统中。这也决定了我们探究儒家生命伦理的基本方式和运用儒家生命思想处理生命伦理问题的基本角度。

第二章　《诗经》、《尚书》中的
生命伦理思想

　　探究儒家生命伦理思想，无疑当以原始儒学为基础、为中心，因为原始儒学最为真实、最为本原地反映了儒家思想的内容、精髓和精神风貌。原始儒学一般是指孔子创始儒学前后直至秦汉之际的儒家思想，从人物而言，主要是指孔子、孟子、荀子，以及"七十子"及其后学的思想；就文献而言，则指《诗经》、《尚书》、《春秋》、《周易》、《礼记》、《左传》、《郭店儒简》、《论语》、《孟子》、《荀子》著作所体现的儒家思想。这些文献整体上反映了儒学的整体风貌，虽然存在一些理论上的差异，但实皆为在不同向度上对儒学的诠释与发展，彼此具有互补性。正是在这不同向度、不同特征的理论阐释中，儒学的各个问题才得以完整说明，从而使儒学成为一个完备的思想体系。以后历代儒学，实际上均是为了迎合时代需求而对原始儒学的诠释性发展，在根本义理上并没有超出原始儒家的精神实质。因此，探究儒家生命伦理思想，无疑应当以原始儒家思想为重点、为中心。本章及以后两章，均是立足于原始儒家的文献，对原始儒家生命伦理思想的挖掘与探究，我们期冀借助这样的探究，来展示出儒家生命伦理思想最为本原的精神和风貌。

　　在诸多原始儒家文献中，《诗经》和《尚书》所蕴含的生命伦理思想，可谓代表了儒家有关"生命"的伦理思想的早期观点。郭店儒简、《礼记》和《易传》中的思想，则反映着儒学自孔子始创不断走向理论成熟和深化的过程，这些文献所蕴含的生命伦理思想，可以较为整全地反映儒家生命伦理思想的全貌。当然，作为原始儒家最主要的代表人物，孔子、孟子和荀子有关"生命"的伦理思想，无疑体现着儒家生命伦理思想最为核心的内容。在诸多原始儒家文献中,《诗经》和《尚书》可谓儒门始教之书,荀子在论及劝学次第时讲"始乎诵经"①,这里的"经",即指《诗》、《书》而言。故这里我们把《诗经》和《尚书》作为探究儒家生命伦理思想的起始典籍。

第一节 《诗经》中的生命伦理思想

《诗经》是原始儒家教人的初始之书,也可以说是关于儒家思想的一部启蒙性文献,它在整体儒家伦理中具有特殊的地位,发挥着特殊的作用。作为孔子之前就业已存在的经典,《诗经》不仅是孔子儒学得以建构的重要的思想渊源和理论基础,本身也构成了儒家生命韵律和意义的重要一环,可以说,它与儒家其他经典和伦理要素共同构筑了整体的儒家生命伦理大厦。孔子有云:"兴于诗,立于礼,成于乐。"②这表明,"诗"与"礼"、"乐"等儒家伦理要素具有一种互动关系,它们相辅相成,共同谱写出儒家伦理的生命乐章。《诗经》以特有的艺术形式兴起儒家伦理的生命节奏;"礼"以制度化、可操作性将儒家生命伦理落实到人伦日用中;"乐"则以音乐的形式将源于生命本真的性情和谐地表达出来,从而使生命的意义得以完善表达。在生命意义的整体圆融型的展示中,《诗经》起着一种"起兴"的作用,而这种起兴是伴随着儒家的伦理意识而产生的,是通过一种诗意化的语言将融于身体深处的善恶意识唤醒并促使其滋长以及蓬勃发展的功能。故朱熹释"兴于诗"云:"故学者之初,所以兴起其好善恶恶之心而不能自已者,必于此而得之。"③正因为《诗经》在整体儒家伦理中发挥着这样的特殊作用,从而促使我们将《诗经》纳入管窥儒家生命伦理思想真义的基础性文献。

---

① 《荀子·劝学》。
② 《论语·泰伯》。
③ 朱熹:《四书章句集注》,中华书局 2005 年版,第 105 页。

一、"兴词"中的生命意识

《诗经》中凸显着浓郁的生命意识。这在《诗经》的"兴词"中我们可以清晰地感受到。《诗经》诸篇,往往以言物起兴,再论及要表达的实质内容,这部分起着"兴"的作用的诗句,就是所谓"兴词"。中外学者很早就注意到,《诗经》的"兴词",在很大程度上反映着中国先民的原始的生命崇拜意识,但是这种崇拜,有的是对实际的自然生命的崇拜,有的则只是对一种生命力量的崇拜,或者说是对"生命力"的崇拜,还有更多的是原始的生殖崇拜,包括对性器官及性交行为的崇拜意识。因此,这种原始的生命崇拜意识,我们不妨将之归结为一种原始的崇"生"的意识。这种崇"生"的意识,从其最基本的层次上来说,首先是指一种生存的意识。人立于自然界,首先要生存、要活着、要繁衍,与此相关,必然会形成相应的生存意识。在社会分工和生产力十分低下的上古时代,"生存"或者说"活下去"不仅是当时人类的第一要义,甚至可以看作全部意义。所以,"生存"可以说是当时人类的全部愿望,而与此相应,在与自然环境交换生存能量的过程中,人们十分自然地把那些富有生命力、容易生存的物种视为生命的象征,并希望通过与这些生命发生的某种联系中,获得相应的"生"的力量,于是由此产生了相应的原始的崇"生"意识。在《诗经》中,用于起兴的物种主要是那些富有生命力和繁殖能力的生物,比如鱼和一些"多籽、多实"的花果草木。"兴词"中之所以用这些生物起兴,看中的就是这些生物所展示出来的强大的生殖能力,以此来预示人类性欲的强盛、婚姻的和谐、人口的兴旺,甚至引申出来对"丰年"的企盼。

比如鱼这一象征。《诗经》大量运用鱼类起兴,305 篇诗歌中,提到鱼的有几十首,涉及的鱼的名目就有十几种。《诗经》为何如此看重鱼呢? 原因即在于鱼具有顽强的生命力,繁殖能力极强,鱼广泛存在于自然界中,种群庞大,生生不息,古人从鱼的生存现状中看到了一种"生命的力量",因此用鱼来象征对生命的追求。鱼在《诗经》中的象征意义很多,夫妻和谐、性欲旺盛、多产多子、谷物丰收、生机等,都可以用鱼或与鱼相关的行为来象征。但从主要的象征意义来看,《诗经》中的鱼多象征着"性爱"或者与性爱相关的婚恋行为。闻一多先生在《说鱼》中很早就指出了鱼的这一象征意义,他认为鱼"多为性的象征,故男女多以鱼喻对方",或者以鱼代替"匹偶"或"情侣","打鱼、钓鱼等行为是求偶的隐语","吃鱼"、"烹鱼"则比喻"合欢或结配"。① 如《齐风·敝笱》、《周南·汝坟》、《卫风·衡门》、《豳风·九罭》等诗篇,均说明的是鱼的这一象征意义。

大自然盛产鱼类,这不仅给人类提供了丰富的食物资源,也使人类对鱼的这种旺盛的繁衍能力产生企盼,希望借助鱼的这种生命力实现自身生命的张扬,于是人们歌颂鱼、祭祀鱼,以至于后来祭鱼活动成为一种重要的风俗和礼仪。这在《诗经》中也有体现,《周颂·潜》一诗即是讲的这种祭鱼活动。

"猗与漆沮,潜有多鱼。有鳣有鲔,鲦鲿鰋鲤。以享以祀,以介景福。"

这首诗虽然很短,但涉及的鱼类却有六种之多。人们就是借助鱼的这种广泛存在与人的种群繁衍联系起来,希望实现如鱼一样的壮大。鱼的大量存在,给人们提供了丰盛的食物,因此人们也用鱼来预示好的收成或丰年。比如《小雅·无羊》所说:

"牧人乃梦,众维鱼矣,旐维旟矣,大人占之;众维鱼矣,实维丰年。"

日本学者家井真认为,这首诗的主要意义,即是用祭鱼来预示和歌颂丰年。他说:"这章通过占梦来歌咏丰年及家族繁荣,众鱼则是丰年的吉祥征兆。乍一看这里只是从鱼的丰富联想到了谷物的大量收获,然而其间流露出的鱼和丰年两者紧密相关的思想意识,人们对鱼的符咒力能促成谷物丰收的坚定信念,最终使得祭鱼与祈年祭的连接成为可能。"②

鱼意味着"丰年"、意味着生存的物质保障,所以"有鱼"也就成了"有

---

① 参见闻一多先生的《说鱼》一文,见《闻一多全集》,三联书店1982年版,第117—139页。
② 家井真:《〈诗经〉原意研究》,陆越译,江苏人民出版社2012年版,第140页。

余",鱼在中华文化中也成为吉祥的象征。

除去鱼之外,《诗经》中也广泛运用鸟或虫来比喻天地间的"生意"以及人类对人口繁衍的愿望或婚爱行为。如脍炙人口的《周南·关雎》,即是以布谷鸟起兴,来比喻人类的求偶意识。布谷鸟每在春播之季,万物情欲萌发时期出现,所以布谷鸟在古人那里就有一种生命力的预示。又如《周南·螽斯》云:

> 螽斯羽,诜诜兮。宜尔子孙,振振兮。
> 螽斯羽,薨薨兮。宜尔子孙。绳绳兮。
> 螽斯羽,揖揖兮。宜尔子孙,蛰蛰兮。

《毛诗序》云:"螽斯,后妃子孙众多也,言若螽斯,不妒忌则子孙众多也。"①意即此诗主旨是用来表达子孙众多,多子多福的观念。这里是以螽斯强大的繁殖能力来表达人们对多子的期盼。

除去广泛运用动物起兴,《诗经》也大量运用富有生命力和多实的植物来起兴,以表达人们对生育和多子、婚姻幸福的愿望。如《周南·桃夭》云:

> 桃之夭夭,灼灼其华。之子于归,宜其室家。
> 桃之夭夭,有蕡其实。之子于归,宜其家室。

这里是以桃花的繁茂和果实的丰硕来比喻青年男女宜当及时婚配生子。又如《唐风·椒聊》云:

> 椒聊之实,蕃衍盈升。彼其之子,硕大无朋。椒聊且,远条且。
> 椒聊之实,蕃衍盈匊。彼其之子,硕大且笃。椒聊且,远条且。

这是以花椒比喻人们对多子的愿望。除去用植物表达对多子的愿望,

---

① 周振甫:《诗经译注》(修订版),中华书局2010年版,第8页。

植物也用来直接比喻性行为，如《魏风·园有桃》一诗。闻一多和日本学者家井真都认为这里的起兴之句"园有桃，其实之肴……园有棘，其实之食"里面的果实是一种酸果，而酸果家井真认为这是象征妊娠求子的咒物，所以"食用妊娠求子的咒物——酸果是表示直接性行为的兴词"。①

以上我们约略讨论了《诗经》"兴词"中蕴含的生命意识，通过"兴词"中蕴含的这种浓郁的生命意识，我们也能感受到背后蕴含的"生"的伦理精神，尽管这种精神还没有明确地表达出来。从整体来看，《诗经》"兴词"中所体现的生命意识，还带有原始的性质，甚至可以说是基于一种生物的本能形成的意识。所以这种生命意识，我们也很难说是一种在明确的意志或伦理观念导引下的价值观念。但是随着人类理性能力的提升，自主意识的增强，人在与外界环境力量的交互作用过程中，必然会以合目的性的活动来处理人与自然的关系，从而使自己的活动表现出一定的伦理价值倾向。而这种原始的生命意识，恰是伦理意识产生的基石。人与人的关系、个体与群体的关系、人类与自然的关系，都是在这种基础的"生"的意识中形成的，它们都指向人类终极的"生"。《诗经》正是透露着这种精神，并在这种意识基础上产生出一种合伦理的"生"之观念，因而才会为儒家所看重。

二、天人关系中的生命伦理意蕴

天人关系是儒家伦理的逻辑起点和中心线索，借助天人关系言说其思想义理，这是整体儒学基本的理论特色。儒家对生命的伦理阐释也完全遵循的是这一模式。在儒家这里，生命的问题，本质上是天与人的关系问题，于天人之际探究生命的本源与意义，这可谓儒家言说其生命思想的一贯传统。因此，探究儒家生命伦理问题，需要我们对天人关系中透显的生命伦理意蕴加以特别注意。从儒家思想的渊源来看，《诗经》可以说是从天人关系角度揭示儒家生命伦理精神较早的文献，其天人关系思想所蕴含的生命伦理主题对后世也有较大影响，值得我们认真对待。

天人关系反映出的伦理问题，从中国传统伦理的问题领域来说，主要反

---

① 家井真：《〈诗经〉原意研究》，陆越译，江苏人民出版社 2012 年版，第 158 页。

映的是"力"与"命"的关系问题或者说"人事"与"天命"的关系问题,也即人的主观能动作用与客观必然的关系问题。生命的问题、特别是人的生命问题,在传统儒家的理论视域中,其实质就是人当如何回应、对待天命的问题。对于这一问题,《诗经》实际上有着特别重要的见解,这些见解对于我们深刻理解儒家生命伦理的精神颇有助益。从深刻理解儒家的天人关系角度来说,要明了这一关系对生命问题的重大意义,当然首先需要我们明了儒家言"天"的精神实质,"天"究竟是一种什么样的存在,是一种纯粹的物质存在,还是它本身也是一种精神象征?对这一问题的回答,无疑也会影响到我们对儒家生命伦理思想的认识。我认为,不管是我们把儒家的"天",视为"自然之天"、"主宰之天",还是"义理之天",从"天"所代表或体现的精神角度来说,"天"的实质都可谓"生"的象征,体现的是"生"的基本精神。这一点,从《诗经》对"帝"或"天"的论述中,即可管窥一斑。

我们知道,殷人尊"帝",周人尚"天","帝"和"天"在殷周之际都具有至高无上的主宰地位,都代表着一种终极的信仰。然而《诗经》表明,"帝"和"天"作为绝对主宰和终极信仰,二者其实并不那么泾渭分明。① 因为在《诗经》中,"帝"和"天"都有着极为频繁的使用,而且其意义也几乎完全等同,即二者都是作为至高无上的绝对主宰和信仰出现的。比如《小雅·正月》曰"有皇上帝,伊谁云憎";《大雅·皇矣》曰"皇矣上帝,临下有赫","不识不知,顺帝之则";《大雅·大明》曰"昭事上帝,聿怀多福";等等。这里面的"帝"都是以至高无上的意志神的面目出现的。不仅如此,"帝"、"天"也经常同时使用,比如《国风·鄘风》曰"胡然而天也! 胡然而帝也";《大雅·云汉》曰"昊天上帝,则不我遗";《大雅·文王》曰"上帝既命,侯于周服,侯服于周,天命靡常"等等。可见,"帝"和"天"在《诗经》中其实具有共同的性质,这也说明,尽管周人尚"天",但他们同时也保留着对"帝"的信仰。这

---

① 《诗经》中"帝"和"天"都频繁地出现,其中"帝"出现43次,且是作为至高无上的意志神或最高主宰出现的;"天"更是高达170次,在多数情况下,其用法和"帝"的意义相当。"帝"和"天"作为终极信仰或绝对存在同时出现这种情况,反映的是思想史上的一件事实,即由殷商重"帝"向周人重"天"的过渡。周人"其命维新"的一个重大举措,即在信仰上将殷人的"帝"转化为对"天"的信仰,《诗经》在很大程度上反映出了这种思想上的转化,或者说存留着这种思想转化过程的痕迹。

正如陈来先生所说:"西周人确实保留着对天、帝的信仰,认为天、帝是宇宙的主宰。"①只不过与殷人盲目尊"帝"不同的是,周人对"帝"、"天"作了一种义理化的解释,这表现在周人"以德配天"的理念之中。这种情况,固然在思想史上反映着中国上古社会由原始宗教迷魅的时代向着人文理性觉醒时代的过渡;但另一方面也同时表明,"帝"与"天"至少在周人那里,是一对在内涵上具有亲缘关系的"姊妹",也就是"帝"与"天"在思想内涵上具有"亲缘性",二者在内涵上具有一脉相承的性质。而正是"帝"、"天"的这种亲缘性,启发着我们对"天"之精神象征的理解,从而影响着我们对儒家生命伦理的精神的理解。因此,我们就有必要对"帝"的内涵作一考察。

我们知道,"帝"是殷商的至上神,是具有位格的存在,它主宰着宇宙万物的一切,因此"帝"可谓殷人终极的信仰。但殷人为何如此尊崇"帝","帝"的本义又是什么呢? 清朝学者吴大澂在他的《字说》中提供了一种解释,他认为"帝"字的原形为"蒂","象华蒂之形","蒂落而成果,即草木之所由生,枝叶之所由发。生物之始,与天合德,故帝足以配天。"②这一说法,后来得到王国维、郭沫若等人的支持,如郭沫若说:"帝为蒂之初字,则帝用为天帝义者,亦生殖崇拜之一例也……古人固不知有所谓雌雄蕊,然观蒂熟花落,蒂熟而为果,果多硕大无朋,人畜多赖之以为生,果复含子,子之一粒复可化而为亿万无穷之子孙……此必至神者之所寄,故宇宙之真宰即以帝为尊号也。"③根据这种看法,"帝"实际上就是对"花蒂"的神化,而花蒂却又是植物结果、生籽以繁衍后代的生机所在。因此,依此解释,殷人崇拜"帝",实质是崇拜"蒂"所象征的"生物之德",这实质上是一种对"生"的崇拜、对生命的崇拜,是上节《诗经》中所体现出来的那种原始的生命意识观念化的结果。所以,《诗经》中大量存在"帝"这一事实表明,在周人的思想世界中,"生"也是一种根始性的观念。"帝"的"生物之德"的象征义,以及"帝"、"天"之间的这种思想联系,大概也是后儒讲"天只是以生为道"④的

① 陈来:《古代宗教与伦理:儒家思想的根源》,三联书店1996年版,第208页。
② 参见周法高:《金文诂林》,香港中文大学出版社1975年版,第48页。
③ 郭沫若:《甲骨文字研究》,人民出版社1952年版,第26页。
④ 程颢、程颐著,王孝鱼点校:《二程集》(上),中华书局2004年版,第29页。

思想根由。

但是周人有意突出"天"这一概念也是不争的事实,不过这极可能是缘于"周虽旧邦,其命维新"①的心理,也就是新政权刻意要突出的相对于旧政权而言的一种新的精神面貌。不过,这并不是本书关心的问题,本书关注的是《诗经》中"帝"与"天"之间的思想联系,由"帝"到"天"对于儒家生命伦理来说,发挥着何种意义。"帝"和"天"虽然对于殷人和周人来说同样意义重大,但如果我们因此完全等同"帝"与"天"在殷人和周人那里的意义,也于实不符。周人讲"以德配天",特别以人的道德意识突出人事的力量,也是公认的事实。儒家的伦理思维实滥觞于此,或者说,正是这一点,开启了儒家从义理角度思考天人关系的先河。

在周人那里,"帝"与"天"都具有权威性,都具有终极的意义,但是"帝"在殷人和周人那里表现权威的方式却是不同的。"帝"在殷人那里是作为终极的信仰对象存在的,是一个全能的意志神,但在周人这里,"帝"的这种绝对的"神"的权威被消解了,"帝"由具有宗教性质的神转变为与人事行为相联系的"伦理神",也就是"天"成为具有"德性"的存在,是"德"的化身。这样,在周人这里,"天"由决定一切的意志神,变为最高的伦理法则的创设者,所以周人不再强调人应当"听天由命",而是强调人应当以德"克配上帝"②。

所以,《诗经》中"帝"、"天"共存和"以德配天"的思想事实,至少表明:其一,"帝"与"天"具有内在的思想联系,它们之间存在着思想纽带,而这一思想纽带,我们认为就是存在于上古先民思想深处的生命意识,或者说"生"的意识。其二,在"人事"和"天命"的关系上,人并不是一个"宿命"意义上的完全的被规定者,它更是"天命"的理解者、担当者。在这一意义上,人才真正具有了自由承担责任的意志问题,也才有真正的道德问题产生。唐文明指出:"'帝'虽然是至上神的指称,但'帝'始终是个独立、自足的命名,从这一命名所指涉的事情来看,所指者为生物不测或生生不息之事,而

---

① 《诗经·大雅·文王》。

② 《诗经·大雅·文王》。

在能指中并未将人的地位和意义标识出来。也就是说,'帝'的命名并非是从至上神与人的关系角度进行的……而用'天'来指称至上神的显著特征是:通过人与至上神的关系来对至上神命名。天作为大者、最高者,是相对于人而言的。'天'实已包含了人对至上神与自己的关系的领悟。这也就是说,至上神的观念从'帝'到'天'的演变意味着更加人文化的倾向。"①《诗经》中所蕴含的深刻的生命伦理思想也正体现于此。这种思想在伦理学上的重大意义即在于它促使我们把思考重心放到人自身的生命特性和意义上来,从自身生命意义的建构中,去处理天人物我的关系。它同时也启发我们,在"力"与"命"的问题上,或者说在主体的意志自由与客观必然性的关系上,我们也应该采取一种更为审慎的态度。我们该怎么对待"天命",又该怎么对待自己,这并不是一个容易回答的问题。当人的认知水平还不足以完整呈现"天命"的意义时,不妨秉着"生"的天性,更加小心的行动为好。而小心谨慎也不是没有个度,这个度,在《诗经》这里,就是天地创生万物的规律。所谓"天生烝民,有物有则"②,人们按照这个"则"行动,就是谨慎的合宜的行动,这也就是人的"德"。"民之秉彝,好是懿德。"孔子念及于此,也赞道:"为此诗者,其知道乎?"③

《诗经》的这种思想,实际上也是在告诉我们应当怎样实践我们的生命,或者说生命的实践应当遵循什么原则。这种原则是从根本的方法论的意义上来说的。人的生命既然摆脱不了上天的"生物之则",人的认知既然无法完全的穷尽天道原理,那么,人保证自己顺利生存的根本原则就是要顺应其则,即所谓"不识不知,顺帝之则"。④ 按《毛诗正义》所说,也即"常顺天之法而行之"⑤。"常顺天之法而行之",亦即不可忤逆天意而为,一切生命只有按照天意、遵循天道而行,才能善始善终,完成自己的生命。正如

---

① 唐文明:《与命与仁——原始儒家伦理精神与现代性问题》,河北大学出版社 2002 年版,第 39—40 页。

② 《诗经·大雅·荡》。

③ 《孟子·告子上》。

④ 《诗经·大雅·皇矣》。

⑤ 毛亨传,郑玄笺,孔颖达疏:《毛诗正义》(三),山东画报出版社 2004 年版,第 1153 页。

《大雅·荡》曰:"荡荡上帝,下民之辟。疾威上帝,其命多辟。天生烝民,其命匪谌。靡不有初,鲜克有终。"

这里我们不妨就《诗经》讲的"天命靡常"和"职竞由人",进一步说明一下这种思想的精神实质。我们应当清楚,《诗经》里所谓"天命靡常"①,也并不是说天命是可以随意改变的。《周颂·维天之命》曰:"维天之命,于穆不已"②这种对天命的威严和庄重的敬畏表明,天命对人事行动仍然具有根本的决定意义,周人讲"天命靡常"不是要改变"天"作为"命"的"发授者"的地位,而是强调接受者是不是有资质承接天命的问题,也即是强调人能否"受命"的问题。人能否受命呢,则取决于人是否主动的修养与"天"相配的"德"。而"以德配天"的实质,就是按照上天固有的法则来行事。人按照天的法则行事,人就得到天命,不按此法则行事,也就是违背了天命,所以天命不是固定地体现在某个人身上,在这个意义上,《诗经》才说"天命靡常"。所以人要获得天命,必须充分发挥人的理性作用和自主选择,积极地按照天道行事,才能实现自己的生命。所以"天命靡常"的背后,强调的是人的作为,这就是"职竞由人"的意义。"下民之孽,匪降自天。噂沓背憎,职竞由人。"③总之,人类能否获得自身生命的圆满状态,就现实层面而言,取决于人类自身怎么行动。只要人类自觉按照天道要求行动,便可享受天命的保佑,人类生命就能获得发展和完善,生命的意义就得以彰显。否则,任性而为,过度理解"自由",而忽视必然的规定,势必带来祸患。

《诗经》的这种思想,是中华思想史上开天辟地的大事,它反映了先民们思想的进步,从此使中国步入理性生命自觉的时代,更注重从人类自身的角度去诠释生命的意义,发现完善人类生命的方法与途径。正如陈来先生所说:"由于把天命是否眷顾与人自身的德行努力联系了起来,人将更多地注意于人的自己的努力,而不是神的意志。在这样的思想支配下,人将逐渐摆脱事事祝神祈福的盲目性依赖,而更多致力于改善自身的努力状况,在人

① 《诗经·大雅·文王》。
② 《诗经·周颂·维天之命》。
③ 《诗经·小雅·十月之交》。

自己的身上寻找福祸的原因。"①或许正是在这样一种观念指导下,我们注意到,除了讲"天命",《诗经》似乎更为注重在现实层面突显生命的本性和生活的意义。

三、婚恋诗中的生命伦理意蕴

《诗经》有大量涉及爱情、婚姻和性心理的诗篇,这里我将之统称为"婚恋诗",这些婚恋诗背后,也蕴含着深刻的生命伦理问题,尤其是在现实的生活层面,折射出人们对生命的本性、生活的本真状态等问题的思考,也反映出我们该以何种态度对待生命,采取何种方式调试生命的机能等问题的认识。

首先,现实的人之性情成为《诗经》肯定和歌颂的对象。《诗经》里有大量歌咏人类真实情感的诗,儒家从性情角度诠释其伦理思想,在某种程度上或许与此有关。《诗经》对人类真实的情感是不惜笔墨且率性而歌的。其中甚至有大量描绘男女怀春及性心理的诗篇。比如《野有死麕》:

> 野有死麕,白茅包之。有女怀春,吉士诱之。
>
> 林有朴樕,野有死鹿。白茅纯束,有女如玉。
>
> 舒而脱脱兮!无感我帨兮!无使尨也吠!

《毛诗序》讲:"野有死麕,恶无礼也。天下大乱,强暴相陵,遂成淫风,被文王之化,虽当乱世,犹恶无礼也。"②按照《毛诗序》的看法,这首诗讲的就是天下大乱,强暴成风,贞女面临被强暴之劫胁时的反应。但今人多反对这种看法,认为这首诗就是"描写青年男女自由恋爱的乐歌"。③ 光从诗的字面上看,我们实看不出《毛诗序》之义,相反倒能看到一幅男女怀春、密林幽会、你情我愿的图画。又比如《汉广》和《关雎》两诗,这里面都是讲思念

① 陈来:《古代宗教与伦理:儒家思想的根源》,生活·读书·新知三联书店1996年版,第212页。

② 见周振甫:《〈诗经〉译注》,江苏教育出版社2005年版,第30页。

③ 苏东天:《诗经辨义》,浙江古籍出版社1992年版,第48页。

心仪的女子时的青年男子心理。《汉广》以"南有乔木,不可休思"起兴,通过"汉有游女,不可求思;汉之广矣,不可泳思;江之永矣,不可方思"这寥寥数语,为我们勾勒出一幅青年男子对心仪女子欲求不得、欲罢不能的思念和惆怅心理的画面。著名的《关雎》一诗,更是声情并茂地为我们吟唱了一首男子钟情的恋歌。此外,类似的诗篇,还见于《静女》、《候人》、《株林》、《柏舟》等。

对于这些诗,宋儒常谓之曰"淫奔者之辞"①,但是,读这些诗,我们不仅不会感觉到这些诗是所谓"淫奔者之辞",相反我们倒能感觉到其中主角的纯真和善良。抛开我们这种直观的感受,更重要的问题是,如果这些诗篇真是"淫奔者之辞"的话,先秦儒家为什么要把这样一部颇有"诲淫"嫌疑的书列为儒门经典且作为"入门教材"呢? 还有,这些诗许多出自《周南》和《召南》,而这两部分通常认为是"正始之道,王化之基"②,为什么这些"淫诗"反映的是"正始之道",又体现着"王化之基"呢? 孔子在教育其子时也说"人而不为《周南》、《召南》,其犹正墙面而立"。③ 难道孔子就不担心其子成为"淫奔者"吗? 可见,这些诗颇值得玩味。我认为,《诗经》中的这些诗篇,是基于人之本性、发乎人情之作,是对生命之本真的揭示与歌颂,它启示着人们如何对待生命,实际上或明或暗地为我们提供了一种生活的伦理导向。思考伦理问题、建构人类的生活秩序,都应当从人的这种本真的生命性情出发,我想这才是《诗经》这些诗揭示的思想要义。男女情爱等,本身并不是见不得人之事,相反,对于人类生存和个体幸福来说,它实际上也有一种神圣性。这种神圣性,从群体来说,男欢女爱之事,是人类生存之本,没有男欢女爱,也就没有人类的繁衍、延续;从个体角度来说,个体的自然存在只是性情的载体,性情的舒展才能彰显个体的生机,体现生命真实的存在。所以,从生命的实际情态来看,人的性情才是生命之根,男女之事和"有伤风化"并没有直接联系,相反它首先是神圣之事。正如李辛儒所说:"天地与

---

① 朱熹注,赵长征点校:《诗集传》,中华书局 2011 年版,第 62 页。

② 毛亨传,郑玄笺,孔颖达疏:《毛诗正义》(三),山东画报出版社 2004 年版,毛诗正义序部分。

③ 《论语·阳货》。

男女是两对伟大的匹偶,前者化生万物,后者化生人类,因而天地诉合与男女之事都具有神圣的意义。"①"天地和男女的这种关系行为承担着维持宇宙永恒的责任;这两种化生即'两种生产'的责任无与伦比其重大。"②也正是在这种意义上,儒家才有所谓"君子之道,造端乎夫妇;及其至也,察乎天地"③的说法。因此我们可以说,《诗经》对生命意义的诠释,"本人情,该物理"④,这正是《诗经》生命伦理思想的可贵之处。这种精神,是与禁欲主义的伦理倾向背道而驰的。

当然,作为诠释儒家生命义理的经典之作,《诗经》非禁欲主义的倾向,也并不导向纵欲主义。这是因为《诗经》虽然强调人的本真性情,但同时也强调性情之发不可失却伦理之"中正平和"。所谓"情见而义立,乐终而德尊"⑤,儒家以"诗教"作为涵养人的德性的特殊方式,目的是使人人皆得"德性之正"。《诗经》之所以能发挥这样的作用,是和《诗经》的"中和"品格有直接关系的。《诗经》虽"本人情",却不以纵欲狂情为生命的本真状态,因而整部《诗经》呈现出一种中节合度的基调。《诗经》诸篇表达的喜、怒、哀、乐之情均发而皆中节,"乐而不淫,哀而不伤"⑥,"情动于中而形于言"⑦,性情合于"中和"状态,这才是生命存在的最好状态。故荀子曰:"《诗》者,中声之所止也。"⑧儒家生命伦理本身具有一种"生命乐感"的形式,不能和谐中正地表达出来的生命,不是恰如其分地生命,不符合天地生命的本质。生命作为天道的载体和表现形式,是阴阳和谐的灵性物,因而其性其情只有处于"中和"状态,才谈得上生命的正常展放,生命的质量和健康也才可谈起。《诗经》中透露出来的这种生命伦理意蕴,我们在《礼记》、《荀子》等多种文献中都能感受到。

---

① 李辛儒:《民俗美术与儒学文化》,中央民族学院出版社 1992 年版,第 43 页。
② 李辛儒:《民俗美术与儒学文化》,中央民族学院出版社 1992 年版,第 45 页。
③ 《中庸·第十二章》。
④ 朱熹:《四书章句集注》,中华书局 2005 年版,第 143 页。
⑤ 《礼记·乐记》。
⑥ 《论语·八佾》。
⑦ 毛亨传,郑玄笺,孔颖达疏:《毛诗正义》(三),山东画报出版社 2004 年版,毛诗正义序部分。
⑧ 《荀子·劝学》。

此外，《诗经》虽然将人之生命本真的性情视为伦理之基，但并不是任此其性情发展的，相反，在充分肯定人的生命之真的基础上，《诗经》也强调伦理规约的作用。比如《蝃蝀》一诗：

> 蝃蝀在东，莫之敢指。女子有行，远父母兄弟。
>
> 朝隮于西，崇朝其雨。女子有行，远兄弟父母。
>
> 乃如之人也，怀婚姻也。大无信也，不知命也！

这首诗中的女子不顾父母之命、婚姻常义而私奔，作者对此进行了谴责。这表明基本的人伦规范是要遵守的，没有基本的伦理规范，婚姻生活也未必就能和谐。而且，情爱只是生活的一部分，人生于世，还有父母、邦国等多重关系要面对，所以，《诗经》虽然重视生命的本真性情，但亦是将之置入整体的伦理生活中的。这里面既有对女性的规约，也有对男性的规约。比如《行露》和《谷风》两首诗，就是借女子之口对男性破坏婚姻之义的控诉。

可贵的是，《诗经》对形式化的婚姻礼法等的危害性也有所关注，外在的规约不能成为正常生命性情舒展的限制，《诗经》中很多诗篇也表达了这样一层意思。比如《将仲子》：

> 将仲子兮，无逾我里，无折我树杞。岂敢爱之？畏我父母。仲可怀也，父母之言亦可畏也。
>
> 将仲子兮，无逾我墙，无折我树桑。岂敢爱之？畏我诸兄。仲可怀也，诸兄之言亦可畏也。
>
> 将仲子兮，无逾我园，无折我树檀。岂敢爱之？畏人之多言。仲可怀也，人之多言亦可畏也。

这首诗表达了一位女子想与情人幽会却又怕父母和乡人贱骂的心理。这表明在当时时代，有关婚姻情爱的礼法对人性情的自然抒发是有很强约束性的。礼法当有，但礼法过于严酷，也就失去了礼法的本义。《孟子》中记载了婚姻礼法的严酷性对人的生活的影响。"不待父母之命，媒妁之言，钻穴隙相窥,逾墙相从,则父母、国人皆贱之。"①按此,不要说逾墙相会,就是隔着洞穴互相望一下,都可能招致父母与国人的轻贱。可见,《诗经》对于礼法等伦理规约的形式化、教条化的弊端是有所警惕的。孔子讲的"人而不仁,如礼何?人而不仁,如乐何?"②或许与此存在一定的联系。

总之,《诗经》一面倡导和歌颂人的本真性情与"和谐的情爱",如《关雎》、《汉广》、《女曰鸡鸣》等诗,一面注重以伦理规约人的性情,使之能保持"中道"。

以上我们约略探讨了《诗经》中蕴含的生命伦理思想,从总体来看,蕴含在《诗经》中的生命伦理思想表征了儒家有关生命问题的基本主张,对于我们处理当代生命伦理问题也具有重要的启示意义。它提示我们处理当代生命伦理问题,应当注重在自然规律与人事行动辩证统一的思维框架中进行。在具体的生命伦理问题解决上,应当首先尊重自然生命的自由选择,并在顺应自然选择的基础上积极施以人为,比如基因治疗、克隆技术的应用等。以生命为本,发乎性情,顺应自然规律,这当是《诗经》中蕴含的生命伦理思想给我们的主要启示。

第二节 《尚书》中的生命伦理思想

《尚书》在先秦时期只称"书",是我国上古时期的一部文献,它不仅是儒家思想的重要渊源和理论基础,甚至也可以说是诸子百家的理论来源之一。先秦时期的《书》,几经流转,在汉代时始称《尚书》。据传,先秦时期孔子曾将时已流传的《书》加以辑订,以作为儒家教学的材料。后经秦火,古《书》一度不再流行于世。西汉时以伏生口授本为据,订成所谓《今文尚书》,汉武帝时设五经博士,《今文尚书》列入"五经"之中,从此取得正统地位。随后又有孔安国所传《古文尚书》。伏生所传因以当时汉代通行字体

① 《孟子·滕文公下》。
② 《论语·八佾》。

所录,故称为《今文尚书》。孔安国所传本却是相对于西汉时的先秦古字体撰成,故称《古文尚书》。西晋"永嘉之乱"时,伏生传本《今文尚书》散佚无存。后东晋梅赜献计 46 卷 58 篇所谓《孔传古文尚书》,唐时孔颖达受诏作《五经义疏》,其中的《尚书义疏》即以梅赜所献《孔传古文尚书》为底本。我们今日所见《尚书》,即以梅赜所献本的传本为基础修订而成。它基本上包括了汉代伏生所授的《今文尚书》部分和孔安国所献的《古文尚书》部分。

今天的通行本《尚书》是否可完全看做先秦原始儒家的文献,历来有所争议。争议的焦点在于有关梅颐所献本的真伪问题。所谓"真伪",是从《尚书》诸篇是否是先秦遗传角度而言的,属于先秦时期旧本的,则为"真",反之以为"伪"。这种判别本身不是对《尚书》诸篇是否属于儒家文献而言的,甚至不是关于《书》的原貌如何之争。《书》作为先秦"六艺"之一,早在上古时期就已经流传于世,我们今天是几乎不太可能了解《书》的初始面貌,甚至对于孔子所删订的《书》,我们也无法得知具体如何。作为"六艺"之一的《书》,几经辗转,究竟在多大程度上保持了原创时期的古朴旧貌,很难遽下定论。但儒家以《书》为教育范本,列为其思想传教之书,这是不争的事实。所以,有关《尚书》真伪的争论,本质上争的是今天通行本《尚书》诸篇哪些属于上古旧本遗传,哪些内容是后人篡入的问题。这里面又可以分为哪些篇章属于先秦作品,哪些是秦汉以来的伪造,等等。关于伏生所授的《今文尚书》,今人多以为乃先秦旧本遗传,至少整体上不出先秦时期作品,这几成定论。但对孔传《古文尚书》的真伪问题,从宋朝开始争议一直就比较大,包括朱熹在内的宋儒基本上都对孔传《古文尚书》持怀疑态度,清代阎若璩的《尚书古文疏证》问世后,虽然仍然有部分反对声,但认为孔传《古文尚书》是伪书几成定论。但随着现代考古的发现和现代技术与方法的运用,人们对古文《尚书》的真伪问题的看法发生了很大变化。相当多的学者都认为《古文尚书》并非伪造,至少在思想上是先秦思想的遗传。①

---

① 关于古文《尚书》非伪造的观点,较远的,可参阅清代学者毛奇龄的《古文尚书冤词》(上海古籍出版社,影印文渊阁《四库全书》本 1987 年版。)现当代可参阅刘建国的《古文尚书伪书辨正》(陕西人民出版社 2004 年版),张岩的《审核古文〈尚书〉案》(中华书局 2006 年版)等书。

综合学者们的观点,我们认为,今天通行本《尚书》诸篇的真伪虽然还不能下断言,但它整体上都是儒学发展过程中的重要一环,是阐发儒家精神(或其精神为儒家所肯认、推崇)的经典著作,其思想反映的是儒家推崇的理念,这一点没有人怀疑;其次,《尚书》的"今文尚书部分"乃先秦文献、古《书》遗传,这一点也没有多大异议。而"古文尚书部分"也很可能是对先秦古《书》散传于民间的篇章加以补缀、整理而成,它的内容仍然是对古《书》的继承,亦极为可能的是《古文尚书》就是孔子辑定的先秦古《书》在秦代遭禁后由儒生雪藏而在后世出土的著作,此亦未可知,尽管今、古文《尚书》存在个别字句上的差异,这也很可能是古书在漫长的流行时间内,基于转抄、字体变迁等因素而造成的文本差异,实属正常现象,虽然部分文字存在后人润色增删的可能,但整体上它并未对文献的理解造成多大影响。总体而言,《古文尚书》的思想主体上仍然是先秦思想或其延续。所以,我们认为,今天通行本的《尚书》,仍然可以在整体上视为原始儒家的文本①,是我们研究儒家原初思想相对可靠的文献。

《尚书》虽然古远,但其中蕴含的生命伦理思想,已经比较鲜明地显示出儒家生命伦理的根本内容和精神主题。《尚书》特别强调"天德"的重要性,并且揭示出"天德"的本质即是"生",恪守"天德",实际上就是教人以"好生之德"修养自身和作为行动的准则,以此为鹄的,便是"正德",如此借助"和"的方式,即能达致"厚生"的理想,这便是《尚书》所蕴含的深刻的生命伦理思想的中心内容。

一、惟克天德

儒家伦理的根本原则无疑和"天"有着根本的联系,它也直接关涉到我们对儒家生命伦理的根本原则的认识和把握。我们究竟应该在何种意义上"顺天",又能够在多大程度上施以"人为",这关系到我们在处理实际的生命伦理问题上的态度和方法。"顺天"和"人为"的关系问题,事实上是儒家

---

① 以《尚书》为原始儒家文本,大儒马一浮、熊十力和方东美等人,均持此论。限于篇幅,本书不再冗述。

生命伦理的一个十分根本的问题。《尚书》是孔子儒学的思想来源,儒家以《尚书》为宗,将其视为"大经大法"之文本,说明《尚书》中寄寓着儒家极为重要的原则性的精神主张。这种原则性的精神主张,我们传统上主要是从政治伦理角度来理解的,认为《尚书》中蕴含着儒家根本的政治伦理原则,这没有多大问题。但实际上,《尚书》不仅仅讲的是儒家的政治伦理主张,它同样蕴含着整体儒学的根本原则和精神气质,我认为,这就是"惟克天德"四字所体现出来的儒家伦理精神。这四个字,也表征着儒家生命伦理的根本原则和价值取向。

"惟克天德"四字语出《尚书·吕刑》。《吕刑》曰:"惟克天德,自作元命,配享在下。"这句话的意思是说,只有谨慎地对待天命,按天德的要求行事,我们才能长久地享受上天赐予我们的大命。在这里,"天德"作为"帝天"的根本性质或者说存在属性,对人事的抉择起着根本的决定作用,是人事行动的根本准则。这说明,《尚书》和《诗经》一样,"帝天"对于人而言,仍然是一种根本的力量。尽管与《诗经》一样,《尚书》中也存在着一种"疑天"的信息,但是"天"对人事的根本的决定地位仍然是清晰可见的。① 在《尚书》中,人之行动的出发点往往是以天命为基准的,人事的兴衰成败,从根本上也离不开天命的眷佑。比如《尚书·太甲上》曰:"先王顾諟天之明命,以承上下神祇。社稷宗庙罔不祇肃。"人类只有领悟天的"明命",按此天命而行,恭敬地对待天命,天才会福佑人类。否则天命必诛之。《尚书》在很多地方谆谆告诫人王必须要"克享天心",才能"受天明命"②,否则,"不虞天性,不率典迪",则必"天弃我,不有康食"③。总之,"天命弗僭","上天孚佑下民"的前提是不得违背天命,只有"各守尔典",才能"以承天休"。④ "帝天"是万事万物的根本决定者,"帝天"也是这是《尚书》道德价值的根源,因此也是人事行动的根本的立法者,正因为如此,"恪守天德"才

① 《尚书》中,"天"和"帝"也是共用的,这一点和《诗经》一样,"帝"与"天"的共同使用所揭示的意义与上文中讨论的《诗经》中的"帝"、"天"共用的情况是一致的,这里就不再特意区分了。

② 《尚书·咸有一德》。

③ 《尚书·西伯戡黎》。

④ 《尚书·汤诰》。

成为人类遵循的普遍法则。这可以说是《尚书》天人关系论的核心观点。

另外，《尚书》视天地乃万物之本，所谓"惟天地万物父母"①，"天"的这种本原地位也决定了人顺天而行的本始根源。在《尚书》这里，"顺天"乃一绝对的原则，对于人类而言，其行为如是违背天意的，不仅得不到伦理的辩护，其结果往往也是毁灭性的。如《泰誓上》曰："商罪贯盈，天命诛之。予弗顺天，厥罪惟钧。"这种思想在《尚书》中是极为普遍的。比如《尚书·汤誓》曰"有夏多罪，天命殛之"，"予畏上帝，不敢不正"；《尚书·浩诰》曰"不敢不敬天之休"等等。《尚书》中类似的说法还有不少，这些都表明，在《尚书》中，"帝天"的绝对地位是不容置疑的，它决定了人类的行为必须要顺天而行，此乃人类行动的不二法则。

确实，和《诗经》一样，《尚书》中也存在一些似乎是"疑天"的语句，比如"天难谌"、"天不可信"②、"惟命不于常"③等等，这从表面上看，似乎是在否定天命，是和上面讲的把"顺天"视为绝对原则相悖的。但是我们联系上下文和整体《尚书》要表达的思想来看，这些语句其实并非是在否定天命。在《尚书》这里，天命与人的，具有明显的价值取向，凡是符合天命要求的行为，天才会眷顾它，相反，天则会弃掉它，剥夺掉行为主体承受天命的资格。所以天授命的对象，并非固定不变的，而是有选择的。这和《诗经》讲的"天命靡常"实质是一个意思。在《尚书》中，"天难谌"等语，基本都出自统治者告诫其继任者的训辞。统治者谆谆告诫其子孙不能认为天授予他们现在的"命"就是永恒不变的，相反，如果继任者不能以恰切的行为来小心呵护天命，他们就会失去上天赋予他们的"大命"。我们联系"天难谌"、"天不可信"等这些语句的上下文就可以清楚地感受到这一点。"天难谌"、"天不可信"都出自《尚书·君奭》一篇。《君奭》曰：

> "在我后嗣子孙，大弗克恭上下，遏佚前人光在家，不知天命不易。天难谌，乃其坠命，弗克经历，嗣前人，恭明德。"

---

① 《尚书·泰誓上》。
② 见《尚书·君奭》。
③ 《尚书·康诰》。

"天不可信,我道惟宁王德延,天不庸释于文受命。"

这两段话的大意是说,不要迷信现在拥有的"大命"会永恒不变,我们之所以拥有"大命",乃由于我们具备了天所肯定的德行,如果不继续保持这种德行,天就会重新选择接受"大命"的对象,不能因为此"命"是天所授,就迷信此"命"不易。

"惟命不于常"一句也是在这一意义上说的。周公代替成王向康叔发表训辞曰:"呜呼!肆汝小子封。惟命不于常,汝念哉!无我殄享,明乃服命,高乃听,用康乂民。"①在这里,周公告诫康叔,周人统治天下的"大命"并不是永久的,如果不能谨慎地治理天下,使天下安康,周人的天下也会失去。

所以,《尚书》里的"疑天"之语,并不是对"帝"、"天"之"命"的怀疑和否定。"帝"、"天"作为终极的伦理之源、价值之本,它的根本意义是绝对的。这就是说,天作为授命者,这一点是不变的,但接受天命的受命者却因其德行而会有所改变。所以,人能否拥有天之"明命",关键取决于自己是否具备相应的德行。这样,人自身的行为对于自身之"命"似乎就有了决定意义,因为天命对人而言是可变的,不是固定的永远授予某人,所以人的自身的德行修为就成为获得天命的前提。由于人的自身行为事实上成为能否获得天命的前提,所以开创基业的人王才不断告诫他的子孙们要"以德敬天",因为天福善祸恶,善恶之报咎由其人。正如《君奭》所说,"我亦不敢宁于上帝命,弗永远念天威越我民;罔尤违,惟人",总之能否自始至终地享受天命眷佑,只在于人。故《吕刑》曰:"非终惟终在人。"

可见,《尚书》和《诗经》是一样的,二者虽都有疑天之语,但并不是对天有一种根本的怀疑,而是对天所授命的方式有一种人文化的思考。天与人之间的授命方式是以"德"相连接的。天授命于人的,是其天德的要求,而人承受天命的,也是以其德而配享天命。天的德性要求,就是天的命令,也即"天命",显现于人而为人效法的,也即是"天道",所以"天德"、"天命"、

---

①　《周书·康诰》。

"天道"在《尚书》这里实即一回事。人按照天道来做事,则能长久地保持天赋予人的好命,这就是"钦崇天道,永保天命。"①天只佑具备天德的人,"惟天佑于一德"②,如果自己不按天德而行,却迷信天的授命永远不变就大错特错了。如《西伯戡黎》记载的祖伊反责纣王一事就说明了这一点。王曰:"'呜呼!我生不有命在天?'祖伊反曰:'呜呼!乃罪多,参在上,乃能责命于天? 殷之即丧,指乃功,不无戮于尔邦!'"

上天选择授命对象,不以朋类为据,不以血缘为准,唯以是否践行天德为要,所谓"皇天无亲,惟德是辅。"③"惟天无亲,克敬惟亲。"④人是否依照天德而行,在《尚书》这里显然是人事行动的绝对的准则。但问题是,"天德"又是一种什么德呢?

综观《尚书》,我认为《尚书》所谓"天德",实质上就是"好生之德",是上天创化万物、养育万物、以生命为本的"生"之德。我们细致分析《尚书》中所讲的"德",可以清晰地感受到这一点。我们注意到,统治者在告诫其子孙要"以德配天"时,往往对举一些弃德背天的行为,而这些行为都是荼毒百姓、摧残生命的行为。如《尚书·泰誓下》曰:

> 天有显道,厥类惟彰。今商王受狎侮五常,荒怠弗敬。自绝于天,结怨于民。斫朝涉之胫,剖贤人之心,作威杀戮,毒痛四海。崇信奸回,放黜师保,屏弃典刑,囚奴正士,郊社不修,宗庙不享,作奇技淫巧以悦妇人。上帝弗顺,祝降时丧。

"天有显道,厥类惟彰",这就是说天有天道,天只表彰或彰显按自己的道或法则来行事的人、也即恪守"天德"的人。商纣王"斫朝涉之胫,剖贤人之心,作威杀戮,毒痛四海",以致天怒人怨,"自绝于天,结怨于民",这是明显违背了上天的"好生之德"。天有天道,天只彰显按此天道而行的人,而

---

① 《尚书·仲虺之诰》。
② 《尚书·咸有一德》。
③ 《尚书·蔡仲之命》。
④ 《尚书·太甲下》。

惩罚背离天道的人,商纣王逆天道而行,故"上帝弗顺,祝降时丧"。《尚书·武成》也说:"商王受无道,暴殄天物,害虐烝民",这是"以荡陵德,实悖天道"①。这都是说商纣王违背"天德",乱杀无辜,残害众生,这是自绝其命,所以天不佑商王。

在《尚书》中,这样的例子是比较多见的。又比如《尚书·吕刑》中所讲的"上帝监民,罔有馨香德,刑发闻惟腥",这里把"馨香德"与"刑杀"对比,显然这里说的"馨香德"就是指上天的"好生之德"。类似的例子在《尚书》中可谓比比皆是。

总之,"惟天地万物父母"②,天是万物之本,而天又是一个具备"生"之德、义理化了的天,天以生德义理监护下民,顺此天德义理而行的人,天福佑之、定命之,背此天德,天则降灾于其身。所以人的生命能否得其长久,取决于人是否按此天德而行。此正如《尚书·高宗肜日》所说,"惟天监下民,典厥义。降年有永有不永,非天夭民,民中绝命。民有不若德,不听罪。天既孚命正厥德。"

综上,《尚书》讲的"天德",本质上即是指上天的"好生之德",这种好生之德,就是天道的要求,是天为人类行为的终极立法。人时时恪守此天德,就是人类获得"休命"的根本,背天而行,最终会受到天的惩罚。故《尚书》所确立的生命原则,即是以"顺天"为根本。人类应当谨记这条准则。《尚书·毕命》曰:"惟德惟义,时乃大训。不由古训,于何其训。"说的正是这个意思。

二、正德利用厚生

在《尚书》这里,践行上天的"好生之德",才能"宏于天若,德裕乃身,不废在王命!"③这条根本原则,也奠定了《尚书》生命思想的基调和主体内容,用《尚书》的话来说,即是"正德利用厚生"。

熊十力先生尝言:"《尚书》论治,以正德利用厚生为常经,此实千古不

---

① 《尚书·毕命》。
② 《尚书·泰誓上》。
③ 《尚书·康诰》。

磨之训。"①这就是说，《尚书》作为儒家"德教"的范本，它的根本内容或者说大经大法，就体现在"正德利用厚生"上。那么，何谓"正德利用厚生"呢？"正德利用厚生"六字，语出《尚书·大禹谟》。《大禹谟》曰：

> 於！帝念哉！德惟善政，政在养民。水、火、金、木、土、谷，惟修；正德、利用、厚生、惟和。九功惟叙，九叙惟歌。

在这里，"正德、利用、厚生"属于"九功"的内容，"九功"亦即《大禹谟》里提到的"六府三事"。"六府"指水、火、金、木、土、谷六个方面的事务，"三事"即是"正德、利用、厚生"。"三事"是纲领性的规定，"六府"可以统领在"三事"这一纲领之中。"六府三事"在这里都是"善政"的内容，所谓"德惟善政，政在养民"，所以做到"善政"，在实践上就是使民得到安养。而达到这一目的的基本方法就是做好"正德、利用、厚生"。

表面上看，"正德、利用、厚生"仍然讲的是一种政治原则，但实际上这里面蕴含着浓厚的生命伦理精神。因为"正德、利用、厚生"的背后，体现着一种浓郁的生命意识，它实质上是一种关于生命的观念形态。牟宗三也曾指出过，"六府三事"，"此为吾华族实践史中之基本观念形态"，②是一向生命处用心的观念形态。他说："是以中华民族之灵魂乃为首先握住'生命'者。因为首先注意到'生命'，故必注意到如何调护生命、安顿生命。故一切心思、理念及讲说道理，其基本义皆在'内用'。而一切外向之措施则在修德安民。故'正德、利用、厚生'三词实概括一切。"③可见，"正德利用厚生"作为一观念体系，它的直接目的，就是为了使人民得到安养，生活富足，祥和安乐，也即人类现实之"生"。我们不妨结合一下"正德、利用、厚生"的具体内涵来进一步感受一下这一思想体系的生命情怀。首先我们看一下"正德"。

"正德"就其字面来说，是指"端正其德"之义。从这个角度来理解"正

---

① 熊十力：《境由心生》，北京联合出版公司2014年版，第152页。
② 牟宗三：《历史哲学》，吉林出版集团有限责任公司2010年版，第11页。
③ 牟宗三：《历史哲学》，吉林出版集团有限责任公司2010年版，第14—15页。

德",存在两种不同向度的解释。一种是从施政者角度而言的,所谓"正德",即是指施政者要端正德行、修德率下。如孔颖达说:"'正德'者,自正其德,居上位者正己以治民,故所以率下人。"①另一种是从民众角度而言的,意为"使民德端正"。如蔡沈《书集传》曰:"正德者,父慈、子孝、兄友、弟恭、夫义、妇听,所以正民之德也。"②从施政者角度看,所谓"正德",就是要求施政者要时时以民生为重,以实现厚民之生为己任、为其行为的出发点,这也是一种以生命为本的表现。而从民众角度来说,民众只有端正其德行,也才能获得其良好的生活和生命保障。在这里,"民"作为"正德"的主体,可能还有另一方面的考虑。《左传》里记载的晏婴的一段话,可以为我们理解这一意义上的"正德"提供启示。《左传·襄公二十八年》曰:

> 夫民生厚而用利,于是乎正德以幅之,使无黜慢,谓之幅利。利过则为败。吾不敢贪多,所谓幅也。

这句话非常值得我们琢磨。固然施政者施以"厚生"之政,百姓才能安身立命,正如《汉书·律历志》所说,"以作事厚生,皆所以定命也。"但是,人的生命实现并不完全取决于施政者,人民自身对其生命的健康实现亦负有道德责任。那就是,对生命而言,并不是满足生命需求的资源越多越好,人的欲望无止境,不是欲望满足愈多生命就愈健康、愈有保障,如果不知节欲,欲望的满足不仅不利于生命,反而可能害命,故须以"德"而节制之。这个"德"就是协调自身欲望与外界资源之间的关系之"德"。这个"德"使民众对欲望的追求能得到合理限制,保持在合理的度内,从而使民众的生命健康得到真正的保障,所以,这里的"正德",实际上可以理解为"正民之性"。对普通民众而言,"正德"就是懂得"节性","欲自性出"③,"节性惟日其迈"④,通过"节性",健康的生命才能得以实现。可见,正民之德,也就是要

---

① 孔安国传,孔颖达疏,黄怀信整理:《尚书正义》,上海古籍出版社 2007 年版,第 127 页。
② 蔡沈:《新刊四书五经·书经集传》,中国书店出版社 1994 年版,第 19 页。
③ 郭店儒简《语丛二》。
④ 《尚书·召诰》。

使民众具备良好的养"生"意识和行为,它既涵有个体的养生观念,亦包括群体生命和谐的意识。所以,不管是从施政者角度而言,还是民众角度而言,"正德"之"德",归根结底讲的就是"生"之德,所谓"好生之德,洽于民心"①。

其实,不管是这里的"正德"是就施政者而言,还是就民而言,这个"德"都统摄于"天德"。《尚书》讲的"德",具有明显的形上理据,这一点我们在上文已经说明。一切具体之"德",都是以"天德"为根本的,而"天德"是天的意志体现、是天性本身,其本质是天的创生、护生、好生之德。所以,"正德"的实质,是以"生"为本,是要人拥有重生、利生、爱生、护生的生命意识和道德责任。"生"是天的性质,天就是"生"之义理的天,天以此"生"之义理教人,为世人立法,故"正德"的根本,就是告诉我们要顺天之"生"德而行。《尚书·高宗肜日》曰:"惟天监下民,典厥义。降年有永有不永,非天夭民,民中绝命。民有不若德,不听罪。天既孚命正厥德。"说的正是这个意思。

我们再看"利用"和"厚生"。蔡沈《书集传》曰:"利用者,工作什器,商通货财之类,所以利民之用也。厚生者,衣帛食肉,不饥不寒之类,所以厚民之生也。"②孔颖达的意思也大体如此,他说:"'利用'者,谓在上节俭,不为靡费,以利而用,使财物殷阜。利民之用,为民兴利除害,使不匮乏,故所以阜财。'阜财'谓丰大也。'厚生'谓薄征徭,轻赋税,不夺农时,令民生计温厚,衣食丰足,故所以'养民'也。"③在这里,所谓"利用",主要是开源节流、协和万物生长,以资人类有充足的物质资源可用。"厚生"主要是指"厚民之生",使人民的生活富足安乐。要做到"利用",很重要的是一个方面是以合理的方式和态度对待自然资源,"水、火、金、木、土、谷,惟修"。"惟修"两个字表明,开发利用万物需要以正确的方式。宋仁宗在谈"惟修"时说:"惟修者,明顺其性也。"④这就是说,只有在顺应万物的自然生性的基础上,才

---

① 《尚书·大禹谟》。
② 蔡沈:《新刊四书五经·书经集传》,中国书店出版社 1994 年版,第 19 页。
③ 孔安国传,孔颖达疏,黄怀信整理:《尚书正义》,上海古籍出版社 2007 年版,第 127—128 页。
④ 陈生玺:《治国明鉴》(上),浙江古籍出版社 2014 年版,第 297 页。

能使万物生长以资人"利用"。所以,要"利用",也需要我们有"厚生"意识,这里的"厚生"自然是指"厚万物之生"的意思。不过,《大禹谟》里的"厚生"主要是指"厚民之生"的意思,"厚万物之生"的意思并不明显。但是,由于这里的"利用"本身需要我们有一种广义的"厚生"之德,我们也不能排除这里的"厚生"也蕴含着"厚万物之生"的意思。不过,我们从《大禹谟》随后所讲的"地平天成,六府三事允治,万世永赖,时乃功"这句话来看,这里的"厚生"似乎确有"厚万物之生"之意。但不管这里的意思如何,"厚生"在后儒那里显然有了更为宽泛的含义。《中庸·第十七章》曰:"故天之生物,必因其材而笃焉。"朱熹释此"笃"曰:"笃,厚也。"①意为天对其所创之物,负有天定"厚生"之义务。天生万物,亦必善其生长,这就是天性、天德。所以,"利用"和"厚生"讲的也都是"生"的意思,是在"生"的理念统摄下的善举。

总之,"生"之德是立政之根本,"正德利用厚生"本质上是贯彻此"生"之德。但是要实现此"生"之德,则需要"正德"、"利用"、"厚生"三事的协调运作,所以《大禹谟》说"正德利用厚生,惟和。"没有"和",就不可能做到"利用以阜财",也就无法实现长远的"厚生",故云"厚生惟和"。

三、厚生惟和

《尚书》一方面强调"德惟善政,政在养民",把"民生"视为政治的根本目标;另一方面它也为实现这一目标提供了一个根本的方法,这就是"正德利用厚生,惟和"里讲的"和"。这里的"和",是讲"正德"、"利用"、"厚生"这"三事"要协调配合、和谐运作,只有三事"和",才能实现"地平天成,六府三事允治"。《尚书》中讲"和"的地方很多,综观《尚书》,我们可以发现,"和"其实是《尚书》里的一个重要观念,在一定意义上,我们可以把"和"看做《尚书》生命伦理思想的一个重要的方法论原则。我们先从文本上大致了解一下《尚书》中的"和"。在《尚书》中,"和"字凡38见,重要的句子主要有:

---

① 朱熹:《四书章句集注》,中华书局1983年版,第26页。

"百姓昭明,协和万邦。"(《尚书·尧典》以下只注篇名)

"声依永,律和声。八音克谐,无相夺伦,神人以和。"(《舜典》)

"正德、利用、厚生,惟和。"(《大禹谟》)

"其难其慎,惟和惟一。"(《咸有一德》)

"若作和羹,尔惟盐梅。"(《说命下》)

"有叙时,乃大明服,惟民其敕懋和。"(《康诰》)

"奉答天命,和恒四方民。"(《洛诰》)

"咸和万民。"(《无逸》)

"庶政惟和,万国咸宁。"(《周官》)

由上可知,在《尚书》中,"和"已经成为一个重要理念而为人们所看重,"和"不仅表现为一种达到目标的方法,它自身也表现为一种目的或境界。比如在"正德利用厚生,惟和"这一句里,"和"就具有相当重要的意义,"惟和"之"惟"尤其能说明这一点。《尚书》中多次提到"惟和",从这一点也足见"和"在《尚书》中的观念指导意义。

如前所述,"正德"、"利用"、"厚生"这"三事"构成了《尚书》所谓"善政"最为核心的内容,然而在真正达于"善政",实现"善生"的目标,"正德"、"利用"、"厚生"此三事就必须处在"和"的状态之中。三事失"和",则一事无成。"惟和"一语,表明"正德"、"利用"、"厚生"这"三事"务须要紧密配合、协调运作,而避免对三者的偏颇和狭隘的理解。譬如"厚民之生"是好事,但人欲无穷,享受无度,如以无限满足人欲为"合于人心"之举,那么势必会导致人类为一己之私利对自然资源的过度掠夺、对生存环境无节制的破坏,如此"伤天害理"之行,便是全不顾"天德"律令、背离持久生存之道。因此,"利用"、"厚生"必须受"正德"制约。而"正德"也不是纯粹极端的观念规约,"正德"的表现离不开具体的事功的支持,即"利用"与"厚生"之举的体现,否则就难免流于"袖手空谈心性"的弊病。故《尚书》非常强调修"六府"、"三事"必须要注意"和"。因为只有自然万物都能协调地生长,才能保证整体生态的平衡,从而保证人类的可持续性的发展。以好生、重生、乐生、利生的心态看待天地自然万物,注意人类的物质欲望与自然资源之间的平衡,合理地开发自然资源,对此褒有清晰的认识,这些也都属于"德"的表现。金、木、水、火、土、谷,此"六府"要协调经营,"正德"、"利用"、"厚生",此"三事"要协和运用,如此才能成就事业、达于善政。正如北宋皇帝仁宗在谈及"正德利用厚生,惟和"一句时所说,"惟和者不失其事也。"①

总之,"其难其慎,惟和惟一"②,"和"是达于"善政"、促成"天德"广布的唯一方法,离开了"和"便诸事无成。"惟和惟一"也表明,"和"与"一"是有紧密关系的。从《尚书》文本来看,此语出自《尚书·咸有一德》,此中的"一"即指"一德"之"一",而此"一德",正是指"天德"而言。而如前文所述,《尚书》讲的"天德",本质即"生"之德。所以"惟和惟一"表明,要实现"天德"的流行,就离不开"和",而只有通过"和",也才能实现"天德"的流行广布,也即天地宇宙万有生命之大化流行。从这里我们发现,《尚书》这里尽管没有像《易传》那样把"天地之大德曰生"、"天道生生"这层意思说得那么清楚,但《尚书》要表达的思想实质却是和《易传》高度一致的。

此外,《尚书》谈"和",我们还注意到一点,《尚书》中也隐约透露出一种"和实生物"的观念。《尚书·说命下》曰:"若作和羹,尔惟盐梅。"联系到《左传·昭公二十年》记载的晏婴与齐侯的一段对话,"若作和羹,尔惟盐梅"要表达的意思和其中的一些内容颇为类似。《左传·昭公二十年》曰:

> 齐侯至自田,晏子侍于遄台,子犹而造焉。公曰:"唯据与我和夫!"晏子对曰:"据亦同也,焉得为和?"公曰:"和与同异乎?"对曰:"异。和如羹焉,水、火、醯、醢、盐、梅,以烹鱼肉,燀之以薪,宰夫和之,齐之以味,济其不及,以泄其过。君子食之,以乎其心。君臣亦然。君所谓可而有否焉,臣献其否以成其可;君所谓否而有可焉,臣献其可以去其否,是以政乎而不干……君所谓可,据亦曰可;君所谓否,据亦曰否。若以水济之,谁能食之? 若琴瑟之专壹,谁能听之? 同之不可也是。"

---

① 陈生玺:《治国明鉴》(上),浙江古籍出版社 2014 年版,第 297 页。

② 《尚书·咸有一德》。

在这里,晏婴借"和羹"道出了"和"的重大方法论意义,"和"不同于"同","和"是相异各物存在和发展自身的基本原则,相异的各物在合宜的机制下,不仅能够共存,还能创造出新生的事物,而"同"却不可,这就是著名的"和实生物"的思想。这种观念,在中华文化中极受推崇,应当说,从思想渊源的角度说,这种思想的发展,和《尚书》很可能存在一定大关系。至少可以表明,作为儒家特别看重的观念,"和实生物"这一观念,在《尚书》中也有所表现。当然,作为一重大理念,《尚书》并没有清晰揭示这一观念的内涵,这则有赖于后儒的发展。

第三节　结语

在这一章中,我们主要以《诗经》和《尚书》为例探讨了先秦古经中所蕴含的儒家生命伦理思想的主要观念。作为儒家学者对儒学义理登堂入室的初始之经,《诗经》和《尚书》已经比较鲜明地表达出了儒家生命伦理的精神主题和价值原则。以生命为本,尤其是在万物和谐的境界中注重人的生命的实现和可持续性的发展,这是《诗经》和《尚书》这两部古老的文献为我们传达出来的仍然具有现实意义的生命伦理观念。总的来看,《诗经》和《尚书》中蕴含的生命伦理思想有几个方面需要我们格外注意,因为这些方面实际上是儒家义理的一贯主张,这些观点既是孔子儒学的思想来源,它本身也属于儒家思想的核心内容。

其一,以生命为本,关心生命、重视生命、以满足人的生命需求为首要的伦理义务和道德准则。生命乃上天所赋,天地为万物父母,上天有好生之德,人则有重生护生之义务。而在众生之中,又当以人的生命为重。《诗经》和《尚书》都有强烈的人本主义的倾向。当然,这里的人本主义主要是以"民本"的形式出现的。人民的生存和生命质量问题,无疑是《诗经》和《尚书》考虑的中心问题。在《诗经》和《尚书》中,传统的天人关系在这里已经发生明显变化,天人关系更多地体现在对"德"的理解上,所谓"天德"云云,归根结底是为了保障人民的生命安全和幸福生活提供理据。统治的合法性、个体道德意识的提升、人性的张扬,在《诗经》和《尚书》这里,主要体现在对普通民众的态度上,是否以"民生"为重、以人民利益为根本,成为《诗经》和《尚书》最为突出的伦理标准。所以,《诗经》和《尚书》中的生命伦理思想,从根本上说,是就民众的生存状态而言的,也是和政治伦理纠缠在一起的。

其二,在对人的生命上,要以生命的本真性情为行动的出发点,伦理的行为不是表现在怎么限制人的性情上,而是如何表现人的自然天性,如何在因循自然性情的基础上,规范人的性情。这一点在《诗经》中表现得尤其明显。《诗经》中的婚恋诗,在很大程度上表达的都是这一主题。《诗经》对性情的揭示,比较直观和现实,尚缺乏形而上的深刻思考,但它对我们思考整体儒家的生命伦理思想是有启发意义的。生命并不是一个完全的抽象的概念,它首先表现为活生生的个体,离开生命的个体性,鲜活的生命特征也就难以体现了。它启示我们,思考生命伦理问题,不能脱离个体的生命向度,不能只有抽象的整体思维,而缺乏对具体的生命特性的因循和尊重。形色各异的生命和谐相处,万物并育,人类才有终极的生存之道。这种思想在《诗》、《书》中已现端倪。这种思想,也是和《易传》讲的"乾道变化,各正性命"①相洽合的。"各正性命"之说,意味着"人"作为天命在身者,本身是"各正性命"的承担者,"各正性命"不是一个外在于生命、生活的现成性"事实",而是一种由他本人必须以自身的方式去自正性命时才能开启的"可能性"。这就是说,"性命"虽然有来自天道的普遍规定性,但其表现形式却是各异的,恰是这种各异的生命形式的"和",才构成了真实的生命世界。或许正是如此,《易经》才说,"保合太和,乃利贞"②。因为"各正性命"的形式万殊的生命世界才是天地的本然状态,所以守持正固此种境界,才是保障生命发展的正道。

其三,人的自然性情无疑也包括人的欲望,人的欲望很多,人应当懂得平衡各种欲望,从自身机体的角度看,要懂得保持身心和谐;从自身与外在

---

① 《易·乾卦·象》。
② 《易·乾卦·象》。

环境关系看,要懂得把自己的欲望限制在合理的度内,顾及到欲望与满足欲望的物质条件之间的平衡,这是一种"和"的意识。它包括了个体生命之"和"与群体生命之"和"。个体的身心之"和"是个体生命得以良好实现的途径,群体伦理关系的和谐,是群体生命得以挺立的关键。这种"和"的意识在《诗》、《书》中是比较多见的。并且《诗》、《书》都比较善于利用音乐和谐的比喻来说明人伦之和的重要性。美妙的音乐在于不同的音阶的配合,不同的音阶的和谐配合,也即"和而不同",却能谱写出动人的乐章。不同的乐声按照一定机制组合在一起,可以创造出完美的旋律,这在《诗》《书》作者看来,这其实也是天地和谐的本然表现。我们知道,在儒家哲学中,乐理具有形而上学的性质,儒家把天地之和与音乐之和相提并论,用乐理来说明天地人伦的大道,《礼记·乐记》对此表达得最为充分。这种思想,我们在《诗》《书》这里,也看到了类似的表达。《尚书·舜典》曰:"声依永,律和声。八音克谐,无相夺伦,神人以和。"《诗经·小雅·伐木》曰:"矧伊人矣,不求友生?神之听之,终和且平。"和谐的音乐上通天地之精神,故音乐成为"体道"的一种方式。这样人的生命也和音乐的修养有了牵连。不过,在儒家这里,儒家更多的是要说明乐理和天道人伦之间的感通性。或者说,乐理是天道的一种表现形式,因此它和人伦也是相通的。再进一步说,乐理和人伦其实是天道之本然的两种现实表现形式。在这样的理论中,音乐和人伦就成为彼此相互印证的存在。这是《诗》、《书》、特别是《诗经》文本的一个重要特征。如《诗经》曰:"妻子好合,如鼓瑟琴,兄弟既翕,和乐且湛"①;"鼓瑟鼓琴,和乐且湛"②;等等。

音乐和人伦是两种形式不同、但本质如一的生命实现维度,这种思想比较有特色,虽然儒家后期对此有更为精到的论述,但《诗经》和《尚书》可谓是比较早地反映这种生命思想的历史文献。

最后,在《诗经》和《尚书》中,尽管存在一些"疑天"、"怨天"的语句,但是这些并不能说明《诗经》和《尚书》对"天命"在天人关系中的支配地位、

---

① 《诗经·小雅·常棣》。
② 《诗经·小雅·鹿鸣》。

作为伦理价值之源的绝对地位有所怀疑。《诗经》和《尚书》所否定的,只是"帝"、"天"超然于人性之外的单一神性,"帝"、"天"不再只是盲目的命运决定者,而是具备"生德"的义理化的天,它成为判断人类自身、尤其是统治者施政纲领和内容正当性的最终根据。天意只是"生",天道亦是"生",一切和"生"的要求相悖的行为,都是背天的行为。这样,在《诗经》和《尚书》中的"怨天"之语,实际上就成为人们控诉当政者不仁的委婉表达。"天子"当然应该按天道、天意而行,所以在直接地控诉当政者面临威胁的现实困境下,借助人王以"天"为统治合法性这层外衣,人民就有了表达对人王不满的途径和方式,这就是直接"怨天"。上天有好生之德,但人常有不仁之意和行动,罪乃在人,不在天。天永远都是那个神圣的生育万物、仁德广布、生意盎然之天,天的创生法则决定了天所生之物存在和发展的当然之则。这层意思,《诗经》和《尚书》都是表达得极为充分的。所以,从儒家生命伦理的根本原则来看,"顺天",依然是《诗经》和《尚书》的不二主张。

第三章 孔子、孟子和荀子的
生命伦理思想

在原始儒家中,孔子、孟子和荀子可谓三位突出的代表,他们不仅在儒学史上声名显赫,更在于这三人在儒学理论的创建上具有拓新、互补之功,正是经三人之手,儒学才成为一较为完备的理论体系。孔子承周创建儒学大宗,乃儒家不祧之祖,自不待言,孟子和荀子继孔子后,又在不同向度将儒学大力推进,同样是儒学发展中极为重要的人物。司马迁曾说:"孟子、荀卿之列,咸遵夫子之业而润色之,以学显于当世。"①此说实为公允之论。孔子之学,仁礼合之,蕴主体心性之学与外在礼法之学于一体,架构出儒家基本的伦理模式,然夫子言简未能尽道之,孟、荀则于内、外两种路向上发挥孔子之义,遂使儒学内外之义尽彰于后世。孔子、孟子和荀子的思想,可谓代表了儒家最为正统、本真的思想面貌,所以,本章以孔子、孟子和荀子为中心,通过对三人生命伦理思想核心内容和特征的揭示,来为我们呈现出儒家生命伦理思想最为核心的内容和特色。

第一节 孔子的生命伦理思想

作为儒学的创始人,孔子对"生命"问题的阐释和言说方式,在一定程度上代表了儒家生命伦理的基本特征,奠定了后儒探讨生命问题的理论基调。从孔子思想的整体来看,孔子对"生命"问题的阐释,显然具有

---

① 《史记·儒林外传》。

一种系统的结构性的表达方式。众所周知,孔子学说在整体上是由"仁"和"礼"的思想架构起来的,"仁"和"礼"及其相互关系构成了孔子之学的基本结构和内容。这也决定了孔子的伦理思想的基本特色,即通过"仁"和"礼"及其相互关系的言说机制,对天道人伦的应然秩序的一种解读。有鉴于此,本节即以"仁"和"礼"为中心,来探讨孔子儒学的生命伦理意蕴。

一、礼:生命挺立的形式载体

孔子之学一向被称为"仁学",这当然是由于"仁"在孔子之学中的核心地位决定的。但是从实践的角度看,孔子事实上是把"礼"置于比"仁"更为优先的地位。当然,这种优先性是就"礼"的现实作用和社会价值而言的,是一种实践的优先性。孔子生活的时代,"礼崩乐坏",孔子从群体生命的安顿入手,旨在通过恢复和损益"周礼"以实现天下大治,改变是时民不聊生的状况。对群体生命的关怀,是孔子思想的出发点,实现人类社会良好的生存与发展,可以说是孔子思想的现实归宿。而在现实层面能够使秩序得正,人类的生命得以保障和延续的最佳手段,在孔子看来,就是运用礼乐制度对人类生活加以规范。相比于"仁",在治世的实践层面,"礼"体现为一种可操作的、能够切实发挥作用的伦理制度。而"仁"则是一个无止境充满无限可能的概念,它对人的精神有塑造和目标指引作用,它可以让人以此为目标不断提升自己的境界,但它不能像礼法制度那样可以给人的行为提供一个可以依凭的行事标准。《论语·卫灵公》曰:"知及之,仁能守之,庄以莅之,动之不以礼,未善也。"《论语·颜渊》曰:"克己复礼为仁,一日克己复礼,天下归仁焉。"这实际上都表明"礼"在实践的角度具有优先性。人之为人的生命特性,需在具体的"礼仪"中方得以证成和显现,这是孔子之"礼"最重要的生命伦理意蕴。我们不妨结合《论语》中的"礼"具体感受之。

在《论语》中,"礼"凡 75 见,从孔子对"礼"的论述来看,孔子视"礼"为生命得挺立的根本,不管是群体生命,还是个体生命,都是在"礼"的规约、塑造下完成的。没有"礼",也就没有家国、社会,所以孔子非常强调"为国以礼"。他说:"能以礼让为国乎,何有?"①没有"礼",也没有个体的成长、成人。所以孔子在《论语》中反复说:"不学礼,无以立。"②"不知礼,无以立也。"③"兴于诗,立于礼,成于乐。"④"文之以礼乐,亦可以为成人矣。"⑤"礼"对于真正的人的生命具有根本的塑造和完善作用。人欲成人,欲使自己生命挺立于社会,须臾不能离开"礼"。所以孔子强调"非礼勿视,非礼勿听,非礼勿言,非礼勿动"⑥。视、听、言、动,四者实际上发挥的意义并不相同,"看一下非礼之行"、"听一下非礼之事",从影响和后果来看,可能远不及"说(传播)和做非礼之事"后果严重,但这种念头一经产生,便自偏离了生命健康成长的道路。所以,欲成就完整自我之生命,就要在思想上断掉"非礼"之念。孔子这里并没有明说,为什么非要"非礼勿视,非礼勿听,非礼勿言,非礼勿动",而只是指出,欲成人,欲使自我生命得以挺立,就不能偏离"礼"的规定。一句话,脱离了"礼",就没有个体的成人、成长,也没有国家的繁荣兴盛。我们看《论语》中的"礼",凡是涉及"礼之用"的,基本上都是在这个意思上来使用的。如"恭近于礼,远耻辱也。"⑦"君子博学于文,约之以礼,亦可以弗畔矣夫。"⑧"恭而无礼则劳,慎而无礼则思,勇而无礼则乱,直而无礼则绞。"⑨"君使臣以礼,臣事君以忠"⑩等等。"礼"的作用,就是把人的性情、各种关系理顺,使之达于和谐状态,如此,无论群体生命,还是个体生命,都将得以维系。所谓说"礼之用,和为贵,先王之道,斯为美"。⑪

由此可见,孔子讲的"礼",其实质是基于人的生命的思考,是为生命的

---

① 《论语·里仁》。
② 《论语·季氏》。
③ 《论语·尧曰》。
④ 《论语·泰伯》。
⑤ 《论语·宪问》。
⑥ 《论语·颜渊》。
⑦ 《论语·学而》。
⑧ 《论语·颜渊》。
⑨ 《论语·泰伯》。
⑩ 《论语·八佾》。
⑪ 《论语·学而》。

圆满表现找到形式载体和制度保障。因此我们可以说，"礼"的根本作用，即在于维护人的生命。但是，这只是就"礼"对于维护生命的作用而言的，问题的关键是，什么样的"礼"才能起到这种作用呢？对于这一问题的解答，有助于我们更为深入地理解孔子的生命伦理思想。但是这一问题，《论语》中并没有给出明确的答案。这里，我们只能根据《论语》和其他典籍的一些信息，对此问题的答案作一推断。

我们知道，在损益的基础上，使天下复归"周礼"是孔子毕生的追求。使天下复归周礼，也就是让天下人都能自觉地实践周礼。但是，什么样的"礼"才能让普天下之人由衷认同并愿意实践它呢？很显然，这样的"礼"，必须具有普遍性的根据，它应当与人的本性相适应，是出于人的生命意志的礼，只有与人的生命本性、与人的生命意志完全相符的"礼"，才可能真正为人认同并自觉实践，这样的"礼"也才具有永恒的生命力。作为一位旷世的哲学家，孔子似乎意识到，"礼"必须建立在普遍的客观根据之上，更重要的是必须和人的特殊生命意志需求相符合，两者结合，"礼"的贯彻才能获得根深蒂固的基础。但这个具有普遍性的基础是什么呢？对于这一问题，我们同样很难通过《论语》得到确切的答案。我们知道，儒家是以"天"为终极的本体概念的，"天道"是儒家伦理的终极法则，"礼"的普遍性和它的生命力也只有建立在天道上，才能获得普遍性的依据，但这是后儒的看法。在《论语》中，我们还不能清晰地得到这种结论。《论语》中涉及天道的地方不多。但是，结合《论语》中对天道的一些言论，以及儒家其他文献中借孔子之口说出的言论，我们也有一些线索大致对于孔子眼中的"天道"作一个判断。《论语·阳货》载：

> 子曰："予欲无言。"子贡曰："子如不言，则小子何述焉？"子曰："天何言哉？四时行焉，百物生焉。天何言哉！"

从这里孔子欲效法"天之不言而教"的表现来看，孔子是把"天之生物"的规律性视为了"天"的根本属性。《诗经·大雅·荡》曰："天生烝民，有物有则。民之秉彝，好是懿德。"孔子对此话也颇为赞赏。他说："为此诗者，其知道乎?"①《礼记·礼运》也载孔子的话说:"夫礼,先王以承天之道,以治人之情,故失之者死,得之者生……故夫礼,必本于天。"从这些材料看,孔子心目中的"天道"当即是天地生化万物的法则,人世间的一切,无非天地所生,也都遵循着"生"的法则,具有自然的"生"的目的性。"生"是天之本质表现和目的性的规定,也是人的存在意志。"礼"只有与人的这种"生"的意志相符合,它才会获得源源不断的来自人的本性的支持。也就是说,"礼"的本质及其存在意义,只有建立在人的生存意志基础上,它才能真正获得生命力,也才能真正发挥它保障生命的作用。

可见,孔子这里已经有了"天道在生"的思想端绪。"礼"必本于天道,它才会有普遍的客观基础,这应当是孔子的认识。如此,"礼"的设立,就其根本来说,在孔子这里无非就是贯彻天之"生道"的要求,是为了实现人类之"生"的目的。所以,人要真正让自我生命得以健康发展和完善,就必须依"礼"而行,因为"礼"正是顺承天之"生道"、与人的普遍的生命意志相一致的制度规范,因此,它可以成为生命成长的标杆和向导。在这里,孔子透露出生命都是依普遍法则而成长的、且本身都具有一定的法则的思想,这种普遍性的法则对于特殊个体的特殊行为或"任性"行为是有限制作用的,也就是所有个体都应当在普遍性的法则下行事,才能保证整体的存在和发展。

如是,"礼"本质上是为"生"而设的,也正因为如此,它才能成为生命成长和发展的标杆和向导,成为生命发展的现实依凭。但问题是,如果人们认识不到"礼"的这个本质,使"礼"的作用偏离它的本质目的的话,那么"礼"就必然会流于某种形式或只能服务于特定的部分人的目的,那么,让天下人自觉实践、贯彻"礼",就会成为空话。显然,"礼"要在"立命"中真正发挥它的作用,就必须使"礼"成为人们生命意志中的一种自觉的需要。而这一点,则完全取决于我们人类怎么样看待自身,怎么样理解人的生命存在的本质。人产生于自然之中,生来是有自然的局限的。我们和动物一样,具有原始的生物本能,倘若任由其是,人类社会会建立起来吗?我们会成为万物之灵,并控制万物吗?无论是征服自然还是"参赞天地之化育",当我们只是

---

① 《孟子·告子上》。

原始的本能存在时,这一切能实现吗? 人类能有未来吗? 因此,人类对自身存在的特性,要有一种自觉。

幸运的是,人类正是对自身的存在特性有一种理性自觉能力,也就是,人类能够意识到人性的特殊,那就是人类有一种能力以某种方式去调理我们的本能,使之符合人类整体的生存需求。在孔子这里,确证人性力量的这种形式载体,即是"礼"。也就是,在孔子这里,"礼"的存在并不只是一种单纯的工具性存在,而是生命化的存在。只有借助礼仪,人的生命形式才能得以表达,人也才具备真正的人的生命。正如美国学者赫伯特·芬格莱特所发现的那样,在孔子那里,人的存在的本质便是礼仪。"人的存在的领域是多么的宽阔,其中,存在的本质便是礼仪……因此,正是以礼仪为媒介,我们生命特有的人性成分,才得以有鲜活的表现。"①无论哪个民族,礼仪使我们的生活变得充满人性的特征,也使我们在礼仪的交互作用中感受到了人的生命的和谐与力量。人类的生活与动物的生活相比,实际上正是日常化的礼仪使我们成为和谐的人类群体。可以设想一下,如果没有尊老爱幼等伦理规范,没有人际交往的那些礼仪原则,个体如何很好地生存,人类又何以能形成独异群生的社会! 即使是举手投足、嘘寒问暖的一些礼节,假如没有这些,人对人的关系便只能受制于"自然法则"而失去人性、文明的色彩。②所以,"只有当其原始冲动受到'礼'的型塑时,人们才成为真正意义上的人。'礼'是人的冲动的圆满实现,是人的冲动的文明表达——不是一种剥夺人性或非人性化的形式主义。'礼'是人与人之间动态关系的具体的人性化形式。"③

可见,在孔子那里,真正具有永恒生命力的"礼"、可以为人自觉实践的"礼",必定是与人的存在本质相一致的"礼","礼"的实质就是人的生存的形式载体或者说外在化的表现形式。而人的存在的实质内容,或者说人之

---

① 赫伯特·芬格莱特著,彭国翔、张华译:《孔子:即凡而圣》,江苏人民出版社 2002 年版,第 11 页。

② 赫伯特·芬格莱特对于"礼"具备的人性意义有较为详细的分析,读者可参阅其著《孔子:即凡而圣》(江苏人民出版社 2002 年版)的第一章:如同神圣礼仪一般的人类社群。

③ 赫伯特·芬格莱特著,彭国翔、张华译:《孔子:即凡而圣》,江苏人民出版社 2002 年版,第 6 页。

为人的内在规定性的东西,在孔子那里,就是"仁"。

二、仁:生命的本质和原理

"仁"不是孔子提出的概念,但"仁"是经过孔子的创造性诠释,才成为一具备丰富的哲学伦理学意蕴的概念,正如杨向奎先生所说,"'仁'是孔子提出来的新命题,继西周初提出'德',而后有仁,是中国哲学史上的伟大转折。"①但是,相较于先秦诸子,孔子为什么特别重视"仁"呢? 他又赋予"仁"以何种新的意义呢? 这是个饶有意味的问题。明乎此,我们也就容易弄清楚孔子之"仁"的深刻内涵,对于儒家的生命伦理精神,也就更容易有深切的体会和把握。

对于孔子为何提出"仁",牟宗三有一个说法,他认为孔子之所以提出"仁",主要在于他对三代文化、特别是周朝的礼乐文化的反省。"儒家对人类的贡献,就在他对夏商周的文化,开始作一个反省,反省就提出了仁的观念。"②我认为这一说法很有道理。我们知道,孔子并非一个纯粹的思辨式的哲学家,而是一个致力于解决人类现实生活问题的思想家,如何保证人类社会的生存与发展,延续人类的文明,解决现实的人生问题,这是孔子思考的重点。孔子总是对人类文明充满忧患意识,他总是试图寻找到一种维持人类生存与发展的最佳的制度安排方式,而在孔子的视野中,周朝的礼乐文化即是这样一种最优制度文化的代表。"郁郁乎文哉,吾从周。"③但是,在孔子生活的时代,周朝的礼乐文化事实上已经处于"崩坏"的状态。为什么这样一种适合人类社会生存与发展的优良制度文化会失去它的效用? 这引发了孔子深沉的思考。孔子的结论或许就是:这套礼乐文化在现实的应用中被人为地降低了它的生命品质,而仅仅成为一种维持既得利益集团的"威仪",即外在的权威化的统治手段。因此,孔子要重新激发出这套优良的礼乐文化本身所具有的生命力,要把它彰显出来,于是孔子提出了"仁"。"如何使周文生命化呢? 孔子提出仁字……礼乐要有真实的意义、要有价

---

① 杨向奎:《宗周社会和礼乐文明》,人民出版社 1997 年版,第 381 页。
② 牟宗三:《中国哲学十九讲》,上海古籍出版社 2004 年版,第 49 页。
③ 《论语·八佾》。

值、你非有真生命不可,真生命就在这个'仁'。所以仁这个观念提出来,就使礼乐真实化,使它有生命,有客观的有效性。"①

可见,孔子提出"仁"的动机或者说直接诱因应当与孔子想赋予周礼一种永恒的生命力、从而使之成为在维持人类社会良性运转上能够切实发挥效用的制度体系有关。他的出发点是着眼于维系人类之"生"、提升人类文明。我们上面提到,孔子可能最终意识到,只有"礼"成为一种生命化的存在、成为人的生命的本质的表达方式时,也即"礼"成为人性的形式载体时,"礼"才能真正成为人自觉实践的、具有永恒生命力的制度规约。换句话说,"礼"必须建立在人性的基础之上、成为人的生命意志的表达形式,这样的"礼",才能保证人类生命的发展与完善,才能真正发挥它的作用。综观《论语》,我们这样的推断是符合孔子言说"仁"、"礼"逻辑的。在《论语》中,"仁"无疑是一个和"人之为人之性"、"人的本质"相关的一个概念。尽管孔子并没有明确论述人性的问题,但根据他对"仁"的内涵的提示,我们也可以合理地推断出,孔子讲的人性主要是指人先天具有的一种道德理性。《论语》中孔子并没有触及人的动物性问题,但是他对"仁"的说明,明显是指人凭借自身的天赋能够达于"善生"的一种特殊的能力,它不是包括动物在内万物普遍具有的性质,尽管后儒将"仁"扩展到对万物的呵护上,把万物之"生意"与"仁"联系起来,但在孔子这里,"仁"是人之特有的性质则是无疑的。人可以将仁爱之心施于万物,但并不意味着万物也有"仁"的质的规定,这一点后儒也是如此。但是,这种人之为人的内在规定性,是需要一种形式载体来表达的,或者说需要一种外在的形式来体现的,对于孔子而言,"礼"就是"仁"的最好表现形式,而由于"礼"本质上是对人之为人的特性的表达,从而也论证了"礼"的活力离不开本真的生命性情。这样,"仁"和"礼"在孔子这里就成为内外形式有别、但本质同一的东西。

不过,以"仁"为人之为人的本质规定,将真正的人性界定为"仁",人禽之别在于"仁",这样的结论在《论语》中表述得还是不够直接。而且《论语》中孔子对"仁"的多种解读,也容易使我们产生"仁"实质上只是一种

---

① 《论语·八佾》。

"可欲之善"的印象,而非普遍的人性表现。比如《论语》中有"君子而不仁者有矣夫？未有小人而仁者也！"①的说法,从表面看,这句话将"不仁"视为"小人"的普遍表现,似乎将"仁"从"小人"的人性中剥离开来,有否认"小人"是人的嫌疑。但我们作这样的理解其正确性是值得怀疑的。因为在这句话里,"不仁"只是人的行为表现出来的一种性质,而非指人的本质。因为"不仁"的现象君子也是有的,只是不那么普遍而已,所以这句话其实并没有否认"仁"是人性的特殊规定这层意思。行为本身的善恶性质并不等同于人性。"仁"作为人性的本质内容,人的行为可能表现出来,也可能不会表现出来,而表现的程度不同,恰是人之德性的区别。所以在孔子这里,"仁"本质上还是对人性的一种特殊规定。正是基于对孔子之"仁"的这种理解,《中庸》和《孟子》才直接把"仁"界定为人的本质,即《中庸·第二十章》所谓"仁者,人也";《孟子·尽心下》所谓"仁也者,人也"。

当然,孔子之"仁"并不只是对人性的一种抽象规定,它本身也有超验的根源,在孔子这里,"仁"实质上也是对天道属性的一种规定,是"天地之大德曰生"的另一种表达形式,它实质上是把天地创生的属性与人的生命本性相统一的一个概念。② 天道在于"生",追求"善生"也是人的存在目的,所以"仁"这个概念从伦理学角度来说,表达的就是对天地之"生德"和人实现自身"善生"之目的的使命感与责任感的一种理性自觉。可见,"仁"这个概念,从根本上说,讲的还是一个"生"的道理。③ 正如牟宗三所说,"孔子讲仁,这个仁不是一个事件,仁是个道理、是个生命的道理、是个原理。"④

"仁"既然是生命的本质规定,是一个生命的原理,那么它的表现必然是多重的。正如马克思把人的本质理解为"一切社会关系的总和"一样,人

---

① 《论语·宪问》。

② "仁"的这层意思,牟宗三、徐复观等港台新儒家讲得很多,读者可参阅牟宗三的《中国哲学的特质》(上海世纪出版股份有限公司,上海古籍出版社 2007 年版)第五讲《孔子的仁与"性与天道"》。

③ 读者可参阅拙著《儒家"生"之伦理思想研究》(中国社会科学出版社 2010 年版)第四章,笔者对此有着更为详细的说明。

④ 牟宗三:《中国哲学十九讲》,上海古籍出版社 2004 年版,第 27 页。

的本质总是表现在多重的关系情境之中。"仁"的表现形式也会因具体的生命情境不同而有所不同。这就是对"仁"的解读多样化的原因。这在《论语》中表现得非常明显。"仁"在《论语》中总共 109 见,但《论语》对"仁"基本上是一种情境化的解读,而非概念化的说明。这种情境化的、灵活的解读方式,给我们理解"仁"带来不小的困难,这也导致后人对于"仁"本义的多样化理解,所以古人也曾发感慨说"自古元不曾有人解仁字之义"。① 究其根本,即《论语》中的"仁",多是就某种具体的情境而发的,而非对"仁"的定义。比如"爱人"是仁德的表现,但"仁"未必就是"爱人"。同样,"仁者其言也讱"②、"仁者己欲立而立人"③等,都是从"仁"的表现来说的,都不是定义式的说明。"仁者"说话"讱",但说话"讱"的未必就是"仁者"。正如帮助人是仁德的表现,但帮助人也还不能说你就是一个真正的仁者,因为帮助人仅仅是仁德的表现形式之一。黑格尔也曾说过:"一个人做了这样或那样一件合乎伦理的事,还不能就说他是有德的:只有当这种行为方式成为他性格中的固定要素时,他才可以说是有德的。"④所以,对于《论语》中的"仁",我们不能用固化的眼光去看,因为"仁"是一个生命的原理,而非一种机械的定义,从描述性的角度来看,它是对生命的动态性和无限可能的说明。从生命的原理(我们可简称为"生"之理)的角度去看《论语》中"仁",我们发现,《论语》中关于"仁"的各种说法不仅可以得到合理的解释,而且孔子生命伦理思想的基本义理脉络、主要观点也能得到较为系统的说明。我们不妨结合《论语》中的"仁",具体地说明一下由"仁"统摄的这一生命原理。

《论语·学而》篇云:"孝悌也者,其为仁之本欤?"这是《论语》中关于"仁"的第一个说法。从"生"的角度来说,所谓"孝悌为仁之本",也即孝悌为"生"之本。孔子为什么将"孝悌"视为仁之本? 这需要我们对儒家伦理的实践方式和步骤有个基本的认识。儒家伦理的实践有一个基本的步骤,

---

① 程颢、程颐著,王孝鱼点校:《二程集》(上),中华书局 2004 年版,第 154 页。
② 《论语·颜渊》。
③ 《论语·雍也》。
④ 黑格尔著,范扬、张企泰译:《法哲学原理》,商务印书馆 1961 年版,第 170 页。

即从个体生命的维持机制来寻求国家、社会的治理模式,即所谓"修身、齐家、治国、平天下"。此亦即从个体之生开始,来寻求实现群体之生。个体之生是起点、是前提,然后达于群体之生,继而达于天下万物的"生生"。个体之生→群体之生→万物"生生",这是儒家伦理实践的逻辑主线。在这个过程的每一个阶段都有不同的伦理要求。这些具体的伦理要求共同支撑起儒家的"生"之伦理体系。从个体之生的角度说,家庭是维系个体生命最初的条件和保障。而家庭的和谐稳固,又直接关系到社会、国家的整体和谐。因此家庭事实上成为儒家伦理实践的基础单位,成为儒家伦理实践的起点。而"孝悌"是家庭伦理的基本内容,所以这两个观念,也就成为儒家构建和谐社会、平治天下的根本。一个人连自己的父母兄弟都不重视,哪里还谈得上爱他人、爱社会、爱国家? 所以说"孝悌"是仁德的根本。言下之意,要想成为一个有仁德的人,先从孝敬父母、友爱兄弟开始。因此,这种"本"也意味着修德践仁的根始。通过这个"本"层层外推,便可达之于天下之"生"。正是在这个意义上,孟子也才说"亲亲,仁也;敬长,义也。无他,达之天下也"。①

"孝悌"使家庭成为一个实体,个人的生命因此才有了根源性的保障,国家和社会的和谐稳定也才有了基础。所以"孝悌"成为维护生命的最基础的实践伦理,因此才成为"仁之本"。但是实践"孝悌"仅仅是个基本要求,它的实践范围也仅仅限于家庭内部,而"仁生"的更高境界在于实现"群体之生"。这就需要我们善于协调人际关系,使人人遂其"生"。而良好的人际关系有赖于我们对他人生命的尊重、关心和爱护,这就需要我们有一种"爱人"之意。所谓"爱人",即意识到人人皆有"生"的意志和追求,因此必须要自我规约个人的"任性"、处理好人与人之间的利害关系,以使每个人的生命都可以完整实现。人人皆逞利己私心,世界必是"人对人如狼的社会"。个人性命尚且难保,遑论家国天下万物的"生生"。人与人之间的相亲相爱是实现"群体之生"的必然要求,所以仁者必"爱人"。"爱人"也即"仁德"的体现。故"孝悌"只为基本,儒家的教育必将人指向"爱人"。"爱人"也就是把家庭内部反映在"孝悌"上的爱推扩到家庭外部,去爱没有血

---

① 《孟子·尽心上》。

缘关系的人,包括陌生人。故《论语·学而》讲"弟子入则孝,出则悌,谨而信,泛爱众而亲仁";《论语·颜渊》篇讲"樊迟问仁,子曰爱人"。

事实上,从"仁"的特殊内涵和词义构造来说,"爱人"可视为孔子之"仁"的核心要义。所谓"相偶为仁",这表明"仁"意味着维持人际平衡的一种自觉意识和心理机制。从儒家群体之生的追求来说,"爱人"也是由个体之生到群体之生最为关键的环节和行为准则。所以"爱人"实际上是衡量个人德行更为直接的准则。人无"爱人"之意,便毫无仁德可言。不把人当人看,对人的生命不尊重、不关心,任他多么位高权重、金玉满堂、外表光鲜,也全和"仁德"无关,不能看作有德之人。至于"色取仁而行违"①之徒,表面上爱猫爱狗装出一副仁慈之相,而对人、特别是底层人士却不关心他的死活,横眉冷对、颐指气使,亦毫无仁德可言。可见,"爱人"的目的要人把人当人,为实现群体之生创造条件。

"爱人"本质上包含两重意思。一重是要把人当人,只有承认人的内在生命价值和尊严,承认人的生命的特殊性,我们才能有意识地把人与动物区别开来,真正地用人的眼光和人性需求来对待人。把人当人,也就意味着我们对待人是以抽象的人的本质规定为前提的,是以普遍的人性为前提的,而不是附加人的身份、地位,以及功利的考量,唯如此,我们才有可能真正去尊敬人、理解人、关心人、爱护人,才会注重维护人的生命和尊严,让人像个人一样活着。《论语·乡党》里记载的"厩焚,子退朝,曰:'伤人乎?'不问马"。一事,说明的正是孔子的这一思想。把人的生命价值从自然界中独立出来,赋予与动物生命不一样的意义,应当说这是儒家的一贯主张。"爱人"的第二重意义是从人的主动性上来说的,"爱人"不仅是要具备把人当人的思想意识,更重要的是以实际行动去帮助他人实现他人的"生",否则,"爱"就难以体现出来。因此孔子讲"夫仁者,己欲立而立人,己欲达而达人。"②

从更高的思想境界上说,实现群体之生以至万物的"和生",这是儒家

---

① 《论语·颜渊》。

② 《论语·雍也》。

伦理的宗旨或者说根本旨趣,而要实现这一点,实有赖于"爱人"之仁德的流行。没有这种仁德的广布,人民也就不可能安居乐业。故《论语·泰伯》曰:"民兴于仁。"因为"民兴于仁",所以民众渴望"仁政",故《论语·卫灵公》有"民之于仁也,甚于水火"之说。由于孔子伦理的终极追求指向群体之生,因而凡是心系天下苍生、以族群国家的公利为己业、致力于为人民创造幸福的行为,都可视为仁德的表现,而且是仁德表现的较高境界。所以一切有利于群体之生的行为,也都容易受到孔子的赞赏和肯定。是故尽管管仲在小节上有些问题,但由于他协助齐君匡扶天下,有利于民生,所以孔子仍然许其"如其仁"。① 相反,如果不能体现群体之生的目的诉求,那么即使再技巧多能,孔子也不轻许为仁。所以孔子在评价子路、冉求、公孙赤时,只肯定他们分别具有当"赋官"、"宰相"、"外交官"的政治才能,并不称许之为仁。②

在孔子那里,维护群体之生的伦理行为,无论在境界还是价值上都是高于对个体之生的要求的。这不仅是因为孔子伦理的终极追求指向群体之生,从现实的人类生存来看,群体之生的维系也实是个体生命得以保全的根本保障。个体生命的价值与意义只有在族群中才能得到实现,也只有借助族群的力量才能延续下去。故对真正的仁者而言,他们必以群体之生为重,能够为族群、邦国鞠躬尽瘁、死而后已,在个人"小我"的生命与群体"大我"的生命发生冲突时,能够自觉牺牲小我以成全大我,这正是"尽其道而死"、死得其所,故《论语·卫灵公》有"杀身成仁"之说。

但我们也不要因此把"仁"的实践视为一种"险途"。"仁"本是天地"生"德的表达,这种天地"生德"蕴于我们生活实践的每一刻、每一事物中。身边的一草一木、花鸟鱼虫皆是"生"之流行;爱惜身体、孝悌爱人,亦是仁德展露。圣人之道也不过是"近取诸身"、以"类万物之情"的结果。所以说"仁"不远人,求"仁"有方。"能近取譬,可谓仁之方也已。"③何况"仁"本是内在于人心的天性,所以只要我们心存此"善生"之念,平日里懂得尊重生

---

① 《论语·宪问》。

② 参见《论语·公冶长》。

③ 《论语·雍也》。

命、爱惜生命、友爱亲朋、乐于助人，这些都可以说是在实践"仁德"。故《论语·述而》曰："仁远乎哉？我欲仁，斯仁至矣。"同样，做这些事也绝不存在能力问题，而只是做不做的问题。所以孔子又说："有能一日用其力于仁矣乎？我未见力不足者。盖有之矣，我未见也。"①

"仁"是一种"生"之理，因此作为人的本质规定的"仁"，在人身上主要表现为一种生活的信念和态度，它表现为我们对天地"生德"的体认，以及由此形成的"厚生"意识和行动。有此生活信念和态度，我们就会对自我生命、他人生命乃至一切生命产生一种责任担当意识，从而自觉地尊重生命、爱护生命，协助天地创生以完成自我生命的意义。倘若人人具备此种生活信念和态度，人人皆以"厚生"、"爱人"意识去行动，去爱惜己身、关爱他人、尊重一切生命，世界岂不成为美好的人间？故《论语·里仁》曰："苟志于仁矣，无恶也。"

同样的道理，"仁"一旦固化为我们的生活信仰，就会成为支撑人生恒久的精神理念，从而超越人生际遇的影响，不受人言、外物、功名富贵等等的束缚，而是始终以心中之"仁"作为行动的标准，"无终食之间违仁，造次必于是，颠沛必于是。"②"不仁者"则由于缺乏这种信念，因此情绪总是随际遇浮动，穷则失志、富则骄狂，故"不仁者不可以久处约，不可以长处乐"，而"仁者"则能"安仁"。③

仁者有好生之德，志在为天下苍生创造良好环境，以辅助天地"生德"。仁者博学笃志、下学上达，心存爱人利他之意，故于利害面前能做到"仁者先难而后获"，以助人为乐。仁者性格"温、良、恭、俭、让"，平易近人、善与人交，又以助人为乐，故与仁者相处，于个人的修身成人，实是善莫大焉，也实为明智之举。故《论语·里仁》曰："里仁为美，择不处仁，焉得知？"

不过，这并不意味着仁者就绝对的"平易近人"、一团和气。相反，仁者爱人不是无原则的爱，而是"当仁不让于师"④，是非、爱憎分明。对于符合

---

① 《论语·里仁》。
② 《论语·里仁》。
③ 《论语·里仁》。
④ 《论语·卫灵公》。

"仁"的行为,他们积极支持,对于不仁之行为则持鲜明的反对态度,绝不苟且、混淆是非,故"唯仁者能爱人、能恶人"。① 仁者为仁,绝非沽名钓誉,绝非谋求一己之私,而完全系于家国天下之治。他们始终能以一种自觉的理性精神,一种责任担当意识去爱惜民生、维护民生。离开这种责任,所谓"名"也就没有任何意义。故《论语·里仁》曰:"君子去仁,恶乎成名?"

然而以上只对真正的仁者而言,但是事实上一个人要做到持之以恒地"不违仁"相当困难。这是因为"仁生"之德本身是一种根本之德,是有境界、层次之分的。人能够体认天命,心中形成一种重"生"、爱"生"的意识,仅仅是仁心发育的第一步。仁德之境高远广阔,近则孝悌,远则"厚生"天下、辅助天地之"生生",这均是仁德之要求。"仁"之境界也意味着我们对生命本质的体认具有无限拓展性。这些都是相当难办到的。何况人天生又有"意、必、固、我"的限制和影响,在人生际遇面前,为维持基本的生存本能,如何保持自己的精神理念不会改变,这无疑也是一种巨大的考验。试想人不计得失,不为人言、外物所累,持久保持"护生"、"爱人"之志,始终能服务于天下苍生,这何其难哉? 所以孔子说:"仁以为己任,不亦重乎? 死而后已,不亦远乎?"②这样的人是极其难找的,如有必可称"圣"、称"神",而不仅仅可以用"仁者"之称了,孔子亦不敢以此自居。故孔子曰:"若圣与仁,则吾岂敢。"③同样的道理,当子贡问:"如有博施于民而能济众,何如? 可谓仁乎?"孔子回答:"何事于仁! 必也圣乎! 尧舜其犹病诸!"④

孔子之时,社会动荡,一般人在这样混乱的时代,仅仅维持基本生存尚且不易,更不用说将他人、社会的生存需求放在心上了。或许正是这个原因,孔子发出这样的感慨:"我未见好仁者,恶不仁者。"⑤

《论语》中尚有"巧言令色鲜矣仁"、"仁而不佞"、"刚毅木讷近仁"、"仁者其言也訒"等等说法。这些说法都涉及言辞和"仁"的关系。为什么言辞

---

① 《论语·里仁》。
② 《论语·泰伯》。
③ 《论语·述而》。
④ 《论语·雍也》。
⑤ 《论语·里仁》。

与"仁"有关呢？从整部《论语》我们可以感觉到，孔子重在行动，而否定语言在实践仁德上的作用，也即孔子认为花言巧语并无益于"生"。伤生害己，毫无爱人之意，说得再好，又岂有仁在其中？且言多必失，"言寡尤、行寡悔"①，事情也就容易办成。所以，当有人评价冉雍"仁而不佞"时，子曰："焉用佞？御人以口给，屡憎于人。不知其仁，焉用佞。"②花言巧语，容易留人话柄，又招人讨厌，这于处理人、我关系多有不利，实非求"生"之道。所以孔子对于善于辞令的人，只肯定其能力，但并不轻许为仁。相反，他更看重行动。所以他才强调"君子欲讷于言而敏于行"③，"君子耻其言而过其行"④，等等。成就自身、满足"生"之要求，内在品质与毅力远胜嘴上工夫，故曰"刚毅木讷近仁"⑤。何况实践仁德无止境，从做好"孝悌"事，到"泛爱众"，乃至"参赞天地化育"，这谈何容易！自然也就"为之难，言之得无讱乎"⑥。

总之，"仁生"之理是把群体之生和个体之生综合考虑的理论，《论语》诸仁体现的也正是这一道理。"克己复礼为仁"之说，可视为这一"生"之伦理要求的经典概括。礼是维系群体之"生"的必要形式和规范，而"克己"是从个体之生的角度对自我的伦理要求。倘人人皆能克服"小我"之私欲，以一种"大生"、"广生"的"厚生"意识，自觉维护和实践维持这种礼，天下的太平自然也就实现，"生生"之仁的终极境界也就达到了。所以说"一日克己复礼，天下归仁焉"。⑦

以上，我们从"仁"的角度，对孔子生命伦理思想的核心内容和特征作了一个宏观分析。通过"仁"，孔子实际上比较全面地回答了生命的本质、生命的价值、个体生命与群体生命的关系等生命伦理问题。"仁"是孔子生命伦理的总原则，孔子的生命伦理都是围绕着"仁"而展开。尊重生命，亲民爱物，以生为本，这就是孔子仁学的基本精神。明乎此，我们也就抓住了

---

① 《论语·为政》。
② 《论语·公冶长》。
③ 《论语·里仁》。
④ 《论语·宪问》。
⑤ 《论语·子路》。
⑥ 《论语·颜渊》。
⑦ 《论语·颜渊》。

孔子生命伦理思想的核心和根本。以"仁生"为中心，我们也能更好地理解孔子有关生命伦理的诸多议题，比如孔子讲的生死问题。

三、生死的价值问题

生死问题也是生命伦理学的核心议题之一，像安乐死、协助自杀、胚胎处置等具体的生命伦理问题，其背后都涉及生死问题的哲学探讨。从哲学和伦理学的角度看，生命的价值问题、活着的意义和尊严、如何对待死亡、人是否有选择死亡的权利和方式等问题，都涉及对这一问题的认识。孔子对这一问题也有较多的思考，比如在《论语》中，就有多处谈到了生死问题，例如：

> "生，事之以礼；死，葬之以礼。"（《论语·为政》）
>
> "未知生，焉知死？"（《论语·先进》）
>
> "死生有命，富贵在天。"（《论语·颜渊》）
>
> "志士仁人，无求生以害仁，有杀身以成仁。"（《论语·卫灵公》）
>
> "其生也荣，其死也哀。"（《论语·子张》）
>
> "朝闻道，夕死可矣。"（《论语·里仁》）
>
> "仁以为己任，不亦重乎？死而后已，不亦远乎？"（《论语·泰伯》）

以上只是列举了《论语》中有关生死问题的一些比较直接的说法，但生死问题当然不能只就字面而论。比如《论语》中的"慎终追远"[①]和"祭神如神在"[②]等等一些说法，实际上也都属于生死问题的范畴。总体来看，孔子对于生死问题的论述，也是和他的"仁"的立场分不开的。

首先，在孔子这里，"仁"是个"生"之理，是对人的存在本质的规定，是对整个人的生命历程的价值规定和导向，"仁"是和人的存在本质相应的，也只有在人的存在过程中才能体现出来。换句话说，在孔子那里，生命的意

---

① 《论语·学而》。

② 《论语·八佾》。

义不是在死后获得的,而是在"生"的过程中产生的。"生"才有价值问题,"死"本身没有价值问题。"死"如果有什么价值的话,也是因"生"而附带出来的。仁心的发用,或者说实践仁德,这是"生"的价值。"死"只有满足了"仁"的要求,它才变得有意义。所以,处理孔子关于生死问题的看法,我们应当充分意识到这一点,"死"的问题,是以"生"的问题为前提的。"死"的意义取决于对"生"而言产生的意义。而"生"的意义,则取决于在多大程度上满足"仁"的要求。我们看孔子对管仲的评价,即是出于这一点。管仲有"兴民之仁",所以孔子并不特别谴责管仲未能守小信而死。① 又如孔子批原壤"幼而不孙悌,长而无述焉,老而不死,是为贼"。② 生不行仁,犹如不生。这样的人,死了倒有利于他人,所以说"老而不死,是为贼"。死了对谁都好,那倒不如死了的好。由此可见,孔子不会绝对地反对自杀行为。总之,"死"的价值因"生"而生,所以才说"其生也荣,其死也哀"③。孔子对"暴虎冯河,死而无悔者"④的批评也是出于这一点。"不怕死"并没有多少值得表扬之处,关键是这种"不怕死"的行为,是否更有利于"仁生"。

其次,孔子以"仁"作为人之为人的特性,或者生命的实质,实际上也把人的生命道德化了。换句话说,化约为"仁"的人的生命,它就不是一个简单的自然的肉身存在,而是由德性贯充的生命。由于孔子视"仁"为根本的人性,所以人的生命存在形式,就以德性生命的存在为根本,这也是生命之有价值之所在。自然的生命不是不重要,但完全受制于自然本能存在的生命,丝毫不能彰显人之为人的价值,那么这种生命存在的意义就不大。所以孔子对"仁"的阐发,很明显地区分出两种生命存在形式,即我们通常所说的精神生命和自然生命。并且,由于"仁"本身是一个"天命"和"人性"相统一的概念,所以,由"仁"而决定的生命,本身也有一种超越性。即人的生

---

① 参见《论语·宪问》。"子路曰:'桓公杀公子纠,召忽死之,管仲不死。曰:未仁乎?'子曰:'管仲九合诸侯,不以兵车,管仲之力也。如其仁,如其仁!'子贡曰:'管仲非仁者与?桓公杀公子纠,不能死,又相之。'子曰:'管仲相桓公,霸诸侯,一匡天下,民到于今受其赐。微管仲,吾其披发左衽矣。岂若匹夫匹妇之为谅也,自经于沟渎,而莫之知也。'"

② 《论语·宪问》。

③ 《论语·子张》。

④ 《论语·述而》。

命可以因"仁"的实践而获得一种超越性,可以脱离肉体而存在于精神中。毫无疑问,在孔子那里,人存在的意义、价值和目的都在于这种生命。相对于这种生命,肉身的自然存在本身意义不大,无非是动物式存在,或者说行尸走肉。所以孔子说:"朝闻道,夕死可矣"①;"仁以为己任,不亦重乎?死而后已,不亦远乎?"②

此外,孔子的"仁"也有境界之分,有"大仁"、"小义"之分。这表现在,相较于个体生命,孔子往往把群体生命置于优先的地位,在个体生命与整体生命发生矛盾冲突的时候,倾向以群体生命的保障为优先,这从《论语》中孔子对"民生之仁"更为肯定的语气中可以看出来。孔子这种看法,有其历史的原因。即使是在今天,也仍然是一种合理的价值导向。当然,强调群体生命优先,决非不重个体生命,也不是无原则地要让个体作出让步和牺牲,而完全是在个体生命与群体生命发生悲剧性的冲突时才有必要。这时候,"杀身成仁"才变得有意义,才能称为一种被肯定的行为,否则,不顾亲之养、家之恨而"毁伤身体发肤",自然是不义之举。

以上对孔子生命伦理思想的讨论,是建立在孔子儒学一种结构化的言说机制中的讨论,我认为这是孔子生命伦理思想中最基本、最重要的方面。孔子有关生命问题的认识,诸如对生命的本质和意义、生命的实现方式和维护机制的揭示,也完全蕴含在他对"仁"和"礼"及其相互关系的认识当中,所以,对于孔子之"仁"和"礼"的认识,我认为也就抓住了孔子生命伦理思想的根本。不仅如此,孔子之"仁",实际上也是一个贯通了"天道性命"之内涵的概念,孔子之"礼"则充分表达了孔子对于生命的维护方式的认识,因此,对孔子之"仁"和"礼"及其与生命关系的认识,实际上也就抓住了儒家生命伦理学的结构大体。这对我们思考儒家生命伦理的原则和实践方式、特别是对于思考儒家生命伦理学的实效性,尤有裨益。③

---

① 《论语·里仁》。

② 《论语·泰伯》。

③ 本节主要是对孔子生命伦理思想中最重要方面的探讨,孔子当然也有一些关于"血气"、饮食养生以及如何对待动物等诸如此类的问题的思想痕迹(见《论语·季氏》和《论语·乡党》等章),但这不是本节论述的重点。这些问题实际上也离不开孔子对仁和礼的认识,或者说为仁和礼所涵摄。这些问题我们会在随后的章节中,将之融入相关问题时再论。此不冗述。

第二节　孟子的生命伦理思想

相较于孔子,孟子的思想特色最为集中地体现在他的"心性"哲学上。正如刘述先所说:"孟子在儒家思想上的最大贡献,无疑在他提出了一整套心性论的看法。"①孟子的生命伦理思想,在我看来,也最为集中地反映在他的心性哲学上。从生命伦理的角度看,孟子的心性哲学集中地回答了孟子有关生命的本质、生命的意义、价值及其根据、人与其他生命的关系、养生等生命伦理问题。但是,孟子论述这些问题,遵循着其特有的思维模式,它的基础是孟子极具个性的"性命论",在这一基础之上,形成了一种"尽心—知性—知天"和"存心—养性—事天"从而"立命"的生命伦理路径,也正是在这一基础和路径上,形成了孟子"顺天正命"的生命伦理原则。孟子的生命伦理思想,义理深刻,自成体系,在儒家思想发展过程中影响巨大,值得我们特别注意。

一、性命攸关

当我们使用"性命攸关"这一成语来表征孟子生命伦理思想一个显著特征时,很容易使人产生一种误解,以为我们又要讨论"性"与"命"的一般关系。但这并不是本节讨论的重点。我们使用这一成语,仅是在宏观层次上表明,孟子生命伦理思想的基础主要是建立在"性"与"命"的一般关系上。但是孟子讲的"性"与"命",就其思想实质而言,又有非常特殊的内涵,正是对"性"与"命"及其关系的特殊理解,构成了孟子生命伦理思想最为关键的内容。我们可以这么说,"性"、"命"问题,实际上是整体孟子伦理思想的理论基石,孟子伦理思想的主体都和他对"性"、"命"问题的认识相关。所以,要深刻把握孟子的生命伦理思想,首先取决于我们对孟子有关"性"

---

① 江文思、安乐哲编,梁溪译:《孟子心性之学》,社会科学文献出版社2005年版,第174页。

与"命"问题的深刻认识。本节主要的目的,即是通过对孟子"性"与"命"的思想内涵的揭示,来说明孟子生命伦理思想的主要内容和思想特色。

综观《孟子》一书,孟子所论之"性"、"命"明显具有不同的内涵,但又服务于同一的伦理目的。这种特性使孟子所论之"性"、"命"呈现出一种既紧张而又统一的关系。我们之所以说"性"与"命"在孟子思想中体现为一种既紧张而又统一的关系,主要依据以下的材料。

"口之于味也,目之于色也,耳之于声也,鼻之于臭也,四肢之于安佚也,性也,有命焉,君子不谓性也。仁之于父子也,义之于君臣也,礼之于宾主也,智之于贤者也,圣人之于天道也,命也,有性焉,君子不谓命也。"(《孟子·尽心下》)

"尽其心者,知其性也,知其性,则知天矣。存其心,养其性,所以事天也。夭寿不贰,修身以俟之,所以立命也。"(《孟子·尽心上》)

"莫非命也,顺受其正。是故知命者不立乎岩墙之下。尽其道而死者,正命也。桎梏死者,非正命也。"(《孟子·尽心上》)

"君子行法,以俟命而已矣。"(《孟子·尽心下》)

在第一段材料中,我们可以看出,"性"与"命"存在内涵上的差异且又明显具有联系性,是"性"的东西,就不是"命",是"命"的就不是"性",但属于"性"的东西,同时也可以分有"命"的属性,而有"命"的东西同时也分有一定"性"的内涵,但它们毕竟是二物,因而影响到人的价值抉择,从而与"君子"与"小人"的判定产生联系。而第二段材料又表明,"性"似乎是达于"命"的基石或前提,由"性"方能开出某"命"之一途。也即"立命"的关键前提之一即在于"知性"、"养性"。从上述几段材料中,我们似乎也能领悟到,孟子所说的"命",包含着一种合伦理、合价值的生命过程之义,是遵循着一定生命之准则而达成的生命理想状态,即所谓"正命"。而这种生命之准则似乎就蕴含在他所说的"性"之中。因此,对于孟子"性命"说的考察,可以说是我们把握孟子生命伦理核心要义的一把钥匙。

　　让我们先来看一下孟子所说的"性"。① 提到孟子的"性"论，通常人们想到最多的自然是他的"性善论"。孟子的性善论无疑也是孟子的核心思想之一。然而本书主旨并不在于讨论孟子的这一观点。但是同样无疑的是，"善"是一伦理范畴，然而作为伦理范畴的"善"如何与通常意义上表示物之所是的"性"发生联系，并由此与"正命"相连，这才是我们特别关心的问题。很显然，当我们用"善"这种伦理命题定义"性"时，"性"就不可能只是一个既定的事实，而应当是一种应然的状态，只有成为一种"应然"，它才能发挥伦理导向或价值指引的作用，才能成为一种具备伦理性的"生命的准则"，或者说衡量生命是否实现圆满状态的基准，才有所谓"正命"的问题。在这个意义上，针对生命的问题，才会产生何种行为才是应该的问题。所以，从伦理学的角度看，探究孟子生命伦理思想的理论前提之一，即在于我们如何理解孟子所说的"性"。由"性"的问题，会牵引出孟子一系列的生命伦理问题。

　　在《孟子》一书中，孟子论"性"的地方很多，但给我们的突出印象是，孟子论"性"并非自说自话，而是通过"天下之言性"的辩论来说明其"性"的。而这，在我看来，也为我们掌握孟子之"性论"打开了切近之路。孟子在"天下之言性"章中，指出了天下言性的一般意义，正是在指责天下言性的通行做法中，孟子反而论证了其所谓之"性"的特殊内涵。所以，我们不妨通过对《孟子》中"天下之言性"章的探讨，来切进孟子之"性"的真实意味。

　　　　孟子曰："天下之言性也，则故而已矣。故者，以利为本。所恶于智者，为其凿也。如智者若禹之行水也，则无恶于智矣。禹之行水也，行其所无事也。如智者亦行其所无事，则智亦大矣。天之高也，星辰之远也，苟求其故，千岁之日至，可坐而致也。"（《孟子·离娄下》）

　　在这一段文字中，孟子指出了天下言性的一般意义或一般的作法，即天

―――――――――

　　① 我们在第一章对于孟子所说的"性"曾有一个基本的概括，有些内容这里不再重复，这里主要是基于对孟子生命伦理的理论基础的理解，对"性"更为深入的讨论，目的是通过"性"论发掘出孟子"性命论"的思想实质，以管窥孟子生命伦理的核心要义。

下所说的"性",就是"故";或者说,天下之言性,都是从"故"的角度来说的。但是,联系到孟子与告子有关"生之谓性"的辩论和孟子对公都子关于社会普遍流行的人性观点的回答,我们可以断定,孟子并不赞成天下言性的这一通行的做法。① 既然以"故"言"性"存在问题,那么孟子所说的"性"又是什么呢? 显然,要回答这一问题,又必须从天下以"故"言"性"的"故"说起。

不得不承认的是,对于这一章的"则故而已矣"中的"故"字,历来存在着不同解释。如东汉赵岐《孟子章句》认为这里的"故"字为"故常"、"本然","言天下万物之情性,当顺其故,则利之也。"②赵岐依此认为孟子"性命说"的思想要旨即在于"能修性守故,则天道可知,妄智改常,必与道乖,性命之指也"。③ 朱熹的解释与赵岐相似,朱熹将"故"训为"故者,其已然之迹",将这里的"利"同样解释成"顺也",依此,所谓"故者以利为本"就是"顺自然之势"。④ 陆九渊认为此中之"故",当以《庄子》中的"去智与故"解之,"故"字当作"陈迹"解。他说:"当孟子时天下无能知其性者,其言性者,大抵据陈迹言之,实非知性之本,往往以利害推说耳,是反以利为本也。"⑤但是对于《庄子》所云"去智与故"的"故"字,传统上亦习惯将之解为"机巧、诈伪"⑥。而"机巧、诈伪"显然与"人为"有关。郭店儒简的出土,一时使这种观点获得了更多的支持。郭店儒简《性自命出》篇中,同样提到了"性"与"故"的关联性,并且对"故"作了界定,即"节性者,故也";"有为也之谓故"。依此,今人多将"则故而矣"的"故"字解释为与"人为"相关的意思。⑦

---

① 通过孟子与告子之辩,以及孟子对公都子"今曰'性善',然则彼皆非与?"(此中之"彼"指公都子所提到的社会上存在的其他有关性的观点)这一问题的回答,我们也可以看出,孟子并不赞成社会上广泛存在的这些有关"性"的观点。具体参阅《孟子·告子上》。

② 《诸子集成第1册·孟子正义》,中华书局1954年版,第344页。

③ 《诸子集成第1册·孟子正义》,中华书局1954年版,第344页。

④ 朱熹:《四书章句集注》,中华书局1983年版,第297页。

⑤ 陆九渊著,钟哲点校:《陆九渊集》,中华书局1980年版,第415页。

⑥ 参阅陈鼓应:《庄子今注今译》,商务印书馆2007年版,第460页。

⑦ 对于孟子这一章的"性"字,梁涛先生的《竹简〈性自命出〉与〈孟子〉"天下之言性"章》一文(载《中国哲学史》2004年第4期)和李锐的博士论文《孔孟之间"性"论研究——以郭店、上博简为基础》对此都有较为详细的讨论。请读者参阅之。

　　不过,美国学者葛瑞汉表明了一种不同的立场。他认为"则故而已矣"的"故"字是就人性中"本然的状态"或"最初的状态"而言的,而这种本然的状态实际上也即"生之谓性"的那种状态。而所谓"故者,以利为本",就是让这种人性的本原"顺利地发展"(take things going smoothly),所以葛瑞汉认为孟子这里是站在批评的立场讲这段话的。他认为孟子对于杨朱之流仅仅把"养性"用作日常卫生学的健康和长生之术表示出不满,因为这种"养性"(养生)术只是侧重于顺应人的生理欲望和机能,而忽视了道德对于生命的力量。① 我更倾向于这个立场。也就是我们认为,孟子认为天下所说的"性",都不过是从人性的实然中得出的观点,也就是基于自然本能而立论的,自然本能或者说人的最初状态即是人性之"故"。这种意义上的"性",以利为本。也就是这种本能之"性"表现为一种"性之欲",它以欲望满足为目的。因此它是"以利为本"的。也就是说,"以故言性",本质上是失之于"利"的。而在孟子的思维中,"利"与"善"则是两种截然不同的物事,人性的显现就在于这"利"、"善"之间。"鸡鸣而起,孳孳为善者,舜之徒也。鸡鸣而起,孳孳为利者,跖之徒也。欲知舜与跖之分,无他,利与善之间也。"②所以,以"故"言"性",在孟子看来,本质上还是"即生言性"的表现,与告子"生之谓性"的论调一致,都是把自然的本能事实作为"性"的核心内涵来看待"人"之性。但真正的"人"的性不能从这种既定的自然事实或天赋之"故性"中导出。当然这种基于自然事实的"故"也有它的价值,即可以作为"智"的思考点,通过自然事实之"故"(尤其是规律性的),我们可坐而推知未来之事。"天之高也,星辰之远也,苟求其故,千岁之日至,可坐而致也。"③但这与人之为人的人性问题是两码事。因此,孟子反对从自然本能等人性的实然中推导人之为人的根本所在。耳目口鼻等自然本能之欲不足以证成人性,真正的人性只存在于人禽之别的地方,也就是本能的自然恒常的"故性"不能作为人之为人的根据,真正的人性只存在于人禽之别的"几

---

①　参见江文思、安乐哲编,梁溪译:《孟子心性之学》,社会科学文献出版社2005年版,第67页。

②　《孟子·尽心上》。

③　《孟子·离娄下》。

希"处。"人之所以异于禽兽者几希,庶民去之,君子存之。舜明于庶物,察于人伦,由仁义行,非行仁义也。"①而君子所存无非仁义礼智。"君子所以异于人者,以其存心也。君子以仁存心,以礼存心。"②也就是人之为人之处,正在于人过得是一种仁义礼智的生活。仁义礼智,才能确证人之为人之性。

不过,如果我们借此就认为孟子所说的"性"就是仁义礼智本身,似乎也有失确切。因为在"仁之于父子也,义之于君臣也,礼之于宾主也,智之于贤者也,圣人之于天道也,命也,有性焉,君子不谓命也"③这段话中,孟子似乎告诉我们,仁义礼智是"命",它只是有"性"的某些因素在里面,人们之所以将之称为"性",显然是人基于某种目的人为的结果。可见,孟子在论说"人性"之"性"时,他一方面排斥"生之谓性"的做法,但也不一般地认为"仁义礼智"就是"性"。孟子对"性"的这种复杂认识,颇让我们感觉困惑。不过,当我们联系到孟子讲的"善端说"和他对"命"的认识,再来反观他所说的"性"时,其内涵和宗旨其实也是明朗的。

首先,我们应该意识到,孟子讲的"性"是有层级结构的,它至少包括了两方面的内容:一个是作为物之所是的实然的"性";一个是作为应然的决定人之所是之特殊性的"性"。第一种"性"我们可以从孟子与告子的论辩中看出来。我们知道,孟子之所以要批驳告子的"生之谓性",是因为依据这种对"性"的认识,逻辑上必然将人之"性"混同于"牛之性、犬之性"等动物性,人禽将无法区分。但是,孟子对告子说的"食色,性也"却又不置可否。并且,孟子也鲜明地指出:"口之于味也,目之于色也,耳之于声也,鼻之于臭也,四肢之于安佚也,性也。"④"形色,天性也。"⑤这些表明,孟子只是反对单纯地以"即生言性"的方式论证人之"性"的问题,但并不反对"性"也包含有食色等动物本性,也就是孟子承认"性"的内容中包含着"耳

---

① 《孟子·离娄下》。
② 《孟子·离娄下》。
③ 《孟子·尽心下》。
④ 《孟子·尽心下》。
⑤ 《孟子·尽心上》。

目口鼻之欲"和"形色"等自然天赋,承认自然天赋也是一种"性"。但他同时认为,这不应当作为论证人之为人的依据,因为承认这种本能的自然天赋之"性",并无助于证成人的生命价值的特殊性和人类社会得以存在和发展的根基。因此,对于人之为人之"性"必须要有另外的说明向度。而这种向度,就是禽兽不具备的而为人独有的"道德理性"。人的这种"道德理性",在孟子那里,也就是"善之端"。"恻隐之心,仁之端也;羞恶之心,义之端也;辞让之心,礼之端也;是非之心,智之端也。人之有是四端也,犹其有四体也。"①不过,这"四端"在孟子这里,与其说是"人性"之本身,毋宁说只是"人之为人之性"的根据。"善端"和"食色"等自然本性都是天赋的,此"天之所与我者"②,因此,"善端"和"食色"等自然天赋都是人的一种先天基质。单纯从人的自然本能天赋来说,人无法与动物区分开来而成其为人,而单纯从"善端"角度而言,人也不成其为人。也就是说,当人仅仅具备一种向善的潜质之时,人之为人的特殊性还不能得到体现和证明,只有这种"善端"培育为现实的仁义礼智的德性和行为时,人之"性"才得以证成。人之初生,其实只具备"性之端",也就是一种向善的潜质,但正是这种"善端"为人成为人提供了依据,使人成为一种社会存在,而不只是一种生物的存在。显然,后一意义的"性",实质上是指"善"的生成过程和结果,因此它不是指人的天赋的一种原初的静止状态,而是一种有待生成的概念。它和主体的人对"善性"的主动选择和用心操存与培育有关。因为"性"是个有待生成的概念,与人的主动选择和操存、培育有关。所以孟子才有"尧舜性之也","君子所性,仁义礼智根于心"③之谓。所以,对于孟子之"性",我们需要从两方面加以理解:一种是作为先天基质的"性",这包括耳目口鼻之欲等自然本能和决定人日后成为人的先天潜质"善端";但"善端"还不能说就是人之为人之"性",虽然它是决定人禽之别的根源,但仍然还不是充足的人性象征,它必须有待人为、有待扩充、有待修养,才能成为真正的人性。

可见,孟子所说的"性",就其主要方面而言,并非指人的原初的一种静

---

① 《孟子·公孙丑上》。
② 《孟子·告子上》。
③ 《孟子·尽心上》。

止状态,而是指人的生命在伦理意义上得以完整实现的一个过程,是一种生成性的概念。正是在这个意义上,安乐哲才认为孟子的"'性'意味着作为一个人完整的过程"。"严格说来,一个人并不是一种存在,而首先和最主要的是正在做或正在制作,而且仅仅是派生的和追溯的,使某物被做成。"①也正是在这个意义上,宋代学者苏轼才将孟子之"性"归结为"性之效"而非"性本身"。"昔者孟子以善为性,以为至矣。读《易》而后知其非也。孟子之于性,盖见其继者而已。夫善,性之效也。孟子不及见性而见夫性之效也,因以所见者为性。性之于善,犹火之能熟物也。吾未尝见火,而指天下之熟物为火,可乎?"②

苏轼这里似乎有批评孟子人性观点的意思,不过,撇开考究苏轼的本意,苏轼的评论也在侧面揭示出孟子论"性"就其主旨而言,是在寻求一种人之生命意义的生成根据以及人之为人的存在特性,而这种根据也就是人的伦理性,而依此表现出的伦理行为,也即人之存在特性的表现。总之,孟子所论之"性",就其根本来说,是服务于孟子的伦理目的的。当我们把孟子之"性"与其所论之"命"放到一起统观时,孟子"性"论的这种思想主旨就变得更加清晰起来。

孟子所说的"命",也有两重含义。其一是指天所赋予人的先天基质。"命"来源于"天",凡天所赋予人的,皆可谓之"命",这是人无法选择的,所谓"莫之致而至者,命也"。③ 在这一意义上,"耳目口鼻之欲"与"仁义礼智之善端"都可以说成是"命"的内容。其二是指天之所赋予人的本能之欲以及"善端"之实现的限定性。本能之欲是需要满足的,而且满足与否的限定条件,亦可曰之为"命",同理,"善端"能否得到扩充和培育,其限定性条件也可称之为"命"。也即是说,天赋予人以食色等自然本能以及"成善"的基质,但能否满足这些本能欲望和使这种"善"质得到培育受制于一定的条件,这也是"命"。

---

① 江文思,安乐哲编,梁溪译:《孟子心性之学》,社会科学文献出版社 2005 年版,第97 页。

② 苏轼:《苏氏易传》,中华书局 1985 年版,第 160 页。

③ 《孟子·万章上》。

　　这里我们注意到,孟子所说的"命"实际上和他说的"性"具有重合性。天所赋予人的,即可曰"性",也可曰"命"。"耳目口鼻之欲"和"形色"是天赋的,因此它是"天性",同样,它们也是"天命"的内容。"善端"也是天赋的,因之也是"天性",同样,它们也是"天命"的表现。所以,"性"与"命"在内涵上实际上具有同一性。如前文所引"口之于味也,目之于色也……性也,有命焉,君子不谓性也……礼之于宾主也,智之于贤者也,圣人之于天道也,命也,有性焉,君子不谓命也"。① 这一段话,比较突出地显示出了"性"、"命"在内涵上的这种双重性和同一性。

　　"耳目口鼻之欲"是天赋的,因此是"性",但同时也分有"命"的属性;"仁义礼智之善端"是"性",同时也含有"命"的内容。生理欲望和形体是天赋于人的一种实然状态,它更显而易见,因此人们更习惯谓之为"天性",然而它的实现则无疑取决于人与外界环境的交互关系。因此孟子称之为"性也,有命焉"。而作为既定事实的"仁义礼智"之德行是"善端"得以培育而显现在外的一种结果,它是后成的,它虽有"天性"之根据,但毕竟不是由天而降之实然,它的最终生成,更多地取决于作为限定条件的"命",所以孟子称之为"命也,有性焉"。"性"与"命"的双重内涵在这里是交互使用的,所以孟子才有"性也,有命焉"和"命也,有性焉"之说。但就孟子的思想逻辑来说,天命与人的,是有所权重的,天赋予生命体有共同的满足生命需求的本能之欲,同时也赋予了人成之为人的依据即"仁义礼智之性",而唯此"性"之隆方能显示真正的人之性。天赋于人的权重不同,其限定方式和实现方式也不同。"耳目口鼻之欲"等自然本能之满足主要受制于外界条件,取决于人与环境的交互关系,故孟子称之为"求在外"②,"得之不得曰有命"。③（如我想有大房子,但不是想有就能有的）而"善端"的培育、弘扬则更多取决于主观条件,故孟子说"求则得之,舍则失之,是求有益于得也,求在我者也。"④（如想做个好人,就可以做到,这不是能力问题）这与孔子

---

① 《孟子·尽心下》。
② 《孟子·尽心上》。
③ 《孟子·万章上》。
④ 《孟子·尽心上》。

所谓"我欲仁,斯仁至矣"①如出一辙。正因为天赋于人的权重不同,这也意味着人在"性"的内容选择上要有所权重,而不能因"小"失"大"。"口腹之欲"为"小者","仁义礼智之性"是"大者",②主动地培育和弘扬"仁义礼智之性",人才能成就自身。因此,真正的"人之为人之性"的确立,它事实上是经人的意志觉醒、刻意选择的结果。孟子所说的"君子所性,仁义礼智根于心"③和"君子谓性不谓命或谓命不谓性"④的说法,都说明了人对"性"的主体抉择过程。

通过以上我们对孟子所论"性"与"命"的分析,我们也注意到,孟子对"性"与"命"的认识,实际上即有"即生言性"之传统思维的痕迹,亦有《中庸》的"天命之谓性"和郭店儒简"性自命出"的思想倾向。孟子生活的时代,这两种论"性"的传统方式都有很大的影响,孟子论"性",实际上是将这两种思维综合的结果,应当说,这是符合思维发展规律的。人类的思想发展正是在对各种现实思想辨析、综合的过程。孟子对"性"与"命"及其关系的认识也是如此。正如牟宗三所说,孟子直称"耳目口鼻"之本能为"性",主要是顺应着"即生言性"这一传统在说;而孟子将"仁之于父子"等伦理事实谓之为"性",则是就人的伦理特性而言。此处"说性乃是'性者生也'之老传统",讲的只是人的动物性,后者讲的才是"人之所以为人之真性"。⑤

真正的"人之为人之性"乃是仁义礼智的生成和显现过程,也就是在人身上呈现出来的仁义礼智的德性和行为。而这一过程,也即天之"明命"、"大命"的实现过程,是对作为"义理之天"的"命"的实践。所以,孟子所说的"性"与"命"从伦理化的天的角度而言,完全具有同一性,它们均指向人之为人的生命本质的确证和生命意义的开显。因此,从终极的意义上说,孟子所说的"命",也具有终极伦理意义的象征,它是人性最为完全体现的结果和状态,这就是天赋予人当有的"正命"。人的存在使命,就是"顺受其

---

① 《论语·述而》。
② 参见《孟子·告子上》。
③ 《孟子·尽心上》。
④ 《孟子·尽心下》。
⑤ 牟宗三:《心体与性体》(下),上海古籍出版社 1999 年版,第 388 页。

正"。而人能意识到人之为人之性就在于呈现出人的生命的伦理特性，那么人也就实现了这种"正命"。"尽其心者，知其性也，知其性，则知天矣。存其心，养其性，所以事天也。夭寿不贰，修身以俟之，所以立命也。"①能做到"知性"、"存性"，人也就能够"立命"。所以，"命"与"性"在本质上是同一的。人之为人之"性"在于人的伦理性，而"命"之所立也完全在于人的道德操守。这种意义上的"性"与"命"，其区别只在于是对天而言，还是对人而言。所以宋儒才说"在天为命，在人为性"，"其实一也"。②

孟子对"性"与"命"的这种认识，决定了他的伦理思想的根本立场，那就是人只有依据其天赋善性自主培育之从而使人真正成其为人，才真正能够实现人的生命价值和意义，才真正算完成了"做人"的使命，这就是人的"正命"，它给我们的行为提供了衡量对错与否的基准。人只要顺从善性去修身，去实现属于人的真正的人性，而非受制于本能，即走在了成人的"正路"上，按此发展或作为就是正确的。因此"正命"实际上表现为一种"生命的原则"，它提示我们要时时刻刻去认识人之为人之"性"的所在，去存养这种"性"，这是一种"法"，如此才能实现人的"正命"，也即儒家文本中所谓的"大命"、"明命"，是故孟子说"君子行法，以俟命而已矣"。③ 这和孟子所谓"修身以俟命"④的意思是一致的。所俟的"命"即是这种"大命"、"明命"，也即人性得以充分实现之"命"。而"修身"也就是存养那种能够使人成为人之"性"，这就是人欲使人成为人的当行法则。所以，孟子对"性"与"命"的特殊认识，也揭示出孟子生命伦理思想的一条根本的原则，那就是"顺天正命"。

二、顺天正命

"顺天正命"，这是孟子生命伦理思想的根本原则。"顺天正命"的基本意思是：人只有"顺天"，才能获得"正命"。在这里，"天"是人的伦理本质

---

① 《孟子·尽心上》。
② 程颢、程颐著，王孝鱼点校：《二程集》，中华书局 1981 年版，第 204 页。
③ 《孟子·尽心下》。
④ 《孟子·尽心上》。

的根源,也是人事行动合伦理性的最终依据。天在孟子那里,是一个具有终极性的伦理概念。孟子讲的"性"、"命"之所以具有伦理的同一性,从根源上说,也是取决于孟子之"天"主要是一"义理之天",即牟宗三所谓"形上的天、德化的天"。① 天赋予人之所以为人的"善性",也决定了人的生命存在的意义在于实现其伦理特性,这从根本上都取决于孟子讲的"天",就其主要方面而言,实质乃是一道德化的天。这一道德化的天在孟子思想中具有最高的位格意义,所谓"顺天者存,逆天者亡"②。因为天具有本源意义,是最高的位格,因此天示之于人的"行与事"的方式,也就是天指示与人的伦理法则,此即是"天道"。天道为人道之本,人事行动的伦理法则来自于天道。孟子引《诗》与孔子之语足可见证此点。"诗曰:天生蒸民,有物有则,民之秉夷,好是懿德。孔子曰:'为此诗者,其知道乎?'故有物必有则,民之秉夷也,故好是懿德。"③所以孟子讲"顺天",本质上即让人按天道而行。"天道"乃"天命"示与人的方式,故知此"天道",也即"知命"。而唯其知命,人方能顺天受命而获得应然之命,即"正命"。"正命",也即"尽其道而死",否则便是"非命"而亡。"莫非命也,顺受其正。是故知命者不立乎岩墙之下。尽其道而死者,正命也。"④人之正道,根本在于"事天",如此方能"立命"。所以我们说,"顺天正命"是孟子生命伦理的一条根本准则。

"顺天",在逻辑上就要求我们要"知天"。唯"知天"才能获得"正命"。而"知天",在现实性上说,就是要"知性",因为"性"是天命之于人身上的显现,而"知性"则有赖于人主体意识的自觉,这就是"尽心"。这样,孟子就为我们呈现出一条鲜明的生命伦理路径:"尽其心者,知其性也,知其性,则知天矣。存其心,养其性,所以事天也。夭寿不贰,修身以俟之,所以立命也。"⑤

---

① 《孟子》中的"天"有多重含义,有自然之天、运命之天、主宰之天等含义,但最主要的是义理之天。具体可参见山东大学儒家高等研究院、中国孔子基金会编:《儒家思想与社会正义》,山东人民出版社 2013 年版,第 231 页。

② 《孟子·离娄上》。

③ 《孟子·告子上》。

④ 《孟子·尽心上》。

⑤ 《孟子·尽心上》。

在这一生命伦理路径中，"天"、"命"、"性"、"心"都具有一致的伦理内涵，它们只是在不同向度上表征着人之生命的伦理特质和价值归宿。在这里，天在逻辑上无疑是居于最高位格的概念，但"心"反倒具有了思想前提的意义。因为"事天立命"在现实性上最终取决于"尽心"。因此明了孟子之"心"的意义，也有助于我们进一步理解孟子生命伦理的精神内涵。

在《孟子》一书中，涉及"心"字的有一百多处，总体来看，孟子所谓"心"，实际上就是指人的"道德心"或者说"良心"，用他自己的话来说，即"不忍人之心"、"仁义礼智之心"、"本心"、"义理之心"等。如《孟子·公孙丑上》曰"人皆有不忍人之心"，而所谓"不忍人之心"，即是人天赋之"恻隐之心、羞恶之心、辞让之心、是非之心"。又如《孟子·告子上》曰："虽存乎人者，岂无仁义之心哉。其所以放其良心者，亦犹斧斤之于木也……故苟得其养，无物不长，苟失其养，无物不消。"很显然，孟子这里是把"人心"的属性与人的本质属性等同起来，因此，孟子所谓"心"，主要是"义理之心"、"道德之心"，是人禽之别的根本区别所在。禽兽是没有这种"心"的。所以孟子才说"仁，人心也"[1]。"仁义礼智之心"是"人之本心"，人之为人就在于存此心、尽此心。所以孟子说："君子所以异于人者，以其存心也。君子以仁存心，以礼存心。"[2]

由此可见，孟子讲的"心"，一如我们上面分析的"性"，主旨都是从人之为人的特殊性角度而言的，是就人的特殊本质立论的。孟子讲"尽心"，本质上无非是要我们对人之为人之道德向度要有充分的自觉。"心"与"性"在性质上也是同一的。也正是在这个意义上，"尽心"则"知性"，反之亦然。尽此"道德心"或"义理之心"，便意味着知人之为人之性之根本，而这也便可"知天"。因为"天"也是"德化的天"。正像张岱年先生所说，在孟子的思想中，"天之根本性德，即含于人之心性之中；天道与人道，实一以贯之。"[3]由此，人之生命存在的本质特征和意义开显的方式，就完全系于天、人在道德性上的同一上。而人的生命意义因此也就完全表现在人的道德成

---

① 《孟子·告子上》。
② 《孟子·离娄下》。
③ 张岱年：《中国哲学大纲》，江苏教育出版社 2005 年版，第 177 页。

就上。天赋予人以"仁义礼智之性",人积极培育此"善性"以成就实际的仁义礼智之德性操守,这就是人性的完美表现,也是人生命意义的完美表现。所以,孟子讲的"顺天",本质上就是要我们按照"天道"、"天德"而行,积极进行道德修养,按照仁义礼智等道德法则而行,这就是孟子讲"顺天"的根本意思。

与"顺天"的意思相应,人只有刻意地培育上天赋予的这种仁义礼智之德性,那么人就能实现天赋予人应当有的生命,也就是人的真正的生命就实现了,这就是人之"正命"。"正命"本质上也是指人在道德上的完善,是指人的生命的道德化。从实践角度来说,人刻意修持仁义礼智之道德,这就是人的"正命"之途。人的生命,就其存在的意义与价值而言,其自然生命的寿夭长短并不重要,重要的是人能意识到人的生命的特殊性,即在于谨小慎微地呵护住人禽之别的"几希"①处,终身不渝,生命的尊严与意义便得以挺立。这就是"尽其道而死者,正命也。"②生活的意义,就在于"尽道"。"尽道"就是本着天赋之仁义之心而行,即"由仁义行",而不是以仁义为工具去"行仁义"。"舜明于庶物,察于人伦,由仁义行,而非行仁义也。"③即此之谓。

人以"道"面对生死问题,肉体生命的长短自然就无足轻重,这应当说是孟子对孔子"朝闻道,夕死可矣"思想的继承。将人的本真生命归结为一种道德生命,自然也会在对肉体生命与道德生命的价值衡量中权重于后者,所以孟子主张"舍生取义"也便顺理成章。但是这也并不是要否定自然生命本身的价值。孟子也承认生命的先天规定性,认识到自然生命的生死具有客观必然性,所谓"莫非命也"④。孟子强调人的生命正途在于道德生命的挺立,实际上也是对生死问题的一种超越,它培育出人们一种面对生死问题时的廓然的恢宏气度。我们不必执着于肉体生命的所限,人终有一死,但

---

① 《孟子·离娄下》曰:"人之所以异于禽兽者几希。"在孟子这里,人和动物的区别很小,正是这很少的区别所在,使人禽发生本质上的相异。而这"几希"处,正在于人是道德性的存在,而动物不是。

② 《孟子·尽心上》。

③ 《孟子·离娄下》。

④ 《孟子·尽心上》。

生活的意义并不在于肉体生命存在的时间长短,而在于道德的成就,所以,人们应当爱惜身体。然而爱惜身体的本源在于,身体是上天之德的载体,爱惜它,并有意识地修养天德,这就是我们生命存在的最高意义,是生命价值的最好体现。认识到这一点,人也容易培养出面对生命的自然限制时的一种从容的气度。孟子称这种气度为"浩然之气"①。这种"浩然之气"可谓一种稳固的生命信念,有此生命之"浩然之气",人便真正能够做到乐观从容地生活于世间。

由上,孟子的"顺天正命"思想,给我们在对待生命问题时,提供了一条根本的法则,也为我们指示了获得"正命"的方式和途径。人存在于世,当遵循"天命"。因为天虽不言,但一切莫非天命,"莫非命也",所以人一方面必须"顺天","顺天者存,逆天者亡"②;另一方面则要充分肯定人的道德理性,借助这种理性的观念载体(仁义礼智等)完成真正意义上的人的存在,使人的生命得到道德法则的固守,这样个体生命和群体生命才能得到根本的维护。人的生命之本和完整生命的实现,都存在于人的道德性之中,这一点,构成了孟子生命伦理学的基调。孟子有关"养生"工夫论等思想,可以说,也都是建立在这个基调上。

三、尽性践形

孟子的工夫论和养生思想,主要体现在他的"尽性践形"的思想观念当中。从伦理学的角度看,恰当的养生表征着正当的生命行为,有正当的生命行为,才会有正当的、善的生命结果。养生,就是用合乎生命之道的行为,去实践生命。从这一意义上说,孟子的养生论,完全是和他特殊的"性命论"分不开的。与当代养生论一个显著的不同,孟子并不刻意强调物理锻炼和饮食调养等基本的当代养生方法,而是从人性的实现角度、从"正命"的角度来论养生。在孟子这里,人的生命能够按天赋之善性顺畅地发展、充分地发挥这种道德性,就是完美的生命过程,也是生命存在的最高意义。而生命

---

① 《孟子·公孙丑上》。
② 《孟子·离娄上》。

自然存在的时间长短,并不降低生命的品质。所谓"夭寿不贰,修身以俟之,所以立命也"。① 孟子的这种养生思想,本质上是他的"性命观"在工夫论上的表现。

首先,我们需要明确一点的是,孟子的养生思想本质上是养"性",也即培养"人之为人之性"。其次,就"性"与"命"的关系来说,"天命"下贯于人即为人之"性"。"性"有两重,一为自然本能之性,如"食色之性";一为人之为人之特殊性,如"仁义礼智之性"。对孟子来说,"食色"的满足与否与"仁义礼智"的能否生成,都有赖于人与外界的交互作用,并不能完全自发的实现。孟子把对实现这两种"性"的限定条件和不确定性一般称为"命"。但前者的实现由于主要受制于外界条件,且未能将人与动物区分开来,故孟子只称之以"命"。后者的生成由于有内在天赋之善端的根据,从而主要受制于内心的觉悟程度,且与人性的实现方向一致,故孟子主要称之为"性"。所以在"一般的人性"层面,"立命"等同于"养性"的目的。而"养性"无非就是培育人内在的天赋"善端",即使人成为人、并证成人性的根本标志——仁义礼智等现实性的伦理内容。我们明白了这一点,也就相应地抓住了孟子养生论的精神实质。

其次,基于孟子独特的"性、命"思想,也形成了孟子独特的身体观。身体作为生命的载体,并非只是纯粹的肉身存在,它同时也是人性显现的载体。它既是"命"的限定条件,也是"性"的生成基础,它不是一个静态的物理存在,而是具有"性灵"的存在。也就是在孟子那里,人的身体有两重基本的构成:一重是纯粹的肉身,它是生理本能的载体,生命的活动方式表现为物理性的活动,以获取本能需要的生命能量为基本表现;另一重是以天赋善端为基础的精神或心性层面的东西,它内蕴于身体之中,并决定着身体的最终的状态。前者孟子称之为"小体",后者孟子称之为"大体"。孟子认为,养生的根本即在于养此"大体","大体"不立,真正的人的生命便无法得以挺立。而此"大体"即人之为人之性,它对人的生命才有终极的决定意义,因此养此"大体",以此为重,才是真正懂得养护生命的道理。下面两段

---

① 《孟子·尽心上》。

话,比较清晰地说明了这一点。

　　"拱把之桐梓,人苟欲生之,皆知所以养之者,至于身,而不知所以养之者,岂爱身不若桐梓哉? 弗思甚也。"

　　"人之与身也,兼所爱。兼所爱,则兼所养也。无尺寸之肤不爱焉,则无尺寸之肤不养也。所以考其善不善者,岂有他哉,于己取之而已矣。体有贵贱,有小大。无以小害大,无以贱害贵。养其小者为小人,养其大者为大人。今有场师,舍其梧贾养其樲棘,则为贱场师焉。养其一指,而失其肩背而不知也,则为狼疾人也。饮食之人,则人贱之矣,为其养小以失大也。饮食之人无有失也,则口腹岂适为尺寸之肤哉?"

以上两段文字皆见《孟子·告子上》。从这两段文字可以看出,孟子也是很强调"养身"的,他认为不注重"养身"的人也太成问题了!(弗思甚也)但养身也有方法、有轻重,应当"考其善与不善",从而"于己取之"。方法得当、能抓住养身的重点,才能从根本上实现养身的目的,也能区分出人的生命品质和境界。即"从其大体为大人,从其小体为小人","先立乎其大者,则其小者弗能夺也。此为大人而已矣"。何谓"养身之大体"呢? 孟子接着上面两段文字讲:

　　"有天爵者,有人爵者。仁义忠信,乐善不倦,此天爵也;公卿大夫,此人爵也。古之人,修其天爵,而人爵从之。今之人,修其天爵,以要人爵,既得人爵而弃其天爵。则惑之甚者也,终亦必亡而已矣。"

　　"欲贵者,人之同心也。人人有贵于己者,弗思耳。人之所贵者,非良贵也。赵孟之所贵,赵孟能贱之。诗云:既醉以酒,既饱以德。言饱乎仁义也,所以不愿人之膏粱之味也,令闻广誉施于身,所以不愿人之文绣也。"

由上可看出,孟子说的"大体",即是他所谓"天爵"、"良贵",亦即"仁义忠信",所以养"大体"就是养人的天赋道德,使人的善性得到培育、发达。因此,孟子所谓"养身",其实质即是养"性",而养"性"即是使人的道德生命得到完整的确立。所以孟子论"养身"(养生),本质上就是修养人的天赋之善性。人虽有天赋之善性,但不修养则难成真正的人性。人性由潜质到显现从而证成人之为人有一个过程,这如同五谷之生,也有个由不成熟到成熟的过程。不成熟的人性如同不成熟的五谷,因此不是生命的完善状态,所以仁义礼智这些表征人性的内容不修不成。故孟子说:"五谷者,种之美者也。苟为不熟,不如荑稗。夫仁亦在乎熟之而已矣。"①仁义礼智等道德修养,是"考其善者",是人"于己当取之者",是与天赋人性相对应的,故孟子也称之为"天爵"。富贵利禄、饮食男女等与之相比,则全是"等而下之"的东西,是"末等"的东西,以"末"置于"本"之上,就是太糊涂了,如此就很难真正挺立自己的生命了。所以孟子说:"今之人,修其天爵,以要人爵,既得人爵而弃其天爵。则惑之甚者也,终亦必亡而已矣。"②

所以说,养生方法很重要,关键是能够抓住生命的根本,否则养生的效果就不大。对人而言,养生的根本就在于养护生命能够实现"正命"的东西,而不只是养护"小体"。明了这一点,就明白了养护生命的"正道"。正如孟子所说,"饥者甘食,渴者甘饮,是未得饮食之正也,饥渴害之也。岂惟口腹有饥渴之害,人心亦皆有害。人能无以饥渴之害为心害,则不及人不为忧矣。"③孟子所谓得养之"正",本质上是要我们以精神修养为人生之本,因此他的养生理论,本质上指的就是道德修养,是一种"以德养生"的方式。在孟子这里,进行道德修养,这是实现人性的过程,也是生命完善的过程。这种修养,由于抓住了影响生命最为本质的东西,因而这种"以德养生"的方式,并不只是表现为人的道德境界的提升,它切切实实地可以影响到人的生命的健康。因为在孟子这里身心是一体、是不分的,修养心性的结果能够自然地体现在人的外在生命状态上来。换句话说,人进行内在的养其"心性",可以反映到其肉身的外在表现状态上,从而使人可通过肉身的形色变

---

① 《孟子·告子上》。
② 《孟子·告子上》。
③ 《孟子·尽心上》。

化来感受到人的修养程度,这本身也反映了人的一种健康状态。"君子所性,仁义礼智根于心,其生色也,睟然见于面,盎于背,施于四体,四体不言而喻。"①"尊德乐义,则可以嚣嚣矣。"②

由上可见,在孟子这里,"修身"、"养性"、"养生"等实际上都是同一的概念,由修身养性以至于立命,这是孟子生命伦理思想的基本逻辑。从根本上说,孟子的生命伦理思想都是这一思想逻辑的反映。这一思想的中心是其颇有特色的"性命论"。应当说,孟子一系列的生命伦理思想,如"身心一如"的身体观、"尽性践形"的以德养生的工夫模式③、"舍生取义"的生命价值论,以及"顺天正命"的生命伦理原则,都是以孟子的"性命论"为基础的。这些,不仅构成了孟子生命伦理思想的主要内容,也构成了孟子生命伦理的主要特色。

第三节　荀子的生命伦理思想

与孟子的心性路向不同,荀子对孔子儒学的发展,是以其"礼论"为中心的。"礼"在荀子思想中明显是一个具有全局性的统筹性的概念。但是,从荀子的思想逻辑来看,对于"礼"的功能和意义的揭示,又离不开他颇具特色的"性论"。实际上和孟子一样,对"性"的认识,也是荀子一切思想的逻辑前提。这一点正如廖名春所说,荀子的性论"既是荀子社会政治思想、经济思想、伦理观、教育观的理论前提,是荀子思想体系中最富于性格的重要组成部分,又对后来的人性论思想的发展产生了深远的影响"。④ 荀子对于"生命"的认识,从其思想逻辑来看,也是和他对"性"的认识分不开的。在荀子这里,"性"的主要意义是指天赋的自然本性,而非特指人之为人之性,荀子认为此"性不足以独立而治",故须以礼方能成人。与此天赋之自

---

① 《孟子·尽心上》。

② 《孟子·尽心上》。

③ 对于孟子的"身心一如"身体观和"尽性践形"的养生模式,拙著《儒家"生"之伦理思想研究》(中国社会科学出版社 2010 年版)中有详细的论述,读者请参阅该书第五章,这里不再冗述。

④ 廖名春:《〈荀子〉新探》,中国人民大学出版社 2014 年版,第 64 页。

然本性相适应,荀子理解的"天"也主要是"自然之天",在天与人的关系上,荀子认为"天人相分",故主张"天生人成",强调"人为"对人成就自身生命的决定意义。而"礼"是人的能力和存在特性的集中体现,故人类之"养"的根本,完全系于"礼"。以"性论"为前提,以"礼论"为中心,以"天人关系论"为线索,这构成了荀子生命伦理思想的主要内容和基本的特色。

一、礼以成人

和孔子一样,荀子对于人的生命本质的认识,和"礼"有着紧密的关系。我们前文提到,在孔子那里,"礼"对于真正的人的生命具有根本的塑造和完善作用。人欲成人,欲使自己生命挺立于社会,须臾不能离开"礼"。"礼"不仅是人的生命得以挺立的根本和保障,它实质就是人的生命本质的表现载体。"礼"的存在并不只是一种单纯的工具性存在,而是生命化的存在。只有借助礼仪,人的生命形式才能得以表达,人也才具备真正的人的生命。孔子的这种思想,在荀子这里得到了更为深刻和系统的表述。其一,在荀子这里,"礼"并非只是人能过上人性化生活的手段,本身也是人的生命本质的显著标志。这层意思,如果说孔子表达得还比较含蓄的话,在荀子这里,则已经成为一个显著的命题了。其二,不仅如此,与孔子相比,荀子对于何以"礼"能成人,提供了深刻的人性说明。

首先,"礼"乃人禽之别的根本,是人之为人的显著标志。《荀子·非相》曰:"人之所以为人者何也?曰:以其有辨也。饥而欲食,寒而欲暖,劳而欲息,好利而恶害,是人之所生而有也,是无待而然者也,是禹桀之所同也。然则人之所以为人者,非特以二足而无毛也,以其有辨也。今夫狌狌形笑亦二足而无毛也,然而君子啜其羹,食其胾。故人之所以为人者,非特以其二足而无毛也,以其有辨也。夫禽兽有父子,而无父子之亲,有牝牡而无男女之别。故人道莫不有辨。"

这段话说得十分清楚,人之所以为人者,不是以其生理本能及外形为标志,而是因为"辨",而"辨莫大于分,分莫大于礼"①。这就是以"礼"作为人

---

① 《荀子·非相》。

之为人的根本标志。没有"礼",人就不成其为人。将"礼"与人的本质内容联系起来,鲜明地视"礼"为人之生命的表现形式,这是荀子生命伦理思想的一大特色。也是荀子对孔子"礼以成人"思想更为精到细致的发挥。人的生命存在,本质上是一种礼仪化的存在。这可谓儒家的一贯立场。后世儒家如张载"知礼成性"等观点,亦皆是此种观点之阐扬。总之,人区别于动物生命的本质特征,是借助"礼"这一媒介来实现的,人只有在"礼"的生活中,才能成为人,一句话,无"礼"人则不成其为人。

其次,"礼"以成人,这是儒家的一致看法。但相较于孔子等先秦儒家,荀子则为这种主张提供了一种颇为特别而且相当深刻的人性说明,即"性不足以独立而治",非"礼"方能成人。《荀子·儒效》曰:

> 性不足以独立而治。性也者,吾所不能为也,然而可化也。积也者,非吾所有也,然而可为也。注错习俗,所以化性也;并一而不二,所以成积也。习俗移志,安久移质。并一而不二,则通于神明,参于天地矣。

在这段话里,荀子表达了这样一种认识:"性"作为具有客观性的"事物",它和人的生命追求中"善"的目的,并不是一致的,依据"性"的自由发展,人不可能成为一种"善"的存在,不可能真正建立起理想的人的生活世界。换句话说,仅仅依据"性"本身,人不能成其为人,过不上理想的人的生活。人要成为人,必须借助其他东西,来规范"性",使"性"向着合乎人的生活的伦理目的方向发展,这样人才能成为人本身,达于理想的生命状态。也就是"性不足以独立而治",须以"礼"方能成人。

"性不足以独立而治",须以"礼"方能成人,这是荀子十分独特的思想。说它独特,是因为和孟子相比,荀子在人之所以为人这一问题的认识上,表现出了和孟子颇为相异的一面。在孟子那里,"性"是人之所以为人的内在根据,人之所以能成为人,取决于"天赋之性"提供的内在动力。但荀子并不认为这样,在荀子这里,人之所以为人的根据并不在天赋之"性"中,恰恰相反,人之为人的根本实际上在于人拥有一种"反制"天性的能力,这就是人具备一种借助礼义来实现的群体生活能力,而礼义才是成人的根据和基础。《荀子·王制》曰:"水火有气而无生,草木有生而无知,禽兽有知而无义,人有气、有生、有知,亦且有义,故最为天下贵也。力不若牛,走不若马,而牛马为用,何也? 曰:人能群,彼不能群也。人何以能群? 曰:分。"而"分莫大于礼"①。这就是说,人之所以异于群生而最为天下贵,关键在于人过的是"礼义"规制的生活。人在"礼义"作用下,能够实现"群",从而做到"和",而"和则一,一则多力,多力则强,强则胜物"。② 因为"礼义"对于人能过上区别于动物的"人性化"生活,有着根本的决定作用,所以,荀子才说"故学数有终,若其义则不可须臾舍也。为之人也,舍之禽兽也……礼者,法之大分,类之纲纪也。故学至乎礼而止矣"。③

在现实性上,人之所以为人,不在于人的天赋之"性"是什么,而完全取决于人的社会化的生活本身。荀子关于人之所以为人这一问题的看法,与今日马克思主义讲的人的特殊本质颇为相似,均是从人的社会性角度立论。按照马克思主义的观点,人的本质是人的自然属性和社会属性的统一,自然属性是人禽共有的"一般本质",而社会属性则是人之为人的"特殊本质"。荀子抛开先验的人性依据,而直接从人的社会性角度界定人之为人的问题,按照马克思主义的观点,实际上就是从人的社会性角度来界定人的本质问题。

不过,在这里我们要提醒读者注意的是,儒家哲学中的"人性论"与马克思主义哲学中讲的"人的本质"实际上并不相同,意识到二者的区别对于我们理解儒家哲学义理是非常重要的。儒家哲学中的"人性论"并不等同于"人的本质论"。我们前文说过,"性"在中国哲学中主要是指"先天禀赋"或先天的生长方向性等等。从这种"性"的意识中,可以由此发现人的本质问题,但它和"人的本质"又根本是两个问题。所以不能把传统的"人性论"等同于"人的本质论"。如果混为一谈,那么,无论是孟子还是荀子,仅从其"性论"的角度,我们势必会得出孟、荀未能认识到人的本质包含了

———————
① 《荀子·非相》。
② 《荀子·王制》。
③ 《荀子·劝学》。

人的自然属性与社会属性相统一的看法。孟子道"性善",是只看到了人的特殊性,而未能正视人的自然属性;而荀子讲"不事而自然谓之性",是没有充分注意到人的社会属性。这种看法由来已久,在长期一段时间内支配着我们对儒家人性论的看法,而其根本错误即在于将传统的"人性论"等同于现代意义上的"人的本质论",而没有意识到"性"这一概念在儒学中的所指。在儒家哲学中,"性"是讨论"人之为人"的前提,但"人性是什么"却并不等于"人之所以为人"。这在荀子这里表现地尤为明显。对于荀子而言,"性者,本始材朴也";①"性者,天之就也……不可学不可事而在人者谓之性";②"生之所以然者谓之性……不事而自然谓之性。"③这里的"性",都是从"自然天赋"、"先天的生理欲望"、"自然的形色"等等角度来说的,但这些都不是"人之为人"的根据。荀子认为,这些都是人力无法做到的,因为它取决于天。"性也者,吾所不能为也。"④所以,"性"所属的东西,并非人之为人的根据和标志。人之所以为人者,在荀子那里,乃表现为人能"化性"的一种能力,这种"化性"的能力,即表现为"礼义"。从荀子的论述来看,"礼义"并不属于"性"的内容,它是后起的,"圣人化性而起伪,伪起而生礼义"⑤,但正是在这后起的"礼义"之中,人之为人的问题才得到说明。在荀子这里,"礼义"不是"性"自然生发的结果,恰恰相反,"性"恰恰是在"礼义"的管制、改变之下,人才发展成为真正的"人"。"性"为"礼义"的产生,制造了前提,而"礼义"则使人的天赋之"性"转变成为真正的"人"。正是在"礼义"的规制作用中,人才具有了相较于动物而言的人的真正特征。

为什么人顺其"天就之性"的发展并不能发展成为真正的人而必待"师法礼义正之"才成为人呢? 在荀子看来,其根本原因就在于人之天性不足以独立而治。"性不足以独立而治",人自发地顺性而为,其结果仅仅是"隆性"。"人无师法,则隆性矣。"⑥所谓"隆性",是指人的天赋之自然本性在

①《荀子·礼论》。
②《荀子·性恶》。
③《荀子·正名》。
④《荀子·儒效》。
⑤《荀子·性恶》。
⑥《荀子·儒效》。

无规制的情况下自由之生长、发展。而任其发展,则人的行为与动物行为无异,人类社会也就建立不起来,从而人不可能真正成其为"人"。天赋予人的,不过是人的生物本能,也即"人欲",而这也即荀子眼中的"人性",顺着这种"人性"发展,个体行为如同动物,群体之生也难以实现。所谓"人生而有欲,欲而不得,则不能无求。求而无度量分界,则不能不争;争则乱,乱则穷。"①并且,荀子认为,由于"人欲"是"性之所有"、"天生而就"的,因此不能指望它自发消亡。"欲不可去,性之具也。"②"人之性,生而有好利焉。"③荀子还认识到,人之欲是无止境的,而且荀子认为人欲之无穷性也正是人之自然性情的表现。并且荀子认为这都是自然而然的人之性情表现,如《荀子·荣辱》曰:"人之情,食欲有刍豢,衣欲有文绣,行欲有舆马,又欲夫余财蓄积之富也;然而穷年累世不知不足,是人之情也。"总之,"夫人之情,目欲綦色,耳欲綦声,口欲綦味,鼻欲綦臭,心欲綦佚。此五綦者,人情之所必不免也。"④在荀子这里,"情"和"欲"实际上都是"性"的内容或表现,所谓"情者,性之质也;欲者,情之应也。"⑤所以顺人的自然性情之发展,其表现就是"人欲"之横流。人生而有欲,且人欲无穷,人求欲也无度,按此性情发展,人只能处于自然的生活状态中,要解决这种情况,就不能顺"人性"之自然,需待师法以治之。故《荀子·性恶》曰:"然则从人之性,顺人之情,必出于争夺,合于犯分乱理而归于暴。故必将有师法之化,礼义之道,然后出于辞让,合于文理,而归于治。"也就是,人的天性经师法礼义的治理,生死由之,由此人之根本便可确立,即决定人之为人的"德操"便有了,由此人才能真正成其为人。此正如《荀子·礼论》所谓,"生乎由是,死乎由是,夫是之谓德操。德操然后能定,能定然后能应。能定能应,夫是之谓成人。"

在这里,我们可以注意到荀子和孟子"性"论的一个重大区别。在孟子那里,人之为人的依据是内蕴于天赋人性之中的,人成为人的过程,其实就

①《荀子·礼论》。
②《荀子·正名》。
③《荀子·性恶》。
④《荀子·王霸》。
⑤《荀子·正名》。

是人自主修养内在之心性的过程。所以,成人的关键是"求在内",因为人性之中已经具备人之为人的价值根据和基础。而荀子讲的"性不足以独立而治"、"以礼成人",则是不承认"人性"与"成人"的内在联系。也就是在荀子的论述中,"人性"并不包含人之社会性。人作为社会化的产物,完全是后天的"化性起伪"、"注错习俗"导致的。荀子的这种思想在当时是相当有特色的。思、孟一系皆将人性视为人之为人的伦理基础,而荀子虽然也将人性问题视为其理论前提,但他并不把"人性"视为成人的根据和价值基础,而是别开生面地直接从人的社会化角度看待人之为人的问题,从而更加强调了人的自身行为在人事活动中的巨大作用和意义。"人"成为一切问题的中心,一切也取决于"人"的意志和行为,正是对"人"的生命本质的社会性意义的强调,使荀子在对待天地自然上,提出了"天人之分"、"制天命而用之"的观点,即以一种更加积极的"人能弘道"的态度来看待和理解"天命",而非消极的"顺天"。这种态度,促使荀子在处理天人关系上,提出了一个更为积极的命题:"天生人成"。

二、天生人成

"天生人成"可谓儒家一个经典命题,自先秦以来,无论是在理论上还是现实层面,儒家对此都浸润很深。而这一命题,应当是荀子较为鲜明地原始地提出来的。① 荀子云:"天地生之,圣人成之。"②牟宗三综之为"天生人成"以状荀学荦荦大端者,此一说法遂渐成一定见而见诸荀学研究中。"天生人成"的思想对于我们理解整体儒学的理论精神和实践原则有着重要的意义。在天人之际寻求开显人的意义世界,这是儒家的一贯做法,孔子以"仁"打通天人界限,并以"礼"作为开显人之意义的维护手段,奠定了儒家天人关系论的理论基础;此后孟子讲"存心养性以事天"确证了德性主体的存在意义;而荀子则以近乎现代主、客二分的认识图式,为我们提供了人在把握自然规律方面的主体能动性。正如路德斌所说:"孔子之后,儒家的天

---

① 《中庸》的思想某种程度上也表达了"天生人成"的思想,董仲舒、宋儒都在不同程度上发挥了这种思想。

② 《荀子·富国》和《荀子·大略》。

人之辨实际上是沿着两个进路分别进行的：一是通过'天人合一'，以证成并挺立人作为德性主体之地位；另一个是通过'天人之分'，以彰显和确立人作为知性主体之存在。前者是思孟一系的进路，而后一进路则主要是荀子哲学切入并拓展开来的。"①从生命伦理学的角度来说，荀子的"天生人成"思想对我们思考儒家生命伦理的原则问题，以及处理诸如人干预自然生命进程的正当性等具体问题，也有重要的启示意义，因此值得我们特别分析。

首先我们先看一下"天生人成"的出处和基本的意思。"天生人成"这四个字是我们对荀子相应思想的概括，而并非荀子使用的成语。荀子的原话是"天地生之，圣人成之"，这一句分别见于《富国》篇和《大略》篇。

《荀子·富国》曰："君子以德，小人以力。力者，德之役也。百姓之力，待之而后功，百姓之群，待之而后和；百姓之财，待之而后聚；百姓之势，待之而后安；百姓之寿，待之而后长；父子不得不亲，兄弟不得不顺，男女不得不欢。少者以长，老者以养。故曰：天地生之，圣人成之。此之谓也。"

《荀子·大略》曰："礼之于正国家也，如权衡之于轻重也，如绳墨之于曲直也。故人无礼不生，事无礼不成，国家无礼不宁。君臣不得不尊，父子不得不亲，兄弟不得不顺，夫妇不得不欢，少者以长，老者以养。故天地生之，圣人成之。"

从这两段话可以看出，荀子讲的"天地生之，圣人成之"的基本意思是这样的：天创生万物（包括人）之后，万物均处在自然的状态下，人也像动物一样过的是纯粹自然的生活，这样的话，有序有价值导向和制约的人类社会势必建立不起来，天只创生了万物，但没有同时创制出世间需要的道德、礼法，故须圣人创设礼法、树立道德以使人类走出自然状态，成就人类自身。在这里，"天"是创生万物的根始因素，是"生"之本源，所谓"天地者，生之始也"②，而人则是完善天之创化之功者或者说人的完善、有赖于人自身的主动和努力。人虽由天所创造，但天并没有为人的后天发展

———————

① 路德斌：《荀子与儒家哲学》，齐鲁书社 2010 年版，第 34 页。
② 《荀子·王制》。

作出完整的先天的规定,人自天创生后,人的生活状态则由人自己来决定。天地所生的,只是自然而然的包括人在内的万物,而圣人所成就的内容,则是使家国天下、人与人的关系被纳入一套礼法之中,从而使家国万民各有所养。从这里我们可以看出,在荀子这里,天的功能是有所限制的,人类社会的建立、人如何成就自身这样的事,上天并不能包揽,而取决于人自身。

荀子这样的认识,是和他对天人关系的认识相关的。我们知道,在荀子这里,天和人的确存在某种界限,这种界限用荀子本人的话说,即天与人职分的不同。而明确天人职分有别,正是人能否正确对待天命、能否正确采取行动的重大前提,所以荀子十分明确地提出要"明于天人之分"①。天地生人,而人自生出之后,便与天分职而立,天有"天职"、"人有其治",天、人各有其能,也各有所限,人必须意识到这一点,否则其治必乱。而明白这一点,人才能明白自己该做什么,不该做什么,才能找到正确的人事之道,否则于人之当为必然陷入迷惑。"不为而成,不求而得,夫是之谓天职。如是者,虽深、其人不加虑焉;虽大、不加能焉;虽精、不加察焉,夫是之谓不与天争职。天有其时,地有其财,人有其治,夫是之谓能参。舍其所以参,而愿其所参,则惑矣。"②

初看上去,荀子这样一种天人关系论,似乎是对孔、孟以来的传统天命观的一种背离。因为在荀子这里,天与人是不统一的,比如天职与人职是不同的,如前所述,天所赋予人的"性"与人的本质要求也是不统一的,这难免使人产生在荀子这里天人是"相分"的看法。学界也有一种观点,认为荀子讲"明于天人之分"是对传统天命观的否定。如任继愈先生就认为,荀子讲"天行有常","明于天人之分"是"对殷周以来的天命观进行挑战",是"否认天命"③。不过,我们认为,荀子的天人关系论并没有背离孔孟的思想旨趣,相反还是对孔孟天命观的建设性补充与发展。因为在荀子这里,"自然之天"并不是荀子对"天"的唯一界定,"自然之天"仅是就天的自然创化之

---

① 《荀子·天论》。

② 《荀子·天论》。

③ 任继愈:《中国哲学发展史》(先秦),人民出版社1983年版,第677页。

功而言的。从自然的运行角度来说,"天行有常,不不为尧存,不为桀亡",这样的天无论如何都不是人力所能左右的,人力所不能为者,此即"天功"、"天职",诸如天施地生之创化万物之功,赋予天地万物之"形"、"性"本能、日月运行等自然规律等,此皆人力不可为者,所以,在此意义上人是决无可能"代天"、"胜天"的,荀子讲的"明于天人之分",主要是从这一意义上说的,这一点并不能说背离了孔孟。对于"自然之天",孔子、孟子实际上和荀子持一样的立场。对于自然创化之天,孔子采取了"罕言"、而将关注点放在现实的人事上的态度;孟子讲"莫之为而为者,天也",事实上也表明了自然之天与人的界限所在。因此,如果说荀子背离了孔孟的天命观的思想旨趣,这当主要是从义理化的天角度而言的。在孔、孟这里,特别是孟子这里,天主要是义理化的天,天是价值的根源,天性与人性、天德与人德都是合一的,也即天与人在价值上具有同一性。而荀子讲的"性"显然不具备这样的价值内涵,因而天与人在价值上不能说是完全同一的。不过,我认为孟子和荀子的这一分歧主要存在于二人对"人性"的成分上的认定上,不代表二人对待"天命"的根本态度有分歧。在孟子这里,"天"无疑是一个具备生德义理之天,正是这一点,决定了人应当"知天命"、"顺受其正"。荀子在这一点上其实和孟子并不相悖,因为在荀子眼中,"天"同样也具备"生"的伦理的品格。在孟子眼中,天不言而创化万物,生生不息,这是天的"诚"之品格。[①]而荀子也同样有相似的论述。如《荀子·不苟》曰:"天地为大矣,不诚则不能化万物;圣人为知矣,不诚则不能化万民。"又曰:"君子养心莫善于诚,致诚则无他事矣。惟仁之为守,惟义之为行。诚心守仁则形,形则神,神则能化矣;诚心行义则理,理则明,明则能变矣。变化代兴,谓之天德。"此外,我们联系到荀子讲的"礼有三本:天地者,生之本也"[②]来看,"礼"的最终根据,仍然是由天之"生道"规定的。可见,在荀子这里,"天"也是具有伦理性的,这正是荀子论"礼"的客观价值的形而上的根源。只是在荀子这里,人的天赋的自然本性和"天"的这种客观的伦理性却是两码事。天赋予人的

---

① 参见《孟子·离娄上》。
② 《荀子·礼论》。

只是不完全的"人之小我",而不是"大全之我",而在成就人自身的"大全",则需要人的"知性",去完整地领悟"天道"。所以在我看来,荀子讲"明于天人之分",即是让人意识到人天赋之性之不足,同时又能意识到人可依凭其"知性"去领悟原来广大无私、生意流行的"天德"。如何在"自然之天"与"义理之天"之间进行有效的判断和裁决,这是人找到自己当为的基础。这正是"制天命而用之"所凸显出来的深刻内涵。① 所以,与其说荀子的天人关系论是对孔孟天命观思想旨趣的背离,毋宁说是在一种更为积极的意义上强调了人的"知性"能力对于主宰人类命运的决定意义。"天能生物,不能辨物也,地能载人,不能治人也;宇中万物生人之属,待圣人然后分也。"②

由上,荀子的"天生人成"思想我们并不能简单归结为对传统儒家天人关系论的一种背离,相反,倒不说是对传统"天人合德"论的一次理论上的更新。借用路德斌的话说,它是"相对于之前儒家天人之辨的主流观念——'天人合一'来说,它更是一次创新,它意味着儒家哲学的智慧在深度和广延性上的一次全新的拓展,意味着儒家人文主义精神在天人之辨层面上又获得了一个新的表现形态"。③

同时我们也注意到,荀子"天生人成"的理论创新意义在很大程度上是和其"性不足以自治"以及"以礼成人"的思想相联系的。正如我们在前面所说,荀子并不把天赋的人性视为价值基础,礼义才是人之为人的价值依据。荀子也认为"礼"的产生有"天道"的依据,所谓"礼有三本:天地者,生之本也……无天地恶生?"④但与孟子不同的是,荀子并不认为"天生之礼"与"天生之性"在价值上具有同一性,这也是"天人相分"的一个重要表现。

---

① "制天命而用之"的"制",不是"制约"之"制"。"制"的本义是"裁断"之义,如《说文》解为"裁也",古人讲"制狱"即是从"裁也"之义。所以,"制天命而用之",是强调人对于天命需要有一种事先的认识,即运用人的知性去裁断"天命",而不能盲目地对待天命。人运用自己的思维主动去思考该怎么对待天命,这也正是人的"职分"所在。所以荀子讲"制天命而用之",不是要战胜天命、制服天命的意思。而只是突出了人应当积极主动地去认识、体悟天命,在此基础上,顺应自然地规律去做事。

② 《荀子·礼论》。

③ 路德斌:《荀子与儒家哲学》,齐鲁书社 2010 年版,第 38 页。

④ 《荀子·礼论》。

所以在荀子那里，伦理价值问题，必待人力而后成。韦政通对荀子"天生人成"理论的分析，在一定程度上道出了这一理论的精神实质。"荀子构造系统的思路不是由主体人，而是由客体之礼义出……故其价值标准不在主体之心性，乃在客体之礼义。价值标准既在客体之礼义，则实现价值惟在尊礼隆义，及发挥礼义的效用……众善之源，理想之根惟在礼义，性天只是自然义。在孔孟，礼义由性分中出，礼义乃表现性天价值之客观化，性天与礼义之关系是谐和的。荀子的礼义乃'由人之积习以成，由人之天君（智心）以辩'，它是人为（伪）的，与人的性分无关，礼义与性天之关系遂成为能治与被治之关系。能治之礼义，与被治之性天之对局，即'天生人成'的基本架式。"①

总之，在荀子这里，生命的价值和意义不是由"人性"（天赋之自然之性）决定的，而是在践行"礼法"的过程中决定的。生命的价值和意义与"礼"有同一性，与"性"则是分裂的。"礼"是"圣人"本着天地的创生法则而制定出来并对"人性"有规制作用的客观存在，因此荀子之"礼"最终告诉我们的，仍然是人应当遵循天道而行。人的生命价值和意义不在于人的天赋的实然之中，而在于人依照天道创设的"礼"之中，如此就把人从"自然的小我"中超拔出来，从而赋予人更重要的使命和责任，我认为，这就是荀子"天生人成"的理论精髓之所在。但毫无疑问的是，"礼"在荀子"天生人成"的理论中居于核心和关键地位，它是"人成"的根据和标志。因之，与"成人"相关的"养生"之工夫，荀子亦以"礼"立论，强调"以礼养生"。

三、以礼养生

对于荀子而言，"礼"尽管为圣人所设，但却本于天地之生，是对天之生物的客观法则的效仿。所以从"礼"的根本作用来说，"礼"就是因"生"而设、为"生"服务的。故此，自然万物的生长化育、人类的生存与发展、个体生命的养成等，就不可能离开"礼"。荀子对"礼"的作用的论述，实际上正

---

① 韦政通：《传统与现代之间》，中华书局 2011 年版，第 61 页。

是从"礼"为"生"之根本保障角度而言的。"生"有自然万物之"生"、有人类之"生"、有群体之"生",亦有个体之"生",而"礼"对全方位的"生"都具有根本的养护作用。一句话,养"生"离不开"礼"。

首先,从人类生命角度而言,人类的生存与发展不仅需要"礼",而且也正是"礼"得以产生的现实根源。《荀子·礼论》曰:"礼起于何也?曰:人生而有欲,欲而不得,则不能无求,求而无度量分界,则不能不争。争则乱,乱则穷。先王恶其乱也,故制礼义以分之,以养人之欲,给人之求。使欲必不穷乎物,物必不屈于欲,两者相持而长,是礼之所起也。故礼者,养也。""礼者,养也",即是说人类整体生命的养护靠的是"礼",而"礼"的根本作用也即养"生"。当然这一意义上的"养生"并非指物理层面的养护身体或调适身心,而是从人类的"类生命"角度讲的"礼"的社会作用,这应当属于广义的"养生"。没有"礼",人类由天赋本能产生的生理欲望就无法得到满足,因此产生的对物质利益的追求心就不能化解,人类的生命就无法维持。所以,"礼"从根本上来说是为了在有限资源范围内,充分满足个体的不同生命需求。"礼"可以协调资源与人的欲望之间的矛盾,从而做到"使欲必不穷乎物,物必不屈于欲"。

并且十分可贵的是,荀子认为"礼"不仅可以达到协调人的欲望与资源之间的矛盾,而且可以实现"人欲"与"资源"的"相持而长"。也就是说,"礼"可以通过协调"人欲"与有限资源之间的矛盾,不仅使资源可以有效地在人群之中分配,而且还能由于这种有效的分配机制,使物质资源保持在不断增长过程中,而不是随用随枯竭。为什么以"礼制"作为分配的基础可以达到这种效果呢? 在荀子看来,是由于以礼制为基础的分配体现了一种分配上的"正义"。因为"礼"本身体现了一种"中"的原则。《荀子·儒效》曰:"先王之道,人之隆也,比中而行之。曷为中? 曰:礼义是也。"也就是说,"礼"代表了公正原则,因此按照"礼"来分配,体现的就是以公正为基础的分配,这种公正的分配机制不仅可以有效地把资源在人群中分配而不会引起人们的不满,还会因为这种分配制度设计本身的"正义",从而激发人的积极性,并使整体社会形成"齐心协力"的局面,从而推动生产的发展。而生产的发展,反过来又可以实现"人欲"的更好满足,这样,社会的经济发展就处于一种良性的动态发展过程中,这即所谓"人欲"与"物"的相持相长。① 荀子十分肯定这种分配制度,认为"以礼养生",才是真正的"群居和一之道"。"故先王案为之制礼义以分之,使有贵贱之等,长幼之差,知愚能不能之分,皆使人载其事而各得其宜,然后使悫禄多少厚薄之称,是夫群居和一之道也。"②

从社会角度而言,"以礼养生"还表现为"礼"可以通过对人欲的规范,直接促成良好人际原则的形成,从而使人与人的关系始终保持在社会正常运转的合宜的度内,从而确立起个体生命得以保障的伦理机制。正如前面我们所讲,荀子对于顺乎人之性情发展的结果持悲观态度,人性具有"恶"的性质,"顺是,故争夺生而辞让亡焉,残贼生而忠信亡,淫乱生而礼义文理亡。"③所以顺乎人之性情,结果必是"天下害生纵欲",从而直接导致"老弱有失养之忧,而壮者有分争之祸"。④ 那么,人的生命就难以得到保护和实现,因此必须借助礼义,才能做到"少者以长,老者以养"。所以,在现实性上,"礼"是生命保障的根本。

其次,荀子把"以礼养生"的范围推广到自然万物,认为"礼"也是万物"生生"的保证,自然生命的和谐、生态系统的维护,同样离不开"礼"。如《荀子·王制》曰:"群道当,则万物皆得其宜,六畜皆得其长,群生皆得其命。故养长时,则六畜育;杀生时,则草木殖;政令时,则百姓一,贤良服。""群道",亦即"礼"的表现之道。有了合宜的"群道",那么"万物皆得其宜","群生皆得其命",这就是"圣人之制"的作用。"圣人之制"即是"礼制"。在荀子这里,山林草木、鱼鸟走兽的生存状态被明确地纳入"圣人之制"的范围内。如《荀子·王制》曰:"圣王之制也:草木荣华滋硕之时,则斧斤不入山林,不夭其生,不绝其长也。鼋鼍鱼鳖鳅鳝孕别之时,罔罟毒药不入泽,不夭其生,不绝其长也。春耕、夏耘、秋收、冬藏,四者不失时,故五谷

---

① 对于荀了的这一观点,廖名春在《〈荀子〉新探》(中国人民大学出版社 2014 年版)一书中,有较为详细的讨论,请参阅该书第 175 页。
② 《荀子·荣辱》。
③ 《荀子·性恶》。
④ 《荀子·富国》。

不绝,而百姓有余食也。污池渊沼川泽,谨其时禁,故鱼鳖优多,而百姓有余用也。斩伐养长不失其时,故山林不童,而百姓有余材也。"①

通过"礼制"以实现生态的平衡,荀子的这种思想难能可贵,对今天我们处理生态伦理问题同样也有很大的启发。生态文明不应当只是一种观念的宣教,最重要的是应当有合理的制度规制。如何使人对待自然生命的态度和行为处于一套行之有效的制度规范下,而不只是把希望纯粹寄托在人的生态文明意识和道德境界的提高上,是我们应当深思的事情。

第三,荀子也十分注重"礼"在个体养生中的重大意义。"礼"可以"治气养生",可调适身心,可使人的精神气度与自然身体处于最佳的圆融状态,从而让人表现出一种透彻心骨的雍容气度。如《荀子·修身》曰:"凡用血气、志意、知虑,由礼则治通,不由礼则勃乱提僈;食饮、衣服、居处、动静,由礼则和节,不由礼则触陷生疾;容貌、态度、进退、趋行,由礼则雅,不由礼则夷固、僻违、庸众而野。故人无礼则不生,事无礼则不成,国家无礼则不宁。"又曰:"治气养心之术:血气刚强,则柔之以调和;知虑渐深,则一之以易良;勇胆猛戾,则辅之以道顺;齐给便利,则节之以动止;狭隘褊小,则廓之以广大;卑湿重迟贪利,则抗之以高志;庸众驽散,则劫之以师友;怠慢僄弃,则照之以祸灾;愚款端悫,则合之以礼乐,通之以思索。凡治气养心之术,莫径由礼,莫要得师,莫神一好。夫是之谓治气养心之术也。"

在荀子这里,人的生命是由"血气"、"志意"、"知虑"构成的综合体,这大致相当于我们今日常说的"精、气、神",而"礼"在很大程度上也是本着人的生命特征制定的,"礼"的创设与认定本着人的"善生"之心而制定,而不可教条,故荀子说:"礼以顺人心为本,故亡于《礼经》而顺人心者,礼也。"②饮食、穿着、居处、动作当张弛有节,这也是人心所向,故"礼"相应对这些事情也有所规定,因此人依"礼制"来饮食、穿着、居处、动作,自然就可以合于"中节",从而保证身心的和谐而远离疾病。而这种合于"礼"的行为、动作,

---

① 《荀子·王制》。

② 《荀子·大略》。

也可以彰显人的品质，使人的精神光辉得以体现。这就是《修身》篇中所讲的"由礼则治通、则和节、则雅"，从而使人的生命得以完全挺立，所以说"人无礼则不生"。

从上面第二段话我们也可看出，"礼"之所以能实现养生的目的，是因为"礼"强调的是一种"中道"原则，它的实质是使人的生命表现能够达于"中和"状态。正如《中庸》所说，"中也者，天下之大本也，和也者，天下之达道也。致中和，天地位焉，万物育焉。"①这就是"礼"之所以能实现养生目的的根本原因。总之，人之居处、动作皆中于"礼"，则养其生，美其身，这也是"君子"与"小人"的分野。故《荀子·劝学》曰："君子之学也，以美其身；小人之学也，以为禽犊。"②

第四节　结语

孔子、孟子和荀子是先秦儒家最为重要的代表人物，他们的思想代表着原始儒学最为系统和本原的理论核心，无疑也是我们探究儒家生命伦理思想最为关键的人物。从整体来看，孔子、孟子和荀子的生命伦理思想也代表着儒家生命伦理思想的主要内容和特色。孔子建构起"仁"、"礼"并重的伦理模式，孟子和荀子则极大拓展、深化了孔子的理论，三者的理论应当说比较健全地把儒家伦理的义理结构和深层次内容都展示了出来。这成为我们分析儒家生命伦理最为重要的思想基础。将孔子、孟子和荀子的思想作为一整体来看，孔子、孟子和荀子的生命伦理思想主要有以下特征。

其一，孔子、孟子和荀子的生命思想，主要的内容和目的都和儒家的治世情怀相关，基本上都是从"群体生命"的安顿着眼的，对于个体生命的养护也主要是从政治角度来说的，这体现为他们共同的"民本"主张，

---

① 《中庸·第一章》。
② 《荀子·劝学》。

或者说以"民生"为重的治世情怀。孔子论"仁",无疑是以"民生"为重的,所谓"民兴于仁"①,如能"博施于民而能济众"则"何事于仁,必也圣乎!"②等等说法,都表明了这一点。孟子推"仁政",其治世理政的诉求更为显明。荀子的"隆礼贵法"主要也是一种社会治理思想。所以孔、孟、荀的思想中蕴含的生命伦理思想,本质上不是探讨技术应用的伦理问题,而是生命的安顿和意义问题。这样一种生命伦理主要是广义上的生命伦理。

其二,虽然孔子、孟子和荀子的理论宗旨是以群体生命的安顿为重,但是他们的理论中仍然包含个体生命安顿的思想,并且个体生命的安顿在他们的思想体系中还相当重要,在一定程度上说,这是实现群体生命安顿的前提。这体现为儒家关于"修身"的理论。"修身"不管是对孔子,还是孟子、荀子来说,都是至关重要的人生安顿之一环,但这个"修身"不单纯是物理养生,确切地说,他的理论宗旨和今日所谓"养生"并不相同,它的主体是"修性"。孔子谈修身较少,但他提供了许多培育和实践"仁"的主张,这事实上就是孔子的修身理论。孟子的修身理论则非常鲜明地体现为"养性"的主张。荀子的修身理论主旨则是"以礼养生"。从宏观角度看,孔子、荀子和孟子的修身本质上是一种"以德养生"的理论。孔子的修身,本质上是修"仁";孟子的"养性"无疑也是培育、扩充道德善性;荀子在《修身》中一开始就说"见善,修然必以自存也;见不善,愀然必以自省也",也鲜明地表明了他的态度,所谓"修身"本质上也就是"修善"。按照这种理论,仁义礼智使人的行为处在身心和谐之中,使人与人的关系处在和谐之中,也使整个家国天下处在和谐之中,从而使人类整体的存在与发展成为可能,所以孔子、荀子和孟子的修身理论,是把个体生命和群体生命融通为一体的修身理论,是兼个体养生与群体生命的安顿为一体的生命伦理理论。

不过,尽管现代意义上的物理养生不是孔子、孟子和荀子修身理论的重

---

① 《论语·泰伯》。
② 《论语·雍也》。

点,但他们的思想中也包含这样的因素,比如孔子非常注重饮食和日常生活的方式①,孟子也论及"大养"、"小养"的问题②,荀子也注重"治气养生"③。在这里面,包含着"导气养生"的理论。生命和"气"有关,"血气"是生命体的基本构造,这种认识是上古中国普遍的认识,并不是孔子、孟子和荀子的专利,不是儒家的理论特色。但无疑"气"的思想对儒家影响也比较大。孔子、孟子和荀子也都有论述。不过,孔子、孟子和荀子论"气",是和其伦理主张联系在一起的,儒家更注重"气"与"德"的关系,更注重以"德"来治"气",如孟子所谓"吾善养吾浩然之气"④。儒家讲的"气",其实可以区分为两个层面,一是生理层面上的"气",如孔子所谓"血气"⑤;另一个是精神层面的"气",我们可称之为"德气"。"血气"需要以"德气"舒导,人的身体才能真正处在康健之中。孟子所谓"浩然之气",荀子讲的"以礼美身"都是此类观点。

"德气"的思想在儒家经典中实际上是个普遍的看法。如《尚书·吕刑》曰:"上帝监民,罔有馨香德,刑发闻惟腥。"又曰:"至治馨香,感于神明。黍稷非馨,明德惟馨。"在这里,德的香气上闻天于,胜于五谷。儒家认为,这种"德气"是成人的重要根由,没有"德气",只有纯粹的"血气",人是成不了人的。生理层面的"血气"当然对人的生命有重大影响,如孔子讲"血气"在"未定"、"既定"、"已衰"时⑥,人应该注意什么;《左传》讲的人要健康,必须要"节宣其气"⑦,这都是提示我们生理层面的"气"对生命健康和发展有重大影响,需要调理,以使其在人体内运行舒畅。只不过,儒家提供的方法,主要是运用道德的方法,通过修德使人拥有一种从容的气度,这就

---

① 参见《论语·乡党》。

② 参见《孟子·告子上》。

③ 参见《荀子·修身》。

④ 《孟子·公孙丑上》。

⑤ 见《论语·季氏》:"孔子曰:'君子有三戒:少之时,血气未定,戒之在色;及其壮也,血气方刚,戒之在斗;及其老也,血气既衰,戒之在得。'"

⑥ 参见《论语·季氏》。

⑦ 参见《左传·昭公元年》:"君子有四时:朝以听政,昼以访问,夕以修令,夜以安身。于是乎节宣其气,勿使有所雍闭湫底以露其体,兹心不爽,而昏乱百度。今无乃壹之,则生疾矣。"

是说,修德可以"节宣其气",从而使"气度"从容、身心和谐,以致达到"全面的健康"。

孔子、孟子和荀子对"气"的论述基本上还是处在形而下的层次,但在后儒那里,在宇宙论和本体论层面论"气"则是普遍的做法,这样"气"对生命的意义也同时具有了宇宙论本体论的特征。后儒论"气",也往往将"气"和"性"统一来论,因之他们对生命问题的理解,也具有了"气"和"性"相统一的特色,所谓"论性,不论气,不备;论气,不论性,不明……二之则不是"。① 从"道器"角度看,"气"则有"道"层面的"道气",亦有"器物"层面的"器气",它们分别构成了生命的不同内容,"道气"是人精神生命的根源,决定着人修养的方向和程度,作为构成生命实际材料的"器气"则影响着人的"形色"、寿夭等。但是不管怎么样,把个体生命与群体生命融通考虑,以人的生命尊严和意义的展现为重点,当是整体儒家关于生命问题的一个基本态度。

其三,作为开创性的儒家人物,孔子、孟子和荀子也都十分鲜明地表明了他们的伦理原则,尽管他们的伦理原则也有不同的层次,但都肯定"顺天"是一条基本的原则。天人关系是儒家理论建构的基本模式,孔子、孟子和荀子也不例外,他们十分重视天道对人道的根本决定作用。人道效法于天道,天是生命意义和价值的根源,这一点孔子、孟子和荀子其实都有较为明确的论述。在孔子那里,天对于人类的行为方向无疑起着"木铎"的作用。《论语·泰伯》曰:"大哉,尧之为君也。巍巍乎,唯天为大,唯尧则之。荡荡乎,民无能名焉。巍巍乎,其有成功也。焕乎,其有文章。"这表明孔子是以"天"为则的,"天则"、"天道"是人类行为的原则。而在孔子这里,人类要效法的"天道"或"天则",如前文所述,其实质上无非是"天"的"生物之则"。孟子的生命伦理原则,同样是以"顺天"为根本。荀子虽然讲"天人之分"和"制天命而用之",但其根本旨意,也是要我们去"知天"、"敬天"、顺应自然的规律,也是一种"顺天"的思路。"知天"、"敬天"、"事天"、"顺天"这是孔子、孟子和荀子一致的态度,这种思想奠定了儒家生命伦理的根

---

① 程颢、程颐著,王孝鱼点校:《二程集》(上),中华书局2004年版,第81页。

本原则即是"顺天"。

当然,这种"顺天"丝毫也不否认人的主动性、能动性的发挥,在孔子那里,"天道"需借助"人道"来弘显,是"人能弘道",而非"道能弘人"。在孟子那里,"道由天定",但"命由人立",离开人自身的"尽心"、"存性"的工夫,离开人自身的"求诸己",自身的"正命"就实现不了,这就是孟子的"立命说"。"立命"是在承认"天命"的前提下,通过主体的努力"存其心、养其性"而实现的。这里面还涉及一个"知"的问题。"尽其心者,知其性也,知其性,则知天矣。存其心,养其性,所以事天也。夭寿不贰,修身以俟之,所以立命也。"①可见,孟子所说的"立命"实质上就是一个知行合一、身心俱修的过程。在这里,人的主体性是很显明的。荀子重视在因循自然规律的基础上顺应、利用自然规律,强调"制天命而用之",强调"天人之分"和"天生人成",这也是对人的主体性作用的高扬。

所以,既重视"顺天",又强调"人为",这是孔子、孟子和荀子生命伦理的一个共同的原则。这种原则对于我们今天处理生命伦理问题来说,一方面它给了我们较为明确的指示,那就是应该以"顺天"为根本的原则,但是另一方面由于这种原则本身不排斥"人为",而"人为"的限度在哪里,如何才叫"顺天"和"背天"? 这又是一个尚不明确,需要论证的问题。所以,运用儒家的观点来阐释当代生命伦理的原则问题,如何处理"天道"与"人为"之间的紧张关系或者说张力问题,其实是一个中心问题。

①　《孟子·尽心上》。

第四章 《易传》和《礼记》中的
生命伦理思想

　　《易传》和《礼记》也是儒家思想中地位非常特殊的两部作品。这两部作品无论在创作年代和思想内容上都存在着高度的亲缘关系。这表现在，一方面在很多地方，二者在文本内容上存在着相当程度的相似性和重合；另一方面二者在理论上也存在着明显的互补和互相渗透的性质。比如《易传》阐述的阴阳原理和天道观念在《礼记》中也有鲜明的表现，《礼记》事实上是以此作为阐述"礼"的理论根基的。并且，这两部作品在思想内容上也存在着综合原始儒家思想的倾向。《易传》系统地表达了儒家伦理的形上原理，对儒家于天人之际建构其思想的义理模式作了高度的理论概括；而《礼记》则综合了先秦时期孔子后学主要的思想精华，为我们展现出儒学自孔子始创后到秦汉之际的整体儒家思想的发展脉络。也就是《易传》和《礼记》实际上是在形上和实践角度较为整全反映儒家思想由开创到秦汉之际的精神面貌的儒家经典著作。鉴于二者在儒家哲学思想史上的这种特殊地位和关系，在这里我们将《易传》与《礼记》放在一起讨论。为了使读者更好地理解这种安排，我们有必要对《易传》和《礼记》及其相互关系作进一步的说明。

第一节 《易传》和《礼记》及其相互关系

　　《易传》是今本《周易》的一部分。在这里，我们实际上是以《易传》为主来讨论《周易》的生命伦理思想。《周易》通常分为"经"和"传"两部分，

"经"是指孔子之前就已经流行的《易》古经,包括八卦、六十四卦符号及卦爻辞部分;"传"指《易传》,是儒家对《易》经文中所蕴含的义理的阐发。由于《周易》中的生命伦理思想主要体现在《易传》中,故这里我们以《易传》为中心。《易传》一共"八种十篇",即《彖传》、《大象传》、《小象传》、《系辞传》、《文言传》、《序卦传》、《杂卦传》、《说卦传》。这十篇"传"非一时一人之作,我们现在并不能确切得知各篇的作者,但能够肯定的是这十篇"传"乃儒家所作,是儒家在长达几百年的时间里完成的思想性作品,这是学界的共识。但对于诸篇的具体年代,我们现在还有争议。20 世纪 70 年代以前,学界一度认为《易传》乃后期儒家作品,不能完全视为先秦作品。但帛书《易传》和郭店儒简等大量文献的出土,在一定程度上颠覆了这种看法。当代学界如张岱年、李学勤、金景芳、吕绍纲、刘大钧、黄沛荣、黄寿祺、廖名春等易学大家均认为《易传》与孔子关系甚大,其创作年代也当在秦汉之前。比如李学勤先生说:"《易传》绝不是晚出的作品,研究孔子及先秦儒家不可离开《易传》。"① 廖名春先生则分别指出了《易传》的八种十篇的大致创作年代,认为《易传》的八种十篇的创作下限都不出战国,其中主要篇章均早于《荀子》、《庄子》、《吕氏春秋》等。② 从目前的研究来看,认为《易传》诸篇主要完成于春秋战国时期,是先秦时期的作品,反映的是原始儒家的思想,可以说几成学界的共识。③

儒家赞《易》对《周易》有重大意义。《周易》对中华文化的巨大影响我们不须多言,但是《周易》的这种巨大影响却不能不说和儒家赞《易》有着直接的关系。在儒家赞《易》之前,《周易》主要被认为是一部卜筮之书,其主要功能是卜筮,它的形式也主要是由卦符号和卦爻辞构成的文字符号系统,尽管里面蕴含着哲学思想,但主要处在潜隐的状态。比如我们所熟知的"阴阳"、"太极"等哲学概念,都未在《易》经文中鲜明出现,至少没有系统地说明。至于"一阴一阳之谓道"、"天地之大德曰生"、"生生之谓易"等等

---

① 李学勤:《易传与子思子》,载《中国文化》1989 年创刊号。
② 参见廖名春:《〈周易〉经传十五讲》,北京大学出版社 2004 年版,第十讲部分。
③ 参见郑吉雄、傅凯瑄:《易传作者问题检讨》上、下两篇,分别载于《船山学刊》2015 年第 3 期和第 5 期。

哲学命题,则完全是《易传》的贡献。事实上,我们在哲学伦理学层面对于《易经》的理解,所引用的第一手文献也主要是《易传》。换句话说,我们事实上是以《易传》作为基础文献来探讨《周易》中所蕴含的哲学义理的,而直接取自《易》经文部分的则少之又少。所以儒家对于大《易》精神的弘扬,功不可没。但反过来,古《易》也是儒家哲学的母体,没有古《易》,也就没有《易传》。儒家奉《易》为"群经之冠",根本原因是由于《易》中蕴含着儒家信奉的根本的义理。总之,儒家赞《易》之后,《周易》蕴含的哲学原理才得以系统表达出来,从而被认为是一部哲学著作,这也是学界的一般看法。正因为《周易》这部经典蕴含的哲学义理主要是由《易传》揭示出来的,所以我们对《周易》生命伦理思想的探讨,也主要以《易传》为基础。

我们再来看一下《礼记》。今日所称之《礼记》,主要是指《小戴礼记》而言。和《易传》一样,《礼记》各篇也不是一时一人之作,但相较于《易传》,《礼记》各篇的创作年代和思想性质要更为复杂一些。从创作年代来说,当今学术界的主流看法或一般看法是认为《礼记》诸篇主要是秦汉之前的作品,如李学勤先生就认为《礼记》诸篇中"绝大多数是先秦古文"。① 王锷则具体考述了《礼记》诸篇的作者和创作年代,认为"《礼记》四十九篇,作者并非一个,撰写年代前后不一,它们分别是由孔子及其弟子和后学陆续撰写整理于春秋末期到战国晚期的三百年中"。② 也就是《礼记》各篇的创作年代下限不出于战国。从思想性质上看,《礼记》并非专门论述儒家某一方面思想的著作,它虽然以"礼"为中心,实际上则是一部儒家思想资料的汇编,内容涉及儒家的天道观、本体论、人学思想、工夫哲学等儒家的主要思想观念,因此是一部较为完备体现儒家哲学伦理学的思想性作品。总体来看,《礼记》诸篇、至少主体部分乃先秦作品,是比较全面反映自孔子创立儒学到秦汉之际整体儒家思想的著作。

此外,我们亦知道儒家素有"三礼"之谓。这"三礼"分别是《仪礼》、《周礼》和《礼记》。《周礼》本名《周官》,王莽篡汉时改称《周礼》。《周礼》

---

① 李学勤:《郭店简与〈礼记〉》,载《中国哲学史》1998 年第 4 期。
② 王锷:《〈礼记〉成书考》,中华书局 2007 年版,第 283 页。

不见于先秦古籍,乃西汉时出现于世,其作者和具体创作时代均不确考,自古争议不断,迄今尚无定论。从内容上看,《周礼》乃是述先秦官制以及理想中的政治制度之书,主体内容"盖周公所制官政之法"①。其所述官制久远,多为后世所不谙。如朱熹谈及于此时说:"礼学多不可考……如《周礼》'仲春教振旅,如战之阵',只此一句,其间有多少事?其阵是如何安排?皆无处可考究。其他礼制皆然,大抵存于今者,只是个题目在尔。"②也正因为《周礼》所叙制度多不行于世,以至常为后学所弃,视为禁区,而基本仅具史料价值。《仪礼》,亦称《礼》,其产生时代久远,先秦时期所谓"六经"或"六艺"者,其中之《礼》,即指《仪礼》而言。《仪礼》主要是讲古代贵族所遵循的诸如冠、婚、丧、祭、乡饮、射等行为典范和礼仪制度。和《周礼》相比,二者均有体例,一说"政制",一叙行为仪范和礼节规定,都是就"具体之礼之条文"而言。但《周礼》所谓"礼"主要是指官制或政治制度。而《仪礼》之"礼"则泛指生活诸事之礼。故吕思勉先生云:"《周礼》则本为言国家政制之书。虽亦被礼之名,而实与《仪礼》之所谓礼者有别。故至后世,二者即判然异名。《周礼》一类之书,改名曰'典',《仪礼》一类之书,仍称为'礼'。"③先秦时期,《仪礼》为儒者修业必备之书,西汉时又被统治者钦定为"经",地位一度显赫。但是《仪礼》和《周礼》存在同一问题,即其条文规范的许多具体礼仪多有不合时宜之处,为后世所不行,以至也一度为后学所弃。自唐以来随着《礼记》的崛起,《仪礼》的地位和影响便日益减弱,其经典地位甚至一度被废,如北宋王安石即废《仪礼》而推崇《礼记》。《礼记》则不同,《礼记》本为阐释《仪礼》之从属性的解释性文字,但不仅限于此,其中亦多有儒家对"礼"之精神、内涵和依据的通论,因此《礼记》在思想性质上实际上是一部以阐发"礼"之义理为主的专著。它原本附于《仪礼》经文之后或单篇传世,于汉代被编纂成书。《礼记》成书虽晚,但由于其主旨在于阐发儒家礼治的微言大义,而非静态机械的礼仪规定,以至后来反成蔚然大宗,成为"三礼"中最为后世所重之书。

---

① 参见康有为:《新学伪经考》,北京联合出版公司 2013 年,第 203 页。
② 黎靖德编,王星贤点校:《朱子语类》(第六册),中华书局 1986 年版,第 2177 页。
③ 吕思勉:《经子解题》,华东师范大学出版社 1995 年版,第 47 页。

从"三礼"之间的关系看,《礼记》与《周礼》并无直接联系,《仪礼》和《礼记》则常被视为"经"与"传"的关系。如朱熹曰:"《仪礼》是经,《礼记》是解《仪礼》。如《仪礼》有《冠礼》,《礼记》便有《冠义》;《仪礼》有《昏礼》,《礼记》便有《昏义》;以至燕、射之类,莫不皆然。"①但《礼记》表达的内容和思想显然又是《仪礼》所不能比。《礼记》思想涵摄了自孔子至秦汉之际儒家几乎所有重要思想家的思想精华,尤其是孔子和"七十子"的思想大端,实质上是孔子始创儒学后最初几百年儒家思想的汇编。所以《礼记》虽然本始于《仪礼》从属性的解释性文字,但经孔子门人的集体努力,这些解释性的文字所包含的哲学义理不仅涵盖了《仪礼》诸篇,也超出了《仪礼》的仪式礼节所限,而发展为对"礼学"的通论。所以我们可以这样说,《仪礼》内蕴之思想,俱包容于《礼记》之中。《周礼》中也蕴含着一定的哲学义理,但从义理的深度和广度来说,均不如《礼记》,且为《礼记》所涵摄。所以,从思想的范围和包容性而言,探究"三礼"之生命伦理思想,实际上探究一部《礼记》就够了。

更为重要的是,从《礼记》在儒家思想发展史上的地位来看,它也要比《周礼》和《仪礼》重要得多。《礼记》是自春秋末期至秦汉之际儒家集体智慧的结晶,反映的乃是先秦儒家思想在孔子之后至秦汉之际整体儒家思想的概貌。在《礼记》中,我们不仅能看到先秦儒家思想之荦荦大端者,也能感受到儒家思想自孔子始创后逐渐走向纵深和分化的发展历程。《礼记》中的《中庸》和《大学》等篇章,更是对后世儒学的发展产生重大影响,也代表了儒学不同的理论向度。因此,《礼记》不仅是一部比较全面反映先秦儒家思想的作品,也是一部在儒家思想发展史上起着承上启下作用的思想性著作。这样,透过《礼记》诸篇之间的思想联系,对于儒家整体思想的基本精神和主旨,我们反而会有更深和更全面的理解和把握。所以,在这里,本书选择《礼记》,而非《周礼》和《仪礼》,作为我们探究原始儒家生命伦理思想、乃至整体儒家生命伦理思想的基础文本。

最后,我们之所以将《易传》与《礼记》放在一起讨论儒家的生命伦理

---

① 黎靖德编,王星贤点校:《朱子语类》(第六册),中华书局1986年版,第2194页。

思想,也是因为二者在思想内容上存在着一种理论上的互补和相互渗透的性质。从儒学的理论建构角度来说,《易传》的作用是为儒家道德哲学确立一种形而上学的基础,而这种形上原理,我们发现在《礼记》中表现得也十分明显。甚至在很多文字上,二者也有大量相似相合之处。比如《礼记·乐记》云:"天尊地卑,君臣立矣。卑高已陈,贵贱位矣。动静有常,小大殊矣。方以类聚,物以群分,则性命不同矣。在天成象,在地成形,如此则礼者天地之别也。"这一段和《易传·系辞传上》的相应文字基本重合,区别只在于个别字词的改动。又如《礼记·郊特牲》中所说的"天地合而后万物兴焉",与《易·咸·彖传》上说的"天地感而万物生"也颇为相类。这样的例子还有很多。这说明,《礼记》大量吸引了《易传》的思想,也或者我们可以推测,《礼记》很多篇章和《易传》的一些篇章创作者就是同一群人也未尝可知。《易传》和《礼记》源出同宗,在思想倾向和思维方法上也都是"推天道以明人道",共同推进了中国早期的自然宗教观向人文理性的转化,也使儒家思想无论是在理论根据还是结构体系上都得以更为完备地表达。① 所以说,《易传》和《礼记》实际上代表着儒家思想从始创逐渐走向成熟和完整的时期,它们基本上代表了原始儒家整体的思想面貌,也大致反映出儒家生命伦理思想的主体内容。故在这里,我们将二者一并讨论。

第二节　《易传》中的生命伦理思想

《易传》中具有丰富的生命伦理意蕴。《易传》以"生"作为伦理总纲,系统地回答了有关生命的本源、价值和生命的应然和境界等问题,也系统地论述了维持生命意义和生命和谐的根本法则,并在工夫论的意义上,明确了养"生"的方式和途径。如果我们倾向于认为儒家伦理本质上就是一有关

---

① 不少学者对此都有所论述。具体读者可参阅张京华:《庄子哲学辨析》(辽宁教育出版社 1999 年版)一书的第五章:《儒家的发展:〈礼记〉和〈易传〉》和张践的《从〈易传〉、〈礼记〉看儒家的人文精神》一文,载《国际儒学研究》第十七辑,九州出版社 2010 年版。

生命的伦理的话，那么，《易传》可以说是在形上方面，最为深刻表述这种生命伦理思想的儒家经典。《易传》中的生命伦理思想，就其总体特色来说，表现为一系统的生命观，因为它纵贯天人、横通群己，融自然生命与人的生命于一体，强调在天、地、人的整体和谐中把握生命的本质、规律和意义开显的方式，实质是自然哲学与人学有关生命理解的有机结合。仔细体会《易传》所蕴含的这种生命伦理精神，对我们整体把握儒家生命伦理思想，颇有助益。

一、易以生为体

伦理本体论关系到一种伦理学说的理论基础问题，是其一切伦理道德观念的终极根据。儒家伦理的本体论在《易传》中有着鲜明而完整的体现。一般而言，我们认为"天道"是儒家哲学的本体基础，所谓"推天道以明人道"。而这种思想的集中表现，可以说就是《易传》。但是何谓"天道"呢？从《易传》的角度看，所谓"天道"，也即"一阴一阳之道"，《易·说卦传》云"立天之道曰阴曰阳"，而"一阴一阳之道"，也即"生生"之道，所谓"生生之谓易"①。清代学者戴震说："一阴一阳，盖言天地之化不已也，道也。一阴一阳，其生生乎？其生生而条理乎？以是见天地之顺，故曰一阴一阳之谓道，生生，仁也，未有生生而不条理者，条理之秩然，礼至著也，条理之截然，义至著也，以是见天地之常。"②所以，《易传》的天道观本质上是一种有关"生生"或"生"的理念。天地的这种"生生"之道，儒家赋予它德性的内涵，故曰"天地之大德曰生"③。《周易》的八卦符号、六十四卦卦爻辞，所论及的天人、群己关系，天地人三才鼎立的生态系统，本质上说的都是一个"生"的道理，或者说是在"生"这一根本理念指引下进行的，故明代学者高攀龙说："易之本体，只是一'生'字。"④《易传》以"生"为本体，必然表现出以"生"为本的伦理精神，这一点，我们可以从《周易》的生成性叙事模式中清

---

① 《易·系辞上》。
② 戴震：《戴震全集》（第一册），清华大学出版社 1991 年版，第 10 页。
③ 《易·系辞下》。
④ 黄宗羲著，沈芝盈点校：《明儒学案》，中华书局 1985 年版，第 1408 页。

晰地感受到。

诚如有的学者指出的那样，《周易》具有一种生成性的思维①，这种生成性思维本质上我们可以理解为一种万物由无到有、动态演化之"生"。《易·系辞下》曰："易有太极，是生两仪，两仪生四象，四象生八卦，八卦定吉凶，吉凶生大业。"这是一条清晰的宇宙创生历程，这也同时说明，尽管阴阳、八卦、六十四卦符号是作为一种象征符号始创，但它本身有一个生成性的思维蕴含在其中，其"物象"是为了表征某种意义的"生"。阳爻"—"和阴爻"——"代表了天地始生的两种基本物质或属性，由这两种基础性因素，生成八卦以象征宇宙的基本的"类存在"，继而在八卦基础上生成六十四卦以类万物之情。为使这种生成性思维更为直接而易为人把握、理解，《周易》以男女相合孕育生命的过程来说明天地的创生，故曰"乾道成男，坤道成女"②，"天地氤氲，万物化醇。男女构精，万物化生"。③ 等等。乾坤和男女是天、人始生因素的象征，《易传》十分善于运用这种类比思维来说明万物的化生状态和过程。比如，"夫乾，其静也专，其动也直，是以大生焉。夫坤，其静也翕，其动也辟，是以广生焉。"④这虽然是讲天地创生的方式与范围，但与人类自身创造生命的过程却很相近。

不过，《易传》中包含的宇宙创生论与人的生命创生过程毕竟是两码事。将天与人合在一处说，只是《易传》"天人一体"观⑤的表现而已。作为儒家形而上学的理论建构，《易传》中的"天道"思想仍然是根本的，所谓"易与天地准，故能弥纶天地之道"⑥，作《易》者立意是以天地创生之道说明人事的生存之道，这一点是不用怀疑的。故《易·序卦传》曰："有天地然后有万物，有万物然后有男女，有男女然后有夫妇，有夫妇然后有父子，有父子然后有君臣，有君臣然后有上下，有上下然后礼义有所错。"《序卦传》这段话

---

① 张春香：《论周易的生成性思维结构》，载《哲学研究》2010 年第 2 期。

② 《易·系辞上》。

③ 《易·系辞下》。

④ 《易·系辞上》。

⑤ 关于《周易》中的"天人一体"观，请参阅拙著：《儒家"生"之伦理思想研究》，中国社会科学出版社 2010 年版，第 77—82 页。

⑥ 《易·系辞上》。

是所谓"推天道以明人事"的证明,是《易传》"天人同构"思维的集中反映。但《序卦传》开宗明义的第一句话"有天地然后万物生焉",仍然以不容置疑的口气强调了天地的本源地位。天地之道亦即"一阴一阳"之道,实质就是天地的"生生"之道,也就是《易传》阐述的根本义理,即是"生"之义理。因此,《易传》中的这两句话:"生生之谓易","天地之大德曰生",可视为《易经》生命哲学、伦理学的纲领之语。①

易以"生"为体,这就从根本上决定了天地的属性和本然表现就在于"生"。在作《易》者的思维逻辑中,"生"是天地本源之根本属性,天地的法则也表现为"生"的法则。天为乾,地为坤,所以乾、坤两卦在六十四卦中具有特别意义,它们是"纯阳"和"纯阴"的"别卦",其用意就是为表明它们在"生"之机制中的原始本源地位。"乾知大始,坤作成物"②,乾、坤的完美配合,才有了天地万物的产生、发展和消亡。而消亡只是就某一类事物的生命形态和发展阶段而言,它不是指"生意"消失,相反,消亡意味着新事物的产生,天地宇宙就是这样"生生"不息的。正是如此,孔子才发出"乾坤,其《易》之门邪?"③的感叹。但是乾、坤创成事物之道幽深难见,因此"圣人有以见天下之赜,而拟诸其形容,象其物宜"④,创成八卦和六十四卦以使之显明于世。故孔子称之为"圣人立象以尽意,设卦以尽情伪"⑤,以解"圣人之意其不可见乎"⑥之质疑。透过这具体的物象和卦符我们能感受到天地生物、成物的基本规律,但它仍然需要语言的阐释,故圣人"系辞焉以尽其言"⑦,"言"、"象"配合以尽"意",以说明天地万物的

---

① 李明焕、罗光、蒙培元、李尚信等众多学者,均持此看法。如李明焕认为"'生生之谓易',此句蕴含哲理至深,为易经生命哲学的纲领。"(李明焕:《易经的生命哲学》,文津出版社1992年版,第57页)罗光认为"'生'字在周易的经传里,乃中心的思想。"(罗光:《儒家生命哲学》,台湾:学生书局1985年版,第15页)另参见蒙培元的《周易哲学的生命意义》一文(载《周易研究》2014年第4期)。

② 《易·系辞上》。
③ 《易·系辞上》。
④ 《易·系辞上》。
⑤ 《易·系辞上》。
⑥ 《易·系辞上》。
⑦ 《易·系辞上》。

生成与演化，这就是作《易》者的思维结构。通过这一构成，一幅天地万物生成不息的画面即展现在我们面前。这就是《易·系辞上》开宗明义讲的：

> 天尊地卑，乾坤定矣。卑高以陈，贵贱位矣。动静有常，刚柔断矣。方以类聚，物以群分，吉凶生矣。在天成象，在地成形，变化见矣。是故刚柔相摩，八卦相荡，鼓之以雷霆，润之以风雨，日月运行，一寒一暑。乾道成男，坤道成女。乾知大始，坤作成物。

《易经》对于儒家而言，其意义在于提供了一套"会通天人"之道，所谓"《易》，所以会天道人道也"①，自然落实到儒家伦理层面才是根本的目的，所以儒家通过《易传》重点要说明的实为人伦之道的本根，落实到现实层面即是有关人之"生"的道理。《易经》揭示的道理，本质上对儒家而言是"君子之道"的形而上的表现。"一阴一阳之谓道。继之者善也，成之者性也"②，由此而有"君子之道"，只是"百姓日用而不知，故君子之道鲜矣"③。人之道、"君子之道"、人间伦理，不管哪种说法，本质上就是效法天地的"生生"之道而已。天地、乾坤的"生生"之象，表现出一种恢宏的德性气概，所谓"天地之大德曰生"④，"盛德大业至矣哉！"⑤因此，它也为人类的行为提供了根本的准则，即我们人类要顺天而行，与天合德。我们人类生命的本真意义就在于此。所以，圣人"崇效天，卑法地"⑥，仿效天地的"生"之法则，为人类提供了成就自我人生的根本之道，此即"天生神物，圣人则之。天地变化，圣人效之"。⑦ 这种"则"和"效"不是单纯的模仿，而是意味着"圣人"以其"生而知之"之"知"领悟了"天道"的本源意义和内蕴的德性内涵，因

---

① 郭店儒简《语丛一》。
② 《易·系辞上》。
③ 《易·系辞上》。
④ 《易·系辞下》。
⑤ 《易·系辞上》。
⑥ 《易·系辞上》。
⑦ 《易·系辞上》。

此它也是"继之"、"成之"的过程,而这正是人间伦理的根源和形成,即所谓"成性存存,道义之门"①。从生命伦理的角度说,这种生命伦理精神就是告诉我们,人只有顺应天地自然之道,才能体现人类应有的认识和德性,人类才能获得与天地同参的生命之道。它提示我们,在诸如改造自然、干预生命创造和进程时,应当采取更为审慎的态度,不要采取轻率的逆天行为。但是,《易》之道,本质上是"生生"之道,重生、利生、厚生当是《周易》肯定的行为,那么,当我们在采取诸如人工生殖和基因工程时,是否出于一种"善生"的意志,便也成为我们需要认真对待和思考的事情。从《易传》的立场来看,行为的准则和目的统一在"穷理尽性以至于命"的命题之中,能够"尽性以至于命",便是人类生命价值与意义的完美表现。但《易传》所谓的"穷理尽性以至于命"又是何谓呢?

二、穷理尽性以至于命

由上,《易传》哲学本质上是一种有关"生命"的道德哲学,也即哲学层面上的生命伦理学。《易·说卦传》曰:"昔者圣人之作《易》也,幽赞于神明而生蓍,参天两地而倚数,观变于阴阳而立卦,发挥于刚柔而生爻,和顺于道德而理于义,穷理尽性以至于命。"又曰:"昔者圣人之作《易》也,将以顺性命之理。"这两段话很清晰地告诉我们,《易传》的宗旨,即是"顺性命之理","和顺于道德而理于义,穷理尽性以至于命",也即《易传》的精神在于一种生命伦理精神,其实质是有关"生命"的道德哲学。这两段话同时也告诉我们,理解蕴含在《周易》中的生命伦理思想的关键,即在于弄清楚什么是"性命之理"。而弄清楚"性命之理"的前提,是我们先要弄清楚什么是《易传》讲的"性"与"命"。而且从"穷理尽性以至于命"这句话来看,"命"显然是终极意义上的"概念",在逻辑上要先于"性"这一概念。意识到这一点,对于我们考察《易传》中所谓"性命之理"实为重要。

"命"在《周易》中,总共 26 见,并且主要集中在《易传》之中。这些

---

① 《易·系辞上》。

"命"字,除去一些作"命令"解的,其主要含义即"天命"。① 因此,我们也可以说"天命"是《易传》的一个根本观念,《易传》中富有义理的涉及"命"的句子,都是从"天命"角度来说的。比如"大亨以正,天之命也"②;"用大牲吉,利有攸往,顺天命也"③;"汤武革命,顺乎天而应乎人"④;"君子以遏恶扬善,顺天休命"⑤等等。而《易传》中的"天命",又主要是从自然天道角度来说的。因为《易传》中的"天",主要是"自然之天"、"义理之天","主宰之天"的意义已经相当淡薄,⑥所以,《易传》中的"命",实际上就是自然天道赋予人与物的一种先天的规定,所谓"分于道而谓之命"⑦,说的也正是这个意思。也正因为"命"在本质上直接承载着"天道"的内容,从而决定了"命"即天地创生之物终极的实践目的和存在意义,"至于命"和孟子所谓"立命"都包含这个意思。"命"从根本上说来源于"天道",而《易传》中的"天道",如同前面所说,即指"一阴一阳之道",所以,《易传》所谓"命",实质就是"阴阳之道"的自然律令,或者说由阴阳法则决定的万物生存之道。《易传》讲的"性"也同样根源于"阴阳之道",所谓"一阴一阳谓之道,继之者善也,成之者性也"。⑧ "性"就是将"天道"成就于具体生命之中,即所谓"形于一谓之性"⑨。

由此可见,《易传》所谓"性命之理",归结起来,说的也就是"一阴一阳"之"理",也就是天地生成万物之理,所谓"穷理尽性以至于命",就是要我们深谙这"阴阳变易"之理,掌握了这个"理",也就掌握了生命之理。

---

① 许建良对《周易》中的"命"的含义进行过较为全面的考察,读者可参阅许建良的《先秦儒家的道德世界》(中国社会科学出版社 2008 年版)一书的第三章。

② 《易·临卦·彖》。

③ 《易·萃卦·彖》。

④ 《易·革卦·彖》。

⑤ 《易·大有卦·象》。

⑥ 我们不能说《易传》中的"天"已经完全没有了最高神的意思,因为《易传》中仍然保存有"天命不佑"(无妄)这样的思想,但《易传》中的"天"的主要是自然意义上的,或者义理之天,冯友兰、张岱年、蒙培元等多持此看法。具体请参见苗润田:《论〈易传〉的天人学说》,载于刘大钧主编:《大易集思》,上海科学技术文献出版社 2013 年版。

⑦ 《孔子家语·本命解》。

⑧ 《易·系辞上》。

⑨ 《孔子家语·本命解》。

由是观之,透过《周易》神秘性的卜筮语言和卦符象征,《周易》遵循的根本法则,实即这"一阴一阳"的阴阳法则,而这也即根本的生命法则。由是,天地和合,万物和生,人类遵循此法则,也即人道之当为,依此法则行事,我们不仅可获得人类社会的和谐,也可使个体身心处于和谐状态之中,所以,认识《易传》的生命原理,关键在于把握住这一阴阳法则。阴阳法则,就是生命的法则,抓住了这一点,就抓住了《周易》生命伦理的精髓。

阴阳法则即是生命的法则。这么说,一般不会引起多大争议。黄玉顺认为,周易哲学的核心可归结为"阴阳"范畴,而阴阳范畴的实质则可概括为"生命的结构",他认为阴阳范畴本质上契合了生命的关怀,体现的是一种生命的忧患意识,黄先生从生命本体和个体生命与群体生命、生存与发展、身心关系几个方面论述了《周易》生命哲学和伦理的表现。① 蒙培元也指出《周易》里的阴阳观念是一个普遍性的观念,它代表的实质是生命两性关系,因此它体现的是生命的意义。② 牟宗三认为《周易》中的"乾坤"和"阴阳"可谓一体两名,阴阳是以气言,乾坤是以德言,它们都代表了生命生成演化的法则。"乾"代表的是创生原则,"坤"代表的是终成原则。③ 生命有始有终,而《周易》就是要"原始反终",因而也是有关"死生之说"的学问。"易与天地准,故能弥纶天地之道;仰以观于天文,俯以察于地理,是故知幽明之故;原始反终,故知死生之说。"④六十四卦以乾、坤为首,说明了天地生命的根始,到"既济"、"未济"两卦,意味着一个生命周期的结束和一个新的生命周期的开始。生命的整体阶段的性质、发展、状态,都统一在这阴阳法则中。

阴阳法则是一种生命的原理,这可以说是传统中国哲学普遍的观念。中医就完全建立在这种观念基础之上。"易者,易也,具阴阳动静之妙。医

① 黄玉顺:《生命结构与和合精神——周易哲学论》,载《社会科学研究》1998年第1期。
② 蒙培元:《周易哲学的生命意义》,载《周易研究》2014年第4期。
③ 牟宗三:《周易哲学演讲录》,华东师范大学出版社2004年版,第12页。
④ 《易·系辞上》。

者,意也,含阴阳消长之机。虽阴阳已备于内经,而变化莫大乎周易。故曰:
'天人一理'者,此阴阳也……医、易同源,理无二致。"①当然,《易经》的这
一原理虽然为中医视为基础理论,但《易经》并非旨在为中医提供一个理论
基础,作《易》者放眼天下、包藏宇宙之机,要讲述的是一个容纳了天、地、人
和万物的生命创化机制或曰生命系统。"《易》之为书也,广大悉备,有天道
焉,有人道焉,有地道焉。"②"昔者圣人之作《易》也,将以顺性命之理。是
以立天之道曰阴与阳,立地之道曰柔与刚,立人之道曰仁与义。兼三才而两
之,故《易》六画而成卦。分阴分阳,迭用柔刚,故《易》六位而成章。"③所以
阴阳法则本质上讲的是天地人和谐共生的三才之道,这是《易传》生命伦理
的一个极为重要且根本的内容,有学者视之为"《周易》的主题",是《周易》
演绎的"主旋律"④,也是公允之论。《易传》阐发的阴阳法则对我们处理今
日生命伦理问题,也具有重要的启示意义,我以为它至少在如下两个方面,
能给予我们道德上的警示。

其一,人类的行为应当在由天地人构成的整体的生命系统中进行,不应
破坏这生命系统的整体和谐,任何以局部利益为重而忽视天道运行规律的
行为,都应当是极为审慎的,因为它从本质上是非义的,这种道德观实质上
是以合自然的目的性为基础的。

其二,针对生命的行为,应当符合阴阳消长的规律,任何改变都应当不至
于破坏这一规律,顺其则生,逆其则亡,违反了这一规律,会给人类的生命发
展带来更大的不确定性。即使是谨慎地以出于"善生"为目的的、对生命进程
或存在状态作出的"改良",也必须带有"敬天"、"畏天"的意识。这是因为
天、人不是不相干的,相反,天与人统一在阴阳法则中,同受阴阳法则制约且
二者辩证同一。天人之间是相应的,"天人相应"是人类生命存在的基础⑤。

---

① 黄绍祖:《易经与中医学》,(台湾)中华日报出版社 1990 年版,第 275 页。
② 《易·系辞下》。
③ 《易·说卦传》。
④ 许建良:《先秦儒家的道德世界》,中国社会科学出版社 2008 年版,第 292 页。
⑤ 中医十分重视"天人相应"这一观念,这可以说是中医养生学的重要原则。人的行为
应当与四时变化相应,饮食、衣着等均应如此,这些可以说是传统养生学的普遍观念,其理论
基础即来源于《周易》。

而所谓"天人相应",其实质是人应当顺应天,天道决定了一切,所以《易传》讲的"天人合德",本质上是要求人类要以顺应天道为德,只有在顺应天道基础上的行为,才是合宜的行为,才具有伦理上的正当性。人类的主体能动作用的发挥,是以顺应天道为前提的。这应当是《周易》生命伦理的根本原则。

应当承认,《易传》阐发的阴阳法则是把天地人视为一有机联系的生命系统,因此,它不只是为我们处理生命问题提供了具体的指导原则,它本身也具有方法论的意义。运用这种方法考察当代生命伦理问题,也能使我们在宏观层面对当代生命科学的发展进行更深刻的思考。众所周知,当代生命伦理问题主要是基于生命科学的研究与应用产生的,而生命科学对生命的研究主要是对人的生命的研究,或者是以人的生命为核心的科学。而对于人的研究,我们可以有不同的向度,比如生物学的向度,生态学的向度和人学的向度。生物学的向度是将人理解为自然意义上的生物,运用科学的方法达到对其认识的科学性;生态学的向度,是将人理解为自然生命中一种有智慧的生命,从其与环境、与其他生命共生的角度理解人;人学的向度,这时它面对的不是可以被对象化的人,不是可以被放到手术台去解剖、实验室去分析的人体,也不仅仅是处于地球生命圈或生物链上的一种生命体,而是社会化、伦理化的人;它不仅把人作躯体化的理解,同时也将其与一般生物、生命区别开来,承认其为不可复制的、唯一的心灵的存在。[1] 生命科学的这种性质与《易传》的以"三才之道"为基本特征的生命原理具有一种相互发明的性质,生命科学需要突破狭隘的医学、生物学层次去看待生命问题,它需要一种多维视角、尤其是在生命哲学和伦理学层次上关注生命问题。所以《易传》阐发的生命法则,对当代生命伦理学研究具有一种方法论的意义。这种方法论从根本上讲,是要人类注意天人的互动关系,强调在天人作用、天人互动中把握生命之道。但毋庸置疑,正如我们前面所说的,对于作《易》者而言,"天道"仍然是根本的,阴阳法则是不容颠覆、也不可能颠覆的。这就决定了《易传》

---

[1] 黄德昌等:《周易与养生之道》,四川人民出版社2001年版,第204页。

在养生论和工夫论上的根本立场，那就是，只有顺应"天道"，符合阴阳法则，人类才能获得其"正命"。顺应阴阳变易的生命之理，修养由此天道赋予人的"性"，伴随着性的日生日成，便达到了天命的要求，这便是人的"正命"，这也就是所谓"穷理尽性以至于命"。在这里，"理"不可歪，"性"不可偏，只有"养正"才能真正"至于命"。"养正则吉"，这就是《易传》阐发的工夫论原则。

三、养正则吉

《易传》阐发的工夫论，我们可视之为《周易》生命伦理的实践方式和原则。这一方式和原则，用《易传》的话说就是"养正则吉"。"养正则吉"四字出自《易·颐卦·彖》。"颐，贞吉，养正则吉也。观颐，观其所养也；自求口实，观其自养也。天地养万物，圣人养贤以及万民。颐之时大矣哉！"二程释之曰："颐，养也。人口所以饮食养人之身，故名为颐。圣人设卦，推养之义，大至于天地养育万物，圣人养贤以及万民，与人之养生、养形、养德、养人，皆颐养之道也。动息节宣，以养生也；饮食衣服，以养形也；威仪行义，以养德也；推己及物，以养人也。"[1]魏王弼《周易注疏》曰："'观颐'者，颐，养也，观此圣人所养物也。'自求口实'者，观其自养，求其口中之实也。"[2]所以，《颐卦》宗旨，即在于阐述"养生"之道。

这里，我们要特别注意的是，《颐卦》这里讲的"养生"之道，虽以口含食物为象，却不只是就饮食而论，不能只理解为本卦只是在讲饮食之道。这里的"养"，是全面的"养"，既包括个人的养生之道，也包括圣人养贤以及万民之道，还包括天地养育万物，因而是涉及人生、自然、社会全方位的"养"。所谓"大至于天地养育万物，圣人养贤以及万民，与人之养生、养形、养德、养人，皆颐养之道也"。[3] 第一个层次的个人之"养"，又包括个人养护自己和个人如何"己欲立而立人，己欲达而达人"的"推己及人"之"恕道"，所以

---

① 程颢、程颐著，王孝鱼点校：《二程集》（上），中华书局2004年版，第832—833页。
② 王弼、韩康伯注，孔颖达疏，陆德明音义：《周易注疏》，中央编译出版社2012年版，第166页。
③ 程颢、程颐著，王孝鱼点校：《二程集》（上），中华书局2004年版，第832页。

这里的个人之养,包括了个人的养护自我身体之道和如何正确地处理与他者关系的"为人之道"。第二个层次的"养",与荀子"礼以养民"有相同之义,即"养民之道"。第三个层次则涉及天地养育万物这一根本的生养之道。这里我们还要注意的是,即使是"个体养生",养的内容也是涉及人生修养全方位的养。按照程颐的解释,"养"包括了"养生"、"养形"、"养德"和"养人"几个方面。程颐这里所说的"养生",是从养、存决定人生命的"精气"而言,故其道在于"动息节宣";"养形"是从保养肉体的物理机能角度而言,故讲究"饮食衣服";"养德"以精神修养论,故重在"威仪行义";"养人"在于实践"恕道",故强调"推己及人"。所以,《易传》为我们提供的是一全面而系统的养生之道。它全面论述了儒家"养生"思想的内容,即"养生"应当是从天、地、人协调统一的角度,从身心、动静、心性、人事与民生等等相统一的诸多角度的"养生"。《易传》还为实现这种"养生"提供了一个根本的方法,即养"正"。"养正则吉",养"正"就能实现良好的"生"之目的,包括自然万物之生、万民之生、个体之生。那么,何谓"养正"呢?欲明此,关键是我们弄明白这个"正"字在这里的意义。

"正"在《周易》中是个被广泛使用的"概念",从《周易》的体例来看,"正"的基本意思是指阴居阴位、阳居阳位,阴阳爻各得其位为正。在作《易》者的眼中,天地万物都是按一定秩序和法则创生出来的,具有"天道"使然的应得之位,万物以其所赋各司其职,各当其位,万物便和谐的生长。当位则正,而正位则万物生,故《中庸·第一章》曰:"天地位焉,万物育焉。"朱熹释曰:"位者,安其所也。育者,遂其生也。"[1]"安所遂生"就是《周易》讲的"正"的意义。所以《周易》讲的"正",从义理角度说,它揭示的就是要顺应天地"生生"之道,按此规律生活,这是"正"的根本意义。这一意义在《易传》中也是显而易见的。比如《大壮卦·彖》曰:"大壮,利贞,大者正也。正大而天地之情可见矣!"古人以为"天地"既大且正,生生万物而不偏,故谓"正大",即可见"天地之情",实即天地"大生"、"广生"之道。[2] 又如《蒙

---

① 朱熹:《四书章句集注》,中华书局 1983 年版,第 18 页。
② 参见黄寿祺、张善文:《周易译注》,上海古籍出版社 2001 年版,第 280 页。

卦·象》说："蒙以养正,圣功也。"程颐释之曰："未发之谓蒙,以纯一未发之蒙而养其正,乃作圣之功也。"①"蒙"是指天赋于人的最为本真的性情还未展发前的状态,是纯然本善的生命之元,这是人的生命之"正",圣人之功无非"顺性命之理",亦即"顺受其正"以实现人最为完善的生命。所以这里的"正"实质就是指顺应天道而为,顺天而行即是"正"。"正"意味着天地的本然秩序和当然之则,这在《易传》中表现是普遍的。比如以下诸句:

> "位乎天位,以正中也。"(《易·需卦·象》)
>
> "文明以健,中正而应,君子正也。"(《易·同人卦·象》)
>
> "大亨以正,天之道也。"(《易·临卦·象》)
>
> "男女正,天地之大义也。"(《易·家人·象》)
>
> "刚遇中正,天下大行也。"(《易·姤卦·象》)
>
> "萃……聚以正也。用大牲吉,利有攸往,顺天命也。观其所聚,而天地万物之情可见矣。"(《易·萃卦·象》)

可见,"正"从根本上说,是指顺应天道而言,是指天道的本然秩序。符合天道之当然之则,即是"正"。"中正以通",以"正道"从政,则政兴,以"正道"待人,则"人和",以"正道"修身,则"成己",以"正道"养身,则身强,这就是"养正则吉"的基本内涵。"养正"就是要顺应天道,而顺应天道极为重要的一个表现即是按天时而行动。所以《易传》尤为强调"时"的重要性。比如《大有卦·象》曰"应乎天而时行,是以元亨";《豫卦·象》曰"豫之时义大矣哉";等等。《周易》的每一卦的象辞中,几乎都有一句"时之义大矣哉",以强调"时"之极端重要性。总之,"天地盈虚,与时消息"②,顺应天道,实现"养正则吉"的关键就在于"与时偕行"③。

《易传》的这种观念对中国人的生活实践影响是至为广泛和深远的。比如传统中医学的养生理论就可以说完全是这种观念的反映。《素问·四

---

① 程颢、程颐著,王孝鱼点校:《二程集》(上),中华书局 2004 年版,第 720 页。

② 《易·丰卦·象》。

③ 《易·文言传》。

气调神大论》曰："夫四时阴阳者,万物之根本也。所以圣人春夏养阳,秋冬养阴,以从其根,故与万物沉浮于生长之门。逆其根,则伐其本,坏其真矣。故阴阳四时者,万物之终始也,死生之本也。逆之则灾害生,从之则苛疾不起,是谓得道。"①当然,儒学的宗旨并不在医学养生,所以"养正则吉"的伦理意义还是在于为人类的行为提供了一条根本的伦理原则,即"顺天而行"。但我们也知道,儒家的一贯立场并不是要我们在"天道"面前,消极顺受。而是在体悟和领会天道原理时,能够积极主动地实践天道,推动天道有更好的表现。这充分表现在我们上面提到的"穷理尽性以至于命"这一命题中。天赋予人的"性"不是终成的状态,而是需要人去"成之"的,离开了"人成"这一向度,人的生活就成了一种动物式的生存,人的生命意义也就无法体现了,所以,在"知天命"的意识与行为塑造中,发挥人的"善生意志",从而找到人类更好的生存之道,才是《周易》生命伦理给予我们最大的启发。

第三节 《礼记》中的生命伦理思想

与《易传》一样,《礼记》中也凸显着浓郁的"生"的意识,凸显着浓郁的以生命为本的伦理精神。但与《易传》不同的是,《礼记》中蕴含的生命伦理精神,是紧紧围绕着对"礼"的阐发得以体现的。或者说,《礼记》中的生命伦理思想,是以"礼"为中心得以凸显的,这应当是《礼记》生命伦理思想的一个基本特色。而且,作为一种具有杂糅性质的儒家资料汇编,《礼记》在很多方面也比《易传》更为全面地反映了儒家思想。与《易传》偏重于从形上角度阐述儒家义理不同,《礼记》则把儒家的形上义理与现实问题紧密结合起来,因而阐释问题的角度显得要比《易传》丰富且更贴近现实。总体来看,《礼记》的生命伦理思想,也是建立在天道之"生"的伦理根基之上,体现着以"生"为本的伦理精神;其次《礼记》颇为注重对"礼"的人文化解读,这

---

① 参见王新华:《黄帝内经类编下》,上海辞书出版社 2013 年版,第 439—440 页。

使得《礼记》的生命伦理思想具有浓郁的人学特征,生命伦理问题,在《礼记》这里,主要是人的生命问题,其他问题都是以此问题为中心的。这一点,实际上是和孔子、荀子对"礼"的人学化解读是一致的。《礼记》也有"礼以养生"的思想,但与荀子相比,《礼记》中的"礼以养生"的思想,显然要比荀子论述得更为细致和全面。总之,以"礼"为中心言说生命的问题、尤其是人的生命问题,这是《礼记》生命伦理思想最为突出的特色。

一、礼以生为本

《礼记》是一部以阐释"礼"的根源、精神和作用为主的思想性作品,但是,《礼记》对礼的阐释,却也体现着一种浓郁的"生"之伦理精神。在《礼记》看来,"礼"必有所本,此本一源于"天道",二在于人的实际的生命欲求。从天道而言,《礼记》认为"礼"是天地创生法则的体现,与天地创生万物的法则一样具有客观性,天地创生万物的法则,万物生存的秩序,这本身就是"礼"的一种存在方式,或者说礼就是天道的一种本然状态和体现方式,在《礼记》那里,人间的礼从根源上讲,无非是天道秩序现实化为具体的伦理法则而已;而从人的生命欲求和生存实际来说,"礼"又是适应人类的生存意志和生命需求而产生的对人的生命起保障作用的制度性的伦理规则。也就是,"礼"从根本上来说,是顺应天道之"生"和人类生命的本性需求而有之物,是以生命为本的制度化伦理规约。

首先,"礼"是本于天道之"生"的。和《易传》一样,《礼记》对于天道和宇宙法则的理解,也具有"生"的本体哲学特征。在《礼记》中,我们也能明显地感受到一种宇宙生成论的思维和合自然目的论的思想倾向。这种思维和思想倾向和《易传》所谓"天地之大德曰生"①的观念是相一致的。天道在"生",在《易传》中得以清晰揭示的这一思想命题,在《礼记》中表现得也是相当清晰的。对《礼记》而言,"天道"是"礼"的形而上的根据,"礼"是"体天地、法四时、则阴阳、顺人情"②的,离开了天道,"礼"存在的终极根源

---

① 《易·系辞下》。
② 《礼记·丧服四制》。

和存在的合法性都将成为问题。故《礼记》同样"贵乎天道"。"天道"是儒家伦理本体论之核心范畴，是儒家道德哲学得以证成的最终根源，离开了它，儒家伦理的根基就被抽掉了，整体儒学大厦也将随之坍塌，故作为走向成熟时期的儒家的经典《礼记》不可能少了这一块。《礼记》不仅"贵乎天道"，而且揭示出了天道之所以贵的原因和内容。《礼记·哀公问》曰："'公曰：敢问君子何贵乎天道也?'孔子对曰：'贵其不已。如日月东西相从而不已也，是天道也；不闭其久，是天道也，无为而物成，是天道也；已成而明，是天道也。'""不已"而又"物成"，实际上即是指天地创生万物之"生生不息"，因此《礼记》所指"天道"，和《易传》一样，实质也是"生"之道。这一点，我们在《礼记·中庸》中感受得更为明显。

《中庸》曰："天地之道，可一言而尽也。其为物不二，则其生物不测。"这里也是比较鲜明地将"天地之道"界定为"生"之道。接下来，《中庸》详细描述了天地生物的状态。"天地之道，博也，厚也，高也，明也，悠也，久也。今夫天，斯昭昭之多，及其无穷也，日月星辰系焉，万物覆焉。今夫地，一撮土之多，及其广厚，载华岳而不重，振河海而不泄。今夫山，一卷石之多，及其广大，草木生之，禽兽居之，宝藏兴焉。今夫水，一勺之多，及其不测，鼋鼍蛟龙鱼鳖生焉，货财殖焉。诗云：维天之命，于穆不已。盖曰天之所以为天也。"

天生万物虽其形殊异、纷繁，但是"万物并育而不相害，道并行而不相悖，小德川流，大德敦化，此天地之所以为大也"。[1] 这里所谓"道"，本质上是指天地之道，即"生"之道，具体化为各种生命的自然生存之道。各个生命皆被赋予"生"性，有它特有的"生"之方式，这表现为不同生命的具体的"生"之道，虽然万物的生存方式不一样，但俱是天地创化之道的表现，在天地生命的大系统中，它们各有各的位置，都在天地这个大的生命系统中有其合适的表现形式，而不至于危害整个生命系统，故曰"万物并育而不相害，道并行而不悖"。

天道在"生"，而"礼"即是本着天地的这种"生物"秩序和原理而被创

---

① 《礼记·中庸》。

设出来的,是故《礼记·礼器》曰:"礼也者,合于天时,设于地财,顺于鬼神,合于人心,理万物者也。是故天时有生也,地理有宜也,人官有能也,物曲有利也。故天不生,地不养,君子不以为礼,鬼神弗飨也。""生"是天地之德,也是人心所向。"礼"的创设无非是合天地之德与人心所向之举。而"礼"的具体化不过是人中的佼佼者——领悟了天道的圣人——基于这种天道人心而积极有为的结果,是圣人依天道为人间立法的结果。而圣人为世间立法的正当性则完全系于圣人是依天道而行。所谓"故圣人作则,必以天地为本"。①

圣人设"礼",是以天地为本的,这也决定了圣人创设"礼"的基本手段,就是效法天象、"天秩"而安排具体的礼仪形式。比如"郊礼"就是这样,"天垂象,圣人则之,郊所以明天道也。"②"昏礼"也是如此,"天地合,而后万物兴焉。夫昏礼,万世之始也。"③《礼记》又说:"昏礼者,礼之本也。"④为什么说"昏礼"是礼之本呢?这应当是受了《易传》的影响,或者说与《易传》出于同一种思维。天地男女是天人两界最为基本的象征,也是天道人伦的本始因素,以男女象征天地、以男女交合象征万物之始,这是《易传》的基本思维,《礼记》采取了同样的思维方式,故言"夫昏礼,万世之始也";"昏礼者,礼之本也"云云。"乡饮"之礼也是如此。"乡饮酒之义,立宾以象天,立主以象地,设介僎以象日月,立三宾以象三光。古之制礼也,经之以天地,纪之以日月,参之以三光,政教之本也。"⑤《乐记》中大段的关于"礼乐"原理的说明,也是如此。这样的例子还有很多,我们不必一一举出。

圣人效法天道,是出于对天道之"生"的理解,也是通过"礼"来更好地体现天道之"生",是以"礼"昭明天地的"生意"。所以《礼记·乐记》说:"是故大人举礼乐,则天地将为昭焉。天地欣合,阴阳相得,煦妪覆育万物,然后草木茂,区萌达,羽翼奋,角觡生,蛰虫昭苏,羽者妪伏,毛者孕鬻,胎生者不殰,而卵生者不殈,则乐之道归焉耳。"

---

① 《礼记·礼运》。
② 《礼记·郊特牲》。
③ 《礼记·郊特牲》。
④ 《礼记·昏义》。
⑤ 《礼记·乡饮酒义》。

圣人制礼作乐,就是为了将天地之"生"昭明于世。而"礼"之所以可以昭显天道,因为它本质上就是天道的表现,是天地生物秩序的伦理化、规则化,体现的是天地的生物法则和秩序,所谓"礼者,天地之序也"。① "明于天地,然后能兴礼乐。"②这实际上是把天地的生物法则和秩序与"礼"的本质和结构同一起来,这样礼就获得了客观形式,成为一种与天地同在的客观法则,是"天理"的表现,故《礼记·仲尼燕居》曰:"礼也者,理也。"

总之,"礼"本天道,与天道之"生"具有同一的性质,圣人制礼作乐,完全是效法天地这种创生法则,体现的也是天地之"生"的意志。正如孔颖达《礼记正义》云:"夫礼者,经天地;理人伦,本其所起,在天地未分之前。故《礼运》云:'夫礼必本于大一。'是天地未分之前已有礼也。礼者,理也。其用以治,则与天地俱兴,故昭二十六年《左传》称晏子云:'礼之可以为国也久矣,与天地并。'但于时质略,物生则自然而有尊卑,若羊羔跪乳,鸿雁飞有行列,岂由教之者哉!"③

《礼记》对"礼"的这种根源的解释,对我们正确理解"礼"的意义有重要的启示作用。在这里,我们需要注意的是,《礼记》在这里实际上否定了"礼"的特殊表现形式,也就是基于特定群体的利益需求而制定出来的礼。"礼"必须建立在普遍的天道之"生"的基础之上,它不是基于满足特定的部分人欲而设。在《礼记》这里,"礼"本身有一种先验的性质。有的学者也注意到了这一点,比如刘金波说:"显然,礼是一种客观存在的本体性事物,它不是(或者说不完全是)人们头脑对客观世界的反映。"④张京华也说:"礼乐的兴作,不仅是照法天地的秩序,而且本就出之于天。乐由天作,礼以地制,礼乐与天地同节同和。礼与天的关系不是模仿,而是生成。不是圣人王者制礼作乐,而是在'天'之中已经潜在的孕含了礼的本质和结构。"⑤礼的这种客观性,使我们把"礼"的正当性判断与特定利益集团对"礼"的特殊要

---

① 《礼记·乐记》。

② 《礼记·乐记》。

③ 郑玄注,孔颖达正义,吕友仁整理:《礼记正义》,上海古籍出版社2008年版,第1页。

④ 刘金波:《中国古代文论范畴发生史——〈礼记〉卷:礼以节情 乐以发和》,武汉大学出版社2009年版,第56页。

⑤ 张京华:《庄子哲学辨析》,辽宁教育出版社1999年版,第138—139页。

求区分开来,而只有前者的"礼",才是真正的儒家肯认的"礼"。在孔子那里,"礼"的普遍性依据当然在于"仁",而孔子之"仁"实质上也是在对普遍的天道之"生"的理解基础上提出的一个概念,只是这层意思孔子并没有明确表述出来,《礼记》虽然没有特别就"仁"与"天道"的关系进行讨论,但它对"礼"的普遍性的天道依据的论证,却能让我们联系先秦诸文献体会到儒家之"礼"的深刻性。

不过,儒家并不满足于仅从天道角度论述"礼"的正当性,毕竟"天道远,人道迩",如何能更贴近地气地以一种能使愚夫愚妇皆易明白的语言将"礼"的重大意义表述出来,也是儒家刻意用功之事。在这方面,《礼记》也有突出的表现,那就是除了从天道角度论"礼",《礼记》也十分注意从"人情"角度、也即人的生命需求角度论述"礼"的起源和作用。但是,从现实角度论"礼"之起源和作用,并不是脱离天道,它同样是以天道为前提的。《礼记》在论述"礼"的起源时讲的"人情",亦是从天地所赋予人的普遍的生命本真之情角度而言的。这种"情"本质上和"天地之情"也具有同一的性质。《乐记》援引了《易·系辞传》的大段文字来说明这种"天地之情"。

> 天高地下,万物散殊,而礼制行矣。流而不息,合同而化,而乐兴焉。春作夏长,仁也;秋敛冬藏,义也。仁近于乐,义近于礼。乐者敦和,率神而从天;礼者别宜,居鬼而从地。故圣人作乐以应天,制礼以配地。礼乐明备,天地官矣。天尊地卑,君臣定矣。卑高已陈,贵贱位矣。动静有常,小大殊矣。方以类聚,物以群分,则性命不同矣。在天成象,在地成形。如此,则礼者天地之别也。地气上齐,天气下降,阴阳相摩,天地相荡,鼓之以雷霆,奋之以风雨,动之以四时,暖之以日月,而百化兴焉。如此,则乐者天地之和也。化不时则不生,男女无辨则乱升,天地之情也。及夫礼乐之极乎天而蟠乎地,行乎阴阳而通乎鬼神,穷高极远而测深厚。乐著大始而礼居成物。著不息者,天也;著不动者,地也。一动一静者,天地之间也。故圣人曰礼乐云。①

---

① 《礼记·乐记》。

在这里,"天尊地卑","卑高已陈","动静有常,小大殊矣",以及"阴阳相合、百化俱兴",皆是"天地之情"的表现,而"礼"和"乐"皆是应此"情"而有之称呼。从本质上说,"礼"和"乐"无非是"天地之情"的"节"与"和"。人之情与此相类。人情未显现于外时,便是人之天赋之性的本然状态,《中庸》谓之"中",而"性之动"表现出来的就是"情","情"有"和"与"不和"之分,"和"之情便是天地和谐创生之情,与天地之情同一。所以《礼记·中庸》说:"喜怒哀乐之未发谓之中,发而皆中节谓之和。中也者,天下之大本也。和也者,天下之达道也。致中和,天地位焉,万物育焉。""中"是来自于"天命"的"性",是未发之状态,所以《礼记·乐记》才讲"人生而静,天之性也"。而"情"是"性"之动的表现。这种"性之动"就人而言,也就表现为"人之欲",所谓"感于物而动,性之欲也"。① 这种"性之动"有中于节的,有不中于节;中于节的,则合于天地之情,不中于节的,则悖逆天地之道,因此必须施以制度来规约。

可见,《礼记》讲的"人情",有两种层次的内涵:一个是类天地之情的"人情";一个则表现为背离天地和谐的生命之道的、激发人之"恶"的"人欲",也即对欲望不加节制之"情"。"礼"基于天地之情而生,也是为了维护天地之情,因而一方面保护合于天地之情的"人情",即维护"善"的一面,而另一方面,也抑制背离天地之情的"人欲",即惩罚"恶"的一面,而归根结底,是为了保护天地之道在人间的良好体现,是为了维护包括人在内的整体的天地生命系统的和谐,这无疑也是由于这才是人类生存的最佳条件。这样的"礼",在本质上我们也可以说就是人"参赞天地之化育"这一特殊功能的体现。天地大生命系统的和谐,是人类当然的存在前提,这决定了人要获得自己最佳的生命存在和表现方式,只能维护这一自然的生命系统,而不是破坏它。所以人的独异性,就在于能够"参赞天地之化育",这是人类唯一的能谋求自己长远生存与发展的根本性条件。所以,人类必须鼓励类天地之情的行为,"和乐且耽"的行为则"顺之";而规范不合天地之情的行为则"治之",比如"悖逆诈伪之心,淫泆作乱之事,强者胁弱,众者暴寡,知者诈

---

① 《礼记·乐记》。

愚,勇者苦怯,疾病不养"①等等,凡此各种皆为"穷人欲"之情,对此不加规约则人道难成。"是故先王本之情性,稽之度数,制之礼义。合生气之和,道五常之行,使之阳而不散,阴而不密,刚气不怒,柔气不慑。四畅交于中,而发作于外,皆安其位而不相夺也。"②这也就是《礼记·乐记》中所讲的要"存天理而灭人欲"。人皆有"善生"之情,为此就必须节文"人欲",否则天地之情不见,而人的"善生"愿望也难实现。所以《礼记·坊记》说:"礼者,因之人情,而为之节文,以为民坊者也。"《礼记·礼运》亦曰:"故圣人之所以治人七情……舍礼何以治之?"

总之,礼本于天地之"生"、顺乎人的"善生"之情,是完全体现天地生德和人的生命之情状需求的。如《礼记·礼运》谓:"夫礼,先王以承天之道,以治人之情,故失之者死,得之者生。"又如《礼记·丧服四制》谓:"凡礼之大体,体天地,法四时,则阴阳,顺人情,故谓之礼。訾之者是不知礼之所由生也。"礼在很大程度上,就是让我们对生命之本襄有明确认识和追思的情怀,所谓"礼也者,反其所自生。"③王文锦先生释此曰"礼的精神在于追念生命以及生活事物产生的本源"④,可谓得此之谓。《礼记·祭义》还说:"天下之礼,致反始也","教民反古复始,不忘其所由生也"。而所谓"致反始"是为了"厚其本","致反始以厚其本也"⑤,而"万物本乎天,人本乎祖,此所以配上帝也。郊之祭也,大报本反始也。"⑥所以,这里的"本",就是天地创生之本;而就人的现实性来说,这里的"本"则指人由父母所生,但体现的均是"礼"是以"生"为本的精神。这种精神,决定了《礼记》生命伦理思想的基调。

二、人之大端在于礼

儒家哲学具有明显的人学特征,这是显而易见之事。正如有的学者所

---

① 《礼记·乐记》。
② 《礼记·乐记》。
③ 《礼记·礼器》。
④ 王文锦:《礼记译解》,中华书局2001年版,第327页。
⑤ 《礼记·祭义》。
⑥ 《礼记·郊特牲》。

说:"儒学是围绕着'人'这个主体展开的,着重研究人是什么、做什么样的人和如何做人的问题。归根结底,儒学是一门关于'人'的学问。它从宇宙本体说明人的存在,建立了一套人本体论的哲学,并进而从人的本体存在说明人的本质、地位和价值,挺立人的主体意识,充溢着人文主义的理性精神,充分显示出'人学'的思想特质。因此,从本质上说,儒学实即'人学'。"①突出人的主体性,注重挖掘人的本质的特殊性,强调人在天地宇宙中的特殊地位与作用,这在儒家哲学中可以说是自孔子以至宋儒一以贯之的做法。只是诸儒的论述各有不同。孔子开辟仁学,以"仁"遥契天命可谓开启了这一哲学观念的端绪。"仁者,人也"②,以"仁"为人之为人之本,并作为打通天人界限的中介,这是孔子的一大发明,这里已经突显出人学的意蕴。而孟子"道性善",荀子讲"明分使群"并以"义"界定为人禽之别的根本,亦都是一种人学说明。及至《易传》讲的"三材之道"和人能"财成天地之道,辅相天地之宜"③,儒家哲学的人学特征已经得到系统性的说明。儒家哲学的这种人学特征,直接影响到儒家对"生命"的一系列看法,也使儒家生命伦理思想具备了明显的人学特征。《礼记》作为儒学逐渐走向深化和成熟时期的作品,它对生命问题思考的这种人学印记也是格外突出的。

首先,如同荀子一样,《礼记》也认为,人的生命的本质、生命的意义与价值是在社会化的礼义中得以证成和显现的。《礼记》鲜明地指出,"凡人之所以为人者,礼义也。"④"礼义也者,人之大端也。"⑤这就是说,人离开礼义,则人不成其为人。礼义证成了人之为人的特殊性,正是由于礼义,人才脱离自然界,使人区别于动物而成为人。"鹦鹉能言,不离飞鸟,猩猩能言,不离禽兽,今人而无礼,虽能言,不亦禽兽之心乎? 夫唯禽兽无礼,故父子聚麀,是故圣人作,为礼以教人,使人以有礼,知自别于禽兽。"⑥知"礼"则知人禽之别,则知人之当为。故知"礼"是成人的观念基础。人之所以是人,

①　徐远和:《儒家思想与东亚社会发展模式》,广西人民出版社 2002 年版,第 87 页。
②　《礼记·中庸》。
③　《易·泰卦·象》。
④　《礼记·冠义》。
⑤　《礼记·礼运》。
⑥　《礼记·典礼》。

首先取决于人有是"知"。没有此种认识，人就不可能发展成为人。"知"本身不会成为人禽之别的根源，只有"知"的内容和范围（"知"的能力、何种意义上的"知"）才可能使人禽之别得以显示出来。《礼记》的这种认识，和荀子的看法是一致的。荀子说："水火有气而无生，草木有生而无知，禽兽有知而无义，人有气、有生、有知，亦且有义，故最为天下贵也。"①在荀子这里，"知"仅仅是动物具备的意识反映，它不足以区别人与动物，但"知道什么"或者说"具备什么样的知"则证成了人禽之别。人能"知义"，而动物不能，而这正是人禽之别的基础和关键。《礼记·三年问》曰："凡生天地之间者，有血气之属必有知，有知之属莫不知爱其类。今是大鸟兽，则失丧其群匹，越月踰时焉，则必反巡。过其故乡，翔回焉，鸣号焉，蹢躅焉，踟蹰焉，然后乃能去之。小者至于燕雀，犹有啁噍之顷焉，然后乃能去之。故有血气之属者莫知于人，故人于其亲也，至死不穷。"鸟兽尚有"爱其类"之本能之情，而"有血气之属者莫知于人"，则人之为人必有胜于鸟兽之本能之情之处，这就是人能以"礼"表达这种情感。否则"将由夫患邪淫之人与？则彼朝死而夕忘之，然而从之，则是曾鸟兽之不若也，夫焉能相与群居而不乱乎？"②所以，"人道之至文者"，在于人能"称情而立文"③，以守三年之丧礼，如是则人道才能显示出来。

"礼"是"人道之文"，表明人的生命存在本质和意义是由礼彰显的。没有"礼"，人的生命也就没有特殊之处。所以说"凡治人之道，莫急于礼"④。由这种观念出发，《礼记》把人的生命阶段化，并以"礼"作为人的生命发展的基本保障和生命完成的外在标志。人的生命，是在这诸礼完成过程中得以证成的。从《礼记》的角度来看，人的生命，主要取决于四个方面的礼的完成，即"冠、昏、丧、祭"四礼，四礼毕，则人道成。所以明代学者吕坤在《四礼翼序》中说："四礼者何？人道之始终也！"⑤将人的生命阶段和发展纳入

① 《荀子·王制》。
② 《礼记·三年问》。
③ 《礼记·三年问》。
④ 《礼记·祭统》。
⑤ 吕坤撰：《吕坤全集》（下册），中华书局 2008 年版，第 1341 页。

"礼"的范畴,以"礼"作为人的生命之证成的手段,实际上是先秦儒家通行的看法。比如荀子说过"生,人之始也;死,人之终也。终始俱善,人道毕矣"。① 与荀子不同的是,《礼记》是把"冠礼"视为"成人"之始。"成人之者,将责成人礼焉也。责成人礼焉者,将责为人子、为人弟、为人臣、为人少者之礼行焉。将责四者之行于人,其礼可不重与? 故孝弟忠顺之行立而后可以为人,可以为人而后可以治人也。故圣王重礼。故曰冠者礼之始也,嘉事之重者也。"②

在这里,《礼记》之所以以"冠礼"作为"礼"之始,视为人之所以成为人的社会化内容的第一步,显然是把"成人"与一个人能够担当的道义责任完全联系了起来,也就是在这里,成人的基础取决于一个人责任能力的具备,这是从伦理的意义上论证成人的过程。个体生命如何成为社会的一员? 怎样才能以独立个体被社会关注?"冠礼"就是独立个体进入社会、并构成社会的有机部分的标志。一个人接受了冠礼后,他的生命便紧紧与社会的伦理要求结合在一起,他从此便是一个明确的伦理主体,他不仅要一般地尽其道德义务(不是如孩童般消极地履行道德义务),更重要的是他应当是一个具备明确意识的对社会的道义自觉的承担者、维护者,而这一点,正是其"成人"的标志。正如宋儒吕大临所说,"所谓成人者,非谓四体肤革异于童稚也,必知人伦之备焉。"③

冠礼只是"礼"之始。接受了冠礼,还不能说一个人的生命意义就完备了,这仅仅是一个开始,冠礼仅仅表明了个体生命被社会接纳并成为道德主体,而其完整的生命则需要在一系列的礼中去完成。其中有些礼相较于冠礼,可能意义更为重大,比如"昏礼"。昏礼是个体成人的最为重要的一环,它的意义重大。这是因为昏礼不仅关系到个体生命的完整实现,也是群体生命得以延续的根本,从社会角度而言,它是社会得以建构的现实基础,构成社会的基础的伦理关系系于这一礼仪的存在。所以《礼记·昏义》说:"昏礼者,将合二姓之好,上以事宗庙而下以继后世也,故君子重之。"又说:

---

① 《荀子·礼论》。

② 《礼记·冠义》。

③ 见孙希旦:《礼记集解》(下册),中华书局 1989 年版,第 1414 页。

"昏礼者,礼之本也。"正因为昏礼关系到人类社会建立的最基础的伦理关系之形成,其他伦理关系如"父子"、"君臣"、"上下"等关系皆赖其所立,所以《礼记》也说:"夫昏礼,万世之始也。"①由昏礼确立的夫妇关系是人伦之始,是社会得以建立的基石,因此重视"昏义"、重视夫妇之义,就被儒家看成具有本始地位的观念和行为。所以《中庸》才讲"君子之道,造端乎夫妇"。这与《易传》将"男女之道"视为人伦开始是一致的。

"冠礼"和"昏礼"都是在个体的"在世"意义上说明个体生命的意义和存在的伦理本质,但在《礼记》看来,一个人生命的完整实现,不仅包括他的出生和成长过程,也包括"死亡"过程,这体现在《礼记》对"丧礼"和"祭礼"的重视上。"丧礼"和"祭礼"不仅是个体生命完整实现的一个必要组成部分,也是对个体进行生命教化的重要手段。从个体生命的角度来说,生有所养,死有所终,善生善死,这是人之常情。而个体正是在见证他人之丧中感受到了自己生命终结时刻的存在形式,并获得了一种稳固和平静的心理。丧、祭之礼虽然不一定是本人完成的,但个体依然可从这种礼仪中获得一种生命的体验,从中获得一种面对死亡的一种稳定的心理态势,而不至面对死亡产生更多恐惧或慌乱心理。加之丧祭之礼多是孝子贤孙对已逝亲人的安置与祭祀,所以孝子贤孙往往也可以通过这种丧祭活动预见到自己生命的未来安顿,也能在这种丧祭之礼中感受到家族生命延续之流,从而获得自我生命存在的一种永恒的心理态势,这些都使个体生命在面对死亡问题时更易产生一种稳定和平静的心理。所以,丧祭之礼与其是说缅怀逝者,倒不如说更是个体生命对此在生命进行体验的一种特殊形式。因此丧祭之礼是一个人生命存在的重要形式,它是以一种面对死亡的形式指引着生命主体以贞定自身存在的意义。总之,"丧礼"的意义,正像成守勇所说的那样,"正是在对死者的安置中映射出生命主体的期待与认同,确证了个体生命存在的方向和意义。"②

由上,《礼记》将人的生命阶段化为具体的"礼仪存在",从而也将生命

---

① 《礼记·郊特牲》。
② 成守勇:《古典思想世界中的礼乐生活——以〈礼记〉为中心》,上海三联书店 2013 年版,第116页。

存在的本质意义全部寄托在"礼"的显证上。不仅如此,生命的价值也就离开不对"礼"的践行,离开了"礼",人的生命存在是没有意义的。在《礼记》这里,人的生命如果没有"礼"的支持,本质上就是动物式生命,是没有存在价值的。《礼记》引《诗经》的话说:"相鼠有体,人而无礼。人而无礼,胡不遄死?"①说的正是这个意思。

由上,人本质上是一种礼仪化的存在,其意义与价值由此开显。我们前文说过,孔子和荀子等先秦儒家均是持此种立场,可见将人视为一种礼仪化存在,是先秦诸儒的一贯看法。把人视为一种"礼"的存在,自然就把人的生命与动物生命区分了开来。然而,人在自然中并不是一个孤立存在,人必须要处理与动物等其他生命的关系,必须在处理这一关系上形成自己的伦理立场。在处理这一关系上,《礼记》实际上和荀子一样,也是重视人在宇宙自然中的特殊地位,重视人在参赞天地之道上的能动作用,并在此基础上,注重追求万物生命的"生生"境界。这突出表现在《礼记》所言"人者,天地之心也"这一观点上。

三、人者天地之心

《礼记·礼运》云:"故人者,天地之心也,五行之端也。食味、别声、被色而生者也。"在这里,《礼记》提出了一个十分特殊的命题,即"人者,天地之心也"。直接把人界定为"天地之心",这确实是《礼记》一个十分有特色的思想。因为这种思想,不仅表明了人的生命的特殊价值,也表明了人与天地之间存在着一种十分特殊的关系。在天地创生的万物中,对人的生命价值给予特别的关注,这是先秦儒家的一贯做法。比如《尚书·泰誓上》说:"惟天地万物父母,惟人万物之灵。"又如《孝经·圣治章》说:"天地之性人为贵。"但是《礼记》的"人者天地之心也"这一说法与这些说法都不同,它并不只是用一种比较的眼光来说明人与其他生命相比的高贵性,而是以一种肯定的语气标示出人之生命高贵的根源。人的这种高贵性,存在于人与天地之间的一种极为特殊的关系。因此,对这句话蕴含的人与天地之间特殊

---

① 《礼记·礼运》。

关系的揭示,对我们正确认识《礼记》中相关的生命伦理思想,比如人对其他生命应持的伦理立场、人如何对待自然的生命系统等,有着重要的意义。

从句式上看,"人者,天地之心也",这是一个肯定判断句式,即人是天地之心。因此要弄清楚这句话蕴含的意义,与我们怎么理解"天地之心"有直接的关系。不能否认,对于"天地之心"的认识,儒家向来存在争议,并没有完全一致的看法。从现有的资料来看,《易经》是比较早提到这一说法的文献。《易·复卦·彖》曰:"复,其见天地之心乎?"对于这里的"天地之心",程颐释曰:"一阳复于下,乃天地生物之心也。先儒皆以静为见天地之心,盖不知动之端乃天地之心也,非知道者孰能识之!"①按照程颐的依法,"天地之心"实乃天地生物之心。因为《复卦》是初爻为阳,其余五爻皆阴,一阳复于下,象征天地创生之始,以此"阳动"见天地创生之意志,故程颐以此动见天地之心,此天地之心即是天地之"生"之心。张载也是从这个意义来理解《复卦》中的"天地之心"这一说法的。他说:"大抵言天地之心者,天地之大德曰生,则以生物为本者,乃天地之心也。"②在这里,张载认为"天地之心"即天地生物之本心,以"生"为本,又是此本心作为"天地之心",这里对"天地之心"的理解就有了一种本体的意义。

宋儒以天地"生物之心"释"天地之心"影响比较大,很多学者都持此见。但王夫之则表达了一种不同的看法,他认为《复卦》中的"天地之心",说的是人为天地之"核心"、"根本"的意思,这里面突出的是人的主体地位。王夫之认为,《复卦》讲的就是人被创生并取得在天地中的特殊地位,所谓"乾坤始交而得复,人之位也。"③因此,他认为这里的天地之心就是天地以人为中心、为根本的意思。"天地之生,以人为始。故其吊灵而聚美,首物以克家,明聪睿哲,流动以人物之藏,而显天地之妙用,人实任之。人者,天地之心也。故曰:'《复》,其见天地之心乎!'"④把人作为天地之中心、根本,认为"天地之心"说的就是天地的中心或根本,这在当代学者中也有一

① 程颢、程颐著,王孝鱼点校:《二程集》(下),中华书局2004年版,第819页。
② 张载著,章锡琛点校:《张载集》,中华书局1978年版,第113页。
③ 王夫之:《船山全书》(第一册),岳麓书社1988年版,第882页。
④ 王夫之:《船山全书》(第一册),岳麓书社1988年版,第882页。

定的影响。比如方东美就是从这一意义上来理解"人者天地之心"的。他说:"生命之自然秩序与道德秩序既同资始乾元天道之创造精神,且儒家复谓'人者,天地之心',居宇宙之中心枢纽位置,故人在创造精神之潜能上自能侔天配天。"①

当代学者还有其他一些看法,比如金景芳认为这里的"天地之心"实际上指的是阴阳消长的变化规律。他说:"《复》卦《彖传》说'复其见天地之心乎',这个'天地之心'极难理解。什么是'天地之心'呢? 古人说法不一。有说静是'天地之心'的,有说动是'天地之心'的,有的则强调'天地之心'是天地生物之心亦即生生不已之心。所说的都有一定的道理,却都没有说到中肯处。所谓'天地之心'就是天地之间万事万物中刚柔相摩阴阳消长的规律。它无乎不在。虽无乎不在,却唯有在《复》的时候看见得最清楚。因为在《复》的时候,阳似乎被剥尽乃又复生于下,表面静默不动,实际则蕴涵着一片勃勃生机,这比任何别的时候都更能说明阴剥阳消、剥极而复的客观规律。"②不过,金先生的这一说法并未获得学界的普遍认可。

总体来看,对于《彖传》中的"天地之心",学者们多把这里的"心"和天地创生万物的"本心"相连,很明显,这里面也突出了人的思维的作用,"天地之心"是由"人心"加以体认并显证的。宋明儒者基本都有这个意思。比如张载的"四句教"第一句"为天地立心"就表达了这个意思。天地本无心,天地创生万物本是无心而为、只是无言而教,它的创生意志和"生生"之全体大用是由人来体认和弘扬的,"人能弘道,非道弘人"③,故"天地之道"从根本上来说是由人来体证的。"天地之心"实由人立,也只有人能自觉能动地在体认天道的基础上维护天道的运行。王夫之的观点也包含这层意思。在王夫之那里,人是天地灵气的结晶,人独异于群生的地方也在于人是"明聪睿哲"的,离开主体思维,人的特殊性也就不存在了,天地的妙用也难以体现。故人为天地之心,本质上也是说的人"能够"为天地立心,天地万物之全体妙用,实系于人为。张岱年也正是从这一意义上来理解《礼记》中的

① 黄河选编:《儒家二十讲》,华夏出版社 2008 年版,第 168 页。
② 金景芳、吕绍纲:《周易全解》,吉林大学出版社 2013 年版,第 171 页。
③ 《论语·卫灵公》。

"人者天地之心"的。他说:"《礼运》说:'人者天地之心也,五行之端也,食味别声被色而生者也。'这即认为人是天地之间能知能觉者,人是天地所产生的,是自然的一部分,人对于天地的认识也即是天地的自我认识,故可以说人是天地之心。"①

我认为,上述观点在不同角度都触及到了"人者天地之心"这句话的本质内容。天地是创生之本,然而在天地创生的万物中,只有人才具有趋向大本大全的性质和能力,也就是人作为天地创生之物也有不完善的地方,但"天"同时赋予了人一种趋向于整全的天性,这即是使人成为人的、只有人才具备的特殊的理性思维能力。正是这一点,才使人成为"天地之心"或天地之意志的最好体现者,"人者,天地之心也",应当说的就是这个意思。清代学者孙希旦正是在这个意义上来理解这句话的。他说:"天地之心,谓天地所主宰以生物者,即上文'天地之德'也。人物各得天地之心以生,而惟人之知觉禀其全,故天地之心独于人具之,而物不得与焉。"②我们联系《礼记》中的其他说法,也可看出"人者天地之心也"的这层意思。《礼记·礼运》曰:"故人者,其天地之德,阴阳之交,鬼神之会,五行之秀气也。"在这里,人就是天地之德的载体,是天地间最为精妙之气作用的结果,是天地构成中最精华的部分。所以《礼记·礼运》又说:"天之所生,地之所养,人为大矣。"人之所以为大,本质上就在于人是天地之生德的载体,是天道的体证者、维护者。由此,人的存在本质上便也不是被动的消极的存在,而是一种能够积极体认天道,并能践履天道的存在。以天之"生道"为本,积极"参赞天地之化育",便成了人与生俱来的本质义务。

以上,便是"人者,天地之心也"这句话所蕴含的深刻的意义。以此我们再来看《礼记·中庸》的一些说法,顿时觉得《礼记》所讲的天人关系,实际上正体现了儒家看待人与宇宙自然之关系最为独特的一种认识。《中庸》曰:"诚者,天之道也;诚之者,人之道也。"唯有"人心"与"天地之心"在

---

① 张岱年:《心灵与境界》,北京联合出版公司 2014 年版,第 9 页。
② 孙希旦:《礼记集解》(上册),中华书局 1989 年版,第 612 页。

性质上相合，"人德"与"天德"合一，人才能"诚之"以树立人道，也唯有"人心"合于"天地之心"，"人德"合于"天地之德"，人才能做到"唯天下之至诚，为能尽其性，能尽其性，则能尽人之性，能尽人之性，则能尽物之性，能尽物之性，则可以赞天地之化育，可以赞天地之化育，则可以与天地参矣"。我们看到，《礼记》对于"人者天地之心"的理解，本质上和《易传》讲的天、地、人"三材之道"和人能"财成天地之道，辅相天地之宜"①的意思是一致的。尤其是"故人者，其天地之德，阴阳之交，鬼神之会，五行之秀气也"这句话和《易传》讲的"夫大人者，与天地合其德，与日月合其明，与四时合其序，与鬼神合其吉凶，先天而天弗违，后天而奉天时。天且弗违，而况于人乎？况于鬼神乎？"②几乎如出一辙。

人虽然是由"天"所创生的，但人并不是一个完全的被规定者，天地的"生"的意志和要求，只有通过人才能显证，人与天地一样具有"开物成务"的能力，儒家这种对天人关系的特殊理解，对于我们该以何种原则和方式处理当代生命伦理问题，也是很有启发意义的。

四、厚生以礼

生命的养护，当然离不开"礼"，这是《礼记》生命伦理思想的一个基本特色。这一点，和荀子对"礼"的养护生命作用的论述宗旨是一样的，所涉及的内容也类同。故这里，与荀子大意相同的地方我们只约略叙之，而只择《礼记》中较有特色的内容加以说明。

如前所说，在《礼记》这里，"礼"本于天地万物之生，是天地创生法则的客观表现形式，故此生命的存在就其本然意义来说，是和"礼"的客观形式是同一的。所以，从天道而言，"礼"作为天道之"生"的客观呈现，也规定了天下万物的生命的本然存在实际上也就是"礼"的一种形式，在这一意义上的"礼"，本质上也就是自然生态规律。万物均能以正常的自然生态规律存在，这是万有生命之本然状态，也是最佳的生存方式。然而，万有之生命究

---

① 《易·泰卦·象》。

② 《易·文言传》。

竟能否达于这种最佳的本然的生命状态,也就是按照自然生态规律而存在,则取决于人的认识和行动。因为在《礼记》看来,人不仅具备不断趋向于合自然目的性的善的能力,同时也有破坏天地自然生态的能力。动物和人皆有本能之欲,这是恶的根源。但动物不具备人所独具的"知"的能力,因此动物尽管和人一样皆有"性之欲",但基本上都受到了自然的"合理"限制,而不至于危害整个生态,相反,呈现出一种相互制约的作用,从而使整个生态能和谐运行。但人不一样,人具备役使万物的能力,这种能力如果不是在"参赞天地之化育"的意义上实施,就表现为对自然生态的破坏力,从而危害到包括人在内的整个生态系统。所以,人的行为必须以"辅助天地之宜"为目的,而不能表现为个体的任性。所以,《礼记》讲的"礼",就生命的养护来说,首要的作用就表现为对人的"性之欲"的一种限制,通过这种限制以使人性合乎"生生"的自然需求,所以限制并不是目的,而恰恰是顺应天道之举。如此,人性才不至于在违背天道的路上发展下去,而回归本原之"善"。如《礼记·乐记》所说:"人生而静,天之性也。感于物而动,性之欲也。物至知知,然后好恶形焉。好恶无节于内,知诱于外,不能反躬,天理灭矣。夫物之感人无穷,而人之好恶无节,则是物至而人化物也。人化物也者,灭天理而穷人欲者也。于是有悖逆诈伪之心,有淫泆作乱之事,是故强者胁弱,众者暴寡,知者诈愚,勇者苦怯,疾病不养,老幼孤独不得其所。此大乱之道也。是故先王之制礼乐,人为之节。"

人之本能之欲与动物并无实质区别,但动物的本能之欲皆受自然的"合理"限制,也就是动物并没有能力主动扩大其本能的破坏力,从而构成危害整个自然生态系统的能力,但人不同,人在"知诱"的作用下,往往会作出"灭天理"之举。因此,圣人制礼以规范人为,使之符合天道自然的要求。故"礼"虽出于天,但却本之协调现实之人欲。故孔颖达说:"夫礼者,经天纬地,本之则太乙之初,原始要终,体之乃人欲。"[①]人欲是人之实情,对之必

---

① 郑玄注,孔颖达正义,吕友仁整理:《礼记正义》,上海古籍出版社 2008 年版,礼记正义序部分。

须"节文",人道才得以显立,人之特殊价值才得以证成,人的伟大才能昭彰于世。所以《礼记》也才说:"饮食男女,人之大欲存焉;死亡贫苦,人之大欲存焉。故欲恶者,心之大端也。人藏其心,不可测度也。美恶皆在其心,不见其色也。欲一此穷之,舍礼何哉?"[①]

人只有按"礼"而行,才能显示出真正的人性。而人也唯有依"礼"而行,真正为人所属的生命价值才会显示出来。所以人要依照本于天道并呈现天道的"礼"来行动,《礼记》视此为人的本质存在,这样也就规定了人"辅相天地之宜"的当然义务。所以,呵护天地之生意,厚待众生,以使之不断生存之道,自然就是圣人所制之礼的当然内容。比如以下内容讲的都是这个意思。

"国君春田不围泽,大夫不掩群,士不取麛卵。"(《礼记·曲礼》)

"田不以礼,曰暴天物。天子不合围,诸侯不掩群,天子杀则下大绥,诸侯杀则下小绥,大夫杀则止佐车。佐车止则百姓田猎,獭祭鱼,然后虞人入泽梁,豺祭兽,然后田猎。鸠化为鹰,然后设罻罗,草木零落,然后入山林。昆虫未蛰,不以火田,不麛,不卵,不杀胎,不殀夭,不覆巢。"(《礼记·王制》)

"五谷不时,果实未孰,不粥于市。木不中伐,不粥于市。禽兽鱼鳖不中杀,不粥于市。"(《礼记·王制》)

"禁止伐木,毋覆巢,毋杀孩虫、胎夭飞鸟,毋麛毋卵,毋聚大众,毋置城郭,掩骼埋胔。是月也,不可以称兵,称兵必天殃。兵戎不起,不可从我始。毋变天之道,毋绝地之理,毋乱人之纪。"(《礼记·月令》)

以上内容,均体现了《礼记》呵护自然生态的一种伦理意识。这是一种广义的生命伦理意识,是从天道自然的角度论证作为具有理性能力的人的道德义务。这种伦理意识建立在天道和人性同一的观念基础之上,它除了培养出古代中国人对天地自然的整体生命的呵护意识,也滋生出儒家对动物等非人生命的一种人道情怀。如《礼记·檀弓下》记载:"仲尼之畜狗死,

① 《礼记·礼运》。

使子贡埋之,曰:'吾闻之也:敝帷不弃,为埋马也;敝盖不弃,为埋狗也。丘也贫,无盖,于其封也,亦予之席,毋使其首陷焉。'"又如《礼记·玉藻》记载:"君无故不杀牛,大夫无故不杀羊,士无故不杀犬豕。君子远庖厨,凡有血气之类,弗身践也。"这些都表明了《礼记》对待动物的人道情怀。

对天地万有之生命褒有一种人道情怀,注重促进宇宙生命的大化流行,反映出儒家对待生命的一种恢宏气度和生命境界。但是,"礼"的主要作用还是在于维护人的生命,主要是用来保障人类的生存与发展、呵护人类健康的。在《礼记》这里,"礼"是维护人类社会正常运转的基本制度,这一点自不待言,"礼"甚至对于个体生命的健康也有根本的保护作用。所谓"人有礼则安,无礼则危"①,"礼义也者,人之大端也,所以讲信修睦,而固人之肌肤之会、筋骸之束也。所以养生、送死、事鬼神之大端也,所以达天道,顺人情之大窦也。"②我们注意到,在《礼记》这里,很多礼节的规定本身也是为了保护人的身体健康的。比如《礼记》为了避免人们行某种礼(如丧礼)过度而伤身,也特意作了一些规定以防止这种情况发生。如《礼记·杂记下》曰:"居丧之礼,头有创则沐,身有疡则浴,有疾则饮酒食肉,疾止复初。不胜丧,乃比于不慈不孝。"又比如《礼记》考虑到老年人容易身体虚弱的实情,特别针对不同年龄阶段的老人施以不同的照顾的规定。如《礼记·曲礼》曰:"五十不致毁,六十不毁,七十唯衰麻在身,饮酒食肉处于内,生与来日,死与往日。"又如《礼记·王制》曰:"五十始衰,六十非肉不饱,七十非帛不暖,八十非人不暖,九十虽得人不暖矣。"

第四节　结语

本章以《易传》和《礼记》为中心,探讨了《周易》和儒家"礼论"中蕴含的生命伦理思想。由于《周易》和《礼记》的性质和在儒家思想中的特殊地

---

① 《礼记·曲礼》。
② 《礼记·礼运》。

位,我们认为这两部著作所蕴含的生命伦理思想实际上更为全面地反映了原始儒家生命伦理思想的全貌。这两部经典对后儒理论的开拓创新也起着至关重要的作用,比如宋明儒家的思想尽管宗旨孔、孟,但其中相当程度上是对《周易》和《礼记》,尤其是其中的《中庸》与《大学》两篇精神的直接阐发。《周易》和《礼记》有关生命的思想,在当代也颇有现实意义。

　　整体来看,《周易》和《礼记》中的生命伦理思想,颇为注重从形而上的角度论述其有关生命的理念和观点。《周易》有一套明确的宇宙创生理论或者说以天地自然的创生原理为中心的生命本体理论,这是整个儒家生命本体论的基石,是儒家有关生命本体理论较早的表达形式。从天人角度看,我们一贯将之概括为"天人合一"的理论。但是这种概括也经常被看成是对古代中国哲学的一般概括,难以体现儒家的特点。儒家固然强调"天人合一",但这个"合一",依我之见,是合于"生"。"生"是一个价值的义理的表达,所以《周易》的"天人合一"论本质上是"天人合德"论,而这个"德"和《尚书》中所谓"天德"在内涵上是一致的,都是指"天"的创生、好生之德。天地的法则,表现为"生"的法则,天地的德性,表现为"生物"的德性,在《周易》这里,"天道"、"天德"、"天命"最为鲜明地统一在"生"上,从而论证了人效法天道和顺天最为根本的内容和理据就在于这一个"生"字上。"生"之德作为价值之本、德性之源,也决定了人的修身、成德和实践的方向都在于实践此"生"之德。由于《周易》讲的"生"本身是有范围、层次和境界之分的,因此人的修养程度也相应体现为不同层次的对"生"的理解程度和实践上。另外需要注意一点的是,《周易》论"生",不仅强调人之"生",它的涵盖范围也包括万物之"生",所谓"乾道变化,各正性命。保合太和,乃利贞"①。万物的共生共荣、和谐生长,是《周易》的一个重要观念,从思想渊源上来说,这当是宋明儒的"万物一体"观较早的理论表达形式。《礼记》虽然是以"礼"为中心的,但正如前面所述,它背后的形而上学的理论依据,也是天地之"生"的原理。"礼"的精神上通天地,"礼"的根本一旦离开天地的"生物"法则,它本身的合法性就受到了质疑。

---

　　① 《易·乾卦·彖》。

《周易》和《礼记》有关生命本原的论述,既是生成论的,也是本体论的,这种理论的中心其实是把"自然"生命化了,在《周易》和《礼记》中,虽然并没有"自然"这样的字眼,但这里面却体现出如老子所谓"道法自然"的意思。老子所说的"道法自然"之"自然",是指"万物"按照自身的本性自行其是,自行变化,它说明和描述的是"万物"的活动方式和存在状态。①《周易》以"生生"为易,即是承认万物自身具有一种生化的动力和机制,《周易》不以"自然"为本,而言说"天地",本质上讲的是"天道自然"之理。《礼记·中庸》讲"天道在诚",也只不过是把万物自身的这种生化机制义理化了,是用"诚"来讲这种万物生化的原理,"诚"就是内在于事物自身的生化动力和机制,没有这种"诚",自然无事物之"生",故"不诚无物"。

总之,天地自然是具有"生"的意志的本体存在,"生"其实是《周易》对"万物"内在的属性的概括,《周易》以天地为本,背后起作用的其实是这种"生"的思维。万物的"生生",就是宇宙天地的本质、本然。在这种思维中,自然万物之"生生",是即体即用的,是"体用不二"的。换句话说,"生生"既是"体",亦是"用"。流行于宇宙间普遍的"生意",是宇宙中最为真实和本质的内容,宇宙间一切有意义的东西,都是借助这种"生意"呈现出来的,由此宇宙间一切行为的价值本体即在于此,只有合乎这种"生"的要求的,体现了这种"生"的意志的行为,其行为才具有价值和意义。这种思想颇值得我们今日玩味。因为这种思想,把人事行动的终极方向从个体的私利中完全解放了出来,个体之生固然重要,但宇宙的本然在于万有之生命的大化流行,是整个的宇宙生命系统的和谐生长,所以个体之生必须要以这个大的生命系统为前提。这种理念,突破了"小我"的限制,使人的眼光更注意宏观的生态系统的完整,让人们更多意识到生物之多样性、生命之间的关联性这些问题其实意义非常重大,这非常符合人类在当代对整体生命延续的诉求,在观念上对当代人类寻求健康的发展方式颇有指导意义。

---

① 王中江:《道与事物的自然:老子"道法自然"实义考论》,载《哲学研究》2010 年第 8 期。

第五章 儒家生命伦理思想的
结构与特征

前面几章,我们主要是以原始儒家的经典文献为基础,重点挖掘和探讨了原始儒家的生命伦理思想,我们认为,这是儒家生命伦理思想最为本真和基础的内容。本章将在这一基础上,对儒家生命伦理思想的主体内容和结构特征作出概括说明,以期对儒家生命伦理思想的精神、主题和主要内容能有一个宏观的了解。

总体而言,儒家生命伦理思想,从其体系结构上来说,主要分为四个部分:一是以"天道"或"天命"观念为基础的生命伦理本体论;二是以"万物有生"为特征的生命伦理价值论;三是以"万物一体"为核心的生命伦理目的论或境界论;四是以"中和位育"为原则的生命伦理方法论。这四个方面,互相联系,彼此支持,构成了儒家生命伦理思想最主要的内容,儒家生命伦理思想的精神、主题和价值原则在这四个方面中均得到了深刻揭示。本章将主要从这几个方面展开对儒家生命伦理思想结构特征的论述。

第一节 天道生生:儒家生命伦理的本根论

一种系统的伦理学说,离不开伦理本体论的问题。儒家伦理的本体基础即是"天命"或"天道"。换句话说,儒家伦理是建立在儒家对"天命"或"天道"的理解基础之上的。他们怎么言说"天命"或"天道"问题,这构成了其思想学说的基点,也决定了他们的理论倾向。"天命"或"天道"是儒家伦理的本体基础,儒家一切学说均建立在这一本体基础之上,这是毋庸置疑的。儒家生命伦理思想自然也不例外。借助对"天命"或"天道"的说明,来言说对生命的看法,这构成了儒家生命伦理思想最为显著的特征。"天命"或"天道"的观念,不仅对整体儒学理论具有根本的决定作用,它同时也构成了儒家信仰的基本特色。"天命"的神圣性和"天道"的德性属性,这是儒家安身立命的终极根据。一旦离开这种观念,不仅整体儒学理论会崩溃,儒家的信仰体系也将坍塌无存。所以,不管我们从哪种角度探究儒家思想,"天命"或"天道"的观念,都是我们理解儒家学说的第一性环节,也是我们理解儒家生命伦理思想的最为根本的内容。如果我们讨论儒家生命伦理,却不重视儒家的"天道"或"天命",那就很可能走上一条与儒家的诉求相悖反的路而严重背离儒家的本意。

一、天为生命之本

"天命"和"天道"是"天"的两种主要的表现方式,亦可以说是"天"进入"人"的领域两种基本的方式。"天"创生了一切,万有之存在乃"天命"使然,万有之所以如此,乃"天"教万有如此这般,所以"天命"这个概念不过是把天的创生性意志化的结果,"天"是万有之生命的主宰,具有了主宰地位的天赋予万有以各种生命形式和状态,这就是"天命"。从"命"的角度来理解天和人之间的关系,天对人而言,即"授命者",而人对天而言,即"受命者",在这个意义上,人的生命实质和过程即是接受天命和实践天命的过程。"天道"不过是"天"的本源性的另外一种表达方式,天创生万物的方式和机制就是"天道",它也意味着天地万有生命的生存秩序和法则。从"道"的角度而言,天与人的关系,即天是"道"的规定者,人则是认识和实践此"道"的主体,它决定了人的生命意义和过程就是行走在天所规定的这条"道路"之上。"天命"和"天道"本质上是人效法于天的两种根本角度,是"天意"呈现的两种基本方式。正如宋儒所说,"言天之自然者,谓之天道。言天之付与万物者,谓之天命。"①

可见,不管是"天命",还是"天道",它们都是"天"这一本源性概念的

---

① 程颢、程颐著,王孝鱼点校:《二程集》(上),中华书局2004年版,第125页。

表达方式。因此,在儒家语境中,说到极致处,归根结底还是这个"天"。"天"作为儒家一个终极性的本源概念,决定了儒家关于生命最为基本的看法:生命的产生及其相应的伦理价值规则,完全取决于"天"。

首先,宇宙自然的一切生命,包括人的生命在内,都是由"天"所创生的,"天"是生命的本原,是一切生命得以产生的最终根据。这一点在历代儒家那里,都是显而易见的。比如《诗经》说:"天生烝民,有物有则。"①这里《诗经》显然是把"天"作为"生民"的根本,同时认为"天"是按照一定方式和原则来"生"物的。虽然《诗经》中有大量的"怨天"之语,但与其说这是《诗经》在否定"天"的本源地位,倒不如说是人在"天命"面前的一种自省能力的反映。"天"创生了万有,并让万有以一定的规则存在,这仍然是《诗经》肯定的。这一点我们通过孔子对此诗的赞赏也可以看出来。② 在孔子眼中,"天"的创生性也是不容置疑的。"天何言哉?四时行焉,百物生焉。天何言哉?"③"天"是"生物"之本,这一点在孟子那里也同样如此。孟子讲的"天"虽然和孔子一样也具多重的含义,但"天"乃生命创化之本,这一点孟子同样毫无怀疑。比如孟子说:"且天之生物也,使之一本。"④对此,《中庸》亦表达得相当清楚。"故天之生物,必因其才而笃焉。其为物不二,则其生物不测。"⑤"天"是生命之本,这层意思还广泛见于儒学的其他典籍。如《尚书·泰誓上》曰:"惟天地万物父母";《礼记·郊特牲》曰:"天地合,而后万物生焉";郭店竹简《语丛一》曰:"天生百物";等等。

其次,"天"不仅是生命之源,万物之本,也是人伦道德、制度等的本原。也就是"天"创生了宇宙中的一切,这种创生是全面的、包括一切物质性的存在,也包括基于一定的物质基础而产生的精神存在,如动物的"知"或

---

① 《诗经·大雅·烝民》。

② 孔子在谈及此诗时说:"为此诗者,其知道乎?"(见《孟子·告子上》)这表明孔子也是认为此诗蕴含着客观的天道观念,并且我们联系孔子讲的"天何言哉?四时行焉,百物生焉。天何言哉?"这句话,我们大致也可以推断,孔子眼中的"天道"实质即是上天创生万物的法则。

③ 《论语·阳货》。

④ 《孟子·滕文公上》。

⑤ 《中庸·第二十六章》。

"心",人的复杂的精神现象,就其根源来说,同样来自于"天"。因为"天"赋予了人的"心":不管是"机巧心"、"圣智心",还是"道德心"。比如孔子曰"天生德于予"①;孟子曰"仁义礼智,非由外铄我也,我固有之也"②;《中庸》曰"天命之谓性"③;郭店儒简曰"性自命出"④,等等,都是把人性道德等视为"天意"的派生物。对此,董仲舒大概说得最为直接、鲜明。

> "人之形体,化天数而成;人之血气,化天志而仁;人之德行,化天理而义;人之好恶,化天之暖清;人之喜怒,化天之寒暑;人之受命,化天之四时;人生有喜怒哀乐之答,春夏秋冬之类也。"⑤
>
> "仁义制度之数,尽取之天。"⑥

总之,天地自然的一切、人伦社会的建立,从根源上来说,都来自于"天"。这对儒家而言,乃一普遍而显见的信条。如《易·序卦传》曰:"有天地然后有万物,有万物然后有男女,有男女然后有夫妇,有夫妇然后有父子,有父子然后有君臣,有君臣然后有上下,有上下然后礼义有所措。"《左传》对"礼"的根源和作用的说明,同样归之于"天",也清晰地展示"天"乃儒家伦理观念及其制度之源。"夫礼,天之经也,地之义也,民之行也。天地之经,而民实则之。"⑦因为人伦社会的一切都是"经天则地"的结果,所以顺天而行,"乃能协于天地之性,是以长久。"⑧及至宋儒,"天"乃生命之本、万物之源又以"理"的形式表现出来。"理"在宋儒这里,无疑是一个本体概念,包括生命在内的一切事物皆为"理"所派生。如朱熹所谓:"做出那事,便是这里有那里。凡天地生出那物,便都是那里有那理。"⑨"理也者,形而

---

① 《论语·述而》。
② 《孟子·告子上》。
③ 《中庸·第一章》。
④ 郭店儒简《性自命出》。
⑤ 《春秋繁露·为人者天》。
⑥ 《春秋繁露·基义》。
⑦ 《左传·昭公二十五年》。
⑧ 《左传·昭公二十七年》。
⑨ 黎靖德编,王星贤点校:《朱子语类》(第七册),中华书局1986年版,第2582页。

上之道也,生物之本也。"①而"理"在宋儒这里,无非就是"天",所谓"天即理也"②。这说明在宋儒"理本论"的背后,仍然是以"天"为本的思维在起作用。

儒家以"天"为生命之本,以"天道"为人事行动的依据,这在逻辑上必然使儒家将终极伦理问题归之于天人关系问题。也就是说,"天"的本体地位,决定了儒家的终极伦理就表现为"天"与"人"的关系问题。因此,怎么论证和看待"天人关系",事实上成为我们理解儒家终极伦理和根本原则的核心问题。也正是在这个意义上,我们才说,儒家生命伦理的根本原则决定于我们怎么看待儒家的天人关系问题。所以,以"天"为生命之本,对儒家而言,在终极伦理上必然表现为人如何对待"天命"或"天道"的问题。明确这一点,这对我们思考儒家生命伦理的原则是有重要意义的。

二、天只是以生为道

儒家以"天"作为万物之本原,在伦理学意义上,也就确立起生命存在的应然状态和发展方向的根据。由于儒家对"天"的理解具有多重的含义,从而使儒家对于生命应然状态和发展方式问题也表现出不同的向度。从"主宰之天"或"意志之天"的角度理解,生命存在和发展方式的应然状态无疑就是"天命"的实然状态。从"义理之天"的角度而言,生命存在和发展方式的应然状态自然就是按照"天"所具有的德性为依据,以"天德"的流行为鹄的,来进行相应的人事活动。而从"自然之天"的角度看,生命存在和发展方式的伦理问题则归结为依"天道"而行的问题,人事行动的正当性取决于此。

但诚如我们上面所说,"天道"、"天命"和"天德"等诸说法,其实在涵义上是内在贯通的,不是截然对立的概念。因为它们都统一在一个"生"字上。这就是说,对于儒家而言,"天"的意志,首先表现为创生的意志,"天"之无言而又廓然大公的创生,这就是"天德";"天"创生万物的秩序和法则,

---

① 朱熹:《朱熹集》,四川教育出版社 1996 年版,第 2947 页。
② 朱熹:《四书章句集注》,中华书局 1983 年版,第 65 页。

此即"天道";"天"所赋予万有之先天规定性,是谓"天命"。所以,儒家以"天"为其伦理本体,背后的思维其实是"生"。现实的各种生命均是天地之"生"的表现,它们均具有先天的"生"的规定性,具有"生"的合自然生长化育的目的性。因此,儒家生命伦理,本质上就是一种关于"生"的伦理。怎么样理解天的这种"生意"、体悟天的"生物"法则,就成为儒家伦理学说的根本问题,依此,才能为人事行动创建基础和原则。所以,在儒家伦理学说中,"生"也是一个根本的伦理概念,对儒学各个范畴具有统摄性,它也揭示出儒家生命伦理的精神所在。正是在这个意义上,梁漱溟先生才说,在儒家学说中,"这一个'生'字是最重要的观念,知道这个就可以知道所有孔家的话。孔家没有别的,就是要顺着自然道理,顶活泼顶流畅的去生发。他以为宇宙总是向前生发的,万物欲生,即任其生,不加造作必能与宇宙契合,使全宇宙充满了生意春气。"①

"生"在儒家伦理中具有本根意味,这在儒家典籍中具有鲜明的论述。上节中的许多引文,其实都表明了"天"只是以"生"为本的意思。当然,最为显著地表达这层意思的当首推《周易》。我们前文说过,在《周易》这里,"天地之道"也即"易之道",所谓"易与天地准,故能弥纶天地之道"②,而"易之道"也即"生生之道",所谓"生生之谓易"③;"易之本体,只是一'生'字。"④所以,在《周易》这里,所谓"天道",本质上就是"生"之道。

可见,儒家抬出"天",讲"天"的至上性,无非是要告诉我们"生"的绝对性、至上性,这可谓儒家的一贯理路,也是儒家言"天"的思想实质。"天意"在"生",一切生命,均是"天生"的结果。"天"生出一物,一物便获得一物之"生";"天"生出一物的同时,也赋予一物以某种规定性,这就是此物之"命",所谓"大凡生于天地者皆曰命"⑤,故"生命"在儒家这里,无非是"天"赐的结果。"民受天地之中以生,所谓命也。"⑥"天"的存在,就是"生"的存

---

① 梁漱溟:《儒学复兴之路——梁漱溟文选》,上海远东出版社1994年版,第71页。
② 《易·系辞上》。
③ 《易·系辞上》。
④ 黄宗羲著,沈芝盈点校:《明儒学案》,中华书局1985年版,第1408页。
⑤ 《礼记·祭法》。
⑥ 《左传·定公十五年》。

在。"天"以"生"为体,亦以"生"为用,体用不二,这即是天地的本体状态。是故朱熹才说:"某谓天地别无勾当,只是以生物为心。"①明儒罗汝芳亦说:"天此生,地亦此生也"②,"盈天地间只是一个大生。"③

总之,"生"就是"天道"、是"天德"、是"天命","天命生生不已"④,"生"就是和"天"统一的本体概念。儒家以"生"为本,不仅揭示出了生命存在的动力之源,也同时在最高本体的意义上,论证了生命的价值及其体现的方式。"生"既是生命存在的动力,亦是生命的目的本身,人事行动的正当性,就维系在人对天地之"生"的领悟与实践当中。由于"生"的绝对地位,因此,是否能从"生"的角度思考问题,是否能够做到"厚生"、"利生"、"乐生",也成为儒家思考生命价值问题的立足点。

第二节　万物有"生":儒家生命伦理的价值论

伦理学有时也称价值科学,这是因为伦理学讨论的基本问题如善恶问题本身也是价值问题,故讨论儒家生命伦理问题,显然也离不开对价值问题的讨论。儒家怎么看待生命的价值,关系到儒家生命伦理的思想旨趣,也关系到儒家处理生命问题的基本立场。不过,"价值"一词作为哲学伦理学的概念是19世纪以来的事情,儒家并没有专门的针对"价值"的讨论。并且,"价值"一词在当代具有多学科的理解,这种情况很容易使人在价值内涵的理解上发生混淆。因此,有鉴于此,在讨论儒家有关"生命"的价值问题之前,我们有必要事先对"价值"的内涵作一点界定和说明。

一、价值与生命价值

"价值"一词,在汉语中早已有之。但人们最初对"价值"的使用,主要

① 黎靖德编,王星贤点校:《朱子语类》(第一册),中华书局1986年版,第4页。
② 语出《盱坛直诠》卷上,参见北京大学《儒藏》编纂与研究中心编:《儒藏》(精华编二六一册集部),北京大学出版社2013年版,第407页。
③ 黄宗羲著,沈芝盈点校:《明儒学案》,中华书局1985年版,第789页。
④ 黄宗羲著,沈芝盈点校:《明儒学案》,中华书局1985年版,第783页。

是一种古典政治经济学意义上的或者"效用主义"的用法,主要用来指称某一物品的使用价值和效用,或者说"事物的用途和积极作用"。简而言之,"价值"就是指"物的用处"。基于对"物的有用性"的理解,"物"的价值通常表现为一种"交换价值",一物具备了这种交换能力,也证明了其自身是有价值的。这种对"价值"内涵的规定,本质上是从物的使用价值和交换能力角度来说的,但它是人们对"价值一词的通俗用法"①。哲学伦理学意义上的"价值"一词,与"价值"这一本始的意义有联系,但又有不同的规定。哲学伦理学上的"价值"内涵,主要有两大类。

第一类是存在论、本体论意义上的"价值"。从存在论的角度说,凡是"存在"都有其存在的属性或者说内在的本性。而这种"存在"本身,证明了"存在者"本身是有价值的。"存在者"存在的内在属性,决定了事物的价值。这样的观点是肯定"价值"是事物内生的,与事物自身与外界的关系无关。事物的价值不是由外界关系来决定的,也与人的意欲和需要无关。价值是由存在者自在自为的本性决定的,具有客观的性质。当代非人类中心主义生态伦理学者在讲自然的内在价值时,主要就是在这一意义上使用"价值"一词的。按照非人类中心主义生态伦理学家的解释,所谓"内在价值",主要具备三个方面的意思。

第一种观点是非工具性的价值或作为目的的内在价值。按照这种看法,事物存在本身就是目的,这种目的决定了事物的价值,而不是因为人类的需要事物才有价值,它不是作为人类的工具、基于"工具有用性"而存在的,因此是"非工具性的价值"。

第二种观点是因"内在属性"而产生的内在价值。事物之所以是有内在价值的,不是由于物与物的关系而决定的,而是此物自身就有一种内在的属性决定了它的价值。这种价值是内生于事物的,它不依据他者的存在而存在。元伦理学的创始人摩尔正是在这一意义上使用"内在价值"一词的。他说:"说某类价值是内在的,仅仅意味着,某个事物是否拥

① 斯坦利·杰文斯著,郭大力译:《政治经济学理论》,商务印书馆1984年版,第77页。

有这种价值和在什么程度上拥有这种价值,完全依赖这一事物的内在本性。"①杨通进把事物的这种内在本性界定为"非关系性的属性",即指一个客体所拥有的不依赖于其他客体的存在或不存在的属性,或者指一个客体所具有的无须参照其他客体也能说明其特征的那些属性。②

第三种观点与第二点相联系,是从客观角度看待内在价值,即否定价值与人的评价和需求具有关联性,事物的价值具有独立于人类的评价之外的属性,这种价值是客观的,是不受人的主体评价限制的。

以上三种对"内在价值"的解释,在内涵上具有贯通性,彼此之间是相互支撑的。这种"内在价值"观的主要特征是淡化了价值产生的人的因素,而赋予了价值一种存在论的根基。这成了当代非人类中心主义者论证自然生命的价值的主要理据。在非人类中心主义生态伦理学家看来,我们为什么要尊重自然、善待自然生命? 为什么要赋予动物以权利? 这并不是因为自然生命对于人而言只有一种"工具有用性",而是自然生命存在本身就是有价值的,这种价值既与外界事物无关,也与人的意识、特质无关。

与存在论的价值观相伴生的,是承认存在一种本体意义上的"价值"。西方哲学上的"本体"通常是本质主义的思维概念,是对存在的抽象,是认为世界上存在着一种可作为万物根据的实体,它是终极的决定力量。依据这种本体认识,由此也产生了具有本体意义的价值。按照这种价值观,作为本体的存在才具有绝对的价值、至高无上的价值,其他一切所谓价值都是依据这种价值而生产的,都是被赋予的价值,且这种被赋予的价值在性质上与作为本体而存在的价值是同一的。这种观点本质上也是一种存在论的价值观点,只是把价值本体化,这种本体价值是绝对的、至高无上的,它派生出其他一切价值,其他一切价值都取决于本体的价值。

从根本来看,存在论和本体论意义上的价值观事实上否认了价值的"关系属性",也基本上否定了人的主体性。而我们通常对价值的理解,是认为价值是从现实的物与物的关系,尤其是人与物的关系中产生的,换言

---

① 参见杨通进:《环境伦理 全球话语 中国视野》,重庆出版社 2007 年版,第 31 页。
② 参见杨通进:《环境伦理 全球话语 中国视野》,重庆出版社 2007 年版,第 31 页。

之,价值都是在现实的关系中产生的,是相对而言的。如果脱离现实的关系,价值的导向意义就消失了,也就无所谓价值问题。这就像江畅所说,"一个孤立的事物只具有各种不同的属性和功能,无所谓价值,只有当它与另一个事物发生了关系,它才具有价值的性质。我们说一个事物有价值,并不是说这个事物本身具有价值,而是说这个事物对于别的什么事物具有价值。价值就存在于这种'对于'之中。"①摩尔将脱离"关系"的内生性的价值观点归结为"自然主义的谬误",认为这种观点是犯了从"事实"中求"应该"、把"实然"与"应然"混为一谈的错误。② 此外,离开人的主体性,到底还有没有价值的问题,是值得讨论的。即使我们承认自然生命自身就有价值,这种价值显然也需要人类的"承认或肯定",完全脱离关系性和人的主体性来讨论价值,价值问题将变得无甚意义可言。

第二类价值观正是从关系性,尤其是从人与物的关系角度看待价值的观点。依这类观点,价值是依"关系"而产生的一个概念,价值并不是事物独立产生的,而是存在于物与物的关系中,是一物对另一物表现出的意义、有用性等属性。这种属性是一事物相对于另一事物的某种"需求"或"意欲"而产生的。依据这种"关系",这种价值观点又可以分为两种观点。

一种是认为价值存在于一切形式的物与物的关系中。比如阳光对植物生长有用处,阳光满足了植物的生命生长需求,那么阳光对植物就是有价值的。小鱼满足了大鱼的生命需求(大鱼可以以小鱼为食物),那么小鱼对大鱼是有价值的。价值就存在于这物与物的"相与"之中,这种"相与"性的物与物的关系就体现为一种价值关系。

另外一种观点是认为构成"价值关系"的一方必须是人,只有人才是价值的尺度和评判者,才构成价值的主体。价值是关于人的活动和属性的一种概念,是人类世界特有的,只有相对人才有所谓价值问题。离开人的关系,不可能成为价值关系,非人之物对另外一种非人之物的"有用性"不能称为价值。这样一种价值观点,通常被称为"主观主义的价值观"。这种价

---

① 江畅:《幸福与和谐》,人民出版社 2005 年版,第 69 页。
② 参见任丑:《人权应用伦理学》,中国发展出版社 2014 年版,第 134 页。

值观建立在主客二分的认识图式上,认为价值是相对于主体而言的,而作为认识主体的只能是人,因此脱离作为主体的人,是没有所谓价值问题的,价值就是客体满足主体的有用性,是在主体和客体的关系中产生的。如李德顺所言:"所谓价值,是特指主客体关系的一种内容,这种内容就是:客体是否满足主体的需要,是否同主体相一致,为主体服务。"①按照这种观点,作为客体的可以是任何物,也包括人本身,但作为主体的只能是人,价值就是客体满足作为主体的人的需要的那种属性,这种属性并不是单纯指客体自身的属性,而是只有客体具有的这种属性满足了主体的需求时,才表现为价值。比如铁是坚硬且可铸的,铁的自身这种属性无价值可言,只有当这种属性能满足人们生产工具的需要时,铁对人而言才是有价值的,在这里主体的需要是一物具有价值的根源。按照这种观点,非人世界的事物本身是无所谓价值可言的,"价值"是专属于人的思维活动,是人运用自己的思维对他者的评判尺度。在这个意义上,动物、植物和其他存在物本身是无所谓内在价值的,它们的价值都是因人而有,是以人为中心,与主体的人的需求相一致的东西。比如牛有价值,不是因为牛自身就有所谓价值,是因为牛可以被人吃或者做他用,我们说花儿有价值,是因为花可供人欣赏,等等。这种价值观,自然是对我们前面所说的所谓自然具有"内在价值"观点的否定。

显然,依照不同的对"价值"的理解,我们对生命的价值问题看法也会不一样。当代生态伦理学中的人类中心主义和非人类中心主义争议的焦点问题即与此相关。生态伦理学争论的焦点集中在(1)自然是否具有内在价值或者是否只有人才具有内在价值,进而(2)自然是否具有道德主体性,最终归结到(3)自然是否有权进入道德共同体。② 而这种争论的实质虽然表现为我们怎么看待事实与价值的紧张关系问题,但归根结底还是一个我们怎么看待价值的问题。

以上述有关价值的观点作参照,我们注意到,儒家的生命价值观既有存在论本体论生命价值观的特点,又有某种人类中心主义生命价值观的思想

---

① 李德顺:《新价值论》,云南人民出版社 2004 年版,第 30 页。
② 任丑:《人权应用伦理学》,中国发展出版社 2014 年版,第 132 页。

倾向,但它又不同于当代西方的人类中心主义的生命价值观。儒家一方面似乎努力要说明生命价值的客观性,而另一方面生命的价值又似乎脱离不开人的存在特性,是和人的存在特性有着紧密关系的。这使得儒家的生命价值观念既有别于当代西方的人类中心主义,也与西方非人类中心主义的观点不尽相同。比如在对待动物生命的态度上,儒家既不是以纯粹的人的需求为中心的效用主义的观点来处理人与动物的关系,也不是纯粹地应用本体论的生命价值观点来处理人与动物的关系,而是一方面既承认自然生命具有内在价值,又特别高扬人的存在价值,赋予人的生命价值一种特殊性。所以,儒家的生命价值观是一种存有论本体论意义的价值观,也是一种人本主义的价值观。儒家这种生命价值论,无疑与其对天人关系的独特理解有关。在这里,我们可以将儒家的这种观点概括为万物有"生"的生命价值论。

二、万物有"生"

儒家对生命的价值的看法,显然有一种存有论、本体论生命价值观的特征。我们知道,儒家是以"天"为本的,而"天"对儒家而言,本身就有价值的属性,所谓"天地之大德曰生"[①]。这就是说,"天"作为一种本体存在,它并非只是单纯的自然实体,而是本身就彰显着一种"生"的价值。"生"是"天"的存在本质,是其内在本性,是万物得以创生的根据。正因为"生"是来自天地的本源属性,从而决定了"生"的价值的普遍性和至高无上性。"生"作为本体价值,是取决于"生"的本体地位的。万物皆为天地创化,而天地宇宙的本性即是"生",正是天地宇宙这种内在的"生"性或机制,造就了"生生不息"的万物。余治平把天地宇宙这种固有的"生"性归结为物自身固有的一种自我创造能力和精神,他认为:"生生哲学所揭示出的一个最朴素、最根本但又常常为人们所忽略的道理就是,物自身有无穷的创造力,宇宙也有无穷的创造力。"[②]也正因为"生生"揭示的是天地宇宙的这种内

---

① 《易·系辞下》。

② 参见张立文主编:《天人之辨——儒学与生态文明》,人民出版社 2013 年版,第50 页。

在性质,所以"'生生'被提升到一种可以与物同存共在、比物的生成更源始的本体论高度"。①"生"具有本体意义,这一点我们在前文已经多有讨论。"生"的本位地位,也决定了"生"的价值在儒学的价值体系中居于至高无上的绝对地位,它彰显的是天地本然之道、根本的精神价值。所以《易经》将"生"视为天地之"大德"。所谓"大德",也正是从"生"的根本性、普遍性角度而言。"生"揭示的是天地恒久之道,正是在这个意义上,孔颖达在注解"天地之大德曰生"时,将这里的"生"视为"常生"。他说:"若不常生,则德之不大。以其常生万物,故云大德也。"②这即从"道体"的角度来理解"生"。

总之,"生"在儒家那里,具有价值本体的意义,它是天地宇宙的本性,是其固有的价值,它是绝对的、最高的本体价值。正如向世陵所说,"作为天地最根本的德性,生生体现了宇宙最高的价值,因为它从根本上保证了包括人类在内的一切生命系统的产生和延续。"③"生"既是价值本体,这就说明一切价值也皆来源于这种"生"。因此,"生"既是万物之本,又是价值之源。万物生之于天,因此皆天赋有此种"生"性。这就是说事物自身即具有生命的自我创造、自我更新、自我保存、自我发展的本性。"生"是一切生命存在的动力根源,也是其存在目的本身。因此,"生"本身就是一种"善"。它完全是内在于生命体自身之中的,而与外部观察者的评价和利益无关。我们看,在儒家这里,由于"生"的价值本质上是"天"赋予万物的一种内在的属性,因此这种价值显然是内在于物自身的,而和人的主体意志和需求无甚关联。换句话说,在儒家看来,所有生命都有先天的价值规定,都拥有"生"的"内在价值",这种价值取决于自然的创生机制,是"天命"为之而不受人的主体意识所限。这就是儒家万物有"生"价值论的基本观点。

万物皆有"生",皆先天的具有"生"的价值规定,儒家的这个意思,在宋

①　参见张立文主编:《天人之辨——儒学与生态文明》,人民出版社2013年版,第47页。

②　阮元校刻:《十三经注疏(附校勘记)·周易正义》,中华书局1980年版,第86页。

③　参见张立文主编:《天人之辨——儒学与生态文明》,人民出版社2013年版,第18页。

儒那里被明确地表述为万物皆有"天地之性"、皆有"生之理"等命题。承认包括人在内的万物皆有"生"的先天规定性，也就赋予万有之生命具有不以人的意志为转移的价值地位。在这里，不管是对动物生命而言，还是人的生命而言，"生"都是最根本的、绝对的价值选项。"善生"是生命实现的方式，也是终极的伦理追求，所以"生"是内在于生命体的最为根本的价值，它体现为万有之生命的"生存意欲"，是与各种生命的生存需求相一致的、内在的价值。离开了"生"，万物将归于寂而毫无价值和意义可言。毫无疑问，儒家的这种价值观是与基于人的主体需求而产生的价值理念不相符合的。因为在这种价值观中，并没有把"人"的存在视为价值产生的当然前提，如果说这里有什么"人"的因素的话，那就是儒家的这种价值观与人的智力参与，即人对天地宇宙之本性的领悟能力有关，而与"人的主体需求"并没有多大关系，因此它不是效用主义的，也不是"关系属性"的价值观，而是存在论、本体论意义上的价值观。

儒家这种生命价值观直接影响到儒家看待人与宇宙万物的关系、看待动物等非人生命的方式等问题。从"生"的本体地位而言，万有之生命的价值都是天赋的，从性质上看，任何生命的价值也都具有同一性。所以，从先天角度看，人的生命和自然生命具有同等的地位，在价值上人的生命并不天然就比动物等非人生命的价值优越。每一种生命都自然而然地被赋予"生"的规定，因为追求"善生"是任何生命的共同倾向。人的一切行为，归根结底是为了实现人的"善生"，动物的行为也是为了实现其生命的"善生"，尽管对动物而言这可能只是出于一种本能的意志，但从"善生"的自然目的性而言，二者并无质的区别。所以，从万物有"生"的角度看，对于儒家而言，应该不会只把动物存在视为一种"工具价值"，不会单纯从人的主体需要角度来对待动物等自然生命。相反，由于"生"是天地普遍的性质，万物的生生不息是天地宇宙的本然状态，因此"万物并育而不相害，道并行而不相悖"①，既是儒家对天地宇宙的状态的实然描述，也成为儒家当然的伦理追求。这与西方人类中心主义从人的利益角度判断自然价值的立场显然

① 《中庸·第三十章》。

是背道而驰的。相反,倒与当代非人类中心主义的自然价值观在很大程度上有相似的地方。比如,二者都认为自然生命的价值具有天赋性,它不是源于人的主体需要,而是源于自然生命本身,是自然生命体自身所具有的为实现自身生命而天然具有的一种生命力和生命机制,生命体都以实现其生命为目的,它自身就是一种"善"。

比如,被誉为"环境伦理学之父"的罗尔斯顿认为,大自然是有内在价值的,它的价值不是依人而产生的,而是先天的,因为不是人类创造了自然,而是自然孕育了包括人类在内的各种生命,自然是各种生命的母体,它的存在本身就是一种"自然之善",这种"自然之善"是独立于人类的价值之外的。换句话说,自然创造生命,生命在自然系统中得以孕育和发展,这是自然的"实然",这种"实然"本身就体现为一种"应然",具有价值意义。在罗尔斯顿看来,环境伦理学就是实然的描述和关于应然的规范结合起来的学问。他说:"环境伦理学将把实然的描述(他们是从科学、形而上学以及关于现实的或潜在的内在价值的判断中推断出来)和关于应然的规范(人类行为的对和错)结合起来。"①泰勒则从生命的自然目的性角度论证了自然生命价值的内在性。泰勒在论证我们为什么要尊重自然生命时说:"说生命的目的中心,即它的内部功能和外部行为都是有目标的,拥有一种恒常的倾向:维持有机体的长久生存,并成功地使它的生物学功能得到正常发挥,从而使它的种类得到繁殖并不断地适应正在变化着的环境,正是由于有机体拥有这样一些协调的、完整的功能,这些功能都指向有机体的'善'的实现,它才能够成为这些活动的目的中心。"②泰勒的意思是认为每一种有机体都是一个生命的目的中心,它们天生就有实现其生存的本能和目的,这使它天生就能从"自我的角度"去调整它与外部世界的相应关系,从而实现其生存,这本身就是一种"善"的价值。这也就是说,任何生命存在都是以其生命的自我保存、自我发展为目的,生命存在的意义就在于其生命的实现,因此,生命存在本身内在的具有价值,生命的存在本身就是一种"善"。

---

①　霍尔姆斯·罗尔斯顿著,杨通进译:《环境伦理学》,中国社会科学出版社 2000 年版,序言部分。

②　转引自雷毅:《河流的价值与伦理》,黄河水利出版社 2007 年版,第 69 页。

由上可见,儒家万物有"生"的价值观点在很大程度上与非人类中心主义的自然价值论存在相似的地方。不过,二者也并不完全相同。比如,相较于罗尔斯顿的自然价值论,虽然二者都从天地宇宙的实然状态与应然状态相统一的立场来看待价值问题,都承认存在一种脱离人的主体性而存在的客观价值,都承认"自然"的创造物本身具有价值,都视"自然"为一切价值的根源,①在处理人与自然关系上,都强调人对自然生态系统的完整性、稳定性和完美性负有义务。但与当代非人类中心主义者不同,儒家是在"天人共性"的角度上来论述人与自然之间的关系的。也就是说,儒家讲的万物有"生",实际上是基于包括人在内的天地万物的生命具有共同的本性这一认识之上,并在这一基础上抽象出一个普遍的能够将天地万物统一在一起的形而上学的概念"生"。而罗尔斯顿的自然价值论这种形而上学的意蕴并不浓厚。罗尔斯顿的自然价值论主要是存有意义上的,而非本体意义上的,罗尔斯顿并没有抽象出类似于"生"的价值理念,并没有把天地万物统一到一种形而上学的理念之中。在处理人与自然的关系上,罗尔斯顿也并没有像儒家那样鲜明而生动地论证出人对自然所应承担的那种特殊义务的根据。罗尔斯顿仅仅是在人与自然生命皆为自然的创造物这一角度,论证人在价值意义上负有"顺从自然"的消极义务,②而不是像儒家那样,通过对人的存在特殊性论述,论证人对自然负有"参赞天地之化育"的积极义务。罗尔斯顿试图以自然价值论消除人与自然的对立,但人与自然生命的界限和隔阂仍然是存在的。

还有,儒家的万物有"生"论并没有贬低人的主体地位,儒家对于人的主体性是高度关注的。在儒家看来,人在天地宇宙的创化过程中承担着特别的义务,人与动物等自然生命的界限是相当分明的。而非人类中心主义者则在一定程度上模糊了这种界限,也使人的主体能动性不甚了了。如雷

---

① 儒家以"天"为生化之本,明显具有将我们常说的"自然宇宙"形而上学化的思想倾向,这一点正如蒙培元指出的那样,"儒学以'天'为最高存在,但'天'不是别的,就是自然界",是指"宇宙整体或全体"。(参见蒙培元:《儒学是人类中心主义吗?》,载《现代哲学》2004年第1期)

② 参见王正平:《环境哲学——环境伦理的跨学科研究》第2版,上海教育出版社2014年版,第151页。

根试图通过确立"生命的主体标准"来论证自然生命（动物）的天赋的固有价值及权利，他认为像康德那样，把固有价值的概念限制在道德主体的范围是武断的、错误的，它应当适用于符合"生命的主体标准"的一切生命，动物符合生命的主体标准，因而我们负有尊重动物生命的义务。① 雷根试图通过扩充"道德主体"（moral agent）的范围来赋予动物等非人生命相应的道德地位，固然论证了"动物的权利"，但同时也降低了人在自然界中的主体地位，甚至得出"素食主义"乃是人的责任的看法。儒家的万物有"生"论，显然并不忽视人在自然界中的能动主体地位，儒家讲仁爱动物，却也并不因此主张素食主义。在儒家那里，人与自然生命同出于天之本源，均赋有天地之生性，这是在形而上学的意义上论证人与自然生命的存在具有同一性，儒家以这种方式在形而上学的意义上消除了人与自然之间的界限和隔阂，将万有之生命统一在"生"的理念之中，但儒家并不因此否认人和动物等非人生命存在界限，也不否认人对动物存在利用关系，更不否认在价值实现形式上人与动物存在根本的区别，因而主张必须要把人与动物区别对待。儒家的这种态度，又使其生命价值观点，呈现出一种人本主义价值观的色彩。这种色彩，主要体现在"天地之性人为贵"这一命题之上。要对儒家生命价值理论拥有完整而更为深刻的认识，还务须对这一命题有充足的理解，它也是儒家生命价值理论非常富有特色的一面。

三、天地之性人为贵

"天地之性人为贵"，语出《孝经·圣治章》引孔子言，此中之"性"字通"生"字，此语本义为在天地创生的万物中，人是最贵的。人在万物中最"贵"，这是历代儒家的一个共识，它见诸于历代儒家典籍中。如《尚书·泰誓上》讲"惟天地万物父母，惟人万物之灵"；《荀子·富国》讲"人有气有生有知亦且有义，故最为天下贵也"；《春秋繁露》曰"天地之精所以生物者，莫贵于人"②；等等。但是，为什么人是天地万物中最贵的？这个"贵"体现在

---

① 汤姆·雷根著，李曦译：《动物权利研究》，北京大学出版社 2010 年版，第 201—209 页。
② 《春秋繁露·人副天数》。

何处？是哪种意义上的"贵"？主张人为天地生物中最贵者，是不是说人在价值上优于万物的存在？显然，对这句话的理解，会影响到我们对许多问题的理解。从现有的资料来看，儒家对人是天地生物中最贵的理解，主要有这么几种。

一是认为人是天地所创生的万物中最为精华和优秀的部分。这种观点又和传统的"阴阳五行"以及"气"的观念有关。从生命的构成来说，万物皆是阴阳五行或气化生而成，而人则是阴阳五行或气的最为精纯的部分构成。所以人在天地万物中是最灵、最贵者。这种看法在儒家那里相当普遍，历代儒家都有类似看法。比如《礼记·礼运》说："故人者，其天地之德，阴阳之交，鬼神之会，五行之秀气也。"宋代儒者周敦颐也说："二气交感，化生万物。万物生生而变化无穷焉。唯人也得其秀而最灵。"①

二是从人的心智角度来肯定人是天地万物最贵者。这就是说人之所以最贵乃是贵在人具有特殊的心智能力。这种看法较为直接的表达可以以王充的看法为代表。他说："天地之性人为贵，贵其识知也。"②不过这种看法早在先秦时期就已见端倪。比如荀子的观点就具这种思想倾向。《荀子·礼论》曰：

> 凡生乎天地之间者，有血气之属，必有知，有知之属，莫不爱其类。今夫大鸟兽则失亡其群匹，越月踰时，则必反铅；过故乡，则必徘徊焉，鸣号焉，踯躅焉，踟蹰焉，然后能去之也。小者是燕爵，犹有啁噍之顷焉，然后能去之。故有血气之属莫知于人，故人之于其亲也，至死无穷。

这就是说，人拥有一种鸟兽不具备的特殊的心智能力，荀子把人的这种智力因素看成人禽之别的一个重要表现，而正是这种智力因素，使人们的"义"成为可能，从而让人最为天下贵。以智识因素为人禽之别的重要标

① 周敦颐著，谭松林、尹红整理：《周敦颐集》，岳麓书社2002年版，第6—7页。
② 王充：《论衡》，上海人民出版社1974年版，第209页。

志,自先秦以降,这种看法逐渐具有普遍性。比如《淮南子·修务训》也表达了和荀子类似的看法。

> 夫天之所覆,地之所载,包于六合之内,托于宇宙之间,阴阳之所生,血气之精,含牙戴角,前爪后距,奋翼攫肆,蚑行蛲动之虫,喜而合,怒而斗,见利而就,避害而去,其情一也。虽所好恶,其与人无以异。然其爪牙虽利,筋骨虽强,不免制于人者,知不能相通,才力不能相一也。

清代大儒王夫之亦持此论。他说:“天地之生,以人为始。故其吊灵而聚美,首物以克家,明聪睿哲,流动以人物之藏,而显天地之妙用,人实任之。人者,天地之心也。”①这就是说天地创造万物时人具有优先性,人不仅是天地始创,而且天地赋予了人独有的“明聪睿哲”,这正是人的特殊可贵之处。

不过,从更普遍的角度来看,儒家认为人之所以为天下最贵者,还是由于人具备与动物不同的道德理性。人固然是一种智慧的生物,但在儒家这里,人的智慧最为突出的表现,就是人能依其特殊的智识过一种道德的生活,而正是这一点,让人超然异于群生而成为天地生物中最贵者。以道德区分人与万物并在与万物的比较中赋予人最贵的地位,这应当是儒家认为“天地之性人为贵”最为根本和核心的观点。固然人在材质构造上是阴阳五行或气的最为优秀的部分,但这种材质上的优越只有通过人的精神的特殊性才能表达出来。在儒家看来,人的精神表现莫过于人之存在的道德属性,而正是人的存在的道德性,使人与万物虽出于同样的材质,但却因其道德性而超然于物外,成为最灵最贵者。

我们看,尽管儒家一方面通过材质构造的特殊性论证人为最贵的原因,但对人最为天下贵的论证主要还是落实到人是一种道德存在上。比如荀子,尽管他把人的智识视为人最为天下贵的某种源泉,但人之所以最为天下

---

① 王夫之:《船山全书》(第一册),岳麓书社 1988 年版,第 882 页。

贵,根本表现还是在于人是"义"的存在,所谓"人有气有生有知亦且有义,故最为天下贵也"①。董仲舒同样如此,他认为人之所以最贵,关键还是在于"惟人独能为仁义"②。他说:"人受命于天,固超然异于群生,人有父子兄弟之亲,出有君臣上下之谊,会聚相遇,则有耆老长幼之施;粲然有文以相接,欢然有恩以相爱,此人之所以贵也。"③以后历代儒家均是如此。比如陆九渊说:"天地之性人为贵,人为万物之灵。人所以贵与灵者,只是这心。"④而陆九渊所说的"心",无非是"仁义之心","故仁义者,人之本心也"。⑤ 朱熹同样表达了类似的意思。他说:

> 性,形而上者也;气,形而下者也。人物之生,莫不有是性,亦莫不有是气。然以气言之,则知觉运动,人与物若不异也;以理言之,以仁义礼智之禀,岂物之所得而全哉?此人之性所以无不善,而为万物之灵也。⑥

这就是说,人与物虽然都有性质同一的"性",同由天地之气赋予"形",但物所赋予之性并不如人那么全,物所差的,正是人独有的"仁义礼智之禀",而正是这一差异,使人成为万物之灵贵者。

由上可见,儒家所揭示的人最为天下贵的三种原因实际上是彼此相连的,三者内在贯通。天地在创造万物时赋予了人以最为精纯特殊的材质,此为"最秀";正是这种构成上的"最秀",决定了人具备超然异于群生的心智能力,此为"最灵";而又正是这种"最灵",使人意识到人的存在的特殊性即在于人的道德属性,故人"最贵"。所以,儒家之所以认为人是天地生物中最贵者,归根结底是认为人天赋有一种特殊的心智能力,正是这种心智能力,让人意识到人的存在的特殊性,即在于人是一种道德存在,而人的道德

---

① 《荀子·富国》。
② 《春秋繁露·人副天数》。
③ 班固:《汉书·董仲舒传》,浙江古籍出版社2002年版,第799页。
④ 黎靖德编,王星贤点校:《朱子语类》(第八册),中华书局1986年版,第2970页。
⑤ 陆九渊著,钟哲点校:《陆九渊集》,中华书局1980年版,第9页。
⑥ 朱熹:《四书章句集注》,中华书局1983年版,第326页。

性的主要表现,即是人能够体天悟道,负有"参赞天地之化育"的道德义务。

儒家的这层意思,我们在前面对《礼记》中"人者,天地之心也"①这一命题的分析中也曾谈到。"天地之性人为贵"与"人者,天地之心也"具有异曲同工之妙,它们揭示的主题是一致的。前文说到,"人者,天地之心也"这一命题表明,"天地之心"是由"人心"加以体认并显证的。天地本无心,天地创生万物本是无心而为、只是无言而教,它的创生意志和"生生"之全体大用是由人来体认和弘扬的。离开人的主体思维,天地的"生物之心"与"生生"妙用便无从体现。动物有知,然而未能禀其全,"而惟人之知觉禀其全,故天地之心独于人具之,而物不得与焉"。② 所以,人的存在本质上便也不是被动的消极的存在,而是一种能够积极体认天道,并能践履天道的存在。以"天"之"生道"为本,积极"参赞天地之化育",便成了人与生俱来的本质义务。这在《易传》与《中庸》的反复教导中足见一斑。

可见,"天地之性人为贵"这一命题,本质上揭示的是人与天地宇宙自然之间的一种特殊关系。人是天地创生的万物中唯一被赋予体认"天道"、"天命"的能力、并能促进"天道"普遍流行的存在,而人自身也正是在这种体天悟道、践履"天道"的过程中,确认了人的本质、完善了人自身。在这里,人的存在已经被"天"规定为一种道德的存在。而一切道德皆来源于天地之"生德","仁"、"义"、"礼"等都不过是从某种向度对"生德"的揭示,是对天人关系的某种说明。这样,人的生命本身就与仁义等道德合而为一。离开了仁义等道德,人之为人的属性也就不复存在。仁义等道德使人禽相区别,也正是这种区别,人才显得高贵。这说明,人的生命的价值固然在性质上同一于动物,但在实现形式上是根本区别于动物的。人的生命是以仁义等道德为质的生命,人的生命价值和意义也体现在对道德的践履上。而动物的生命价值则完全系于其合自然目的性上,它只是一种本能的生活。所以,人的生命与仁义等道德是分不开的,一旦分开,人将不人。所以荀子才说:"若其义则须臾不可舍也。为之,人也;舍之,禽兽也。"③在这个意义

①《礼记·礼运》。
② 孙希旦:《礼记集解》,中华书局 1989 年版,第 612 页。
③《荀子·劝学》。

上,人的纯粹的天赋的"形色"之"生",也即本能的存在,或者说"动物式的活着",实际上是没有价值的、没有意义的。正是在这个意义上,儒家才说"杀身成仁"、"舍生取义"。这里的"身"和"生"都是就生理层面而言的,如朱熹所谓"生者,人之所得于天之气也"①之"生"。在这里,儒家的观点是很明确的,纯粹的"动物式活着",是可以舍弃的。因为这种生存本质上把人的生活方式降低到与动物同类,从而取消了人的存在价值和意义,所以与其"像狗"一样活着,还不如像个人一样去死。当生命被剥离了人性的尊严,这样的生命本身已经失去了人的意思,在这种情况下,儒家并不认为死就一定是个坏事。

在这里,我们可以注意到,由于儒家承认人与动物生命在价值的实现形式上的差异,实际上也就区分了人和动物在人类生活中的实际地位。显然儒家并不同意动辄就把人和动物相提并论,人的道德性说明人禽的界限是明晰的。人自己必须首先意识到这一点,自觉以特有的人之性来生活,否则"饱食、暖衣、逸居而无教,则近于禽兽"。② 同样,在对待人与动物的方式上也应当有所区别。人为最贵者本身也说明,人的生命本身具有某种特殊性,需要我们特别对待。这一点我们从孔子"问伤人乎,不问马"③中也能感受到。不过这也并不等于说人的生命价值比动物的生命价值就高。从万物有"生"的观点来看,由于人与动物的生命价值具有同一性,因此本质上人与动物的生命价值不存在优劣问题。但是由于在维护天道大化流行的责任上,唯有人能承担起这个道德义务,故人与动物发生生命冲突时,我们仍然需要以人的生命为优先对待。不过,我们也能注意到,这种对人的生命给予优先性考虑,也绝对不意味着对动物生命的"任性"。因为人的生命优先性地位的确立,不是取决于人对万物具有生杀予夺的能力,恰恰相反,而是由于人拥有保护整体自然生态的能力和义务。儒家以道德确证人的生命的特殊性,本质上是为了突出人在天地演化中的道德义务和使命感。人的主体性,并不只是表现在人对客观对象的改造上,更不只是表现在对天地资源的

① 朱熹:《四书章句集注》,中华书局 1983 年版,第 326 页。
② 《孟子·滕文公上》。
③ 《论语·乡党》。

索取上,而是帮助天地实现更好的"生生"。所以儒家主张突出人的地位,并不是在价值上认为人的生命就天生比动物等生命高贵,而是为了突出人在天地演化中的特殊作用。只有人才能"财成天地之道,辅相天地之宜"①,只有人才可以"替天行道",完善天地的"生生",所以应该给人的生命存在以一种优先性对待。这种优先性显然不是把人的生命凌驾于动物生命之上,而是为了彰显人的生命存在的特殊性,从而彰显人在天地化育中的特殊作用。这种优先性在逻辑上也要求人必须懂得呵护生命,在"厚生"的意识中,把保护天地自然的整体生命系统视为自己当然的义务。所以儒家并不主张人对动物只是一种利用关系,相反人对动物天定的存在道德上的善待义务。善待动物不是等于不吃动物。动物相食这是生态的自然事实,人也不例外。故人吃动物并不一定有错。但人不会像动物一样只是本能地处理彼此关系,而是知道在保护自然生态大系统平衡的前提下对动物有所取,这正是人的可贵之处。所以,在儒家这里,人对待动物的基本态度就是在维护天地生态系统的平衡的大前提下,人应当善待各种生命,但基于自然事实,人对动物亦可适度索取。动物和人的关系,不是一种单纯的利用关系。

　　由上分析,我们可以得出一个基本的结论:"天地之性人为贵"这一命题,主要确立的是人与天之间的一种特殊关系,确立了体认并维护"天道"流行的主体只能是人,而对人来说,确证的不是人的权利,而是人的道德性以及相应而生的对自我生命和他者生命的义务。人的高贵就在于对这种义务的体认和践履。它决定了人的基本生活形态即"居仁由义"的道德生活,从而论证出"杀身成仁"、"舍生取义"的当然,也论证了人一方面要"参赞天地之化育",另一方面也不妨碍对动物等自然生命可以适度所取的基本态度。这一点如同白奚所说:"肯定人贵于万物,是对人提出仁爱万物的高标准道德要求的前提。……人作为'万物之灵'和'最贵者',理应对万物以爱心相待,参赞天地之化育,否则就是没有尽到责任,就是道德尚未完成。"②

---

①　《易·泰卦·象》。

②　白奚:《儒家的人类中心论及其生态学意义》,载《中国哲学史》2004 年第 2 期。

我们看,儒家的"天地之性人为贵"这一命题确实具有人本主义的色彩,因为它在某种程度上也是肯定"以人类为中心"的,但它又不同于当代的人类中心主义,没有表现出"人是万物的尺度"这样强烈的人类中心论的色彩。人对万物来说所负有的是义务,而不是依人的主观需求任性处理自然生命的权利。人的存在的特殊性固然取决于人的道德,但人的道德恰恰就是体认并践履天地之"生德",以一种"厚生"意识,去利生、促生,去帮助天地实现"生生"的境界。在这里,人的主体性完全是通过人的这种义务体现出来的,人的主体性和人的义务是相互印证的。在这里,人的生命存在本身与人的生命目的高度统一起来,人的生命存在无非就是体认并践履天地的"生道",而以一种积极的态度去厚生、利生、促生,去帮助天地实现"生生",这本身也是人在道德上自我完善的终极境界。

由上我们可以看到,儒家高扬"天地之性人为贵"这种思想,并不是要把人置于与万物的对立面,恰恰相反,它的基本前提是把人与万物视成具有共同性质的存在,儒家之所以突出人"最为天下贵",其目的是把人的存在本质和义务置于万物共生的生命状态之中,通过这种方式,为人的存在的终极目的或者最高的意义指明方向,那就是把万物之"生生不息"、和谐有序共生共荣的状态,视为自己体天悟道和践履道德的终极目的,这也就是儒家伦理的终极境界追求,我们可将之概括为"万物一体"的儒家生命伦理的境界论。

第三节　万物一体:儒家生命伦理的境界论

"万物一体"是儒家十分重要的一个思想。这一思想,虽然肇端于孔子、孟子等先秦儒家,但它无疑是在宋明儒家这里,方成为一蔚为大观的思想体系。正如陈荣捷所说:"万物一体之理论,为宋明理学之中心。"①钱穆也说过:"今要以言之,则宋明六百年理学,自濂溪《太极图说》,康节《皇极

_____

① 陈荣捷:《王阳明与禅》,台北学生书局 1984 年初版,第 12 页。

经世》,横渠《正蒙》,下至阳明之'致良知',心斋之'安身',蕺山之'慎独',皆不出寻求'天地万物一体'之意。"①"万物一体,为宋学命脉所寄。"②作为一系统的思想体系,宋明儒家讲的"万物一体",本身是一个集本体论、境界论和价值论为一身的命题,但从它的主要理论旨趣来看,揭示的则是儒家的工夫境界问题。儒家伦理的最高目的和境界,就蕴含在"万物一体"的思想观念中,它不仅十分深刻地论证了儒家对待万有生命之基本态度和立场,也鲜明地指明了处理人、我、自然之诸生命关系的根本方向。

但何谓"万物一体"呢? 从宋明儒家的论述来看,这里所说的"万物"是指天地宇宙中存有的一切,主要是存有意义的"万物",从范围上说,它包括一切有机生命,也包括无机界。"一体"可以指"整体",即天地万物存在于一个整体中,或者万物因为某种共同性而成为一个整体;"一体"也可以指"本体",即天地万物皆出于同一本体。总的来看,宋明儒家对"万物一体"的理解具有不同的向度,但皆最后归宗于儒家的工夫境界的问题。大致说来,宋明儒家对"万物一体"的阐释,主要具有两种观点。

一、万物同本同构

万物为什么是一体的,从宋明儒家的论述来看,其根本的一个理由是认为天地万物是出于同一本体、且具有相同的"构成",万物之所以一体,就在于万物是同本同构的。"同本",表明了万物具有共同的始源;"同构",表明万物在材质构造上也是一样的,万物之所以具有"一体"的性质,从根本上说即源于万物是同本同构的。这种看法在宋明儒家那里比较具有普遍性。在宋明儒家中,不管是主张以"气"为本的张载,还是主张以"理"为本的程颐和朱熹,乃至主张以"心"为本的王阳明,在这点上都具有较为一致的看法,只是双方在本体的认识上,有所差异,但在主张"万物一体"的理路上,大致还是一致的。

从"气本"角度申说"万物一体"之义的代表人物是张载。张载视"气"

---

① 钱穆:《国学概论》,商务印书馆1997年版,第245页。
② 同上书,第225页。

为万物之本体,万物的本原在于气,气不仅是形而上的本体,也是具体构成万物的材质。在张载看来,天地宇宙的一切,不管是有形的,还是无形之物,本质上都是气化的状态。他说:"太虚无形,气之本体,其聚其散,变化之客形尔。"①正因为万物本质上皆为气化而成,所以天下万物本质上其实都是一物。"是以知万物虽多,其实一物;无无阴阳者,以是知天地变化,二端而已。"②正因为天下万物本质上是相同的,这决定了天下万物在价值和性质上的同一性。由此张载在本体上提出了"天地之性"的观点。这种"天地之性"也即"本体之性",是天地宇宙万物共有的,所以他说:"性者万物之一源,非有我之得私也。"③因为万物具有同一的生命之本和生命之性,皆有天赋的神圣性,这就不仅意味着万有之生命在价值上具有同等的地位,而且也存在着休戚相关、一脉相通的生命共通性和共生的性质。由此,张载揭示出"万物一体"的基本内涵:万物皆出一气之本,皆有一性之源,万物因其同本同源,遂成"万物一体"之义。"天性,乾坤、阴阳也,二端故有感,本一故能合。天地生万物,所受虽不同,皆无须臾之不感,所谓性即天道也。"④

万物生于阴阳之气,"感"是二气之相应。万物虽因禀赋之气的清浊而有异,但本体、本性如一,故万物一体。所以,张载所论"万物一体",就不只是存有论上的一体,而是申明万物在价值上和本性上的同一。由此,张载为我们的道德修养指明了根本的方向,那就是以平等的心态对待和呵护天下生物,保持天下万物的和谐共生之境界,故就其工夫而言,看待天下万物,当有"其视天下无一物非我"之心态,如此便可"大其心则能体天下之物",以己身之存在之"意欲"体会到万有生命之存在的"意欲",从而在"感同身受"的生命体验中做到大心容物和利物,从而最终彰显出人的生命价值和存在意义。此即张载所谓:"大其心则能体天下之物,物有未体,则心为有外。世人之心,止于闻见之狭。圣人尽性,不以见闻梏其心,其视天下无

<hr />

① 张载著,章锡琛点校:《张载集》,中华书局 1978 年版,第 7 页。
② 张载著,章锡琛点校:《张载集》,中华书局 1978 年版,第 10 页。
③ 张载著,章锡琛点校:《张载集》,中华书局 1978 年版,第 21 页。
④ 张载著,章锡琛点校:《张载集》,中华书局 1978 年版,第 63 页。

一物非我,孟子所谓尽心则知性知天以此。天大无外,故有外之心不足以合天心。"①

人"能体天下之物",能认识到天人物我本性同源,实为一体,便知"民吾同胞,物吾与也"②,从而知道人之道德境界就是这种与物同体的生命境界。张载的《西铭》可谓备言此义。明儒薛文清说:"读《西铭》,知天地万物为一体。"③但论证"万物一体"并非目的,所谓"圣其合德,贤其秀也"④,这就是说,张载对"万物一体"的论证,本质上还是为了给人的道德修养指明最终的方向,那就是人的道德境界乃在于与万有之生命共生共荣的"天地境界",最终说明的是人该怎么对待天下万民和各种生命,履行对天地生命的完善义务,这才是人的生命本质。所以朱熹在解释《西铭》之义时说:"许多人物生于天地之间,同此一气,同此一性,便是吾兄弟党与;大小等级之不同,便是亲疏远近之分。"⑤

从"一体同气"的角度论证万物之一体贯通性,并由此论证"触类旁通"的生命体验之臻于人之道德修养最高境界,不仅张载如此,宋明儒家其实都有相类似的观点。比如二程、朱熹、王阳明等人对"万物一体"的解释,虽然有一种不同于张载的向度,但在万物之构成"同此一气"上,显然与张载并无实质的差异。如二程说:"人与物但气有偏正耳,独阴不成,独阳不生。得阴阳之偏正者为鸟兽草木夷狄,受正气者人也。"⑥人与物所受之"气"虽有"偏"有"正",但俱出"一气"。朱熹的看法和二程完全一样,他说:"人物之生,同得天地之理以为性,同得天地之气以为形。其不同者,独人于其间得形气之正,而能有以全其性。"⑦王阳明在讲到"天地万物与人原是一体"时,也表明了类似的看法。他说:"风雨露雷,日月星辰,禽兽草木,山川土石,与人原只一体。故五谷禽兽之类,皆可以养人;药石之类,皆可以疗疾:

---

① 张载著,章锡琛点校:《张载集》,中华书局 1978 年版,第 24 页。
② 张载著,章锡琛点校:《张载集》,中华书局 1978 年版,第 62 页。
③ 沈善洪主编:《黄宗羲全集》(第 3 册),浙江古籍出版社 2005 年版,第 929 页。
④ 张载著,章锡琛点校:《张载集》,中华书局 1978 年版,第 62 页。
⑤ 黎靖德编,王星贤点校:《朱子语类》(第七册),中华书局 1986 年版,第 2526 页。
⑥ 程颢、程颐著,王孝鱼点校:《二程集》(上),中华书局 2004 年版,第 4 页。
⑦ 朱熹:《四书章句集注》,中华书局 1983 年版,第 293 页。

只为同此一气,故能相通耳。"①

可见,万物具有同本同构的性质,这在宋明儒家那里,可谓是一贯的立场。正因为天地万物是一体同构的,那么"万物一体"的境界就有了价值的意蕴,儒家伦理的修养方向和达至的最高境界也就离不开"万物一体"所揭示的道德境界。把"万物一体"直接与道德观念相联属,自然也是儒家当然的选择。这突出表现在宋明儒家以"仁"涵纳"万物一体"的思想中。这种思想,我们可称之为"万物一体之仁"的思想,生命的本质,万有生命之关系、尤其是人与其他生命之关系,在这种思想中得到进一步的深刻说明。

二、万物一体之仁

以"仁"涵纲"万物一体"之义,把"万物一体"看成"至仁"的境界,由此说明儒家的工夫论和境界论,这应当是宋明儒家阐说"万物一体"更为根本的意思。"万物一体之仁"是王阳明的一个说法,语出《答顾东桥书》。在这篇书信中,王阳明说道:

> 夫圣人之心,以天地万物为一体,其视天下之人,无外内远近。凡有血气,皆其昆弟赤子之亲,莫不欲安全而教养之,以遂其万物一体之念。天下之人心,其始亦非有异于圣人也,特其间于有我之私,隔于物欲之蔽,大者以小,通者以塞。人各有心,至有视其父、子、兄、弟如仇雠者。圣人有忧之,是以推其天地万物一体之仁以教天下,使之皆有以克其私,去其蔽,以复其心体之同然。②

在这段文字中,王阳明有两处提到了"万物一体",一处是"以遂其万物一体之念",另一处是"推其天地万物一体之仁以教天下"。前一处说明"万物一体"是圣人用"心"体悟到的一种理念,但这里并没有明确"万物一体"的内涵,它可以指天地万物在存有论上的本然状态,也可指圣人领会的一种

---

① 王阳明著,张怀承注译:《传习录》,岳麓书社 2004 年版,第 296 页。
② 王阳明著,张怀承注译:《传习录》,岳麓书社 2004 年版,第 152 页。

应然状态。从后一处来看,这里显然是把"天地万物一体"视为了"仁"的一种状态,所以才有"天地万物一体之仁"之谓。这两处明显是有关联性,圣人需有"万物一体之念",方可推行"万物一体之仁之教",它们的关联性说明,"万物一体"或许在王阳明那里包含万物在存有论上构成一个整体之意,但它无疑是和"仁"的内涵与呈现状态相关的一个理念。并且在王阳明这里,"万物一体"的内涵,显然是离不开圣人之"心"的。换句话说,"万物一体"是"大人"之"心"的一种呈现,而这也是"仁"的一种状态。王阳明的这层意思,在《大学问》中体现得更为清晰。在《大学问》中,王阳明说:

> 大人者,以天地万物为一体者也,其视天下犹一家,中国犹一人焉。若夫间形骸而分尔我者,小人矣。大人之能以天地万物为一体也,非意之也,其心之仁本若是,其与天地万物而为一也。①

在王阳明这里,"大人"、"圣人"、"仁者"具有内涵上的一致性,都是指道德修养臻于至境之人。"大人"、"圣人"或"仁者"的心,以"天地万物为一体",并且能够做到"以天地万物为一体",也就是"大人"、"圣人"或"仁者"的实际的道德境界与儒家追求的应然的道德境界已经统一起来,换句话说,"大人"、"圣人"或"仁者"就是已臻化境,达于道德完美境界的人,而其标志性体现就是做到了"以天地万物为一体",这就是"大人之能以天地万物为一体也,非意之也,其心之仁本若是,其与天地万物而为一也。"②

我们看,王阳明对"万物一体"的论述,其主要的理路和内涵离不开"心"、"仁"、"万物一体"这几个概念和它们之间存在的关系。在王阳明的思想中,"万物一体"确实有一种存有论的意义,天地万物在生成上具有共同性,彼此存在内在贯通的某种天赋因素,这从王阳明所说的万物"同此一气,故能相通耳"可以体会一斑,但综观王阳明对"万物一体"的所有论述,王阳明对"万物一体"的强调,主要是从"心"上说,从"仁"上说。这一方面

---

① 王守仁著,谢廷杰辑刊:《王阳明全集》(中),中央编译出版社2014年版,第846页。
② 王守仁著,谢廷杰辑刊:《王阳明全集》(中),中央编译出版社2014年版,第846页。

取决于王阳明的"心本"立场,也和儒家伦理的终极诉求有关。王阳明的"心学"的一个重要理论特征就是借助"心"的作用,赋予万物以存在的价值和意义,从而建构起"属人"的生活世界,这是王阳明"心外无物"的主要内涵。万物一旦脱离与人的关系,万物的存在本身对人的世界就无甚价值和意义可言,在这个意义上,世界是吾心所体验到的世界,宇宙就是吾心,吾心就是宇宙。而从这个意义上说,王阳明所谓的"万物一体",就是"心"之呈现出来的万有状态,万有都在此"心"之中,且由此"心"维系,故万物成为一体。我们看《传习录》下面这些论述,都包含这个意思。

> 朱本思问:"人有虚灵,方有良知。若草木瓦石之类,亦有良知否?"先生曰:"人的良知,就是草木瓦石的良知。若草木瓦石无人的良知,不可以为草木瓦石矣。岂惟草木瓦石为然?天地无人的良知,亦不可为天地矣。盖天地万物,与人原是一体。其发窍之最精处,是人心一点灵明。风雨露雷,日月星辰,禽兽草木,山川土石,与人原只一体。"①
>
> 问:"人心与物同体。如吾身原是血气流通的,所以谓之同体。若于人便异体了。禽兽草木益远矣,而何谓之同体?"先生曰:"你只在感应之几上看。岂但禽兽草木,虽天地也与我同体的。鬼神也与我同体的。"请问。先生曰:"尔看这个天地中间,甚么是天地的心?"对曰:"尝闻人是天地的心。"曰:"人又甚么教做心?"对曰:"只是一个灵明。"曰:"可知充天塞地中间,只有这个灵明。人只为形体自间隔了。我的灵明,便是天地鬼神的主宰。天没有我的灵明,谁去仰他高?地没有我的灵明,谁去俯他深?鬼神没有我的灵明,谁去辨他吉凶灾祥?天地鬼神万物离却我的灵明,便没有天地鬼神万物了。我的灵明离却天地鬼神万物,亦没有我的灵明。如此便是一气流通的。如何与他间隔得?"又问:"天地鬼神万物,千古见在,何没了我的灵明,便俱无了?"曰:"今看死的人,他这些精灵游散了,他的天地万物尚在何处?"②

---

① 王阳明著,张怀承注译:《传习录》,岳麓书社2004年版,第296页。
② 王阳明著,张怀承注译:《传习录》,岳麓书社2004年版,第341—342页。

由上可见,万物之所以存在,从王阳明"心外无物"的立场看,是由于万物进入了人的生活世界,与人的生命实际发生意义从而"存在"。我们知道,王阳明的"心外无物"并不是要否定物的存在的客观性,而是强调只有与人的生命、生活世界发生联系的"物",它才构成了对人的生活世界有意义的"物"。而不被人"心"所把握到的客观之物,尽管它"存在",但却不构成人的具体的"生活世界"、"生命世界",故王阳明说"心外无物"。从这个意义上看,"万物"不是存有意义上的万物,而是切实与人的生活世界发生关系的"物"。可见,在存有论意义上论证"万物一体",不是王阳明主要的意思。对人而言,重要的是我们应当以何种方式和态度来体认我们实际生活中的"万有",正确认识和处理与它们的相互关系,在王阳明看来,这才是我们人的当为。那么,怎么样处理人与万物之关系呢? 这个正确前提是什么呢? 在王阳明看来,就是人应当以其"仁体"、"良知"来把握其面对的生命世界,也即用"心"去处理人与万物之间的关系。"良知者,心之本体。"①"心体"即"仁体"即"良知"。世界应当是人类的"良知"呈现的世界,是"仁体"发育流行的世界,而王阳明所谓"良知",即是人类天赋的是非善恶判断之心。以"良知"为本体,即是以道德为本体,因此"良知"呈现的世界,就是把"心"之体验到的一切,视为具有相互贯通和感应的一切。而事物之间的感应,毫无疑问是以人的"心"为前提的。"良知"是人禽之别之根本,是人之为人的标志,对人而言,不管圣人,还是小人,此"心"(良知)人人具备。由此良知呈现的"心"的世界,必定也会因"良知"的时时发用,使人对万物的生存处境发生感应,这种"良知"的自发体认,正是天赋之"明德"。

　　是故见孺子之入井,而必有怵惕恻隐之心焉,是其仁之与孺子而为一体也;孺子犹同类者也,见鸟兽之哀鸣觳觫,而必有不忍之心焉,是其仁之与鸟兽而为一体也;鸟兽犹有知觉者也,见草木之摧折而必有悯恤之心焉,是其仁之与草木而为一体也;草木犹有生意者也,见瓦石之毁坏而必有顾惜之心焉,是其仁之与瓦石而为一体也;是其一体之仁也,

---

① 王阳明著,张怀承注译:《传习录》,岳麓书社2004年版,第174页。

虽小人之心亦必有之。是乃根于天命之性,而自然灵昭不昧者也,是故谓之"明德"。①

我们生活世界中的"万有",不管是自己和他人、动物与植物,甚至砖瓦土石,它们都是我们的生活世界中有意义的部分,与我们的生命都存在关系,因此,应该以仁爱之心去呵护这种生命共生共存的常态,有至高道德境界的人能体悟到这一点,从而把天地万物视为一个共生共荣的相互联系的生命共同体,从而注意维持彼此的平衡,所以,仁爱之心不仅应用于人,也触及鸟兽、甚至砖瓦土石,就是在根本上认识到了天地万物存在着一种相互影响的生命机制,这就是王阳明说的"万物一体之仁"。小人因私欲蒙蔽未能体会或做到于此,但并不是说他们达不到这种"一体之仁"的境界,而是私欲阻隔未能呈现而已。

> 小人之心既已分隔隘陋矣,而其一体之仁犹能不昧若此者,是其未动于欲,而未蔽于私之时也。及其动于欲,蔽于私,而利害相攻,忿怒相激,则将戕物圮类,无所不为,其甚至有骨肉相残者,而一体之仁亡矣。是故苟无私欲之蔽,则虽小人之心,而其一体之仁犹大人也;一有私欲之蔽,则虽大人之心,而其分隔隘陋犹小人矣。故夫为大人之学者,亦惟去其私欲之蔽,以自明其明德,复其天地万物一体之本然而已耳;非能于本体之外而有所增益之也。②

我们看,王阳明对"万物一体"的论述,从根本上来看,是从伦理意义上加以阐释的,是对人的生命存在的特殊性和在天地宇宙中的作用在道德上的说明。人是能够认识到自我生活世界的本质并能以合理的态度和方式处理其生活世界各种事物之间的关系的。而人的行为的合理性,并非来自人的自身需求,而是从人与万物存在的整体性上立论,这是王阳明、也是整体

---

① 王守仁著,谢廷杰辑刊:《王阳明全集》(中),中央编译出版社 2014 年版,第 846 页。
② 王守仁著,谢廷杰辑刊:《王阳明全集》(中),中央编译出版社 2014 年版,第 846 页。

儒家区别于当代人类中心主义的一个显著标志。在王阳明这里,人的生活世界本身就是"仁心"(良知)发育的世界,万物的和谐共生就是"仁"的根本表现。这种认识,显然是把人的道德追求的应然视为本然,道德的本然与应然成为一体,故"万物一体"不仅是道德的最高境界,也是道德的本然表现,在这里,作为"万物一体"的"仁",就有了儒家式的"本体"特征,是故儒家也常将"一体之仁"称为"仁体"。①

"仁体"在王阳明这里,就是"心之本体",它的呈现就是"万物一体",由于体用是相互印证的关系,在这种即体即用的思维下,"仁体"也即"万物一体"。"仁体"是本体,也是人修仁之最高目的。从意识到人皆有良知本体而言,王阳明称之为"识得仁体",修养的工夫不过就是"识得仁体",不使之被私欲蒙蔽而已。圣人的良知无时不呈现,是"仁体"的大全呈现,故"圣人之心,纤翳自无所容,自不消磨刮"。② 而"常人之心"总是"己私未忘","如斑垢驳杂之镜,须痛加刮磨一番,尽去其驳蚀,然后纤尘即见,才拂便去,亦自不消费力。至此已是识得仁体矣。"③"识得仁体",用力操存,使"仁体"完整呈现,即"万物一体"之境界。故王阳明说:"仁者以万物为体。不能一体,只是己私未忘。全得仁体,则天下皆归于吾。"

由此可见,王阳明的"万物一体"论,是以"良知本体"为基础,将本体与境界统一在一起的思想观念。尽管本体思想是它的基础,但这一观念的中心要旨主要还是在于儒家伦理的工夫与境界方面。王阳明的论述和程颢在《识仁篇》里讲的"学者须先识仁,仁者浑然与物同体"的思想旨趣是一致的。这一点王阳明自己也是承认的,王阳明曾与湛若水定交讲学,双方"一宗程氏'仁者浑然与天地万物同体'之指",④这一点即说明了这一情况。

---

①　这里要注意,"仁体"不仅有本体的意义,它也指"仁"的境界,在宋明儒家这里,这同样是一个融合本体与境界的概念。正如牟宗三在阐释程颢的"学者须先识仁,仁者浑然与物同体"时所说,"'仁者浑然与物同体。'此言与天地万物为一体,浑然无物我内外之分隔,便是仁的境界,亦就是仁的意义了……由'仁者浑然与物同体'来识仁体之实。此句用佛家词语说,是以人表法,以'仁者'之境界表'仁体'之实义。"(见牟宗三:《心体与性体》(中),上海世纪出版股份有限公司、上海古籍出版社1999年版,第179—180页。)

②　王守仁著,谢廷杰辑刊:《王阳明全集》(上),中央编译出版社2014年版,第136页。

③　王守仁著,谢廷杰辑刊:《王阳明全集》(上),中央编译出版社2014年版,第136页。

④　王守仁著,谢廷杰辑刊:《王阳明全集》(下),中央编译出版社2014年版,第1223页。

在程颢这里，"识仁"实际上也是从"仁体"角度而言的，"仁体"就是万物流行的本然状态，识得此"仁体"，也即知道"仁者"的境界就是"浑然与物同体"的境界。故能否"以天地万物为一体"也成为衡量"仁者"的根本尺度。总之，"仁"的至高境界就是"浑然与物同体"或者"与天地万物为一体"的境界。程颢与王阳明对"万物一体"的论述，就其思想旨趣上来说，都是讲的儒家伦理的终极境界和相关的工夫论问题。故陈来先生说："程颢的这个思想与周敦颐提出寻孔颜乐处一样，都是要突出儒家思想中对于最高精神境界的追求。"①

此上可见，宋明儒对"万物一体之仁"的论述，实际上是一脉相承的，尽管他们存在一些理论上的差异，但根本的旨趣并不相异，都指向儒家伦理的终极境界追求。而这样一种"万物一体之仁"的境界，实质即是《易经》讲的天地之"大生"、"广生"的"生生"境界，"仁体"、"生生"、"万物一体"都只是从不同向度揭示的天地宇宙之本然与应然相统一的境界而已。正如贺麟先生所说："儒家以仁为'天德'……仁乃仁体。仁为天地之心，仁为天地生生不已之生机，仁为天地万物的本性，仁为万物一体生意一般之有机关系之神秘境界。"②以"万物一体"为"仁体"，而"仁体"无非即是"生生"之天地宇宙之本体，因此，儒家阐明的"万物一体之仁"的理念，在现实的功用上，即是要人以一种恢宏的包容天地生机、呵护万有之生命的态度，去处理天地、物、我之生命关系，以便实现"生生"之用。故"万物一体之仁"的理论，就其现实性上说，是要实现"天地万物一体之用"，这就是儒家工夫境界论的宗旨。一如王阳明所说，"明明德者，立其天地万物一体之体也。亲民者，达其天地万物一体之用也。"③

三、万物一体之用

人的生命与万有之生命存在着莫大的关系，人的生命实现与万有之生命的流行境况和条件也有重大牵连。这种意识并不是宋明儒家独有，早在

---

① 陈来：《宋明理学》（第二版），华东师范大学出版社2004年版，第64页。
② 贺麟：《文化与人生》，上海文艺出版社2001年版，第8页。
③ 王守仁著，谢廷杰辑刊：《王阳明全集》（中），中央编译出版社2014年版，第846页。

先秦时期,这种意识已见端绪。比如孔子一方面讲"仁者,人也"①,另一方面孔子又讲"钓而不纲,弋不射宿"②,仁者应当有一种自然情怀。孟子一方面认为人无仁义礼智则非人也,另一方面他的仁政思想中同样包含对自然生命的关心和维护生态的道义意识,所谓"君子之于禽兽也,见其生,不忍见其死;闻其声,不忍食其肉。是以君子远庖厨也"。③ 又谓"数罟不入污池,鱼鳖不可胜食也。斧斤以时如山林,材木不可胜用也"。④ 荀子同样一方面以"义"突显人的尊贵,另一方面则颇为重视"养长时,则六畜育;杀生时,则草木殖"⑤,强调对自然生命一定要"不夭其生,不绝其长"⑥。汉儒承此端绪,也强调仁者要"鸟兽昆虫莫不爱,不爱,奚足谓仁!"⑦可见,如果仅仅从人与自然的伦理关系角度来看宋明儒的"万物一体"的理论,其精神并没有超出原始儒家,因为由人及物论"仁"的实践境界本也是原始儒家的一贯做法。但宋明儒家的理论并不仅限于此。以张载为例,宋明儒家的"万物一体"观不仅仅只是一种由人及物的关系的拓展,更在于他把整个自然万物如鸟兽虫鱼、山川草木都视为一种价值存在,赋予如"我"一样的人格意义,他把历代儒家主张的"人贵物贱"的观点加以根本改造,重新定位了人与天地万物的关系。而这一点极大了拓展了先秦儒家"仁及万物"思想的理论意义,在当代也颇有现实价值。

比如,在张载看来,人与天地万物之间具有广泛的伦理关系和伦理责任,人与天地万物的生命同出一源即"乾父坤母","气"造就了天地万物,人与万物本是同根生,如若同胞兄弟,因此彼此是血肉相连,休戚与共的。所以有道德的"仁者"必是"大心体物","视天下无一物非我",从而始终对生命存有"呵护"之意。更重要的是,这种"万物一体"的理论,是在宇宙生态的宏观前提下对人的行为的伦理关照,而非局限于人自身的利益需求,这就

---

① 《中庸·第二十章》。
② 《论语·述而》。
③ 《孟子·梁惠王上》。
④ 《孟子·梁惠王上》。
⑤ 《荀子·王制》。
⑥ 《荀子·王制》。
⑦ 《春秋繁露·仁义法》。

使得人与自然和谐的理念不是出于利益的考量,而是在精神上与人的生命本质与生活信念相一致的内容。这种观念一旦确立,其影响必是深远的。

从总体来看,宋明儒家的"万物一体"观,由于承认天地万物的生成具有一个共同的本源,天地万物均遵循着共同的生命原理,具有天赋的共同性质,一切存在彼此间是内在联系的,它们形成一个息息与共的生命共同体,人与物之间,甚至物与物之间都不是对立的关系,而是存在着圆融无碍的生命一体的机制,这样就把包括人在内的万有之生命放到了一个根本就不可分割的生命体中,任何一种生命的实现都离不开其他生命的实现,而其他生命的损害或灭绝,也势必终将影响到此类生命的存在质量,总之,天地宇宙中的一切存在,彼此间都有着休戚与共的关系,一物之荣损,必会影响其他物之荣损。这就是说,天地创生的生命系统中的任一链条出现断裂,都可能危及整体生命。由此它一方面论证了人的生存的最佳条件和状态,也确证出人的基本存在方式即是在这种人与万物休戚与共的"共生"模式中体悟人的存在的意义、确证人的行动方向。按照这种伦理观念,即是要求我们在处理生命问题上,务须以有机整体的眼光对各类生命加以关照,把万有之生命的协调共生作为最重要的事情来对待,而不能只以人的利益需求为行动的出发点,而这么做的必然选择和结果,就是把天地宇宙的万有生命的和谐共生视为人类生存最佳的条件,从而促进人类与整体自然的和谐。而这种情况,即是天地万物一体共生的状况,即我们常说的"生生",这也就是所谓"万物一体之用"。

我们看,宋明儒家的"万物一体"之用,从"生"的哲学角度来看,本质上讲的即是"生"之用。我们前文说过,天地宇宙的本然状态是"生",而其应然状态也是"生","生"就是一个把天地宇宙的本然、实然与应然统一起来的概念。换句话说,儒家伦理的逻辑起点和终极伦理其实都统一在这个"生"之上。"生"是体,"生"也是用,"生"即体即用。而宋明儒家的"一体之仁"也正是这个理路。"万物一体"是天地宇宙生命的本然、实然,而正是这种生命的本然、实然,蕴含着应然,故"万物一体"之"仁体"和"达于万物一体之用"的说法,在思想理路上其实质就是把天地宇宙的"生"之实然状态归结为根本的伦理价值。不过,这种观念的价值导向是十分明确的。万物皆出于天地之"生"而又以"善生"为根本目的。而万有之生命俱实现"善生",恰恰又是"生体"(仁体)的呈现。所以万物"生生"的局面,这既是天地宇宙实现自身的方式,也是天地宇宙应然的状态,因此它也决定了万有生命存在的最佳条件,即在于维护和保证这一"生生"的状态。这就是说,"万物一体"或"生生"境界,作为一种终极的境界,它所揭示出的恰恰是决定万有生命之恒久存续的最佳条件即在于大自然整体生态的平衡与和谐。这就是说,儒家是把天地宇宙视为一全息的生命系统的,万物内在的息息相关性(万物一体的性质)构成了人类现实的生存处境,也是万有生命之最佳的生存环境,因此,一切有利于这一整全的生命系统良好运行的行为,自然都是儒家最为肯定的行为。所以,从价值上说,凡是有利于天地宇宙之"大生"、"广生"的行为,儒家必给予优先性的价值肯定,在逻辑上认为这样的行为价值会处于最高的地位。故按照这种逻辑,对于个体牺牲小我以成全大我、以个体之生的损害换取群体生命的实现,自然就是合理合义的行为了,这也是"杀身成仁"、"舍生取义"成立的另一个理由。为维护群体生命而牺牲自我,这是"大仁"、"大义"的表现,是与天地宇宙之"生生"大本相一致的行为,所以是值得肯定的行为。可见,依此价值导向,致力于天地宇宙的"生生"状态的呵护和实现,努力维护宇宙生态的和谐平衡,自然就成为人的生命存在的最高境界和价值追求。而这就是"万物一体之用"的核心意思。

但是,这样一种境界我们具体该怎么做才能实现呢,可以借助什么样的方式、方法才能达致呢？为此,《中庸》给我们达至这样一种境界提供了根本的方法论原则,此即"中和之道"。"万物一体"的"生生"境界,用《中庸》的话说,即"天地位焉,万物育焉",而唯有"致中和"才能实现天地万物的"位育"。此即儒家生命伦理的方法论原则,这里,我们可依据儒家的惯例,将之概括为"中和位育",以表征儒家生命伦理根本的方法原则。

第四节　中和位育:儒家生命伦理的方法论

"中和位育"四字语出《中庸》。《中庸》曰:"喜怒哀乐之未发谓之中,发而皆中节谓之和。中也者,天下之大本也;和也者,天下之达道也。致中和,天地位焉,万物育焉。"①后世儒者据此提炼出"中和位育",并将之作为基本信条刻成匾额悬挂在孔圣庙上加以崇奉。从儒学的结构来看,"中和位育"在整体儒家思想中,主要起着方法论的意义,是儒家伦理重要的实践原则。② 我认为,这一方法论同样适用于儒家生命伦理学,可以看作儒家生命伦理学的方法论。

和儒家的许多概念一样,"中和位育"也是一个复合的概念体系,在这一概念体系中,"中"、"和"、"位育"都有相对独立的内涵,它们之间彼此制约、互为前提、相辅相成,总体上具有一种相似、相容、相趋、相依的关系。在《中庸》中,"中"具有"本体"的性质,侧重的是事物的本然状态,所谓"中也者,天下之大本也";"和"强调的则是事物的应然状态,是"中"的发用,所谓"和也者,天下之达道也"。应然源于本然,本然又包含着应然,这就是"中"中有"和","和"中有"中",二者总体上就是这样一种辩证统一的关系,在本质上我们很难将二者截然分开。正因为如此,儒家往往"中和"并举,以"中和之道"概括儒家伦理的根本原则和方法。如董仲舒说:"能以中和理天下者,其德大盛;能以中和养其身者,其寿极命。"③"中和"和"位育"之间也是互相依存的。"中和"是实现"位育"的前提,实现"位育"则是"致中和"的结果,二者之间的关系,正如潘光旦先生所说:"惟有经由中和的过程,才能达到位育的归宿。"④

可见,"中和位育"是一个具有内在联系的体系,在这里面,"中"、"和"、"位育"尽管彼此在内涵上有贯通性,但也有独立的意义,因而对于我们处理生命问题也有不同的启示和意义。大致说来,我认为这一方法论所蕴含的生命伦理意蕴大致体现在如下三个方面:"持中养生"、"和实生物"

---

① 《中庸·第一章》。
② 我们这么说也并不意味着"中和位育"这一观念本身只有方法论的意义,在儒家思想中,它同时也有本体论的意义。其实儒家很多概念或观念都是兼有多重意义的。比如我们上面讨论的"万物一体",虽然我们将之主要看成是工夫境界论的观念,但它同样也具有价值论和本体论的意义。儒家的许多概念均是如此,这应当说是儒家言说其思想的一个普遍的特色。
③ 《春秋繁露·循天之道》。
④ 潘乃穆等编:《中和位育——潘光旦百年诞辰纪念》,中国人民大学出版社 1999 年版,第 420 页。

和"安所遂生"。

一、持中养生

把"中"视为治国理政、处世养生的原则,这是儒家一贯的传统。自先秦时期,"中"既已广泛见诸儒家文献中,并被作为一重要原则而为儒家所推崇。比如《尚书》中就有大量关于"中"的记载。如"作稽中德"①;"罔非在中"、"咸庶中正"②;"人心惟危、道心惟微、惟精惟一,允执厥中"③;"汝分猷念以相从,各设中于乃心"④;等等。在《尚书》这里,"中"既是政治伦理的首要原则,亦是人们行事的普遍标准和道德准绳,并且具有了"极至之理"之义⑤,"人心惟危、道心惟微、惟精惟一,允执厥中"一句,更是为后儒作为儒门"十六字心传"而加以崇奉,这足以说明"中"在儒家思想中的地位。《周易》也是相当重视"中"的一部经典。并且相较于《尚书》,《周易》里的"中"更具有普遍规律的意义。在《周易》那里,"中"是天地生化万物的根本,是阴阳平衡的表现,万物正是在阴阳平衡中得以孕育和发展的,所以《周易》视"中"为自然宇宙的普遍规律、人生的基本准则而加以推崇。《周易》对"中"的推崇,我们可以通过《周易》的筮法原理和卦爻辞鲜明地体会到。我们知道,"中"实际上是《周易》解经的重要体例,《周易》以每卦的二、五爻为"中",并且赋予这两爻以特殊的意义。在《周易》中,爻居上下经卦的中位,也就是每卦的二、五位谓之"得中",这是吉祥的象征。故《易·系辞下》说:"若夫杂物撰德,辩是与非,则非其中爻不备。"又说:"二多誉"、"五多功。"这就是把居"中"之爻视为事物发展的较为理想的状态。只要爻居中位,《周易》在阐释爻义时就多用积极肯定的语气。如《易·讼卦·彖》曰:"'有孚窒惕,中吉',刚来而得中也。"这是说《讼卦》的九二阳

---

① 《尚书·酒诰》。
② 《尚书·吕刑》。
③ 《尚书·大禹谟》。
④ 《尚书·盘庚》。
⑤ 如蔡沈在解释《尚书·盘庚》中的"各设中于乃心"时,即将这里的"中"解释为"天下之定理",如他说:"中者,极至之理,各以极至之理存于心。"参见蔡沈:《新刊四书五经·书经集传》,中国书店出版社 1994 年版,第 86 页。

爻从其"对卦"《需卦》的五位而来处于《讼卦》的下经卦的中位,因为处于中位,所以虽然不当位,但仍然是"吉"的。又比如《易·困卦·象》曰:"'贞,大人吉',以刚中也。"这是说《困卦》的上下经卦的阳爻都处于中位,阳爻为刚,故说"刚中",因为"得中",故"大人吉"。《周易》以"中"解经是常例,凡"得中"之爻,多为吉祥、成功,故《周易》说"中行无咎"①。这说明《周易》不仅"尚中",而且是把"中"作为一条普遍的规律加以崇奉的。在《周易》这里,"中"已经开始具有本体论、方法论的含义。

《尚书》、《周易》都是儒家的重要典籍,后来孔子、子思以及历代经生对于"中"的解释都可以说是与《尚书》、《周易》对"中"的解释一脉相承的。在孔子那里,"中"同样是经国理政、为人处世的重要原则,这一点我们从《论语·尧曰》的记载中就可以看出。② 不仅如此,孔子还将"中"视为"至德"而加以推崇。"中庸之为德也,其至矣乎!民鲜能久矣。"③后来子思作《中庸》,将"中"提升到世界观的高度来认识,从而初步明确了"中"的本体论意义和方法论意义。如子程子释"中庸"曰:"不偏之谓中,不易之谓庸。中者,天下之正道,庸者,天下之定理。"④

先秦以降,儒家对"中"的论述,多是以上述意义为基础。随着儒家理论思维水平的提升,"中"逐渐取得了与"太极"、"天道"、"天理"等儒家本体概念同等的意义和地位。如董仲舒曰"中者,天地之太极也"⑤;二程曰:"中即道也","道无不中,故以中形道"⑥;南宋卫湜《中庸集说》曰"中者,理也,无物不该焉,故曰'大本'"⑦;王阳明曰"中只是天理"⑧,等等说法,均表

---

① 《易·夬卦·象》。
② 《论语·尧曰》载:"咨,尔舜,天之历数在尔躬,允执其中。四海困穷,天禄永终。"这和《尚书·盘庚》记载的"汝分猷念以相从,各设中于乃心"是一样的,都是把"中"作为重要的原则来对待,这些记载也说明,"中"早在先秦时期,既已经成为儒家特别重要的原则而被尊奉、代代相传了。
③ 《论语·雍也》。
④ 朱熹:《四书章句集注》,中华书局1983年版,第17页。
⑤ 《春秋繁露·循天之道》。
⑥ 程颢、程颐著,王孝鱼点校:《二程集》(上),中华书局2004年版,第606页。
⑦ 卫湜:《中庸集说》,漓江出版社2011年版,第35页。
⑧ 王阳明著,张怀承注译:《传习录》,岳麓书社2004年版,第58页。

明了这一点。把"中"与"天道"、"天理"等相提并论，即明确了"中"为万物之本的本体意义。也正是"中"的这种本体意义，决定了"中"的根本的方法论的意义。宇宙天地以"中"为本，"天道"、"天理"皆在于"中"，从人道效法天道的角度而言，人道之根本自然也在于"中"。所以邵雍说："天地之象，其起于中乎？是以乾坤屡变，而不离乎中。人居天地之中，心居人之中。日中则盛，月中则盈，故君子贵中也。"①总之，儒家不仅把"中"视为天下之理的共同本原，而且由此也视为人事法则和道德修养的根本方法，即凡事在"中"。

总体来看，儒家讲的"中"，作为一种哲学范畴，从本体论的角度说，它主要反映的是对事物本质规律的认识，"中"是万物之本，也是万物得以生成的条件和根据。从方法论上说，它是我们认识事物的根本方法，也是衡量一切的基本准则，它的基本意思是指行为的恰当、适度、无所偏倚，不失常道。世间种种如治国、处世、个体养生等等都离不开"中"。由于"中"是儒家一以贯之之道，总论天地根本、治国理政、道德修养诸个方面，因而"中"也被儒家视为儒学正统的思想内容。如朱熹所说，"圣人只是一个中的道理。"②明代儒者薛瑄也说，"圣贤相传之道，中而已矣。"③

显然，由于儒家视"中"为万物之本，视为万物得以生的根由，因此逻辑上必然会把"致中"、"持中"视为达至其生命诉求和伦理目的的根本方法。在儒家这里，"中"既然是天地生物的根由和本体状态，那么一切生命的产生和存在自然也都离不开"中"。"中"是万有之前提，也是一切生命得以孕育和发展的基本条件。万物的产生和存在，取决于天地之"中"。"中"意味着构成生命的原生力量的协调和平衡，这在《易经》那里被表述为阴阳的原理，而一旦离开这种协调和平衡，也便意味着该生命的消亡或转化。《中庸》曰："中也者，天下之大本也。"朱熹释之曰："大本者，天命之性，天下之理，皆由此出，道之体也。"此即谓万有之"性命"皆有"中"出，宇宙万物唯有

---

① 邵雍著，卫绍生校理：《皇极经世书》，中州古籍出版社1993年版，第336页。
② 胡广、杨荣、金幼孜等纂修，周群、王玉琴校注：《四书大全校注》（上），武汉大学出版社2009年版，第530页。
③ 薛瑄撰，孙玄常等点校：《薛瑄全集》（下），山西人民出版社1990年版，第1482页。

得"中",才能相依相生,化生万物。既然不"中"不"生",这也就决定了我们养护生命的根本方法即在于持"中"。把持"中"作为养生的根本方法,其意义主要体现在如下几个方面:

其一,"中"是天地宇宙创生万物的本然状态、基本的原理,也是事物自身发展的自然本性,这一意义上的"中",大致相当于我们说的"自然规律",故依此"中"而行,即是要我们顺应天地自然的规律、顺应生命的本性。不过这里的"自然规律",侧重于万物产生的法则之义,天地万物的生长化育取决于自然万物内在的一种生命机制,也可以说是一种自我生成性的条件,因此,依照这种"中"的理论,它就不是单纯要我们消极顺应自然规律的意思,而是要我们对事物内在的生成机制能够有一种积极的体认,在充分体认生命的创生机制和法则的前提下,充分运用这种机制和法则来找到人类自我生命实现的最佳方法,为自我生命的实现创造最适宜的条件。

其二,"中"的理论也表明,"中"意味着一种生命的原力,或者说根本的动力,是决定生命孕育和化生的"精华"。因此,按照这种理论,要使事物保持强盛的生命力,要推动事物的进步和发展,就需要我们在纷繁的现象和各种矛盾中,把握住最为本质的东西,注意养护"生命之中"。正如"画龙点睛","中"正是龙之睛,保证了这一点,生命就有生气、就能存在和发展,但凡血气之物,都需要此"中"来维持生命,脱离此"中",生命将归于寂。儒医常谓"气血中和,百病不生",当正是基于此种认识。

其三,"中"用于处理生命问题,它的方法论意义还在于,任何事物都有一定的界限,超过或未达到这个界限,都会影响事物的质向相反的方向转化,事情就不会有理想的结果。所以,在处理生命问题时,我们应该做到"允执其中",凡事过犹不及,譬如饮食,恰好为宜。

其四,儒家也十分注重从性情角度论"中"。《中庸》所谓"喜怒哀乐之未发谓之中"本身即是从性情角度而言的。但儒家并不局限于此,后儒论"中",则往往视"中"为天性,即所谓"天命之性"。以"天地之性"、"天命之性"论"中",这在宋儒那里是相当普遍的。如南宋学者卫湜在其《中庸集说》中列举了诸多时彦的说法,可表明这一点。如"大本者,性之始,所谓中德也。"①"心无偏倚名曰中,此性之中也。"②"大本,天心也,所谓中也。"③等等。"中"乃"天命之性",说明"中"正是"性命"之本、"性命"由"中"而生,这种认识进一步夯实了"持中养生"的理论基础。从性情角度释"中",也使人们认识到,生命的养护,在很大程度上取决于身心性情的协调与平衡,所以修养心性,自然就会成为儒家生命伦理的重要方法。按照这种方法"修身",可以使人不偏执、不拘泥、行为适度得体,具有"文质彬彬"的君子风范,可以让我们情感中和、心胸舒畅,"欲而不贪、泰而不骄、威而不猛"④,以致"从容中道"⑤,所以按照这种"中"的理论修养身心,就不仅可以平衡身心,保持生理机能的稳定,它同时可提升我们做人的境界。是故,在儒家这里,"中"的方法论意义就不仅在于它是保持身体健康的重要方法,它本身也是一种道德修养的方法和境界。

总的来看,持"中"作为一种根本的养"生"方法,无论是个体生命的养护、还是群体生命的维护,乃至自然宇宙的整体生命系统,均可涵纳在"中"的理论之中。故司马光说:"阴阳不中,则物不生;血气不中,则体不平;刚柔不中,则德不成;宽猛不中,则政不行;中之用,其至矣乎。"⑥

此外,还有一点需要我们着重指出的是,儒家所讲的"中",还包括一个重要原则,即"时中"。"君子之中庸也,君子之时中。"⑦"时中",顾名思义,是依"时"而"中"。"时中"的观念在《周易》中表现得较为明显。《周易》相当重视因"时"而"中",几乎每一卦《周易》都要提醒人们注意"时之义大矣哉"。按照《周易》的意思,"时中"就是告诉人们一定要根据事物的发展变化来求平衡,而不是说事物之间的平衡关系是永远不变的,在变中求"中",在动态中求稳、求发展,这是《周易》给我们的基本教导。《周

---

① 卫湜:《中庸集说》,漓江出版社 2011 年版,第 329 页。

② 卫湜:《中庸集说》,漓江出版社 2011 年版,第 330 页。

③ 卫湜:《中庸集说》,漓江出版社 2011 年版,第 326 页。

④ 《论语·尧曰》。

⑤ 《中庸·第二十章》。

⑥ 宇野哲人著,马福辰译:《中国近世儒学史》,中国文化大学出版社 1982 年版,第 43 页。

⑦ 《中庸·第二章》。

易》这种教导,在孟子那里则表现为"执中"与"权"的关系。孟子讲"执中无权,尤执一也"①,也是要告诉我们,对待生命,必须要依照生命发展的态势,审时度势、因地制宜地处理生命问题,包括生命在内的任何事物,都是处在不断地发展变动中,所以不能用僵化、固定的眼光处理生命的问题,所以"中"是一种在动态中求平衡的理论。王阳明曾说:"中只是天理,只是易,随时变易,如何执得?须因时制宜,难预先定一个规矩在。如后世儒者要将道理一一说得无罅漏,立定个格式,此正是执一。"②这同样也是在告诉我们,事物是处在不断发展变动过程中的,动中有"中","中"是动中之"中",而不能始终以固定格式对待事物的发展问题。

总的来看,从生命的视角来说,"中"是生命内在的本性和原力,没有它生命就不可能存在,因此生命的存在,就其操存持守的方法来看,其实就是养护生命之"中",也就是使生命的构成诸要素保持在自然而然的本然状态之中,培养决定生命化育的自然原力。从"气"的哲学角度来说,这种自然的生命原力就是指生命的"元气"。"中"也意味着决定事物存在和发展的矛盾因素处在一种平衡状态之中,意味着事物内部诸要素以及事物与事物之间因某种机制处在稳定和谐的状态之中,从这一意义上说,实现生命的方式就在于保证生命有机体内部诸要素的平衡、和谐。而这一意义上的"中",实际上就是"和"。在儒家这里,"和"与"中"是十分亲近的概念,二者在内涵上极为接近,我们实际上很难区分彼此。正如莆阳郑氏曰:"中和虽异名,寂感虽殊势,其为中则一也。"③当然,我们这么说,也不是否定"和"这一概念的相对独立性,尽管"和"与"中"联系十分紧密,但二者还是存在微妙的差异,"中"更侧重决定事物存在和发展的内在根据和原因或者说事物的本根状态,更侧重于从"体"的方面说,而"和"更强调事物内部诸要素或不同事物之间的平衡和协调,更侧重于从"用"的方面说。在儒家伦理学说中,"和"亦是生命存在和发展的重要根由,是各种生命得以存续的基础条件,是造就新事物或新生命的重要原理,此即儒家"和实生物"的原

① 《孟子·尽心上》。
② 王阳明著,张怀承注译:《传习录》,岳麓书社 2004 年版,第 58 页。
③ 卫湜:《中庸集说》,漓江出版社 2011 年版,第 330 页。

理。这一原理,也是儒家特别看重的一条原理。它对我们思考生命伦理问题,同样也颇有意义。

二、和实生物

"和"并不是儒家所独有的观念,在诸子百家的典籍中,我们都可以看到"和"的丰富使用。这说明,"和"至少从先秦时期,就已经是中国人普遍的一个观念。但是,作为哲学范畴的"和"则有一个发展的过程。根据现有的文献,"和"最初的意义可能只是指事物之间彼此的相应性和调和性。上古文献中的"和"有两种基本的写法:一是从"口"从"禾"的"咊",《说文》释之曰"咊,相应也"①;二是从"龠"从"禾"的"龢",《说文》释之曰"龢,调也"②。"咊"与"龢"这两种写法就其意义来说并无本质的不同,均可作"相应"、"调和"讲。从"口"从"禾"的"咊",可能是指"味"之和,而从"龠"从"禾"的"龢"主要是就乐声的调和而言。"味"之调和与"乐"之调和,这两种意思在古代的典籍中都表现得比较明显。在一些工具性的典籍中,还有另外一些对"和"的解释。比如《广雅》将"和"训为"顺也,谐也,不坚不柔也"。将"和"训为"顺也,谐也"与其说是对"和"之义的解释,毋宁说是对"和"的一种表现形式的说明。将"和"训为"不坚不柔也"则大致相当于"中"的意思,指"适度"、"中正"、"不偏不倚"。作为儒家十三经之一的《尔雅》对"和"则有另一种解释。《尔雅》曰:"雍雍优优,和也。"③按照这个解释,"和"是指一种"从容"的状态。所以从"和"的原始意思来说,大致是指不同事物之间相应、谐和、平顺稳定的一种状态。后来,随着人们普遍性思维的增强,"和"才发展为一个具有特定内涵的哲学范畴。

在儒家思想中,"和"也有一个发展的过程。在先秦"五经"中,"和"范畴得到了普遍的应用,但不同的经典对"和"的阐释并非完全相同,这反映

---

① 许慎撰,崔枢华,何宗慧校点:《说文解字》,北京师范大学出版社 2000 年版,第 53 页。

② 许慎撰,崔枢华,何宗慧校点:《说文解字》,北京师范大学出版社 2000 年版,第 89 页。

③ 徐朝华:《尔雅今注》,南开大学出版社 1987 年版,第 131 页。

出"和"由一般的"乐"和"味"之调和向具有哲学伦理学内涵过渡的状况。这在《诗经》、《尚书》和《周易》中表现得都比较明显。《诗经》、《尚书》和《易经》都是儒家最古老的典籍,在一定程度上它们也是儒家思想的来源。这些典籍中的"和"可以说反映出儒家较早的有关"和"的认识。总的来看,这些经典论"和"有相同之处,但也各有侧重,分别揭示出"和"范畴的不同内涵。《诗经》中的"和",大都是在"乐"之调和的角度上使用的,但《诗经》提到的"乐"之和,往往是一种比兴的手段,其后要论证的恰恰是"和"的伦理涵义,是为了说明某种伦理关系之"和"。据笔者的统计,《诗经》中"和"字凡12见,大多都是通过"乐"之协和来揭示某种伦理关系之"和"。比如

"妻子好合,如鼓瑟琴,兄弟既翕,和乐且湛。"(《诗经·小雅·常棣》)

"嘤伊人矣,不求友生? 神之听之,终和且平。"(《诗经·小雅·伐木》)

"喤喤厥声,肃雍和鸣,先祖是听。"(《诗经·周颂·有瞽》)

以乐声之协和揭示伦理之"和",也见于其他典籍。比如《尚书·舜典》曰"声依永,律和声。八音克谐,无相夺伦,神人以和"。但是《尚书》中的"和"显然又有不同于《诗经》之处。在《尚书》中,"和"显然已经成为一个明确的伦理观念。《尚书》中的"和"字凡38见,其中明确具有伦理内涵的就有超过10处,我们在前文已经讲到,《尚书》不仅把"和"视为达至目标的一个根本方法,它本身也具有目的论和境界论的内涵。比如"正德、利用、厚生,惟和"①;"其难其慎,惟和惟一"②;"庶政惟和"③等句。不过,《尚书》论"和",主要是从政治伦理角度来说的,它的形而上的意蕴还没有彻底显示出来。在一种形而上的角度论述"和"的哲学内涵的,当首推《周易》。

《周易》中,也有很多关于"和"的记载。如《易·兑卦》曰"和兑,吉";《易·乾卦·彖》曰"保合太和";《易·系辞传下》曰"履以和行";《易·说

---

① 《尚书·大禹谟》。

② 《尚书·咸有一德》。

③ 《尚书·周官》。

卦传》曰"和顺于道德而理于义,穷理尽性以至于命",等等。《周易》中的"和",其内涵是伴随着《周易》的宇宙创生论得以揭示的。从《周易》的阴阳原理来说,《周易》中的"和"主要是指阴阳平衡的状态,也指万物和谐共生的境界,这种境界即《周易》所说的"太和"。"履以和行","和兑吉"等等说法,表明《周易》也把"和"视为达致一种理想状态或好的结果的手段与方式。以"和"待人处事,解决问题,就容易获得"吉"的结果。由于"和"意味着事物阴阳平衡的和谐状态,所以"和"也常常被视为万物得以生成和存在的根据与状态。正如荀子所说:"万物各得其和以生。"①

总的来看,孔子始创儒学之前,"和"的观念对中国人浸润已深。孔子当是在承续这种普遍流行的"和"的观念的基础上,将"和"视为儒家一条重要的伦理观念加以推崇的。在孔子这里,"和"已经成为一条关键的伦理原则,成为道德人格的重要标准,如《论语》所说:"礼之用,和为贵。先王之道,斯为美。"②"君子和而不同,小人同而不和。"③"和而不同"具有重大的方法论意义,它揭示出了"和"的本质乃在于统一体内多种因素的差异与协调。"和"意味着不同,也意味着不同的因素或事物在某种机制下的协调运作反而更有利于事物自身的存在与发展,更容易达至一种理想的状态,"和"是发展创新的前提,意味着"新生"。而单纯的"同"则是指事物简单的相加,难以发生交合感应,因而"同"意味着停滞、因循守旧,意味着衰退和死亡。换句话说,"和"是"生"之途,"同"是死之路。正因为"和"是在某种机制下不同因素和事物之"和",所以"和"的机制至关重要,放弃这种机制下的"和"不是真正的"和",所以《论语》告诫我们"知和而和,不以礼节之,亦不可行也"。④

在《论语》这里我们已经看到,孔子论"和"时,可能已经意识到"和"是一种事物创生的前提和手段,只有通过"和",才有事物的"生",这里面已经有了"和实生物"的意思。但是《论语》中并没有直接揭示这一命题。根据

---

① 《荀子·天论》。
② 《论语·学而》。
③ 《论语·子路》。
④ 《论语·学而》。

现有的文献，"和实生物"作为一个命题，是春秋初期的史伯率先提出的。史伯曰："夫和实和物，同则不继。以他平他谓之和，故能丰长而物生之。若以同裨同，尽乃弃也。"①这就是说，只有"和"才能创生事物，才会保证生命的持续发展，而相同的事物则意味着生机的丧失。冯友兰先生在解释这段话时说："'以他平他谓之和'，如以咸味加酸味，即另得一味。酸为咸之'他'，咸为酸之'他'，以'他'平'他'，即能另得一味，此所谓'和实生物'。咸与咸是同，若以咸味加咸味，则所得仍是咸味。此所谓'以同裨同'，'同则不继'也。推之，若只一种声音，则无论如何重复之，亦不能成音乐。若只一种颜色，则无论如何重复之，亦不能成文彩。必以其'他'济之，方能有成。"②

《左传·昭公二十年》记载的晏婴和齐侯关于"和""同"之异的对话，也揭示出"和实生物"的重大意义。③ 我们在前文提到，晏婴借"和羹"的比喻道出了"和"的重大方法论意义，"和"不同于"同"，"和"是相异各物存在和发展自身的基本原则，相异的各物在合宜的机制下，不仅能够共存，还能创造出新生的事物，而"同"却不可。"和实生物"的命题表明，"和"的本质实际即一生成的机制，"和"意味着"生"。"和"是一切事物存在的根由、状态和实现的方式，理想的政治、美好的生活、个体生命的实现等等都离不开"和"、取决于"和"。正是如此，在儒家的思维中，"和"也渐有了本体论的意义，从而最终使"和"成为一兼具本体论、方法论和境界论的概念。

在儒家的典籍中，比较早从本体论的角度谈到"和"的方法论意义的是《中庸》。《中庸》曰："喜怒哀乐之未发谓之中，发而皆中节谓之和。"朱熹释曰："达道者，循性之谓，天下古今之所共由，道之用也。"这就是说，"和"的本性合于中节，它是"道体"的呈现，也是万物存在和长育的根本方式。《中庸》是《礼记》中的一篇文章，事实上在《礼记》中还有其他一些地方，涉及了"和"的形而上的意义。如《礼记·乐记》曰："乐与天地同和，大礼与天

---

① 《国语·郑语》。
② 《冯友兰选集》下卷，北京大学出版社 2000 年版，第 210 页。
③ 相关引文和内容请参见本书第三章第二部分"厚生惟和"一节。

地同节。和故百物不失。"又曰:"乐者,天地之和也;礼者,天地之序也。和故百物皆化,序故群物皆别。"这虽然是讲"乐理"上通天地之"和",但也在一定程度上揭示出了"和"的形而上的意蕴。

先秦以降,儒家又从多个角度论述了"和"的本体意义和生成机制,揭示出"和实生物"的原理。比如汉儒董仲舒结合阴阳原理,直接从"天道"角度论证了"生"由"和"成的道理。在董仲舒那里,"中和"本质上就是阴阳创生之道,所谓"天有两和,以成二中。"①所谓"两和",就是指构成"天地之和"的两种因素即阴阳。阴阳之"和"是万物生成之道。故董仲舒说:"中者,天地之所终始也;而和者,天地之所生成也。夫德莫大于和,而道莫正于中。""中"是天地自始至终的一种性质,而物生则需"和","生必和也"②。总之,"和者,天之正也,阴阳之平也,其气最良,物之所生也。""举天地之道,而美于和,是故物生皆贵气而迎养之。"③宋儒张载对"和"的论述与董仲舒有相似之处,张载也是从阴阳之天道角度揭示"和"的创生原理。但不同的是,张载是从"气本论"的角度对"和"的本体意义的揭示。张载以"气"作为万物生成的本体,一切事物均是气聚气散的结果,而"气"所含有的运动规律和性质张载即称之为"太和"。在张载这里,"太和"的本质实际上相当于《易经》所谓"一阴一阳之道"。他说:

> 太和所谓道,中涵浮沈、升降、动静、相感之性,是生絪缊、相盪、胜负、屈伸之始。其来也几微易简,其究也广大坚固。起知于易者乾乎!效法于简者坤乎!散殊而可象为气,清通而不可象为神。不如野马、絪缊,不足谓之太和。语道者知此,谓之知道;学《易》者见此,谓之见《易》。不如是,虽周公才美,其知不足称也。④

从张载的论述来看,"和"本质上即是作为宇宙本原的"气"在"浮沈、升

---

① 《春秋繁露·循天之道》。
② 《春秋繁露·循天之道》。
③ 《春秋繁露·循天之道》。
④ 张载著,章锡琛点校:《张载集》,中华书局1978年版,第7页。

降、动静"的阴阳对立统一中得以保持协调、平衡、和谐的状态,是阴阳对立统一关系的表现,所谓"有反必有仇,仇必和而解"①。按照这种理论,"和"不仅是事物得以存在的原则,也是事物发展过程中必然的趋势。万物依阴阳相和合而生,亦以"和"为存在的本然状态,所以"和"就是把事物存在的本然依据和应然状态统一起来的概念。

总的来看,儒家讲的"和",本质上就是强调统一体内多种矛盾因素的差异与协调。任何事物自身内部都包括诸多矛盾因素,只有这些矛盾因素处于和谐状态时,事物本身才会发展。所以儒家把"和"视为事物实现自身的一种方式,故曰"万物各得其和以生"②。由此,"和"在儒家那里也有了一种整体和谐的价值取向。不管是《论语》的"和为贵",还是《中庸》的"致中和",这种"和"的境界就是追求天地的正常运行,万物的生长发育,社会的稳定太平,以及人与人之间的和睦相处。万物的生成有赖阴阳和合,万物的存在取决于事物内部诸要素的平衡与和谐,万物的最佳状态在于彼此的和谐共生,所以儒家把"和"视为妥善处理人与自然、人与社会以及人我关系的总法则。自然、社会、人之间是一个相互关联的生生不息的生命循环系统,它们之间的和谐是万事万物得以存在和发展的最基本条件与状态,所以处理人与自然、人与社会以及人我关系绝对不能违背"和"之道,违背了"和"也就阻塞了通往"道"的道路,也就是违背了万事万物生长化育的客观规律。因此,从自然生成的角度说,"和者,天地之所生成也"③;从治世理政的角度来说,"庶政惟和";从个体养生的角度来说,"中和常在乎其身,谓之得天地泰。得天地泰者,其寿引而长。"④总之,"举天地之道,而美于和"⑤。

可见,在儒家这里,"和"是天地万物生成与发展的根本方式,只有达到了"和",才会"天地位焉,万物育焉"。所以说,"和也者,天下之达道也"。以"和"而"达道"的具体表现,就是实现天下万物的"位育"。

---

① 张载著,章锡琛点校:《张载集》,中华书局 1978 年版,第 10 页。
② 《荀子·天论》。
③ 《春秋繁露·循天之道》。
④ 《春秋繁露·循天之道》。
⑤ 《春秋繁露·循天之道》。

三、安所遂生

在儒家思想中，"位育"也是一个十分重要的概念，有着特殊的内涵，在儒家伦理中发挥着特殊的作用。这种特殊性，也给我们思考当代生命伦理问题提供了一种特殊的视角。

"位育"二字，从思想来源来说，是对《中庸》所说的"天地位焉，万物育焉"的概括。朱熹释此句曰："位者，安其所也。育者，遂其生也。"①依照朱熹的解释，所谓"位育"，就是指万物处在其应当在的位置上或使万物处在一个合理的本来的位置上，各在其位，各安其位，这就是宇宙的本然状态。这样，万物才会井然有序，才会生化长养，各遂其生，最终求得万物的和谐共生，同步发展。在这里，《中庸》实际上已经把"位育"的思想提升到一种本体的高度上，这里的"位"是就天地当位而言，亦是指万物生长化育的本然状态而言。万物天赋具有一种规定性，在宇宙生态中因而具有相应的开展其生命之"位"，重视其先天的规定性和事物自身的"天然"生性，是保证生命"遂其生"的重要前提。这是《中庸》的"位育"思想给予我们的重要启示。但实际上，"位育"的观念并不是《中庸》独有，在儒家的其他典籍中，我们也能广泛见到相应的思想。这说明，"位"及其因"位"而"育"的观念，乃是儒家一重要的理念。

从思想史的角度说，在先秦时代，"位"的思想已经广泛见诸儒家的典籍当中，这说明至少在先秦时期，"位"就已经成为中国上古先民头脑中一个重要观念。从现有的典籍来看，"位"在先秦时期主要有两方面的意蕴：一指某种特定的权益；与一相联系，二指某种特定的伦理义务。如《论语》曰："不在其位，不谋其政。"②这里，"位"既意味着居位者特定的权利，更意味着居位者特定的义务。总体来看，儒家所说的"位"，与今日所谓"当权"有一定联系，但并不是一个意思。这是因为，儒家所说的"位"，其权利特征并不明显，相反，其伦理性却特别突出。在儒家这里，"位"首先是和"德"相

①　朱熹：《四书章句集注》，中华书局1983年版，第18页。
②　《论语·泰伯》。

联系的，一定的"位"意味着对一定的"德"的要求，只有"有德者"才能"居其位"，一个人所居的"位"的高低大小，与其德性的高低应当相称。从《诗经》《尚书》等先秦古籍来看，"位"的这层内涵明显是主要的。如《诗经·小雅·小明》曰："嗟尔君子，无恒安息。靖共尔位，好是正直。神之听之，介尔景福。"在这里，人所居之"位"是和君子之"德"相一致的，人居其"位"的合法性来源于人之德，而有德则意味着"当位"，这就是说，居位者必须要有德，而有德这也是"天命"的要求，所以"据德"而"当位"，上天就会赐福于人。就不会轻易改变"成命"。如《诗经·大雅·韩奕》曰："夙夜匪解，虔共尔位，朕命不易。"

在这里我们可以注意到，《诗经》一方面比较注重"位"与"德"的关联性，另一方面《诗经》也透露出当位之"德"和"天意"有关，而这种"天意"实际上又是与"民生"相关联的。《诗经·大雅·假乐》曰："不解于位，民之攸塈。"这就是说，要恭敬谨慎地恪守自己的"位"，因为人民的幸福与此有着莫大的干系。"位"意味着相应的"德"，而此"德"又和"天命"相关、与"民生"相关，这一层意思，在《尚书》这里也有表现。比如《尚书·五子之歌》曰："太康尸位，以逸豫灭厥德。"《尚书·太甲下》曰："天位艰哉！德惟治，否德乱。"《尚书·咸有一德》曰："天难谌，命靡常。常厥德，保厥位。"在这里，我们可以看出，没有"德"，则"位"不保，而所谓"德"，依我们前面的分析，《尚书》所谓"德"，主要是指天之"好生之德"。在位如果不能实践"天德"，不以"天德"为要求，或者让无德之人居其位，也就是"君子在野，小人在位"①的话，那么势必会导致家国天下的大乱，造成生灵涂炭，荼毒众生。

《诗经》和《尚书》都是儒家早期的文献，在某种意义上也可以视为孔、孟思想的来源。《诗》、《书》中有关"位"的思想，在孔子和孟子这里有了更为鲜明的体现。孔子关于"位"有几个广为人知的说法。如"不患无位，患所以立"②；"不在其位，不谋其政"③；等等。"不患无位，患所以立"的说法表明，在孔子这里，"位"的权利内涵并不是特别重要的事情，它对"德"的要

---

① 《尚书·大禹谟》。
② 《论语·里仁》。
③ 《论语·泰伯》。

求才是第一位的。而"不在其位,不谋其政"虽然可能只是就政治而言,但这一说法同时也表明,人在伦理关系中各有其"位",人人各安其位,则能形成秩序,从而保证各项事业顺利进行。在这里,"位"隐含着对秩序的伦理诉求。而乱之所起,往往是由于人不能安其所在,不恪守其职责,不尽其伦理义务。所以,从保障群体生命实现的秩序角度来看,人具备相应的"位"之德,依"位"而行,就成为人应当具有的一种道德要求。故曾子曰:"君子思不出其位。"①每个人依其天赋和后天的努力,都应当有合适的"位"居之,人在其位,则能顺畅发展,其生命的意义和价值就容易实现,"失位"、不当其位,往往也容易招来祸患,危及其生命,如孟子所谓"士之失位也,犹诸侯之失国家也"②。

总之,在孔、孟这里,"位"和"德"必须是匹配的,凡一定之"位",必有相应之"德","德"不称"位"不仅是不合理的,也是危及生命安全的。从家国治理来说,"德"不称"位",则祸乱家国。"是以惟仁者宜在高位,不仁而在高位,是播其恶于众也。上无道揆也,下无法守也。"③从个体生命来说,不按其位而行,也就忽略了其存在的当然准则。总之,"立天下之正位"④应当成为人安身立命的重要原则。"正位"显然不是就权利而言,而是就道德而言,在孟子这里,人只有依德而立,才能实现他的"正命"。而前文我们也曾分析,在孟子这里,只有"顺天"而行,人才能最终获得其"休命",所以,"位"的思想,在孔、孟这里,也是和"天命"、"天德"直接相关的观念。

除去《诗》、《书》和孔、孟的论述,《周易》中"位"的思想当是最为突出的。与《诗》、《书》和孔、孟不同,在《周易》中,"位"是作为解经的一个重要体例出现的,并且,在《周易》中,"位"既与天地的本然状态相关,亦与人的行为的合宜性相关,是一个明显涉及天道与人伦相统一的观念。在《周易》中,"位"最初是指爻在六十四卦卦体中的位置,每一爻都有爻位,而且阴爻有阴爻当处的位置,阳爻也有阳爻当处的位置,按照《周易》的筮法,阴居

---

① 《论语·宪问》。
② 《孟子·滕文公下》。
③ 《孟子·离娄上》。
④ 《孟子·滕文公下》。

二、四、六位为"当位",阳居一、三、五为"当位",否则便是"失位"。"当位"多"吉","失位"多"凶",所以"当位"与否对占卦来说意义很大。比如《易·家人卦·彖传》讲:"家人,女正位乎内,男正位乎外;男女正,天地之大义也。"《家人卦》卦形为下离上巽,所谓"女正位乎内",指内卦(即下经卦离)的中位是阴爻六二居之,阴爻居偶位,故称"正位"。"男正位乎外",是指外卦(即上经卦巽)中位阳爻九五居之,阳爻居奇位,也是"正位"。内卦外卦中位都是阴阳爻各得其位,而阴阳象征男女,故称"男女正",这是非常理想的状态。"男女正位"上通天地之义,天地各正其位,则万物化生;男女各正其位,则人伦谐和,由此天地万物生生不息,人类社会持续不断。所以,天地、男女"正其位",才有生命的大化流行,生生不息。在这里,《周易》已经向我们表明,"位"是万物生长化育的重要前提和手段。《中庸》"天地位焉,万物育焉"的思想很可能与此有着渊源关系,亦未可知。

由上,儒家"位育"的思想,至少包括两方面的内涵。其一,它意味着我们对天地本然秩序的一种肯认,人的行为当依此天道秩序而行;其二,这种天道秩序揭示出万物的存在都各有其规定性,任一生命都是在整体自然生态中有机联系的生命体,彼此在天地自然的生态系统中都有其特殊的位置,承担着具体的生态"责任",其"位"一旦被更改,势必会引起整体生态系统的变化,因此,维护整体的自然生态,维护生物的多样性,就是必需的。生物越少,说明生态系统被破坏越大,生命存在的危险也就越大。人伦秩序根源于天道秩序,天生万物各有其位,则人亦各有其一定之规,各有其位,人的"位"本质上是"天道"秩序在人伦领域的呈现,人懂得这个道理,便能自觉持守其天赋义务、人伦之常,而这种意识无疑是创建美好人间根本的精神因素的支撑。故《中庸》强调"君子素其位而行,不愿乎其外"[1];《周易》也说"君子以思不出其位"[2]。既然"位"的意识本质上对人而言是一种实践"生"德的要求,那么,成人、成德自然也都和"位"有关。正所谓"践其位,行其礼"[3],人方为人。

---

① 《中庸·第十四章》。
② 《易·艮卦·象》。
③ 《中庸·第十九章》。

由上可见,儒家讲"位",并非单纯地要限制人、规制人,恰恰相反,它追求的是在尊重天地自然的规律基础上促使生命的完整实现,这就是"安所遂生"之义。"位"首先是指"天地位",即"位"首先表明的是一种天地自然的本然秩序,本质上说的是上天的创生秩序和法则。但是"天之生物,必因其才而笃焉"①,也即上天对其所创之物,必然会依据其天赋的秉赋而"厚生"之。所以在儒家这里,"位"本质上是求"生"的手段,而非限制。凡物均有其上天的规定性,事物只有按其规定性发展,才能实现其生命,这是宇宙的普遍法则。从这一点来看,儒家所讲的"位",其实也有规律性的意思。不依"位"而行,也就背离了天地自然的规定性或者说自然的规律,所以"素位而行"也有要顺应事物的自然本性的意思。

总之,追求"位育",实现"安所遂生",是一切生命的目的。人在求"位育",自然万物也在求"位育",甚至民族、国家、社会也都在求"位育"。而儒家"位育"理念的目的,就是设法在个人方面,使人人尽得发育、发展之宜;在社会方面,则努力使人与人之间不因相异而相害,而因相异以相成;在自然方面,则讲求天、地、人以及自然万物的和谐共处,平衡有序。但不管是就个人而言,还是家国天下、自然万物而言,儒家的"位育"理念,讲的其实都是一个求"生"的方法问题,它的目的就是要人顺应一定之规,尽其应尽之责,从而保障人类乃至万有之生命的实现。故王阳明才说"中和位育,便是尽性至命"。②

第五节　结语

以上我们从生命本体论、价值论、境界论和方法论几个角度,对儒家生命伦理思想宏观的结构特征进行了概括说明。这种概括的重点在于揭示儒家生命伦理思想的主体内容和主要特色,也是为了说明儒家生命伦理的精

---

① 《中庸·第十七章》。
② 王阳明著,张怀承注译:《传习录》,岳麓书社 2004 年版,第 116 页。

神和基本的原则。从总的特色来看,儒家生命伦理思想是以"生"为中心的,其基本的理论观点都统摄在"生"之下。"生"的理念贯穿于儒家对生命本源的探寻、对生命价值的考量、对生命境界的追问、对实现生命的方式的探究,儒家生命伦理的方方面面,其实都离不开这一"生"字。所以我们说,儒家生命伦理,本质上就是"生"的伦理,"生"是儒家生命伦理的基本精神。蕴含在儒学中的深层次内容,或者说一以贯之的理念,就在于这一个"生"字。

"生"是儒家生命伦理思想的总纲。"生"作为贯穿整体儒学的理念,是本然和应然的统一体,它既有形而上的内涵,也有形而下的意义,是即体即用、贯通天人物我的哲学范畴。从儒家天人关系的运思模式来看,"生"也是统一天人关系的中心词,天道和人道俱统一在"生"之道上。"生"是"天心"、"天性"、"天德"、"天道","天地之大德曰生","天只是以生为道",不管天是"主宰之天",还是"意志之天"、"自然之天",对儒家而言,只有作为"生"之义理的"天",才是人类效法的根本。"天"能为人类效法的,只是其"生"之德,也只有此"生"之德,才是天人统一的基础。我们都知道儒家讲究"天人合一",但是天人合一的基本内涵,不可能是天职、人职的混同,更不可能是天与人在形色上的合一,在儒家这里,天人合一的基本就在于天与人是在"德"上的合一。"天"是有德的,人也应当有此"天德",而"天德"即是上天的创生、好生、厚生的"生"之德,这就是人取法的根本内容,所以,天人合一,本质上只是天与人在"生"德上的合一。

我们说天人合一于"生",并没有否认"天"在传统中国人生活中的根本地位。在传统中国人的思想信仰里面,"天"无疑是一个根本的理念,它对传统中国人的实际生活有着根本的决定作用。比如传统中国的"祭天"活动十分隆盛,规格甚高,往往都是天子主祭。在某种程度上,我们甚至可以说,"祭天"就是中国人精神生活中最为重要的一部分。传统中国的知识界文化界也格外强调"敬天"、"畏天"。中国人为什么要祭天?为什么要敬天、畏天?楼宇烈先生曾经在一次学术对话中提到这一问题时讲道,中国人之所以要祭天、敬天、畏天,其最主要的方面就是认为天是一个德性的标志、德性的代表。"我们为什么要祭天?为什么要敬天?为什么要畏天?我想儒学里面对天的看法,也有许许多多的含义。但其中恐怕有个最主要的,就是天是一个德性的标志、德性的代表。为什么这样讲? 我们开口就说,'德谋天地','德配天地',所以这个天是我们学习的榜样,天是德性的一个标准、一个准则。"①"唯天为大"、"唯尧则天",这都是说人的一切行为都应当以天为标准,以天德为准则。但这个"天德"是什么呢? 这是楼先生的发问。我认为,此"天德"即是"生"之德。人修养道德,就是体悟天地之"生"德。天意至诚,生物不贰,广大无私而厚生万物,只有具备此种生德,才有宇宙生命的绵延长流、生生不息。这就是"天德"、"天道",而这也正是需要人体悟和效法的对象。

体悟、效法天道、天德,就是要我们认识到天地自然实乃一生命的系统,万有之生命是一个有机联系的生命整体,或者说宇宙自然乃一"生"的存在,万有之生命的流行即是"生"之本体的呈现,构成宇宙自然本体的只是这不息的生命,充盈天地间的也只有无穷的生命,生命就是体,也是用。意识到生命是宇宙自然最为真实和本质的内容,意识到生命彼此的内在相关性,那么,一旦这种认识上升为一种自觉的道德信念,人就会生出一种自然而然的欣赏生命、呵护生命的精神、态度,这是一种信仰的力量,是在一种对"生"的理念体认与服膺基础上产生的观照生命的力量。在儒家这里,即表现为一种仁爱生命的仁性的发育和呈现。所以服膺"天地之大德曰生"并身体力行之,这是一种根本的来自精神上的对生命的体认与爱护,它没有任何功利的动机和目的。因为生活和生命的意义都取决于实践天地这一"生"德,仁民爱物,厚生、重生、乐生,这就是儒家生命伦理最为重要的精神内容。

意识到天地只是以"生"为本,从而人应当参赞天地之化育,重生、利生、厚生,只是具备此观念还不够,这里面还有一个具体的怎么做才能重生、利生和厚生的方法问题。"生"的理念表明,上天创造了万有之生命,同时也赋予了万有之生命各个不同的生存之道。天地自然创造的"万有"各有

①　杜维明、范曾:《天与人:儒学走向世界的前瞻》,北京大学出版社 2010 年版,第45 页。

其"性命",也均具有"正"其性命之道,这表现为形态各异的各种生命的生存法则,这种生存法则是蕴含于不同生命内部的客观规定性。上天创造了此种生命,必赋予此种生命开展其自身生命的特殊方式,因此,从效法天道而言,人就应当尊重各种生命的生存法则,顺应各种生命的自然本性去对待生命,不去破坏各种生命之间的平衡关系,对人来说,这是天赋予人作为特殊存在的一种当然义务。这种义务,在当代,就表现为自觉维护自然生态平衡的道德要求。注重维护天地自然整体的大生命系统的存在与稳定,不仅是个体道德提升的方向和境界的体现,同时也是考量整体人类的"德性"的重要尺度。

当然,这只是就天地自然整体的生命系统的"位育"而言,而包括人的生命在内的具体的生命各有其"位育"的问题。而统摄万有生命之"位育"的根本方法,即是"中和之道"。在"器"的层面,"生"有群体之生,有个体之生,有动植物的生,有人的生,而不管何种层面的生,其生命实现的根本方式即在于"中和"。因为按照儒家的理论,万有皆有天赋之"中",万有之存在与发展也皆离不开"和",所以"致中和"就成为根本的养生之道。诚如司马光所言,"中和为养生作乐之本……夫中和者,大者天地,中者帝王,下者匹夫,细者昆虫草木,皆不可须臾离也。"[1]总之,"能以中和理天下者,其德大盛;能以中和养其身者,其寿极命"。[2]

以中和养生,本质上是要我们在对待生命问题上要顺应客观的自然规律,而这一自然规律,在儒家看来,即阴阳对立统一的规律,天是大宇宙,人是小宇宙,"一阴一阳"的规律同样适用于天与人。顺应天时,同时注重协调身体的阴阳平衡,这就是儒家为我们提供的养生之道。

总之,儒家生命伦理具有广阔天地、物、我的恢宏气度,它把人的生命与自然生命系于一体,在天命与人为的双向回环机制中追求人的生命意义的完整和实现,这是它的特色。儒家注重个体的生命,也注重整体人类的生命,它的"修身"理论尽管以道德为取向,但亦是一种特殊的养生之道,是把

---

① 曾枣庄、刘琳主编:《全宋文》(56),上海辞书出版社、安徽教育出版社2006年版,第55页。

② 《春秋繁露·循天之道》。

个体生命与整体的人类生命统一起来的"养生"理论。这种"养生"理论上达于天,因此从根本上说,是把人类的命运系于人类的行为与天道的一致,个体的生命意义与人类整体、乃至宇宙的整体生命不可分离,这样一种生命伦理思想,客观上突破了"小我"的局限,而将人的目光更注意宏观的生态系统的完整,让人们更多意识到生物之多样性、生命之间的关联性这些问题,而这非常符合人类在当代对整体生命延续的诉求,在观念上对当代人类寻求健康的发展方式也颇有指导意义。所以,这种理论尽管建基于传统社会,但其基本的精神,仍然值得我们今日认真对待。

第六章　儒家生命伦理思想的实践与应用

　　生命伦理学很重要的一个方面即它的应用性,探究儒家生命伦理思想,如果只是注重文本的思想挖掘和梳理,显然也是不够的。从儒学的发展来说,儒学要保持它的生命力,也必须要面对现实问题,对现实问题的解决能够提供疏解之道。缺少了解决现实问题的能力,那么儒学就难以避免陈列于博物馆的历史命运。儒学必须要与现实问题搭界,以为当今的人伦日用,这是当代儒学寻求自身发展的必然途径。本章的宗旨,即以当代生命伦理问题为例,来探究儒家生命伦理思想的实践与应用价值。当代面临的生命伦理问题很多,从广义上说,生物伦理问题、环境伦理问题、人口伦理问题、公共健康伦理问题,都可以归之为生命伦理问题;但从狭义的角度来说,当代生命伦理多指现代生命技术的应用产生的伦理问题,如克隆人、基因技术的应用、器官移植、代孕等,也有主要涉及生死问题的,如安乐死、临终关怀等;还有一些涉及医患关系、医疗资源的分配、养老等问题。本章所指生命伦理问题,主要是指狭义上的生命伦理问题。但即使这样,限于篇幅,本章也不可能逐一讨论这些问题,这里我们主要撷取了克隆人、医疗公正、养老这几个问题,这几个问题涵盖了不同领域的生命伦理问题,相对而言也具有一定代表性。故本章以这些问题为例,来探究儒家在处理这些问题上的基本立场、观点和态度。

第一节　天人之辨:儒家生命伦理原则的确证

　　生命伦理学是应用之学,而应用就离不开一定的原则指导。当我们借助儒家生命伦理思想解决现实问题时,同样也要明确儒家生命伦理的实践原则。原则是为了行动提供指令或者说行动的方向,原则本身是建立在道德的考量基础之上的。建立在某种道德理论基础上的原则,为行动者提供的是行为上的价值导向,这种应然的指引决定着行动者事实上的"做"还是"不做"。但是,在当代讨论生命伦理学的原则问题,很容易让我们联想到"原则主义的谬误"的问题。我要指出的是,"原则主义的谬误"通常建立在对丘卓斯(James Childress)和彼彻姆(Tom Beauchamp)"四原则"的论证方式的检讨之上,这种论证方式是把不同系统的道德理论凝练为不同的道德原则,或者是对不同道德理论的抽象,而这些原则本身是需要论证、且可能是相互冲突的。譬如"行善"原则,众所周知,对"善"的理解本身就具有多元文化的特征,对此言之为"善"的,彼可能视为"恶"。"原则主义"在实践上的最大问题,在我看来,就是这些原则本身缺乏内涵上的一贯性,或者试图以某种一贯的自我文化的理解作为一种普适性的原则,因此导致了这些原则在实践上的巨大局限性。但是我认为,"原则主义的谬误"并不能否定原则的重要性,对原则的重视是规范伦理学的重要特征,没有原则,作为实践哲学的伦理学的意义也必将大打折扣。儒学是实践之学,它总是寻求给人们的行动提供切实的理论指引和价值导向,"原则"可以说是儒学的内涵之物。但儒学提供的原则与"原则主义"不同,这些原则是一以贯之的儒家理论中的固有部分,是儒学有机体的一环,而不是对不同道德理论的凝练与抽象。儒家提供的这些原则,其层级性、逻辑性和应用范围十分显明,它兼顾到了普遍性问题与特殊情境下的具体,可以说是普遍主义与特殊主义(脉络主义)的结合。

在这里,我要特别提醒读者注意的是,正因为儒学兼具普遍主义与特殊主义的特征,所以儒学提供的原则往往也是兼有普遍主义和特殊主义的内涵,这使得光就字面来看,原则之间的层级性有时并不那么泾渭分明,这时就要注意到情境化和脉络主义的理解的重要性。事实上,在我看来,儒学虽然给我们提供了一些根本的原则和理念,但这些原则和理念的应用和实践,却都是脉络主义的,比如"仁爱"原则。按照这一原则,"爱人"是应当的,因为"仁者爱人";"爱物"也是应当的,因为"仁及万物",但当"爱人"和"爱物"发生冲突呢？再比如小鸟儿是生命,小虫儿也是生命,按照仁爱生命的原则我们当然都要爱,但鸟儿不得虫儿则亡,我们又该怎么办呢？用我们前文所说的"生"的理念来看,个体亦生,群体亦生,人亦生,动物亦生,在这些不同的"生"发生矛盾时,我们又该怎么处理呢？这些问题其实都可归结为一般的道德原则与这些原则在应用时因具体情境而产生的道德冲突问题。我认为,儒家在考察这些问题时,一方面强调要"具体问题具体分析"、"情境化"处置问题的方式十分明显,另一方面,儒家也是讲究不同层级的道德原则其应用的优先性问题的。譬如对待人与动物的生命,儒家一方面主张要以"不忍人之心"呵护众生,另一方面当人的生命与动物生命发生冲突时,儒家会主张以人的生命作优先照顾的考虑,这是因为人在整体的生命化育中担负着动物不具备、且无他者可代替的特殊责任,意义影响更为重大。在所有道德冲突中,我认为儒家都有这一层实践的特征。所以,运用儒家提供的原则解决实际问题,从整体上把握儒学是十分重要的。在一个最高的精神统领之下,儒家对天、人、物、我等各种关系也有系统的论述。这里面的关系在儒家那里可以说是层次分明的。

从整体的精神来说,儒学的整体精神当然也蕴含着儒家生命伦理的根本原则。我曾提出过,儒学的基本精神就是"生"。从这一立场看,"生"当然可以视为儒家生命伦理实践的根本原则。不过,不得不说明的是,"生"是一个抽象的哲学范畴,其内涵丰富,具体为不同领域的"生",其层级性也是复杂的。而实践原则着重的是原则能够给行为提供较为明确的指引意义。在这个层面上,不管是把"生"、还是"仁"视为儒家生命伦理的根本原则,都存在这一问题。它们对具体行动的指引意义不够明显。这种困惑在孔子弟子不断问"仁"中已经得到了体现。所以,尽管我认为儒学的根本精神是"生",但落实到实践原则上,我认为"生"还需要具体阐释,需要落实到更具实践性的层面上来。

我们知道,实践原则的确立其目的不过是为行动提供方向,提供具体的依据,从儒家法则确证的基础来看,人的行动从根本上来说都是效法于"天"的,是以天的法则为根本的,儒学理论的建构,也全部建立在天人关系基础之上,人怎么对待天,天如何影响人,对它的解答其实就是最具有实践性的原则来源。所以,从儒学理论的建构模式和基础来说,论证儒家生命伦理的实践原则问题,儒家的天人之辨其实是我们讨论问题的中心线索,是我们思考儒家生命伦理实践原则的一个基本的进路。对天人关系的思辨是儒学理论的基本特色,天究竟对人发挥着怎样的意义,起着何种作用? 人在天面前,又是一个怎样的存在,人在天面前能够做什么? 人究竟该怎么对待天? 弄清这些问题,我们也就容易明确儒家生命伦理的实践原则。所以,儒家生命伦理的实践原则问题,本质上就是天人之辨的问题。天的意义,我们在前文多个地方已经详细地指明了,在儒家思想中,尽管存在一些"疑天"、"怨天"之语,但天的本根地位是绝对的。儒家整个思想体系,都建立在天这一观念基础之上,一旦抽掉了天的根本性,整个儒学的理论大厦也就崩塌了。正因为天的绝对地位不可动摇,人事行动不过是效法于天,所以不管是在孔子那里,还是在孟子和荀子那里,他们都强调要"知天"、"敬天"、"畏天"、顺应天的法则而行,后儒的论述也皆是如此。在传统中国人的实际生活中,以天为大,顺天而行,同样起着根本的理念指导作用。所以,从事实来看,儒家伦理根本的实践原则就是"顺天"。但怎么样做才叫"顺天"呢? 这恰恰是问题的关键所在。"顺"我们可以从两种角度来理解,一种是消极的"顺",比如"听天由命"、"宿命论"意义上的"顺";一种是积极的"顺",强调人在接受"天命"、顺应"天道"时有一种积极的主动性。儒家讲的"顺天"主要是第二种意义上的"顺",我们这样说估计不会引起多大的争议。但问题仍然存在,怎么样做才是积极的"顺",何种程度的"积极"仍然属于"顺"而不是违背了"天"? 这是个相当棘手的问题。要回答这个问题,我认为孔子的"人能弘道,非道弘人"①一语可以给我们提供一些启示。

孔子为什么要说"人能弘道,非道弘人"呢? 对于孔子的这句话,杨伯峻先生曾说过,"孔子的真意何在,又如何叫做'非道弘人',很难体会。"②之所以难以理解,是因为对于这里的"人"和"道",都可以有不同的解释,而

① 《论语·卫灵公》。
② 杨伯峻:《论语译注》,中华书局 1980 年版,第 168 页。

不同的解释得出来的意义有很大的不同。"人"可以作为一个"类"名称,指所有人,也可以特指"圣贤"。"道"同样可以指具体之"道",也可以指具有普遍内涵的抽象概念。但依我之见,这里的"人"和"道"都是从普遍的意义上来说的,"人"就是"人",而不特指什么人,"道"亦只是"道",而不特指"天道"、"人道"。"人能弘道,非道弘人"一语,实质上揭示出了孔子关于天人关系的基本看法。儒家之"道",归根结底,讲的就是"天道",一切具体之"道"实际上都统摄于此"天道"。"道"的本义是"道路",引申为哲学范畴是指人以某种价值或目的为指引,行走在趋近和实现这一价值或目的的道路上。儒家的价值追求来自于天命,因此儒家的"道","就意味着在大地上实践天命"。①"天命"需要借助人事行动、也就是人的"修道"、"践道"来体现在世间,这就是天命得以弘扬和彰显的过程。换句话说,天道、天命离不开人的实践,人的实践才能使道得以弘扬和彰显,这就是"人能弘道"。儒家之"天道",本质上就是"自然的律令",是从"自然"中获得的法则,这一意义上的"道",在内涵上大体相当于老子所谓"道"。我们知道,老子之"道"法自"自然",所谓"道法自然",王中江先生认为,这里的"自然",就是指"万物"的活动方式和存在状态。"'万物'按照自身的本性自行其事,自行变化,这才是老子所说的'自然'。"②所以,老子所说的"道法自然"就是尊重、因循万物"自我成就"、"自我发展"的自然本性之意。法自"自然"之"道",即指万物自我的生成机制和自行其是的状态。正因为"道"蕴含着万物自然的生成和发展机制,是指万物之"自然如此",所以它不表现为对万物的"主宰"、"控制"和"干预",这就是万物依"道"而生,但"道"对万物却"生而不有,为而不恃,长而不宰"③,因而"道"具有"无为"的性质。儒家的"道",从本源上说,亦是对"自然"法则的抽象。作为自然法则的"道",在儒家这里也有一种"无为"的特征,这一点我们从孔子讲的天行"不言之教"

---

① 唐文明:《弘道崇德:孔孟儒家的两个终极伦理观念》,载《北京大学学报》(哲学社会科学版)2000 年第 2 期。

② 王中江:《道与事物的自然:老子"道法自然"实义考论》,载《哲学研究》2010 年第 8 期。

③ 《老子·第十章》。

也可以看出来。朱熹在诠释孔子"人能弘道,非道弘人"时说,"人心有觉,而道体无为,故人能大其道,而道不能大其人也。"①在这里,朱熹说的"道体无为",也是和老子讲的"道"的"无为"在内涵上是一致的。可见,儒家在"道体"的性质上,与道家有着共同的认识,即"道"主要是指自然万物的生成与发展的机制与法则,是合"自然目的性"的思考。在这里,不管是对儒家而言,还是对道家而言,其实都有一个"弘道"的问题。区别在于儒家和道家对于人和"道"的关系的处理。在道家这里,人是退居于"道"的背后的,人不去干预道,就是"弘道"。而儒家认为,人应该被标明在"弘道"的一个显要位置上。而这一立场又和儒家对人的看法有关。我们前文说过,在儒家这里,人始终是一个有待的存在,永远都是一个"未竟的事业",人只有在现实的关系中不断修炼自身,才能使其人之为人之"性"不断地生成和彰显,对人而言,人永远存在着"成人"的问题,存在着"成性"的问题,人之为人,只有在"性"的日生日成中才能得到较好地体现。这就是说,天命与人的,只是人能够"成人"的潜质,人必须要按照"天命"的指引自觉走在正确的道路上,才能成就人类自身。人听命于自然法则,自觉走在与自然法则相一致的道路上,这就是"由道而行",这就是人走在了"成人"的道路上,这正如杜维明所说,"儒家传统的根本关怀就是学习成为人。关键不在于那与自然和天道相对反的人,而是那寻求与自然和谐以及与天道相感应的人。"②所以,人什么要弘道,是因为只有如此,人才能发现"自己"、确证人之为人。在这里,"人道"和"天道"高度统一起来,"天道"不是人规定出来的,而是由人体现出来的。③ 人的存在与生活本质,就是"道"本身,故说"道,须臾不可离也,可离非道也。"④孟子也说:"天下有道,以道殉身。天下无道,以身殉道。未闻以道殉乎人者也。"⑤"未闻以道殉乎人者也",是说"道"不是由人加以规定的,"道"本身是客观的,"道"规定了人,人依

---

① 朱熹:《四书章句集注》,中华书局 1983 年版,第 167 页。

② 杜维明:《东亚价值与多元现代化》,中国社会科学出版社 2001 年版,第 120 页。

③ 人可以认识和体悟"道",但作为终极伦理的"道"不能说是由人规定出来的。比如《中庸·第二十五章》曰:"诚者,自成也;而道,自道也。"就反映出儒家的这种认识。

④ 《中庸·第一章》。

⑤ 《孟子·尽心上》。

"道"而立,故"弘道"是人的责任。所以"弘道"的本质是要人的生命能够契合"天道"。

儒家与道家的一个显著不同还在于,儒家不仅认为"弘道"是人之为人的本质要求,还在于儒家认为人是最有能力去彰显天道的存在。"人者天地之心"①、"天地之性人为贵"②、"惟人万物之灵"③等,说的都是这个意思。对此我们前文已有揭示。正因为天地赋予了人这种特殊的能力和地位,那么人在天地创化中,也就是在天道运行中,就不能是一个消极的存在,而应当是一个天命的主动承担者,人有责任、有义务去帮助天实现它的"生"之使命。既然"天只是以生为道",上天有好生之德,这就决定了人要配合天地去尽可能广大地实现"天"的这种"生意",此即人"弘道"的内容和责任。

由上可见,儒家虽然讲"天人合一"等,便并不是把人的自信拔高到一种超越天道的地步,相反,人处处都受天道的制约。儒家对人有一种自信不假,但是儒家同样对人的"不全"也相当警惕。儒家认识到人的欲望等本能对人之成为人的严重影响,所以儒家要高扬人的天赋之"善性"(仁义礼智之性),以抵制人的天赋之"恶性"(耳目口鼻之性)。

由上我们可以看出,儒家在根本上,追求的是与天道相一致的人,而不是相反,这就决定了儒家生命伦理的根本原则,即顺应"天道"。这种"顺",不是消极的"顺",而是积极的"顺",这种积极不是指悖反"天道",而是积极地去弘扬和彰显"天道",即"弘道"。"弘道"要求我们在"天道自然"的规定下,能够充分发挥人的主体能动性,去参赞或配合天道的流行。因此,"弘道"可以看作"顺天"的一个次级原则。这个原则表明,人不仅是天道的认识者、体悟者、欣赏者,人还是天创化万物的参与者,人参与到天道的流行过程中,辅助"天"更好地实现其"生"的意志,这就是"财成天地之道,辅相天地之宜"④。

---

① 《礼记·礼运》。
② 《孝经·圣治章》。
③ 《尚书·泰誓上》。
④ 《易·泰卦·象》。

　　"顺天"原则和"生"的原则并不相悖,因为天道在"生",所以"顺天"的意思从本质上说就是顺从天之"生道"。以"生"为本,"顺天"就是恪守"天德",这种对自然法则的德性化理解,也使儒家讲的"顺天"与所谓"丛林法则"区别开来。与"丛林法则"信奉的弱肉强食、强者为弱者立法相反,儒家讲的"顺天"恰恰强调的是能力大者责任大、能力大者有帮助弱者实现更好的生存之义务。所以对"天"之"生性"、"生德"的深刻认识,是我们把握儒家"顺天"之旨的关键所在。"天只是以生为道"①,天的这种内在德性,也是人的生命及其意义确立的终极价值源泉,因此,人的行动就是维护天的这一"生意",领悟并践行"生"的要求,尊重生命的自然创化规律,从而让自己的生命好好存在下去。人事对生命的干预,仅仅在于我们的行为能够更好地体现天的"生命创化",能够更好地维护和促进个体生命或群体生命的完满,这体现为我们对生命本身的尊重和"参赞天地之化育"的积极主动性,而一切逆天而行的行为或坐待生命消亡的行为自然都是不义之行为。上天有好生之德,人则有护生之义务。这就是由天道在"生"引申出来的顺天原则之根本旨趣。

　　顺天原则,是儒家生命伦理实践的根本原则,在这一根本原则上,依据特定的角度和问题,这一原则又可以分解为不同的次级原则,比如"立命"、"循性"、"弘道"原则等。② 这些原则实际上都统摄于"顺天"原则之下,是从不同角度对"顺天"的解读,它们分别在不同向度诠释了"顺天"的含义,从而避免了对顺天原则狭隘的理解。比如,"顺天"并不是指消极地听天由命,而是强调人在知天命的基础上,积极的"立命"、"造命"。在儒家看来,人在承认"天命"的前提下,完全可以通过主体的努力去实现自身生命自然之始终,从而获得可以体现人性之尊严的"正命"。而如此又能促进我们进一步领受天命,从而发扬出更为广大的生命价值来,故"唯能造命者而后可以俟命;能受命者而后可以造命"。③ 从"立命"到"造命",体现出"命"虽由

---

　　①　程颢、程颐著,王孝鱼点校:《二程集》(上),中华书局 2004 年版,第 29 页。

　　②　关于这几个原则,请参阅拙文《儒家生命伦理的原则及其实践方式——以"生"为视角》,载《哲学动态》2011 年第 10 期。

　　③　王夫之:《读通鉴论》,中华书局 1975 年版,第 1972 页。

天定但由"人"显的儒家态度。天赋予每一个人什么样的"命"我们是无法确切知道的,但我们的行动却是可以确定的,因此在"命"面前,儒家十分强调主体的自我选择和自我担当,十分强调自我意志在决定自我生命意义上的作用。由此推断,儒家在诸如安乐死等生命伦理问题上,当原则上会尊重个体基于自我意志作出的决定。除非这种行为会对家庭及群体的生命延续和实际状况产生极为不利的影响。"循性"和"立命"又不同,在儒家那里,"性"代表着生命的展开方向。天道在"生",人与万物都有"生",然而"生"的方向不同,则体现为各自的"性"。就物类而言是如此,就个体的人来说亦是如此。任何个体之"生"都有其特殊性,因此不必强求一律,不必以相同方式对待之。在儒家语境中,"生命"从来不是散漫偶然和无目的性的,而是有明确方向的。所以任何人的生命都不是自然地偶然创造,任何人的生命都有先天的价值规定性,有它作为人特有的尊严和存在意义。所以一个人的生命,即他的"性命"。"性命"和"生命"就其内涵而言,在儒家那里是同一的。它向我们揭示出儒家生命概念的特有内涵和价值立场:任何人的生命都具有独一无二的人的尊严和发展方向,是不可以像对待机械那样随意处置的,也不能要求任何人等齐划一的发展或保持一样的形态。这样的生命是带有灵性的生命,而非一堆碳水化合物。"道"的概念强调了人的生命本质、意义之所在及其开显的过程,真正属人的生命,就在于人无时无刻不走在"道"上,生命的意义都在于对"道"的体证和坚守。因此肉体生命的长短有时候并没有实质的意义,故曰"朝闻道,夕死可矣"①。既然生命的意义体现为我们对"生"之道的透悟,及由此产生的精神境界的升华,那么,无限制地花费有限资源单纯地来延长肉体生命存在的时间,却无助于"生"的境界的提升,也许儒家并不会持赞赏的态度。

整体来看,儒家生命伦理的实践原则就是以"顺天"为根本,依据具体的情境和伦理关系又有一些次级原则,它们在内涵上实是一个整体。不同的原则针对的情境和伦理关系不同,适用的领域也有所不一样,因此应用儒家原则解决具体的生命伦理问题,也要具体问题具体分析,不能一刀切、讲

①《论语·里仁》。

死理。以下,我们将结合克隆人、医疗资源的分配、养老等问题,来探究一下这些原则的具体应用问题,并由此来说明儒家处理当代生命伦理问题上的可能立场和态度。

第二节 从儒家视角看克隆人的正当性问题

我们这里讲的"克隆人",是指利用无性生殖技术创造人类,这种克隆区别于治疗性克隆,在当代引起的伦理争议十分激烈,有学者称,"在今天的伦理学领域没有任何一个问题像克隆人问题那样引发了如此强烈的社会震撼、如此巨大的观念分歧、如此激烈的学术论战。"[①]从关于克隆人的论战来看,迄今为止,无论是支持者还是反对者,彼此要说服对方似乎都很难。克隆人的争议涉及不同的宗教、文化和观念的争论,因此我们也很难指出孰是孰非。本书不准备参与这场辩论,而只就儒家的思想,给出儒家可能的立场和态度。克隆人究竟有无伦理上的正当性? 从儒家的角度而言,这可以从两个基本方面加以考虑。一是儒家的"天道"角度,一是儒家伦理建立的现实基础。

一、从儒家伦理的天道基础看克隆人的正当性问题

"天道"是儒家伦理学的基础,"顺天"也是儒家生命伦理学的根本原则,当我们运用儒家天道的观点看待克隆人问题时,会得出什么样的结论呢? 克隆人伦理问题的核心,集中于我们是否应该克隆人这一问题。能不能够克隆人是一个技术问题,但凡新技术的发明与运用,都有一个由不成熟到成熟的过程,其间也意味着付出高昂的代价,因此从技术应用的安全性和前景等角度来论证应该与否的问题,实际上不只是克隆人、一切新技术的应用都涉及这一方面,因此这不是本书关注的焦点。技术可能带给人类福祉,也可能带给人类灾祸,关键在于是什么人应用、如何利用技术。因此技术应

---

① 甘绍平:《克隆人:不可逾越的伦理禁区》,载《中国社会科学》2003 年第 4 期。

用的伦理问题,我认为本质上是有关我们应用技术的动机和目的的正当性问题,所谓"安全性"的忧虑,实质是基于人性问题的思考。对克隆人正当性的深度思考,反映的是我们审慎应用新技术的态度,这并非一定是反对新技术的研究和应用。罗秉祥先生指出:"人类不管多么伟大,人的愚昧驱而不散、人的自制力量不足及人的道德力量停滞不前等现象,也是根深蒂固。人所发明的科技虽是一代比一代进步,但人的善性与善行却是每一代人皆相若,没有明显进步。人类知识不断增加,智慧却没有与之俱长。生殖科技及其他科技可以臻于完善,但使用科技的人却因着人性的极限而永不能臻于完善,于是滥用及误用科技之现象也不可能根绝。对于崭新的生殖科技,我们该尤为审慎,因为当生殖科技大功告成之时(一个新生命用特别的方法诞生了),正是人的问题出现的时候。"①尽管这种审慎"深受基督教的影响,反映了西方文化的一面",实际上这种基于人性的考量来思考技术应用等问题,却也是比较普适的做法,只是就儒家而言,这种问题从属于天道的观念而已。

我们前文说过,对于儒家而言,人事行动的正当性的终极依据当然来自于天道,天道规定了人道,因此对于儒家而言,天道"生生"的普遍法则从根本上规定了人事行动的方向和人类生存的方式与意义。对儒家来说,人只有顺天而行,体现生生之道的要求,其行为才具有伦理上的正当性,也才可能真正拥有美好的生活,此即"顺天休命"之意②。"休命"即美好的命运,而人只有顺天,才能获得这种美好的命运。"顺天"和"生生"是人的行为准则的一体两面,"顺天"是指要顺应天道生生的意志与要求,而"生生"也是指的在遵循天道创生规律基础上实现的"生生"。因此,儒学的这种天道观,至少为我们的伦理判断提供了两条依据或准则:一曰"顺天",二曰"生生"。这两条准则我们必须要互为前提地同时应用而不能抽象地单独运用,否则就会得出模棱两可、莫衷一是的结论。比如按照生生的原则,如果我们把克隆人看成是创造生命、保护生命的义举的话,那么克隆人就具有伦

---

① 罗秉祥:《如何思考复制人?》,载《中外医学哲学》(香港)1998年第1卷第3期。
② 《易·大有卦》。

理上的正当性,儒家当会表示支持的态度。但按照顺天原则,如果我们抽象地理解"顺天"的意义,并把克隆人理解为一种违背自然规律的行为,那么这就是一种违天之举,儒家亦可能表示反对。

可见,仅仅依据一种抽象的生生原则或顺天原则,我们很难准确判断儒家关于克隆人的立场与态度。机械地运用"生"的原则,那么儒家就没有什么科学研究不可以表示支持,因为任何科学研究我们都可以打着为了人类之"生"的旗号进行。机械地运用顺天原则,特别是把这种"顺天"在消极的意义上加以理解的话,那么任何技术研究和应用都当属禁止之列。可见,抽象机械地应用伦理原则,只能如范瑞平先生曾经指出的那样:让我们关于当代生命伦理问题的研究变得幼稚和无聊①,既无法真正得出有益于实践的结论,也无助于传统哲学义理的现代开新与发展。换句话说,我们在传统与现代的紧张关系中,仍然难以确立未来生存的方向。

因此,在笔者看来,运用儒学的观点分析克隆人问题,重要的不在于我们依据儒学的某个观点得出某种支持或反对的结论,本书也无意作出这样的判断,而是期望通过这样一种视角,对体现在儒家身上那种对人类的生存与命运所葆有的强烈而深沉的忧患意识与人文关怀能有更为深刻的认识。假如我们只是热衷于表面上探讨儒家是赞成还是反对的结论,而缺少对儒家身上那种强烈的人文精神的体认,以及自身对未来生活开展应负有的责任感与使命感的话,这种探讨就没有任何价值。所以,笔者认为,要更为清楚地认识到儒家关于克隆人的立场与态度,我们应该对儒家身上体现出的那种对人类生存与命运的忧患意识和人文情怀葆有一种自觉的体悟与肯定,这样我们才能更深层次地领悟到儒家伦理的精神,从而更为准确地把握到儒家关于克隆人的立场与态度。比如,从这种立场出发,我们就不会轻易地因为儒家讲"顺天",从而简单得出儒家限制科学研究的印象,也不会因为儒家对人的特别看重,而迷信人自身的能力,从而就作出支持克隆人的决定。

---

① 具体请参阅范瑞平:《中美生命伦理学——幼稚与无聊》,载《中外医学哲学》(香港)2002 年第 4 卷第 1 期。

　　从这样的观点和立场出发,我想我们或许能够对儒家关于克隆人问题的看法有更深入的认识。比如,在天人关系上,我们知道儒家的天道虽然为人道规定了方向,但人的积极性和主体性从来没有在儒家那里受到忽视,相反,我们可以说儒家更为看重人的主体性和积极性。从《中庸》的"参赞天地之化育"①到荀子的"制天命而用之"②,对人的能力的肯定和信心,可以说一直是儒学的主流话语。从这样的观点出发,我们也的确能够对儒家关于克隆人的态度表达一种更为积极的看法,甚至产生儒家会支持克隆人的想法。但是,我们同时也要清楚地认识到,儒家讲的这种"参赞天地之化育"或"制天命而用之",从根本上说都是在遵循普遍必然的自然律令基础上的行为,而非违背这种规律的"任性"行为。对自然的"任性"在儒家那里是要遭受天谴的。因此,我们也不能对人本身过度自信,不能"过分地强调人自身的觉悟的功能和人的主观精神和人的内在善性"③,从而把人的主体性超拔到一种"胜天"地位上去,我们不妨更为具体地论述一下儒家的这一观点。

　　在儒家伦理中,人的地位的确被拔高到与天地参的地位,相对于万物而言,人与天地同列,从而获得本体的意义。天、地、人三才鼎立,在万物创生中共同发挥了本体的作用,这在《易经》中被表述为"三才之道"④。而董仲舒说得就更为直接:"何为本?曰:天、地、人,万物之本也。天生之,地养之,人成之。"⑤这种对人类自身力量特别的关注和高度肯定,源于儒家对天人同性的判断,源于对人的道德理性这一本质的肯定。人以其道德理性,使人成为天地间唯一的可以领悟天道并能帮助天道流行的主体。而天是拥有无限创造力的,且始终是刚健有为的,这使儒家对人类自我的创造力也产生

---

　　①　《中庸·第二十二章》。
　　②　《荀子·天论》。
　　③　此语来自汤一介先生对儒家以"内在超越"为基础的"天道性命"之学的批评,汤先生认为这种学说是一种"泛道德主义","它把道德性的'善',作为'天道性命'的根本内容",过分地强调了人的因素。参见汤一介:《当代学者自选文库:汤一介卷》,安徽教育出版社1999年版,第557页。
　　④　见《易·系辞下》:"《易》之为书也,广大悉备。有天道焉,有人道焉,有地道焉。兼三才而两之,故六。六者,非它也,三才之道也。"
　　⑤　《春秋繁露·立元神》。

了十足的信心，人类只要如天一样行健不已、自强不息，那么人类就完全可以根据自己的理性判断去开创适合自己生活的局面。这样一来，对于儒家而言，人在天道面前就不再只是被动的体现者、执行者，而成为主动的实践者、诠释者。换句话说，天的这种本源地位归根结底是作为人的生存意志与法则的创设者而得以确立的。所以，儒家讲的"顺天"，不是一种消极意义上的"顺"，而是一种积极意义上的"修为"，它总是指向我们人类现实的生活。也就是说，儒家讲的"顺天"，首要的意义不在于我们怎么顺从那种必然，而是我们怎么在这种必然性的前提下去谋划我们人类自己最合宜的生活。人类生活的好坏，责任主体在于人本身。这才是儒家提高人的地位的本意。这也正是人类"尽己之性"、以"尽人、尽物之性"，从而"参赞天地之化育"、"底气十足"的根源。

因此在儒家那里，尽管天在万物创生方面有一种主宰义，但儒家也并不否认人有一种"开物"的勇气和能力。当然，这种勇气和能力归根结底在于人能认识天道、能弘扬天道，归根结底在于人是天道的体现者和实践者。因此，儒家强调我们要"知天命"。因为唯有"知天命"，才能发扬这种"开物"的精神，由此才能"制天命而用之"。可见，在儒学义理中，并没有限制人出于维护人类生存和幸福的目的而进行科学研究的当然因素。从"即物穷理"到"尽性以至于命"，这本身也是儒家工夫论的纲领性内容之一。我们从《庄子》所载子贡质疑汉阴丈人不用桔槔之事①，大致也可以获得这样的信息：儒家并不会盲目反对那些可以改善人类生活质量而从事的技术研究，相反还有一种欣赏的态度。假如克隆人研究完全是出于维护或创造人类幸福生活的本意且实际上必将有益于人类生活的话，我们很难认为儒家会反对这种技术的研究与应用。

但问题正是出在这里，我们是否有足够的能力使这种技术真正有益于人类自己的生活，而不是相反？我们是否有足够的能力可以掌握上天所展示的那种必然并让它完全听命于人类？笔者以为，如果仅仅因为儒家对人所拥有的创造力的无限提升，对人的这种信心十足，就可以借此认为儒家颠

---

①　参见《庄子·天地》。

覆了天道的根本地位,"见人不见天"甚至"以人代天",并据此可以断定儒家会支持克隆人的话,就显得有些武断和牵强了。

如前所述,儒家对人的信心归根结底来自于天人同性的判断,来自于人能够体天悟道的道德理性,因而人所拥有的无限创造力,归根结底是由天所赐予的。在冥冥天意中,人的力量是渺小的。在这种规定的必然性面前,儒家对于人的有限性的认识是相当清晰的。人类作为万物之灵尽管拥有开创未来的理性能力和道德自觉,但人类永远无法代替宇宙创生,也不可能真正拥有"改天换地"的能力。人可以"替天行道",但这种替天行道仅仅是提示我们人有彰显天地"生意"的责任与使命,去主动维护它、主动使用它,但绝无可能去左右它。天命之广大非人力之所能认全,"维天之命,于穆不已"。① 因此,在必然性面前,我们对人的能力保持一种乐观的谨慎、对天意保持一种敬畏之心都是必要的。"君子有三畏:畏天命,畏大人,畏圣人之言。"②"君子大心则敬天而道。"③敬畏不是出于悲观的心理,而是出于人类对未知力量的一种审慎看待的态度,也包含着对人过分看重自身力量的一种合理而谨慎的规劝。因此,在整体儒家思想中,人的力量尽管受到特别的重视,但天作为一种必然的象征,总是处在一种临在的状态,它的本根地位从来没有受到过怀疑。正如杜维明先生指出的那样,"虽然在儒家的象征主义中,缺乏象作为'全然他者'(wholly other)的概念化的上帝那样的超越者,但是作为道德创造、生命意义以及终极自我转化之根源的天道,却构成贯穿儒家传统的显著特征。"④也正因为这样,顺天,在儒家那里,才始终表现为一个终极的伦理观念,成为人类行为的根本法则。

人的高贵和能力都是天所赐予的,都是在天意范围内得以确立的。我们绝不应该滥用人的这种高贵和能力。所谓滥用,即对那种我们根本无法准确预知未来的事物拥有一种过度的自信,在我们不能明确我们的行为究竟会给我们的生活带来怎样的影响和未来时,就着手实施这种行为。儒家

---

① 《诗经·周颂·维天之命》。
② 《论语·季氏》。
③ 《荀子·不苟》。
④ 杜维明:《东亚价值与多元现代化》,中国社会科学出版社 2001 年版,第 124 页。

的理性告诉我们,当我们的能力和冥冥上天发生一种紧张关系时,我们不妨先弄清楚人类到底可以在天命面前扮演什么样的角色,弄清楚我们是否还有必要维护当下的生活,这种生活模式对于维护人类幸福是否还有长远的合理性。如果我们对于这种涉及人类生存的根本问题还不能给予清晰回答时,那么对必然性多给予一分敬重就是十分应当的。如此我们方能"顺受正命"①,否则,"任性"的代价将是惨重的。所以君子知其所为和所不为,在天命的庄严面前,能够领悟到人的存在的有限性,从而保持谦逊谨慎的态度,就是一种有德的表现。"谦尊而光,卑不可逾,君子之终也。"②

所以,在笔者看来,从儒家伦理的天道基础来看,儒家在克隆人问题上给我们的最终启示即是:天道"生生",人道亦此,而顺天方能休命。这种纲领既不当然地排斥人类新科技的研究与应用,也不会轻率赞成技术的研究与应用。新技术的研究与应用能否实施,取决于我们对现实生活乃至未来可能生活的幸福状态及其走向的一种更为谨慎的考量。

二、从儒家伦理的现实基础看克隆人的正当性问题

儒家的天道观为其人道确立了依据,也为其人道之展开确立了起点。儒家认为,现实生活的伦理结构和秩序是从个体之"生"开始的,继而从这种出生方式推演出家庭、国家的伦理结构模式。在儒家那里,个体之"生",具有伦理的意蕴,它并非单纯指个体生命的诞生方式,也包括个体生命得以顺利成长的基本条件和保障。儒家对人的个体之"生"的伦理思考,就构成了儒学展开的现实基础。在笔者看来,自然意义上的男女关系,以及由此结成的夫妇之道即为儒家伦理得以展开的现实根源或基础。在现实层面,儒家一系列的伦理概念和行为原则都由此产生。

为什么说正常的男女关系或夫妇之道是儒家伦理的现实根源呢?原因即在于儒家伦理实际架构的一切方面都是从这点上推广出去的,所谓"君子之道,造端乎夫妇,及其至也,察乎天地"。③ 君子之道开始于夫妇之道,

---

① 《孟子·尽心上》。
② 《易·谦卦》。
③ 《中庸·第十二章》。

而说到它的精深广大,又包括天地宇宙的大道理。所以儒家伦理开端于夫妇之道,而这种夫妇之道又可通过天地之道推演而来。对于儒家而言,任何生命都始自于个体生命,而个体生命又始自于男女结合。而男女在儒家那里并非只是生殖的符号,男女结合也并非只是单纯生物学意义上的媾和,而是一种天道的象征。因之个体出生方式的合法性,个体生命得以维系和获得最好保障的方式,以及人之为人的特殊意义、高贵性、尊严和社会的认同,都与此紧密相关。

首先,正常的男女关系或夫妇之道是天道的表现,也是个体生命与人类社会得以维系和保障的根本。我们前文说过,在儒家那里,"天地之道"、"阴阳之道"、"生生之道",本质上都是殊名同实的概念,由天地阴阳揭示出的原理,实质即"生"之理。儒家把"阴"、"阳"视为生命创化的两种基本力量,且是天经地义的两种力量,它们在人间的表现就是男女的分殊,"乾道成男,坤道成女"①,故男女结合成夫妇而孕育生命就表现为一种必然的自然法则,具有自然法上的正义性。这一点西方也有类似的认识和传统。如查士丁尼所说:"由自然法而产生了男女的结合,我们把它叫做婚姻。"②对于儒家而言,这种基于天道而成的夫妇之道,是人类生命得以存在和延续最为根本的维系力量,个体生存以及人类社会的存在只有建构在这种基础上,才会保持持久的稳定。就个体生命而言,个体生命只有基于这种夫妇之道而生并处在这种基于夫妇之道建立的小共同体——家庭之中,其个体的生命才可能获得最初的且最为可靠的保障。就社会而言,家庭稳定和谐,个体人才会精神饱满,积极向上,才不会成为挑战社会的力量,从而社会得以稳定和谐。

总之,建基于夫妇之道的人类生存方式是最为合乎天道因而也是最为恰切的方式。人类社会始之则安,弃之则乱。正是基于这样的认识,正常的男女关系或夫妇之道才成为整体儒家伦理大厦得以建立的现实基础。所以《易经》云:"有天地然后有万物,有万物然后有男女,有男女然后有夫妇,有

---

① 《易·系辞上》。

② 查士丁尼著,张企泰译:《法学总论》,商务印书馆 1993 年版,第 6 页。

夫妇然后有父子,有父子然后有君臣,有君臣然后有上下,有上下然后礼义有所措。"①也正因为儒家如此看重男女关系对于人类生存的作用,因此儒家发展出一整套的烦琐的夫妇结合的仪式以示隆重和保障,并多方歌颂夫妇相合于人生幸福的重要意义。

因此,基于男女关系而形成的夫妇之道就具有了多重的内容和含义:这是一种正常的人的生命得以产生的方式,是最为合乎天地之道和人类本性需求的生命创化法则;是个体幸福生活能够建立的良好开端,没有男女之情、夫妇之合的人生是悲惨的;国家不重夫妇之义也将是祸乱的根源。"昏礼者,将合二姓之好,上以事宗庙,而下以继后世也。故君子重之。"②"天下之本在国;国之本在家;家之本在身。"③家是个体人生情感的发源地和归宿地,是我们安顿心灵的大地场所。"以家为本"作为人生之始并非儒家纯粹的一种对自然男女关系的事实判断,而是体现了儒家对人类生存方式终极关怀的深刻洞见。此正如杜维明先生指出的那样:"我们认为,即使从一个多元现代社会的视角来看,儒家对家庭的理解,并非一种有关人际关联的浪漫或多愁善感的断言,而是对永恒的人类处境的极为重要的睿识与洞见,充满着深远的伦理与宗教蕴含。事实上,我们更认为,正如儒者们所理解的,对于我们今天的世界,家庭具有更大的有效性。"④

因此,我们从这种角度来考察克隆人问题,儒家当然不会认同克隆人这种无性生殖的"造人"方式。这既不合乎阴阳化生的天地之道,也不利于个体人生的幸福和家国的稳定。所以,如果仅从抽象的"生生"或"顺天"原则,我们还不能断定儒家关于克隆人问题的立场与态度的话,那么,到这里答案就已经较为明朗了。

其次,夫妇之道不仅是家国伦理秩序展开的基础,它也是个体人格得以构成的重要一环。在儒家那里,人的出生方式具有天道的规定性。一个人只有基于夫妇之道而生,他作为现实生活中的一员其存在才具有当然的合

① 《易·序卦传》。
② 《礼记·昏义》。
③ 《孟子·离娄上》。
④ 杜维明:《东亚价值与多元现代化》,中国社会科学出版社 2001 年版,第 198 页。

法性,他才会有一种可以通过反求自身而获得的天赋尊严感与生活的充实感。是所谓"万物皆备于我矣,反身而诚,乐莫大焉"。① 我们是秉承天地之道、父母所生,因而可以光明正大、堂而皇之地生存在这个世界上,而不是缺乏这种明确关系的野种。或者说,在儒家那里,至少在传统语境中,由父母所生养本身就是一种人格的象征。缺乏这种事实,则会成为一种人格容易受到攻击的缺陷。从这个意义上说,克隆人这种以无性生殖方式出生的人,本身就缺乏这种自然合理性的辩护。

不过,如果单纯从人的出生方式来理解儒家的尊严观也未免有失偏颇。因为在儒家那里,个体尊严拥有与否,既在于他的出生方式,更在于其日后修身的成果。而且个体日后所取得的成就,特别是在道德上取得的成就更有决定性的意义。也就是说,对于儒家而言,一个人最重要的尊严不在于由他出生的自然状况或其意志不能决定的内容,比如高低胖瘦、富贵贫贱、缺爹少娘等,都无法根本地决定一个人的"修身"成就,因此不能根本决定我们的尊严有无。决定我们尊严的,在于我们求"仁"、践"道"的结果和程度,是故"自天子以至于庶人,壹是皆以修身为本。"②

儒家所特别看重的这种尊严,在笔者看来,与我们今天通常所说的社会尊严即"与个人建立了社会关系的他人、群体和社会对个人给予的价值承认和尊重,并由此形成的个人在人们心目中那种令人尊敬、敬畏的地位和身份"③,以及西方所谓"人的普遍尊严",既有联系又有区别。在笔者看来,儒家的尊严观主要由这两部分构成:一部分是基于人先天具有的价值规定性而有的尊严。这对儒家而言具有根本的意义。每个人都是具有天赋德性的道德主体,具有人之为人的伦理特性,这种天赋德性是我们进行自我确证和存在意义的基础。我们只有充分认识到它并小心呵护培养它,我们才能真正确立自己作为一个人的意义,确证自身存在的价值。由此才能真正养成自我的人格,并由此产生个体存在的尊严感。这种尊严完全在于主体自我的精神自觉和道德反思,它内化成我们内在的品格而不依外界环境改变

① 《孟子·尽心上》。
② 《礼记·大学》。
③ 韩跃红、孙书行:《人的尊严和生命的尊严释义》,载《哲学研究》2006 年第 3 期。

而改变。可以说完全是不依赖他人而存在的,由我们内心自我守护的,基于对天道和生活的理解而产生的尊严感。这种尊严一旦形成,外力是无法剥夺的。是故儒家讲"君子义以为质","君子固穷,小人穷斯滥矣"。① 这种尊严类似于西方所谓"人的普遍尊严",但又有所不同。在儒家这里,这种尊严虽然是天赋的,但必须通过我们后天的努力修为才能彰显出来。换句话说,这种尊严具有天赋的基础,但必须通过个体后天的培养才能真正体现为一个人的尊严。因此对于儒家而言,讨论一个没有明确自我意识的个体如孩童的尊严是没有意义的。我称这种尊严为"内在的尊严"。另一部分尊严,即为社会评价而产生的尊严,相当于我们上面提到的"社会尊严"。由上所述,社会尊严会对个人生活构成重要影响,但由于"内在尊严"的"先在性"和"主体性",它并不会构成对个体人格的养成决定性的内容,因此不会根本破坏个人生活意义的完整性。

因此,立足于克隆人"无性生殖"这种出生方式来考察克隆人的伦理问题,需要对儒家这种尊严观有一个较为全面的认识。由此观之,儒家之所以反对克隆人,倒并不是因为克隆人的出生方式是被决定的原因,而是这种出生方式破坏了克隆人拥有儒家意义上内在尊严的基础。它使克隆人的修身失去了自然的合法性,极易使克隆人成为人世间的一个茫然的个体,从而严重影响到克隆人身心和谐地健康成长。

并且对于儒家而言,无论是一个人的内在尊严,还是社会尊严,都与人在基于夫妇之道而产生的伦理关系中的角色定位有直接联系。在儒家那里,人从来不是一个孤立的具有天赋权利的个体存在,而首先表现为一种关系型、角色型的存在,这才是人之为人的本质存在。人的意义与尊严恰恰存在于这种关系角色之中。也就是说,一个人是否有尊严,首先和他作为一种关系角色是否正当有直接关系。由此,儒家发展出"正名"的思想,即个人生命意义的展开,以及人事行动的正当性,都由这种关系角色的正当性来决定。而这种关系角色的正当性,恰恰又存在于基于自然法则而生成的家庭关系中。有夫妇然后有父子,有父子然后有君臣。与这种伦理格局和序列

---

① 《论语·卫灵公》。

相应,人作为其中的一个角色也具有天定的义务与责任。这种责任和义务不是单向的,而是双向的,对于其义务对象来说,它又表现为一种权利。比如父对子有慈的义务,因而拥有要求子孝的权利。子对父有孝的义务,因而拥有要求父慈的权利。君对臣有以礼相待的义务,因而拥有要求臣对君尽忠的权利。在这里,伦理的关系表现出一种法的性质。而维持这种"伦理法",就必须"正名",即让人们对自己的关系角色的职责有充分的自觉,如此才能发挥人的主体作用,从而大家各安其位,家庭社会才得以安泰祥和。是所谓"君君、臣臣、父父、子子"。① "名不正则言不顺,言不顺则事不成,事不成则礼乐不兴,礼乐不兴,则民无所措手足。"②也正因为如此,君子"素其位而行"③才成为一项伦理指令,成为君子应当遵循的准则。而要"素其位而行",自然需要我们对自我的存在和关系角色能够进行明晰的定位,而他人对自我的认同与评价,也无法完全脱离这种关系角色的明朗化。

可见,在儒家那里,夫、妇、父、子、君、臣等概念并非只是为了区分不同的关系而设定的概念,它本身就代表着一种地位、尊严、职责和权力,体现着维系人类生存的应然秩序。因此,对于儒家而言,凡是破坏这种"名"的事情,自然都是不可取的行为。如果从这个角度来看,克隆人由于对现行人伦秩序构成了极大冲击,且丝毫不利于克隆人内在尊严和社会尊严的培养与获得,因此,笔者的结论是,儒家当然不会认为克隆人具有伦理上的正当性。

第三节　从儒家视角看医疗公正问题

医疗公正问题也是当代生命伦理学领域的一个十分重要的问题,正如一位学者指出的那样,"生命伦理学面对的最大的道德困惑之一是医疗公

---

① 《论语·颜渊》。
② 《论语·子路》。
③ 《中庸·第十四章》。

正问题,其中最为尖锐的问题是生命权利与公正。"①公正,或者说正义,②是社会制度的首要美德,③为任何社会和谐运转所必需。一个社会是否健康、是否充满活力,在很大程度上取决于这个社会是否具有一种激发人的活力、保障社会文明的"公正"理论。医疗资源的分配的公正问题,事关人们的生命健康和生存质量,是一个健康社会最为基础的表现内容之一,因此这一问题就显得格外重要。中国是个思想文化多元的社会,解决这一问题当然需要我们整合多种思想资源,在这方面,儒家自然也不应当是个被忽视的因素,儒家有何见解,能否为医疗公正问题的解决提供助益,就颇值得探究。

一、儒家视野中的"公正"

何者才谓公正,公正与否的判断依据是什么? 对这一问题的回答,无疑是我们探究儒家公正观首要的一个问题。坦率说,"公正"或者说"正义"作为一个特定的伦理概念和价值要求被国人所重视,乃近代以降之事。在此之前,传统中国并无所谓具有现代内涵的"公正"或"正义"观念。从儒家的文献来看,荀子大概是较早将"正义"或"公正"两字联系在一起使用的思想家。《荀子·儒效》说:"不学问,无正义,以富利为隆,是俗人者也。"《荀子·正论》说:"上者,下之本也……上公正则下易直矣。"但是荀子讲的"公正"和"正义",与我们今天所谓"公正"或"正义"内涵也并不相同。事实上,儒家并没有严格与今日的"公正"或"正义"相对应的概念。"公正"或"正义"这样的概念,在儒家文献中也并不多见。因此,要讨论儒家的"公正"思想,事先须要我们对"公正"作一点界定和说明。

首先,从历史和实践的角度来看,我们认为并无放之四海而皆准的"普遍的公正观",任何公正理论总是和特定的道德共同体的特定的道德观念息息相关。也就是说,公正总是特定道德共同体的特定的"公正",并且会

---

① 何伦:《论中国多元化医疗公正的选择》,载《医学与哲学》2005 年第 3 期。

② "公正"或"正义",英语一般都译为"justice",二者并无实质的区别。但有一些学者认为这两个词的内涵是不同的。本书倾向于将二者等同使用。因此本书中的"公正"或"正义"是可以互换使用的。

③ 约翰·罗尔斯著,何怀宏等译:《正义论》,中国社会科学出版社 1988 年版,第 1 页。

根据时代而改变。公正也只有与具体的道德共同体的生活实际相联系，与特定的道德共同体的生存环境相融，它才会有生命力，才能得到真正的贯彻，从而发挥它的客观效用性。

其次，尽管"公正"具有特定道德共同体特定道德观念的属性，但是从公正的本质和要素来看，公正之所以为公正，也有一些"普遍"的特征，凡是公正理论，往往表现为大致相同的问题。第一，公正总是和人与人关系的平等状况有关。公正作为一种整体的伦理观念，实质是为处于同一社会中的人与人之间的平等和不平等的现状所作的一种辩护。不管是为"平等"辩护，还是为"不平等"辩护，这一点古今皆然。"在柏拉图的时候，如我们的时代一样，任何正义理论的核心问题都是对于人与人之间不平等关系的辩护。"①从公正的要素来看，它追求的是"关系的普遍合法性"，是为了调和处于同一社会中人与人的关系。② 第二，公正表明了一种对生命的态度和生命意义的理解，是保存和完善生命意义的总的伦理和德性要求。第三，公正在现实层面其核心问题表现为利益的分配，即对有限生存资源的分配。

总而言之，公正问题虽然从形式上表现为"善有善报、恶有恶报"的"给予每人所应得"，但归根结底是为了协调生存资源，以求得特定社会生存与发展的正常秩序，从而使该社会获得长久生存的观念动力和基础。从公正的本质和要素来看，儒家也有它的"公正"理论，只是儒家的"公正"理论也着儒家特有的表述方式和思想特征。

其一，儒家自有一套概念系统来表现它的公正观念。儒家并没有可以和西语"Justice"或"Fairness"对等的伦理概念，而是以系统叙述的方式将它的公正思想蕴含在它的整体伦理结构之中。故探讨儒家的公正理论，只能通过儒家整体的伦理体系，通过儒家伦理的宗旨和目来加以理解。

其二，儒家的公正理论是一种把作为个人德性的公正美德与作为社会制度的公正要求相统一的公正观念，是一种把人的自觉德性意识和合宜的行动相统一的公正理论。在儒家那里，公正之所以为公正，既有客观的依

---

① 布莱恩·巴里著，孙晓春、曹海军译：《正义诸理论》，吉林人民出版社 2004 年版，第 3 页。
② 赵汀阳：《论可能生活——一种关于幸福和公正的理论》，中国人民大学出版社 2004 年版，第 162 页。

据,又有主体意识的自我德性观照,而绝对不表现为"公众舆论一致性"基础上的公正①。就其结构而言它是一种以"天道"为依据,通过"仁"、"义"、"礼"的三维一体的架构而成的伦理观念。"天道"提供了儒家公正思想的根本的客观的依据;"仁"则表达了儒家对于生命及其本质和意义的基本态度,并在此基础上考察了人与人之间的合理关系建立的基础和必然性;"礼"是对"仁"的要求加以制度性的巩固和实践,作为公正重要内容的利益分配方式也由"礼"加以规定。而"义"在"仁"、"礼"之间起着衔接、沟通的作用,是把德性与行动相统一的重要观念,它既可视为一种德性,亦可用来衡量行动的正当性。

具体而言,首先,在公正之所以为公正的根本依据上,儒家诉诸基于客观和主观相统一的自然律令或者说"天道"。我们知道,天道是儒家伦理的根本依据,儒家伦理的一切都是从天道中推导出来的,公正作为一种"普遍性的道德品质"与作为社会制度的首要美德,自然也不例外,因此儒家的公正原则同样根源于"天"。于是对"天道"的理解,决定了我们对儒家公正观实质内涵的理解。我们已经多次申明,儒家所谓"天道",实质即"阴阳生化万物"之道,简而言之,即"生"之道。儒家"推天道以明人道","生"是天地的根本法则,因而也是人类社会效法的本体、纲纪、首要的规则。人间之公正,完全在于人类行动是否按天之"生物"法则而行。所以凡是有利于"生"的、促进"生"的行为,在儒家看来,就是符合公正原则的行为。换言之,凡是公正的行为,必是基于"厚生"意识、赞助天地生化的行为。天地是廓然大公的、它创生万物、呵护众生并非是私心发作,人效法于天,以廓然大公之心对待众生,便是有公正之德。所以一个社会,倘能事事以天下之"生"为重,切实做到对生命的重视和保障,为各种生命创造良好的生存条件,这样的社会就是正义的社会。而个人能够懂得尊重和关爱生命,视人如己,懂得推己及人,注意协调人与人的关系,立己立人,也可视为一个拥有正义之德的人。所以儒家的公正原则,从根本上说表现为一种"善生"的价值

---

① 这种"公正"实质是不同宗教、文化或利益团体基于某事达成的妥协,它既非一般意义上的"普遍公正",更不是任何一种具有实质内容的"特殊主义的公正"。

原则。这种公正原则把客观法则与人的生命本性统一起来,既表现为社会的客观法则,又表现为个人的"厚生"品德,因此儒家的公正观是一种力图将作为个人德性的公正美德与作为社会制度的公正美德相统一的公正理论。

然而,这样的公正原则还只是一个抽象的规则,仅仅具有了"结构性的正义秉性"①,它必须具体为形式化的存在,有其规范性内容,才可能为人的行动所持守和运用,才能真正成为可实践的准则,否则公正原则在现实中的实践便无所依凭。于是儒家将天道法则现实化,建构出可操作的制度规范"礼"。"礼制"的合法性和合理性的主要依据同样在于天道,而非出于某些人或集团的特殊利益算计。天地阴阳的"生物"法则和秩序落实到人间,即是人间的"礼"。所以孔子说:"夫礼,先王以承天之道,以治人之情,故失之者死,得之者生……故夫礼,必本于天。"②正因为"礼本于天道",从而使"礼"也获得普遍的品格,成为当然的人类制度规则。因此,按照"礼"而行动,便是公正之举。破坏"礼"的则是不义之行为。

"礼"必须是按照天的"生物"法则建构出来的,也必须是服务于"生"的目的,所谓"人莫贵乎生,莫乐乎安,所以养生安乐者,莫大乎礼义"。③否则依"礼"而行,也就失去了"公义"性质,作为制度规范,也就失去了其应有的客观效用性。所以说"礼以行义,义以生利,利以平民,政之大节也"。④

儒家还认识到,"礼"的"公义"性应当和人的生命本性和生命意志需求相符合,换句话说,应当就是人的生命本性或生命意志需求的体现,这样的"礼"才能获得实践的最为可靠的主体心性依据。也就是只有当"公正"成为人的德性要求,成为人的内在的精神属性的时候,作为一种精神观念和信仰,它才能发挥精神动力和支撑的作用。由此,"礼制"才能获得绵绵不绝地来自人的主体心性的实践动力。那么,"礼"得以实践的主体心性依据是

---

① 善继伟:《正义的两面》,生活·读书·新知三联书店2001年版,第3页。
② 《礼记·礼运》。
③ 《荀子·强国》。
④ 《左传·成公二年》。

什么呢？儒家是通过"仁"的观念来解决这一问题的。一如前文所述，儒家的"仁"从根本上来说，体现的也是"生之理"①。如朱熹所说，"盖仁是个生底物事。既是生底物，便具生之理"。② 我们知道，儒家的"仁"是一种"根本的德性"，表现为一种"总德"，这和"公正"作为总原则的属性是相一致的。事实上，在儒家那里，符合"仁"的行为，必是公正的行为，反之亦然。"仁"是"生之理"，而公正之所以是公正的，根源也在于它是天之"生道"的体现。"天地之大德曰生"，这种"生"之德是廓然大公的。"天无私覆，地无私载，日月无私照。奉斯三者以劳天下，此之谓三无私。"③人循此德而行，亦即人的公正品质。由于这种公正来于天道的规定性，所以公正具有"善"的规定性，所谓"继之者善也，成之者性也"④。因此儒家之公正观，只能从"善"的角度去理解，而不包含所谓"恶的对等交换"这种所谓的"公正"。正因为如此，公正才可作为一种德性，内化为人的一种精神品质和生活信念。在儒家看来，唯有使德性成为人的本质规定，诸如公正等美德才能获得人性的永恒支撑而不泯，才能获得永恒的实践动力。"仁"就意味着人对天道及其对公正等诸德的自觉把握意识和天赋能力。人有此认识，方能以公正之心去行公义之举。

这里我们要注意的是，"仁"和"礼"虽然俱出于天道，但它们的着眼点则完全是出于维护人类现实的生存，实质是"人道"。"仁"侧重的是人之为人的本质规定，"礼"则是对合乎"生"之目的、特别是人类长久生存与发展这一目的的人类自身行为的制度化规约，它们均指向于人际之间的利益协调和均衡，均指向于人类行动的应当、正当。"仁"表征了公正的德性内涵，"礼"则标明了公正的形式化特征，公正即是德性与行动相统一的伦理准则。为此儒家特地以"义"标明人类基于"仁"、"礼"而行动的伦理性质，以"义"兼摄"仁"和"礼"的内涵与属性，即"义"是兼有德性内涵和行动属性的概念。"义者，宜也。"⑤它既是内在的品质，亦是可行的原则，因此"义"

---

① 请参阅张舜清：《儒家"生"之伦理思想研究》，中国社会科学出版社 2010 年版，第四章"仁生"部分。
② 黎靖德编，王星贤点校：《朱子语类》（第二册），中华书局 1986 年版，第 498 页。
③ 《礼记·孔子闲居》。
④ 《易·系辞上》。
⑤ 《中庸·第二十章》。

可以作为普遍的精神信念和行为准则而为人所恪守。故孔子曰："君子义以为质。"①又曰："君子之与天下也，无适也，无莫也，义之与比。"②

总之，"仁"、"义"、"礼"共同架构出儒家的公正观的实践体系。它们皆出于天之"生道"的要求，皆是为了满足和服务于"生"的旨趣。故戴震曰："生生，仁也，未有生生而不条理者，条理之秩然，礼至著也，条理之截然，义至著也，以是见天地之常。"③

由此可见，在儒家那里，一个人的行为之所以是公正的，就在于他领悟了天的"生"的旨趣和境界，自觉以天之"生德"涵养自身、指挥自身行动，总是服务于天地的"生"之要求。但是从儒家"生"的观点来看，"生"的范围极广，它"范围天地而不过，曲成万物而不遗"。④ 就整体宇宙而言，它既包括人类之"生"，也包括万物之"生"；就人类社会而言，既包括人类的个体之"生"，也包括群体之"生"。所以儒家公正观的内涵是有层次之分的。天地范围的万物之"生"是"大生"、"广生"，人与此天地生机相协调、相适应，这是人类行动的最高目标和境界追求，所以儒家有"仁者，浑然与物同体"之说。⑤ 儒家同时也认为，维持自然生态系统的整体和谐，也是人类得以生存的根本条件。所以儒家的公正观内在蕴含着人与自然平衡协调的理念，蕴含着自然生态系统之维护之于人类特殊生存的重要意义。

很显然，保证自然生态的整体平衡，从而为人类的生存创造出最为适宜的根本的条件，关键还是在于人类自身怎么行为。所以儒家伦理的思考重心是放在之人当为的。人类社会只有安定和谐，人类的生存才能得以延续。而社会和谐的根本在于人与人关系的协调，而人与人关系协调的根本又取决于物质利益的公正分配。公正原则的实践，从现实角度来说，就是要保证人人都获得与其相应的最大利益。公正的实质即维护"公利"，所谓"义，公天下之利"⑥。所以儒家的公正观，最终从天道的公正原则落实到了人间的

---

① 《论语·卫灵公》。
② 《论语·里仁》。
③ 戴震：《戴震全集》（第一册），清华大学出版社1991年版，第10页。
④ 《易·系辞上》。
⑤ 程颢、程颐著，王孝鱼点校：《二程集》（上），中华书局2004年版，第16页。
⑥ 张载著，章锡琛点校：《张载集》，中华书局1978年版，第72页。

分配正义,在其现实性上,它的目的只有一个,即维持和保证人类之"生"。那么如何维持人际之间的协调、从而保证人类整体的和谐生存呢? 这也就涉及儒家对维系生命存在和健康的利益分配的谋划,而这种谋划,也对当代医疗公正问题最有现实意义。

二、儒家视野中的医疗公正

儒家这样一种公正理论,对我们处理当代医疗公正问题有什么启示呢? 在儒家的公正原则下,儒家对于医疗公正问题,诸如在医疗保健和资源分配等方面会采取什么的立场和态度呢? 我认为,根据上述"善生"的价值要求,在医疗保健领域,儒家原则上当会支持政府推行一种全民性的基础性的医疗保健制度,并且会认为这是社会主体(如政府)当然的义务。

为什么这么说呢? 我们知道,在整体上保证人类之"生",促进人类之"生"的良好实现,这是儒家伦理的现实诉求。但是要使整体人类之"生"能够完满地实现,儒家认为就要确证个体之"生"的生命尊严和义务。而要做到这一点,离不开个体对其生命特性的认识,每个人对其生命特性及其天赋的存在义务的体认,这是实现整体之"生"的出发点。这就是说"家齐"、"国治"、"天下平"的基础,离不开个体的"正心"、"诚意",而个体如何正得其心、诚得其意? 除了个体对其"天命之性"的体认外,同样离不开生命存在的外在保障,即生存条件的保障,这也涉及人之为人的尊严和义务履行。这就是说,在儒家眼里,一个人的生命本性的良好体现以及生命的尊严除了其内在的道德体认外,与其能否获得良好的维持生命及其体现生命尊严的物质保障也息息相关。人不只是一种自然的存在,更是社会的存在,每个人都是先定的"天命在身者",都有生而俱有的人性尊严和保证这种人性尊严得以实现的物质保障权利。也就是说,社会的资源分配,在最基本的层次上,不仅要保证每个人的最基本的生存需求,还要保证人作为人的最基本的生命尊严的需求,保证"人"的体面。这是儒家公正观特别强调的一面。《论语·乡党》中关于孔子"伤人乎,不问马"的记载,以及孟子的"制民之产"的理论,都充分说明了儒家的这种思想。在天有十日,人有十等,一匹马等于五个奴隶的时代,孔子能够坚持"把人当人看",以人的生命尊严和价值为重,这是相当不易的。不能保证人之为人的生命本性和尊严的平等,也就无所谓公正可言。而人的生命尊严的体现,离不开基本的物质利益保障。所以对于孔子而言,尽管礼义之教至关重要,但治国者的第一要务则应首先保证民众物质上的富足,即"富之"而后"教之"①。孟子在这方面说得就更为清楚,他的"制民之产"的理论不仅说明了这种分配的重要意义,甚至对此规定了具体的量化指标。

> 是故明君制民之产,必使仰足以事父母,俯足以畜妻子,乐岁终身饱,凶年免于死亡。然后驱而之善,故民之从之也轻。今也制民之产,仰不足以事父母,俯不足以畜妻子,乐岁终身苦,凶年不免于死亡,此惟救死而恐不赡,奚暇治礼义哉!王欲行之,则盍反其本矣。五亩之宅,树之以桑,五十者可以衣帛矣。鸡豚狗彘之畜,无失其时,七十者可以食肉矣。百亩之田,勿夺其时,八口之家,可以无饥矣。谨庠序之教,申之以孝悌之义,颁白者不负戴于道路矣。老者衣帛食肉,黎民不饥不寒,然而不王者,未之有也。②

"五亩之宅"、"百亩之田","仰足以事父母,俯足以畜妻子,乐岁终身饱,凶年免于死亡","内无怨女、外无旷夫","谨庠序之教",这些都可看作王者推行仁政的具体指标,在孟子看来,这些也都是为保障"民生"王者当然的义务。荀子同样主张"收孤寡,补贫穷"③。可见,儒家公正观是以维持人之为人的生命本性和基本的生命尊严与需求为现实起点的。也就是说,凡是"人",都首先应当享有人之为人的基本生命保障和生命尊严。正因为如此,儒家才把是否满足人的生命本性的需求和生命尊严作为社会管理者施政的合理性和合法性基础。从当代来说,每一个公民获得基本的医疗保障这是完成尽显其生命本性和人性尊严的重要的前提条件,因此,在医疗保健领域,政府推行一种全国性的旨在帮助和维护全体国民实现最佳生命状

---

① 《论语·子路》。
② 《孟子·梁惠王上》。
③ 《荀子·王制》。

态的医疗保障制度或医疗资源分配制度就不仅是正当的,也是政府的义务所在。

不过这样一种状态,只是一种理想的情况,现实的生存资源并不足以满足人的种种需要,即便确实是正当的实现最佳生命状态的需要。所以尽管儒家原则上会主张一种全国性的医疗保健制度,主张医疗资源的分配应当以尽量满足人的最好的生命状态为前提,但不会主张推行一种在结果上完全平等的分配制度和保障制度,相反更愿意采取一种差等分配制度。道理很简单,人的生存需求欲望的无限性与物质资源的有限性始终是人类生存面临的一个矛盾,儒家也必须要在人欲与资源供给之间作出平衡,既能保证人人各得其"生",又不至于使"物屈于欲","从人之欲,则势不能容,物不能赡也。"①所以尽管儒家将实现人的最佳生命状态作为施政的出发点,但还必须作出更为具体的谋划,以便协调人的生存欲望与物质资源不足之间的矛盾,同时又体现公平正义。儒家给出的做法,即其以"礼制"为主体的分配制度。众所周知,儒家的"礼制"并非完全现代意义上的社会分工而形成的待遇报酬不等的分级制度,而是对人的身份、地位、权利、义务都进行了相应的规定,并依此进行社会资源分配的制度。受现代民主观念的影响,儒家这一分配制度备受诟病,以为儒家极不讲平等、自由、严重违背正义。事实不然,儒家这么做有自己的理由和根据。

首先,在儒家那里,"差异性"存在本体上的根据,人间的"不平等"正是效法天地秩序的体现。我们前面说过,儒家伦理的现实诉求是追求人类社会的生存与发展,而人类社会的生存与发展,取决于人类社会整体的和谐安定。但维护人类社会的整体和谐,需要借助某种机制。但借助什么样的制度才最好呢?在儒家看来,最好的办法就是从自然的生命本源中,从宇宙生命的秩序中寻找答案。在自然的生命秩序中,尽管天地万物其情各异,然而万事万物却莫不井然有序,条理秩然,即《中庸》所谓"万物并育而不相害,道并行而不相悖"②。这种情境提示儒家,人与人之间的关系,也应当符合

① 《荀子·荣辱》。
② 《中庸·第三十章》。

这种天道秩序。儒家认识到,这种天道秩序也即阴阳的"生物"秩序,这种秩序是由阴阳的属性和交互作用的模式决定的。阴阳是天地间既对方又统一的两极,是万物得以创生的根本的两种属性。它们本身具有不同的性质,却彼此都有不可替代性,且相辅相成。也正因为它们是不同的、对立的,所以二者才能发生交互作用,从而成为生命产生或发展的动力。相反,如果两种生命本源的力量完全一样,便无所谓和谐,也不可能形成合力造就新事物。异质力量间的相和,才可能创生新事物。这是儒家从天地创生法则中悟到的生命原理,此即我们前文说过的"阴阳之道"与"和实生物"的原理。宇宙中的一切遵循的都是这种天地阴阳创生的原理和法则。因为这是万物创生和生存发展的根本原理,所以在儒家眼中,一切生命及其群体都蕴含着阴阳的秩序,任何生命都是这个阴阳决定的天地生命系统中的有机一员,它们在天地中均拥有自己特定的位置且发挥着独特的作用,它们彼此独立却又互相联系从而使整个自然生命系统形成一个有机的生命整体。因此在儒家看来,我们一方面要充分肯定各种生命的价值和意义,另一方面也必须正视各种生命天生就处于不同的位置上,具有高低、尊卑的属性或特征。一如阳健阴顺、乾刚坤柔、天下地下一样。所谓"天尊地卑,乾坤定矣。卑高以陈,贵贱位矣"。①

但是我们这里要注意的是,在儒家这里,天地的阴阳秩序虽然本身表现为一种尊卑秩序,但这种尊卑不是从价值规定上说的,并非日常所说的"尊贵"和"卑贱"的意思。这里的"尊卑贵贱"是对天地阴阳属性的一种实然描述,是说天地阴阳的尊卑秩序本就是自然而然的事实。自然生命正是在阴阳作用下表现出错落有致的秩序,因而才能形成交互性作用,从而使整个宇宙始终保持一种活力、和谐的运转。一句话,"不同才有和"。万物之不同,是自然之实然,然而正是在这种先天规定的"不同"之中,万物能"并育而不相害",天地能够呈现出蓬勃的"生生"之境。儒家的人伦之道与社会安排,就出于对天地万物这种本然秩序的领悟。人间秩序的安排,当效法此"天地之道",人创生于天,亦有不同之"气质"或"禀赋",各个"不同"之人也只

---

① 《易·系辞上》。

有按一定规则结合在一起,才能形成富有力量、生机的和谐群体。恰如音乐的宫、商、角、徵、羽五音,虽高低不同,但按一定规则合在一起却能奏出美妙的乐章。"礼制"就是效法"阴阳之道"与"乐理"而产生的①,"礼制"的目的就是使各个不同的人按一定规则处在恰当的位置上,各安其位,各尽其职。儒家认为这是最好的制度,因为这种制度与天地之秩序是同然的,也只有这种"和而不同"的安排是最有活力的。正如荀子所说:"分均则不偏,势齐则不壹,众齐则不使。有天有地而上下有差,明王始立而处国有制。夫两贵之不能相事,两贱之不能相使,是天数也。"②

"不同"而"和",才有天地万物的生生不息,这就是说,在儒家那里,"差等"不仅符合天地秩序,也是创造力的根源,是万物得以生长变化的动力。因此,物质资源的分配,也必须体现这一客观的自然状态,而不能搞平均、一刀切。每个人虽然平等的具有"生"的价值和权利,但毕竟人之间也具有先天的自然禀赋方面的差异性,人人各有其"位",各有满足其生命需求方面的特殊要求,所以儒家不会支持均等分配物质资源。差等分配不仅不是不公正的,相反,正是公正的体现。

其次,儒家主张"差等分配",也基于这样一种认识,即人不仅具有先天的差异性,也有后天努力程度的不同,从而导致对社会的贡献和作用会有所不同。在儒家看来,分配也必须顾及到这种后天形成的人与人之间的差异性,人们的后天努力程度和对社会的贡献与作用大小应当在分配上有所体现,这也是公正原则的必然要求,贤能者不能居之,多劳多奉献者不能享受相应的回报,势必造成更大的社会问题。"夫德不称位,能不称官,赏不当功,罚不当罪,不祥莫大焉。"③是故"礼者贵贱有等,长幼有差,贫富轻重皆有称者也"。④ 在这一问题上,儒家也有多重考虑。

第一,儒家认为每个人作为"天命在身者"都负有天定的对自我生命负

① 在儒家眼中,"乐理"和天地阴阳的"和合"原理也是一致的。如《礼记·乐记》所讲"大乐与天地同和","乐者,天地之和也"等等。

② 《荀子·王制》。

③ 《荀子·正论》。

④ 《荀子·礼论》。

责的责任和义务,这要求我们在完善自我生命方面必须积极有为、自强不息,而不能坐等天命、消极混世。一个人行健不息、修身不辍、积德行善,造福众人,理所当然也应该受到社会更多的精神和物质的肯定与回报,公正的社会应当是奖罚分明的社会。个人的努力程度和社会贡献必须在分配制度中体现出来。因此物质的分配不能是平等的,应当是一种差等的分配格局。

第二,也是我们要特别指出的是,儒家这种差等分配主张信奉的不是丛林法则,而是和"德"紧密联系在一起的。也就是说,一个人的后天努力或社会贡献的基础在于"修德"。根据德行的高低来决定一个人处于何种分配的等级。儒家认为德性是公正社会实现的道德基础,所以公正的社会,就应当是一个重视德性的社会。有德无位,有德无实,放纵无德,得不称德,都不是公正社会的体现。"天命无常,有德者居之",这样的社会才是公正的社会。所以儒家并不一般地把德性与利益对立起来,相反儒家肯定有德者应当获得与之相匹配的物质利益,否则孔子也不会面对品德高尚却十分困窘的颜回发出"回也其庶乎,屡空;赐不受命,而货殖焉,亿则屡中"①的感慨。

儒家视德性为建构公正社会的基础,也就规定了人们在分配中应该处于何种等级的依据。换句话说,儒家是把一个人的德性高低作为进入不同等级的前提。在儒家看来,一个人只要通过修身达到一定境界,就可以相应进入不同的分配等级。所以儒家的礼制虽然规定了不同的等级,但这些等级是对天下所有人开放的(当然这也是一种理想状态,在帝制时代,最高统治者的位子不会轻易因德而替换),任何人只要通过修身取得一定成果并通过考试等形式确认,就可以进入高一层次的分配等级中。这颇有现代意义上的"岗位开放"和"机会平等"的意思。

这里我们还要强调一点,儒家所说的"德",我们不能只理解为一种抽象的精神境界,它有许多现实的考量因素。仁爱生命、严己宽人是"德",自强不息、努力奋斗,使家境殷实、家道兴盛,这同样也是"德"的表现,"己立而立人"、"不患无位、患所不能"等,都属于"修德"的范畴。因为"德"本身

---

① 《论语·先进》。

是把上天的"生物"意志与人自身的努力相统一的概念,所以儒家以"德"作为进入不同等级的分配依据,就不是一种无法实践的纯粹理想。

总之,儒家在医疗资源分配等问题上不会主张平等主义的分配制度,而宁愿采取差等的分配格局。这既出于天道创生的"和而不同"的"生生"机制,又出于对现实问题的具体考量。在分配的依据上,儒家把"德"视为分配的重要依据,而不会单纯地把人们实际的贫富状态以及由于"自然运气"差而导致的不幸作为基础。修德是每个人的天定义务,也是个体生命尊严和意义得以实现的根本,因此个体不能消极等待"合理的制度安排"从天而降,或者过分依赖社会救助。社会也应该设立一个合理的保障制度,以使勤于修身,德行充沛之人获得相应的社会地位和回报。至于个人实际的贫富状态则不应当作为分配的主要依据。儒家并不认为穷人就应该获得更多的照顾,富人就应该义务地多做牺牲。儒家没有这个意思,儒家关心的不是一个人穷不穷富不富的问题,而是为什么穷为什么富的问题。假如穷且益坚、固穷自强却遭受不合理的制度摧残,这是制度的不义,而非个人不义。假如懒散懈怠、混事无为、碌碌无志、自暴自弃,这样的人又有什么资格从社会上获得更多的资源呢? 因此这样的人本身也不应获得更多的同情,充其量只能给予人道主义的救济。但政府和他人没有义务为这样的人承担风险和埋单。换句话说,儒家并不会把一个人的实际的贫困状态作为是否给予更多优惠考虑的基础,而是把一个人实际的作为本身作为对待他的前提。也就是说,儒家鼓励个体通过自身的努力积极创造自己更好的生命,肯定个体对自我成果拥有更多的自主权。一个作出突出业绩的人,完全可以支配较多和较好的资源,包括使自己获得更多更好的医疗保障和保健服务,政府不能强制推行"均贫富"的政策,更不能限制个体通过正当行为尽量使自己获得更好生存条件的努力。但是我们不能误解的是,儒家的这些主张均建立在对政府的"仁政"要求上,政府有责任有义务使每位公民的基本生命权益得到保障,政府支配的公共资源必须以广大民众的实际生存需要为前提,也就是必须把群体共"生"的需求作为更重要的考量方面。在这一前提下,尽可能赋予个体或家庭根据自身实力选择不同医疗保健服务的自主权。

以上我们只是约略探讨了儒家公正论的特征及其在处理医疗公正问题

上的可能态度和立场,事实上在这一问题上还有许多十分重要且具体的问题需要讨论。比如怎么处理所谓"大义"和"小义"的问题,在医疗公正领域具体体现为什么问题,儒家是否允许道德主体在处理具体的医疗公正问题上拥有一定的"自由裁量权",其限度是什么? 等等。但限于篇幅,笔者不能继续讨论下去。总之,在医疗保健领域,我认为儒家应当支持一种由政府主动实施的旨在为全民提供的基本医疗保障和保健服务的政策,但是我们同时也应当允许人们依据自身能力和努力程度去获得更好的医疗保健,而不应当以维护"平等"名义人为限制他们获得较好医疗保健条件的机会和空间,在这方面,我们应该给予个人和家庭更多的自主权和选择权。而对于社会上因各种自然的不幸以及个人的慵懒、堕落而导致的生存困境,我们只能施以人道主义的救济,而不能在抽象意义上或在结果上讲人的平等。至于因为社会制度本身的不公而导致的生存困境,这又涉及更重大的问题,自然另当别论。

第四节　从儒家视角看养老的伦理问题

生命伦理学也比较注重养老问题。一般来说,养老问题涉及终极关怀的问题。儒家在这方面会提供什么样的观点,也颇有现实意义。我们知道,今天的中国社会老龄化的趋势十分明显。有文章称,目前的中国已成为人口老龄化最为严峻的国家,老龄社会将改变中国的国家发展基础,事关改革开放和现代化建设的前途,关乎中华民族的未来。[1] 因此,如何应对老龄化社会的挑战,如何解决养老问题,已经成为当代中国必须面对的突出问题。问题越是棘手,其伦理问题也越是突出。在养老伦理方面,儒家的观点如何? 这是本节讨论的重点。

一、儒家养老的伦理基础

需要肯定的是,养老也是儒家生命伦理的重要一环,是儒家生命伦理的

---

[1]　原新:《中国如何应对人口老龄化挑战》,载《国家治理》2014 年第 21 期。

应有之义,从这一思想的根源来看,它同样和儒家的天道观念有关,同时也包含着儒家带有宗教性的对生死问题的终极关怀,此外,它也有深刻的现实原因。从儒家伦理的形上依据来看,儒家伦理把天地的创造法则看成人间伦理秩序的来源,父母与子女之间的伦理关系尤其如此。天地乾坤象征着"父母",所谓"惟天地万物父母"①;"乾称父,坤称母"②;"万物本乎天,人本乎祖,此所以配上帝也"③。天地父母的本然秩序伦理化,内在包含着子女孝亲的义务准则。天地父母创造万物遵循着一定的秩序和准则,而父子有亲,老弱有养,是这一天地法则的体现,所以"尊高年,慈孤弱"④便是天道使然。所以在儒家思想中,尊养老人具有形而上学的意义,对人而言,这是一种天定的义务与准则。

在这里面,儒家把父母创生这一人的生命的本源性与天地创生万物的本源性相提并论,这样就赋予了创生后代的父母在人伦秩序中的特殊地位,意味着父母关系在由此而创生的一系列的人伦关系中的先在性。所以,尊养父母就成为先在的、绝对的义务。尊老、养老就蕴含在这一先在的、绝对的义务当中。从儒家伦理的系统观念角度来看,尊老、养老的这种形而上学意义就蕴含在儒家的"孝道"之中。

"孝"当然不能简单地等同于"养老",但养老无疑是孝道的内容。而孝在整体儒家伦理中,发挥着立国之本、思想之源、德性之本的作用。有子认为"孝悌乃仁之本"⑤,《孝经》亦云"孝者,德之本也"⑥,也即行孝乃安身立命之本。在这里,我们不能只把孝心、孝行看成是基于自然血亲而产生的情感流露,固然自然血亲为孝道的确立提供了一种自然的基础,但对父母之孝并不是单纯地系于对父母养育自己从而产生的"报恩"的功利意识上,而是有着更为深刻的思想根源。就像本杰明·史华兹所说的那样,"对于父母养育之恩的感激之情、成年孩子对于年迈而体弱的父母的责任,以及当父母

---

① 《尚书·泰誓上》。
② 张载著,章锡琛点校:《张载集》,中华书局1978年版,第62页。
③ 《礼记·郊特牲》。
④ 张载著,章锡琛点校:《张载集》,中华书局1978年版,第62页。
⑤ 《论语·学而》。
⑥ 《孝经·开宗明义章第一》。

去世之后还在延续的失落感——这些情感可以在所有文化中发现。"① 所以，对父母"反哺"、"报恩"这种意识体现不出儒家孝道的深刻性。实际上，孝道在儒家那里有着深厚的宗教性内蕴，是儒家对个体生命的安顿、种群生命之延续、生死问题的一种终极性的道德关怀，是集具有宗教性仪式的祖先祭祀、天道设教、个体与群体生命之维系为一体的一种宗教性的道德哲学。也正因为如此，它才构成了儒家伦理中一项基准性的伦理观念，成为平治天下、治国、齐家和做人的根本，成为建构整体社会生活的思想基础。是故《孝经》曰"夫孝，天之经也，地之义也，民之行也。天地之经，而民是则之"。② 行孝就是天道在人伦中的体现，而养老是孝道的基本内容，许慎《说文解字》曰"孝，善事父母者"；③《尔雅》曰"善父母曰孝"④。因此在儒家看来，养老对于我们人类来说，实际上是一种无条件的义务，是一种有宗教性特征的信仰体现。它既是个体的责任，也是社会整体的义务。

我们强调儒家养老思想的形而上学意义和宗教特征，并非否认促使人们重视尊老、养老的一些现实的诸如情感的因素。现实的情感要素在激发人们尊老、养老的意识方面，有时会有着更为直接的影响。所以儒家并不否认这方面的作用，同样也注重借助情感的渲染来促成孝道（养老蕴于其中）的实现。比如《诗经》和《论语》中多有对父母养育子女之艰辛以及子女思其父母辛苦当思回报的语句，以及对一些在对待父母方面显得"刻薄寡恩"的行为的谴责。如《诗经·小雅·蓼莪》所载"哀哀父母，生我劬劳……欲报之德，昊天罔极"。父母生养子女之艰辛不仅激发了子女报恩的意识，对父母的思恋也成为子女的情感寄托。《论语》中孔子对宰我质疑为父母守丧三年日期过长的谴责也同样让人印象深刻。⑤ 不过，守丧期限多长和对父母是否有真挚的情感应当是两回事，孔子这里坚持的，我认为更具有宗教

---

① 本杰明·史华兹著，程钢译：《古代中国的思想世界》，江苏人民出版社 2004 年版，第99 页。

② 《孝经·三才章第七》。

③ 许慎撰，崔枢华，何宗慧校点：《说文解字》，北京师范大学出版社 2000 年版，第346 页。

④ 徐朝华：《尔雅今注》，南开大学出版社 1987 年版，第 150 页。

⑤ 见《论语·阳货》。

的意义,是以"通丧三年"的形式固化孝亲的道德情感和信念的表现。

当然,儒家养老思想的这种宗教意味并不具有西方宗教意义上的超越性,它实际上是与现实问题融为一体的思想观念,是在解决现实问题上表现出来的类似于宗教的一种功能。现实性仍然是儒家伦理的基本特征。譬如对于个体生命的安顿和生死问题的考虑,这无疑是有宗教性的问题,但儒家对此的解决却是将此问题化解在家庭生命的绵延之流中,是通过祭祖、养老、抚幼这种方式把个体对生死问题的忧虑不安消解于无形之中。葛兆光曾这样评述儒家这一观念:

> 对于祖先的重视和对于子嗣的关注,是传统中国的一个极为重要的观念,甚至成为中国思想在价值判断上的一个来源,一个传统的中国人看见自己的祖先、自己、自己的子孙的血脉在流动,就有生命之流永恒不息之感,他一想到自己就是这生命之流中的一环,他就不再是孤独的,而是有家的,他会觉得自己的生命在扩展,生命的意义在扩展,扩展成为整个宇宙。[①]

传统中国人的这种家族生命感常常可以通过一个家族的家谱感受到(我相信现在很多人已经看不到自己的家谱了)。当我们看到家谱那树状的结构时,它俨然就是个体生命的放大,心底便油然而生一种存在感、真实感、归属感,甚至伴随着一种自豪感、兴奋感,顿时觉得自己的生命是有根的,是有生命力的。这种因家族生命的绵延而给个体生命带来的安顿感,无形中加强了人们对构成这一绵延之流的重要举措——养老——的责任感和维护意识。

最后,我们要补充一点,养老观念的产生也有一种普遍的缘由,那就是人皆有一老,而老是人生相对脆弱的阶段,难免需要外界力量的扶持,应当说,养老观念的产生,也是人类个体对终老阶段生活状态忧虑的一种心理反应。每个人都希望自己的生命完完整整、自始至终地得到保障,但人的生命

---

① 葛兆光:《中国思想史》,复旦大学出版社 2009 年版,第 24 页。

并不会总处于"年富力强"的状态之中,这难免会对老年状态时是否老有所养产生一种企盼。儒家也认识到了这一点。比如荀子就说"使生死终始若一,一足以为人愿,是先王之道",又说"生死俱善,人道毕矣"。① 可见,这也构成儒家重视养老的一个缘由。

二、儒家养老观的主要内容

如上,儒家养老思想有着深刻的理论根源,它既是儒家伦理中具有始基性的观念,又是整体儒家伦理实践中的关键内容之一,因此儒家十分重视尊老、养老。对于儒家而言,养老不仅是个体绝对的义务,也是一项整体的社会义务。它不仅构成儒家伦理日常领域的重要内容,也是儒家建构理想社会的基本内容。

比如孔子在阐述自己的理想和抱负时,就把"老者安之"看成理想社会的重要内容。② 在孟子那里,养老则属于"仁政"的重要内容,甚至可视为推行"仁政"的基础。所谓"养生丧死无憾,王道之始也"。③ 孟子甚至为养老制定了具体的生活保障和评价标准:"七十者衣帛食肉","颁白者不负载于道路",等等。④ 荀子也谆谆告诫统治者有责任建立相应的礼法机制,以使"少者以长,老者以养",否则"则老弱有失养之忧",而这将不是"治世"的表现。⑤ 把老有所养与"治世"联系起来,这种思想在《礼记·礼运》中那段关于"大同社会"脍炙人口的经典表述中,更加广为人知。

> 大道之行也,天下为公。选贤与能,讲信修睦,故人不独亲其亲,不独子其子,使老有所终,壮有所用,幼有所长,矜寡孤独废疾者,皆有所养……是谓大同。

---

① 均见《荀子·礼论》。
② 参见《论语·公冶长》。
③ 《孟子·梁惠王上》。
④ 《孟子·梁惠王上》。
⑤ 参见《荀子·富国》。

可见,儒家十分重视尊老、养老,并且赋予养老在政治生活中以极为重要的地位。现在的问题是,儒家如何理解"老",换句话说什么人才可以称为"老",养老又是如何实现的呢? 不同的养老主体承担的道德义务又是怎样的呢? 由于传统中国社会特殊的家国同构的结构模式与今天的社会结构有着质的区别,因此这些问题也是非常值得分析的问题。

我认为,儒家所谓"老"及其相应的养老方式,至少应该从两个方面来加以理解和界定,并且要区分两个领域。

一般而言,根据执行主体不同,养老大致可以区分为两种基本方式,一种是个体养老,一种是社会养老(包括国家、政府或其他社会组织)。根据养老实现的领域或范围来看,养老相应可区分为家庭内养老和家庭外养老。从传统中国的社会结构和儒家伦理的角度来看,所谓个体养老,主要是指成年子女对父母应尽的养老义务,这种养老方式由于通常限定在家庭单位内,因此也即家庭养老。此外的养老,即家庭外的养老。由于传统中国社会是一种家国同构的社会,在家和国之外的一般性社会组织很少存在,所以家庭外的养老,或者说社会养老,主要表现为政府和国家层次的养老。这两种方式的养老,在家国同构的古代社会,其对养老主体的要求是不同的,对于"何者为老"的规定也是不同的。

首先,从个体养老或家庭养老的角度来看,"何者为老"并没有一个确切的年龄界限,或者身体机能衰退的生理规定。因为根据儒家的孝道,养老首先表现为子女善事父母的义务,在儒家看来,这种"天经地义"的事情本身已经赋予父母"长者为尊"的地位。也就是说,对于家庭中的成年子女而言,奉养父母本身就属于养老的范畴,也就是父母无论是否高年,对于子女而言,他们都是家庭中的"二老"。这种意义上的"老人"并非是年龄上的规定,也不是出于身体机能衰退认识上的规定,实际上是一种伦理性的老年规定。这种意义上的"老人",不管他是否已经须发皆白,也不管他是否已经五十岁、六十岁还是七十岁,对于已经从事生产、并有一定家庭经济权的成年子女来说,他们的长辈(主要是父母)已经构成他们行孝的对象,成为他们履行孝道义务的道德主体。这种意义上的养老,对子女而言是绝对的义务,也是传统中国社会养老的最基本、最主要的方式。

但是,这种意义上的老,只能限于家庭子女实践孝道的领域。它不能成为社会尊老养老的观念基础。因为对于社会而言,脱离年龄标准和生理机能上的认识,我们就很难判断何者为老,也难免出现对"老年群体"的泛化理解,因此对于个体而言也就不能实现"老吾老以及人之老"的"推恩"要求,对于政府和国家而言,也势必无法承担和执行对如此庞大的"老年群体"的养老义务和职能。因此依据某些标准界定何者为老是必要的。另外,设定何者为老的标准,既方便了相关主体承担养老职责和履行养老义务,也对不养老、弃老行为是一种限制。因此儒家对于何者为老作了相应的说明、规定。在儒家的典籍中,对于何者为老的认识,《礼记》有一段话被广为引述。

> 人生十年曰幼,学。二十曰弱冠。三十曰壮,有室。四十曰强,而仕。五十曰艾,服官政。六十曰耆,指使。七十曰老,而传。八十九十曰耄,七年曰悼,悼与耄,虽有罪,不加刑焉。百年曰期颐。①

在这里,从字面的意思看,七十岁的人才可以称为老。把七十岁称为老人从古代中国社会的物质生活条件来看,似乎这是一个苛刻的标准。因为古代的物质生活条件远没有达到今天的生产水平和医疗水平,社会的政治文明也远没有今天的状态,那么在一个物质生活条件相对低下,人与人的关系主要以依附性的剥削关系为主的生存状态下,人的生理机能在七十岁之前是否还能保持在"不老"状态,是十分值得疑问的。所以对于以七十岁为老,我们不得不追问这种界定的背后原因。

我们注意到,《礼记》以七十为老,后面还有一个当此之年、老之为老的义务标准,即"而传"。这是说,当人进入七十岁时,人就可以不再从事具体劳动,而只需动动口把自己的生活和生产经验传之子孙后世即可。应当说,这是使"老者安之"的一个硬性标准,即人到了七十岁的时候,如果我们还让他从事各种劳动,已经是悖理、悖德的行为。联系到《说文解字》和孟子

---

① 《礼记·曲礼上》。

的相关言论,我们也能明白这一点。许慎在《说文解字》中说"老,考也。七十曰老。从人毛匕,言须发变白也"。① 孟子说"颁白者不负载于道路"。② 由是我们可知,以七十岁为老,是由于进入七十岁的人,通常的状态是身体机能已经表现出极为显著的衰老状态,即"须发变白"。对于这个年龄段的人,社会就有义务让其免于体力劳动和徭役等。

我想,以七十岁身体机能出现明显变化为老反映了儒家深刻的社会关怀。为什么这么说呢?因为对于老之为老和老年的定义,我们很难作一个数字化的规定。即使当今联合国对老年的定义,把65岁作为一个老年的标准,它本身也有许多可存疑的地方,因为如果从身体机能衰退的角度考察,个体进入衰退期的年限是有相当差异的。有人在六十岁的时候还能称为壮年,有人则已经进入生命终结的阶段。所以当我们无法确切把握老年的标准之时,根据某种显著的标志进行硬性规定,以督促相关主体履行必要责任和义务就是有必要的,也有其合理性。也就是无论我们怎么看待何者为老的问题,让身体机能大不如前、须发皆白的人还不得不从事繁重的体力劳动,不得不自谋生路的话,这个社会就是"有病的"、缺乏正义的社会。一旦这种认识被观念化或成为习俗,就会成为一种无形的道德压力,督促相关主体,比如老人的子女、政府尽好自己的责任。特别是对政府而言,这种规定考验着政府的人道情怀和责任意识,是对政府行为的一种观念限制,假如社会普遍具有"七十老而传"的观念,那么政府让七十岁以上的老人还去服役、自谋生路、不给予特殊照顾等,就是不义之举。

但是,无论怎样,以七十岁为老,这个标准的确显得过于生硬,俗话说"人生七十古来稀",说明在古代社会,人活到七十岁是很少的,这说明以此为老的年限标准也显得标准过高,如果单纯以此为限,就会导致大量实际上已经进入老态的人无法得到生活保障。至于《礼记》中讲的"八十九十曰耄,百年曰期颐"等,这部分人就更少了,对"耄"与"期颐"之年给予特殊的照顾,其象征意义远远大于尊养老人的实际意义。所以儒家在看待何者为

---

① 许慎撰,崔枢华,何宗慧校点:《说文解字》,北京师范大学出版社2000年版,第345页。
② 《孟子·梁惠王上》。

老的问题上,并不是硬性的,而是相对灵活的。在很大程度上,一个人是不是已经进入老年,取决于他的身体机能是否已经进入衰退期。《论语·季氏》说"及其老也,血气既衰",这里面已经把血气既衰视为老年状态的表现。《礼记》的认识和此是一致的,即虽然《礼记》把七十称为老,但并不是说人到七十血气始衰,而是认为"五十始衰",此时对人体就要给予特殊对待和调养,所以《礼记》说"五十始衰,六十非肉不饱,七十非帛不暖,八十非人不暖,九十虽得人不暖矣"。①

应当说,不管是以五十还是七十为老,或者像《礼记》那样,把人的生命历程按十年一限划为若干个阶段,并规定相应的对待,这其实都显得机械,并不能保证一个人在需要照顾时获得及时和稳定的护养。所以儒家虽然按照一般的常识对人的老年界限进行了说明,但对养老的保障机制儒家显然更加侧重孝道的实践。因为儒家的孝道,并不把年龄作为行孝的界限,也不把生理机能衰退的某种表现作为标准,而是取决于血缘辈分。也就是对于成年子女而言,对父母长辈的孝是天经地义的事情,无论父母长辈是不是处于"高年"或进入了身体衰退期,做子女的都有义务和责任给予他们特殊的生活照料和精神支持。这样儒家通过孝道就消解了上述标准的局限性。在以小共同体为基本生活模式的传统社会中,在家国同构的社会结构中,在政府履行职能存在诸多限制的情况下,这种侧重依托孝道而实现的以家庭养老为主的养老方式,是有其现实合理性的。

不过,如果我们说儒家侧重家庭养老而忽视政府和社会在养老方面的职责,这种认识显然是错误的。因为在儒家那里,养老虽然是个体或家庭的一项绝对义务,但它并不只是个体或家庭的责任,国家或政府同样具有责无旁贷的义务,只是与家庭养老相比,国家和政府在养老方面,承担着特殊的职责。在家国同构的古代社会,由于提倡孝道、鼓励尊老养老被视为建构社会的基础内容,是统治者安邦定国的重要手段,所以国家或政府有责任有义务在全社会范围内倡导尊养老人的观念,并运用国家机器维护之、实践之。所谓"民知尊长养老,而后乃能入孝弟。民入孝弟,出尊长养老,而后成教,

---

① 《礼记·内则》。

成教而后国可安也。"①因此,对于儒家而言,国家或政府有责任利用国家或政府的权威在社会上培育起尊养老人的理念。在这个层面的国家或政府形式的养老,通常都是象征意义的。比如通过赐物、免征租税、赐予爵位官衔、垂询存问等形式,给予老人特殊的荣誉和优待,这些通常都是象征性的。②比如赐物,这并非是一种来自于国家的对老年人长期的生活保障,因为这种赐物范围是很有限的。比如汉文帝曾下诏曰:"年八十已上,赐米人月一石,肉二十斤,酒五斗。其九十已上,又赐帛人二匹,絮三斤。"③但是在物质医疗水平比较低下的古代社会,能活到八十以上的人是相当稀少的,所以这种赐物本质上是象征性的。正如有的学者认为的那样,"西汉朝廷对这类在社会总人口中只占极低比率的老人,实行一些精神上和物质上的优待赐予,无非是封建王朝的一种敬老养老姿态而已。"④

但是,我们如果认为儒家把国家或政府的养老责任只限定于一种象征性的作用,显然又低估了儒家"以民为本"的伦理智慧。国家或政府在养老方面,实际上担负着更为重要的责任,即国家有责任有义务使家庭养老获得必要的人员、时间和物资上的保障。政府在这方面失职,就是一个不合格的政府,其存在合法性也将受到质疑。所以政府要使家庭养老成为现实,就必须为家庭养老创造必要的物质条件。因此孔子主张"富民"⑤,孟子主张"制民之产"以使"仰足以事父母,俯足以畜妻子"。⑥ 总之,国家或政府必须为家庭能够实践养老创造必要的物质条件和保障,这是实现老有所养的政治前提和经济前提。

由是,在传统中国,养老虽主要是家庭的责任,但国家或政府的责任和作用同样是巨大的,甚至起着更根本的意义,因为国家或政府的行为决定着家庭是否具备养老的物质条件。从这种意义上说,养老问题归根结底是政

---

① 《礼记·乡饮酒义》。

② 关于这几种形式的具体内容可参阅肖群忠:《传统孝道与当代养老模式》,载《西北师大学报》(社会科学版)2000 年第 3 期。

③ 班固:《汉书·文帝纪》,浙江古籍出版社 2002 年版,第 26 页。

④ 谢元鲁、王定璋:《中国古代敬老养老风俗》,陕西人民出版社 1994 年版,第 6 页。

⑤ 参见《论语·子路》。

⑥ 《孟子·梁惠王上》。

府的责任。

三、儒家养老观的当代价值

今日之中国社会,已经与传统之中国社会大为不同。在今天的社会中,传统中国那种以宗法伦理为特征的小共同生活已经不是普遍的生活模式了。即使在某种意义或程度上,这种小共同体的生活结构仍然存在,也仅限于特定地区的极少的个案,或者收缩为现代普遍的"三口之家"或祖父母—父母—子女为主体的家庭模式,传统中国那种大家族的生活模式及由此衍生出来的伦理关系已经不能全体适用于当代家庭和社会。并且,当代的家庭模式也并非完全是一个由父系主导的家庭模式,特别是对于独生子女家庭而言,女方父母同样是这一家庭的组成部分,在现行法律上,养老不只是对男方父母的义务,也是对女方父母的义务,这无形中极大增加了子女的负担,尤其对于普遍存在的"4+2+1"(2位祖父母、2位外祖父母+2位父母+1位子女)结构的家庭来说,这种情况就更为突出。所以传统的由孝道维系的儒家养老模式在当代实践的可能性和价值就不能不成为一个问题。这正如肖群忠先生所说:"在现代中国,孝不能再发挥传统中国那样唯一强势的养老作用,因为社会条件变了,生活方式变了,孝道发挥作用的社会条件变了,这是不以人们意志为转移的。"①但是,这并不意味着,儒家这一由孝道维系的养老理念在当代已经失去了实践的价值和意义,相反,我认为它在安顿个体生命,培育优良社会风气,促进社会和谐方面仍然起着十分重要的作用。

首先,如果我们认为宗教化的"孝"的实质完全在于延续家族香火和种群生命的话,那么孝道的宗教功能在当今的确大大弱化了,由此维系的养老功能也势必会受到影响。这是因为传统的家族生活模式在当代中国已经难以维系,生男传宗接代、延续香火的观念在"计划生育"这一基本国策影响下,事实上已经崩溃。大量的家庭实际上只育有一女,而且由于男女平等思想的深入人心,子女随谁姓也不再像传统那样随男方那么固定,因此借助"子子孙孙无穷尽也"的想法延续家族生命已经不太可能。因此传统孝道

① 肖群忠:《"孝道"养老的文化效力分析》,载《理论视野》2009年第1期。

在宗法伦理层面要求子女对老人尽孝的绝对义务现实中已经难以确立。但是孝亲的生物基因和情感因素仍然存在,事实上,这也是孝道得以维系的重要基础,这一基础具有恒久性,因之建立在这一基础上的孝亲意识和观念,就不能完全失去它的作用,它仍然对于个体生命的安顿和人际和谐能够发挥正面的影响。

还有,虽然传统的大家庭的生活模式已经不复存在,但是"家庭"作为建构社会的基础单元的性质并未发生实质性的改变,正常情况下,每个人的出生都是出生在一定的家庭中,都是由家庭抚育长大成人的。家庭中的核心关系——父母子女关系——这一在传统宗法伦理中起基础和主导作用的人伦关系仍然存在。父母养育了我们,我们又养育自己的儿女,父母—子女—父母—子女,这一生命延续链条尽管可能不再是以男方为中心,也不再是因多子而构成的树状的大家族式的谱系结构,但它仍然是存在的。这就意味着父母与儿女之间互相扶助的天定义务存在,也就是天地人伦的基本常理仍在。另外个人的生死问题也仍然可以从所谓"核心家庭"结构中获得解决。也就是,孝道的宗教功能虽然大大弱化了,但这种功能本身并未缺失。个体仍然可以通过孝养老人、抚育下一代来确立个体生命的意义,感受生命存在的真实。当一个人把个人的生命不纯粹看作一种孤立的肉身存在时,他个人的生命也就有了安顿。在中华文化中,家庭常常被中国人视为个体生命安顿的场所和精神寄托的家园,父母能否安乐地生活,子女能否健康顺利地成长,仍然是相当多的中国人生命存在的终极所向。我们还要看到,精神价值多元化是当今中国的一个现实,虽然无神论在精神领域居于主流的地位,但这并不意味着一个缺乏宗教信仰的人不需要精神生命的安顿。然而,当神并不光顾你的心灵,当某种哲学观念和意识形态不能让你有一种归宿感的时候,家却起着这样一种作用,对父母之爱和向往仍然可以为你提供心灵的安顿。俗云"父母在哪,家就在哪",正是反映了人们的这种心理和精神上的自我安顿。

其次,儒家的养老理念对于培育优良社会风气,弘扬社会正气也有作用。儒家的养老理念很大程度上是和儒家的"人本"理念联系在一起的,反映了儒家的"人本"精神,而这一精神和社会文明的发展趋向是一致的,是文明社会的内在要求。我认为,儒家养老理念中蕴含的这种人本精神一个突出体现即儒家对于养老的重视,并非纯粹是出于老者的工具性价值,不是单纯从这方面思考问题。不能否认,"老人有用"这种功利性取向,也是构成人们重老、养老的一个动因。这在人类历史中,有着正反两方面的证明。从反的方面看,流传于各国历史中的一些弃老风俗,其基本原因就是认为"老人没用了";而从正的方面看,老年人由于生活阅历丰富,储存的生活经验和技能在很多方面都可能优于年轻人,于是为了从老人那里获得有益的知识和经验,人们往往又会重视老人、赡养老人。儒家也并不否认老人的这种价值,这同样也是儒家重视养老的一个原因。比如《尚书·秦誓》云:"虽则云然,尚猷询兹黄发,则罔所愆。"养老理念中也蕴含着政治功能,这也是没有疑问的。如《大学》云:"所谓平天下在治其国者,上老老而民兴孝,上长长而民兴弟,上恤孤而民不倍,是以君子有絜矩之道也。"①这里明确地把"尊老、恤孤"视为了"絜矩之道"的内容。这些都说明,儒家养老理念中也具有一种功用性的价值取向,但是如果我们认为儒家仅仅重视养老的功用价值,我认为这种看法是值得商榷的。在我看来,儒家养老理念中凸显出来的浓厚的人本价值,才是儒家重视养老更深刻的原因。

在儒家那里,尊养老人是人之为人的重要表现,是决定人之为人的"仁心"或"良知"的呈现。比如孟子《孟子·尽心上》曰"亲亲,仁也";《论语·学而》曰"孝悌乃仁之本";《中庸·第二十章》曰"仁者,人也",这些思想都表明,孝养老人,这是仁心的体现,是成人的根本。没有对老人的尊重与赡养,人之为人的生命本质和意义也就无法得到确证。王阳明把孝亲视为良知的呈现,认为孝是纯粹的人的天理良心的表现,是人性的所在,因此孝养老人便是成全人生、确证生命意义之根本。如王阳明所说,"此心若无人欲,纯是天理,是个诚于孝亲的心,冬时自然思量父母的寒,便自要去求个温的道理;夏时自然思量父母的热,便自要去求个清的道理。这都是那诚孝的心发出条件。却是这诚孝的心,然后有这条件发出来。"②"知是心之本体,

---

① 《礼记·大学》。
② 王阳明著,张怀承注译:《传习录》,岳麓书社2004年版,第6页。

心自然会知,见父自然知孝……"①

由此可见,在儒家那里,养老绝对不只是出于功用性的考虑,而是在于实践养老完全是生命本性的要求,是人格确证、提升人的生命意义的所在。正如张祥龙所说,孝亲"是与人的良知实体无别的内相,摆脱了它,不管有多么堂皇的借口,也就断灭了人的种性和良知"。② 由于孝养老人源于仁心、本于良知,所以在儒家那里,养老的政治功能和其他功用性价值便是附带性的,是从属于"仁"的东西。所以我们是否孝亲、如何孝亲并非基于功利考虑,本质上它凸显着人本价值。只要我们是人,我们就应当以人的意识对待人的生命的任一阶段,维护人的生命价值和尊严不能人为排斥老年人,假如我们让"颁白者负载于道路"③、"老稚转乎沟壑"④,又怎么能说"天地之性人为贵"⑤呢?

我们还应看到,在儒家的价值体系中,人的生命价值是和天地万物的生命价值联系在一起的,假如我们连作为人的老人都不能"善事",又遑论"尽人之性以尽物之性",从而"参赞天地之化育"⑥并实现"天地万物一体之仁"呢?

由是,像《孟子·梁惠王下》所讲"文王发政施仁,必先斯鳏、寡、独、孤四者",《礼记·礼运》所云"矜寡孤独废疾者,皆有所养",以及张载所说"凡天下疲癃残疾,茕独鳏寡,皆吾兄弟之颠连而无告者也"⑦之类,我们便不能单纯看作儒家出于政治功用的考虑,它同样体现着儒家深刻的人本关怀。而这种人本关怀,与现代文明的发展趋向是一致的,也是我们当代社会非常需要的。所以我认为,在当代弘扬儒家的养老理念仍然具有重要的现实价值,值得我们对其认真研究。

---

① 王阳明著,张怀承注译:《传习录》,岳麓书社 2004 年版,第 17 页。
② 张祥龙:《良知与孝悌——王阳明悟道中的亲情经验》,载《广西大学学报》(哲学社会科学版)2015 年第 3 期。
③ 《孟子·梁惠王上》。
④ 《孟子·滕文公上》。
⑤ 《孝经·圣治章第九》。
⑥ 《中庸·第二十二章》。
⑦ 张载著,章锡琛点校:《张载集》,中华书局 1978 年版,第 62 页。

第五节　结语

本章我们在讨论儒家生命伦理的实践原则基础上,结合一些具体的生命伦理问题探究了儒家的可能立场和态度。儒家生命伦理的原则,从根本上说,建立在儒家的天道观念基础之上。根据这一根本原则,又可衍生出许多具体的伦理原则。但是我们要注意的是,由于儒家的很多理念在内涵上具有贯通性,而且兼有形上与形下的意蕴,因此,所谓根本原则,其实表达方式是多样的。比如,我们可以说"生"是儒家生命伦理的根本原则,也可以说"顺天"是一条根本的原则,同样地,我们还可以以"仁"作为儒家生命伦理的总原则。此外,我们从不同角度出发,亦可提出许多不同的原则,如"和生"原则、"经权"原则、"弘道"原则、"时生"原则、"爱人"原则等。不同的概念具有不同的内涵和适应范围,因而可构成某些具体领域与方面的实践原则,这应当说是儒家生命伦理思想的一个特征。

不过,儒家生命伦理思想的这个特征,实际上也给我们运用这些原则带来一定的困难。因为我们从某个角度提出一些原则,有时是很容易的,毕竟儒家有许多的概念,基于某一概念和情境提出相应的一种实践原则,其实并不是难事。但是,正如我们前面几章所指出的那样,儒学的各个概念其实是有内在联系的,它们有一个一以贯之的东西贯通其中,它们反映的是同一种精神,也就是说,整体儒学尽管概念复杂、形式殊异,但儒家之道却是一以贯之的。因此,在提出儒家生命伦理原则时,对儒学的这个一以贯之的核心理念或精神的理解与把握,就成为我们提出原则的前提。儒家的思想也建立在一个根本的依据之上,这就是"天道",因此,儒家生命伦理原则从根本上说,也务须从这一根本的依据上着眼。基于一个核心的精神或思想主题,基于一个根本的依据,这当是我们思考儒家生命伦理原则的出发点和根本所在。否则,我们尽管依据儒家某个方面的理念提出一些原则容易,但如果忽视了这些理念之间彼此的贯通性和儒学的整体精神的把握,那么就难免使我们提出的原则在应用上陷入困境,甚至在运用儒家观点处理当代生命伦理问题时,却得出不一致的结论。

所以,在我看来,真要提出一些具有"公信力"的、内涵一贯而且根本的儒家生命伦理原则其实并非容易之事。因为它需要我们对儒学的整体精神作出合乎儒家的理解,而这就需要我们在综合儒家文献的基础上,尤其是对孔、孟的伦理精神和主旨有一个理解和共识。儒学的根本精神是什么? 儒学的根本依据是什么? 这两条决定了哪些原则才可以看作儒家生命伦理的根本原则。如果在这方面达不成共识,那么提出的原则和应用范围就会大大的不一样,就很可能出现同是运用儒家思想,却得出不一样的结论的情况。

此外,即使我们在"根本原则"上,在儒学的整体精神和核心理念上达成共识,这也不意味着我们就可以机械地运用这些原则。须知,儒学理念的一个重要特征,就是这些理念往往同时具有形上和形下的义蕴,它既可在抽象层面加以理解,又往往具备一种"情境化"或"脉络主义"的解读方式。对儒学概念的这一特征,应当要特别注意。因为如果我们过于执着儒学某个概念的某方面的意思,也会面临不小的道德原则的冲突问题,从而降低儒学解决现实问题的能力。比如,儒家讲"仁者爱人",但儒家也讲"仁爱万物",那么当人与其他动物的生存需求存在矛盾的时候,我们该怎么办? 譬如人需要熊胆治病,而取熊胆对熊而言应该不会是什么愉快的事。这时候"仁者爱人"和"仁爱万物"该如何取舍? 所以,这时候就需要我们对儒学讲的人在宇宙中的位置和作用、人与天地万物之间的关系,儒家讲"仁者爱人"和"仁爱万物"的条件、限制等诸多问题要有一个清晰的认识,一句话,要对儒学的整体精神和内核要有一个更为深刻和整全的认识。

可见,关于儒家生命伦理的原则问题,其实并非我们想象那么简单,这其实是一个复杂而又困难的问题。我们可以举些例子进一步说明这一问题。香港学者陈强立先生意识到建构儒家生命伦理学的原则之复杂性,试图提出一个"原则体系",即根据对儒家思想的理解,对依据儒家思想而提出的原则进行层级划分,从而希望借助这一"原则体系"涵纳所有的应用领域。他说:"中国生命伦理学如何能建构出合理的(具'公信力'的)公共生命伦理原则,这是一个颇复杂的问题。"①为此,陈先生自觉给原则作了层级划分,认为儒家生命伦理原则可以划分为"根本的道德原则"、"中介原则"、"各传统的交叠共识"等几种原则。在此基础上,陈先生提出了几条根本的儒家道德原则,分别是"仁义原则"、"格致原则"、"生生原则"、"心性原则"。②

陈先生意识到提出具"公信力"的儒家道德原则并非容易之事,并认为对原则的理解不能绝对,我是赞同的。但一下子提出这么多"根本原则",恐怕仍然需要斟酌。因为在我看来,原则太多,恐怕应用起来也容易使人有茫然无措、无所适从之感。并且,从陈先生的表述来看,上述几条所谓"根本原则"其实也是分层级的。依陈先生的意思,"仁义原则"是儒家最高的道德原则,当是儒家生命伦理中最为根本的原则。其他几个原则,应当都是在这一根本原则基础上衍生出来的原则。比如"生生原则","此一原则是由仁义原则衍生出来的一个伦理原则。"③这里,陈先生是否颠倒了"仁"和"生"的关系我们且不作讨论,这么多原则,它们究竟存在何种协调性和适用性却不得不需要说明。譬如"格致原则",它的内涵是什么?我们又如何在生命伦理学中具体应用这一原则?陈先生并未说明。"格致"二字来源于《大学》所说的"格物在致知",而对于"格外在致知"的内涵,宋代以前,人们一向是从道德善恶的心性判断角度来理解,比如李翱在解释"格物在致知"时说:"物者,万物也。格者,来也,至也。物至之时,其心昭昭然明辨焉,而不应于物者,是致知也。"④意思是说,所谓"格物在致知"就是指"万物所来感受,内心明知昭然不惑"。也就是,"物"至之时,我"心"能够明辨善恶。这层意思和陈先生讲的"心性原则"非常接近。因为陈先生所讲的

---

① 陈强立:《从中国生命伦理学到复制人类的道德问题——一个方法学上的省思》,载《中外医学哲学》(香港)1998年第1卷第3期。

② 陈强立:《从中国生命伦理学到复制人类的道德问题——一个方法学上的省思》,载《中外医学哲学》(香港)1998年第1卷第3期。

③ 陈强立:《从中国生命伦理学到复制人类的道德问题——一个方法学上的省思》,载《中外医学哲学》(香港)1998年第1卷第3期。

④ 李翱《复性书》(中),亦参见中国社会科学院哲学研究所中国哲学史研究室编:《中国哲学史资料选辑》,中华书局1990年版,第933页。

"心性原则",基本依据也是"人之所以为人乃由于他有一个能知善知恶和行善行恶的道德心灵"。① 到了宋代,程朱理学开始对"格物在致知"作了一种具有科学主义倾向的解释。② 比如朱熹说:"所谓致知在格物者,言欲致吾之知,在即物而穷其理也。盖人心之灵,莫不有知;而天之物,莫不有理。惟于理有未穷,故其知有不尽也。是以大学始教。必使学者即凡天下之物,莫不因其己知之理而益穷之。以求至乎其极。"③不过,即使是按照朱熹的意思,当我们把这一原则应用于当代生命伦理问题时,它仍然需要我们明确它的现实指导意义究竟在哪里。如果仅仅作为一种鼓励科学研究的态度,事实上我们很难说这一原则在行动上为我们提供了什么具体的意义。因为这样理解这一原则的话,它本身也就没什么价值属性。但无疑作为生命伦理的实践原则,它应当明确表示出相应的价值取向,从而表明这一行为的伦理正当性。可见,陈先生虽然从儒学的角度提出了几条实践原则,但这些原则本身需要我们进一步地论证和解释。

由上可见,从儒家思想中提炼出一些用以指导解决生命伦理问题的原则其实并不是容易的事。固然我们可以依据儒家思想提出一些原则,但这些原则彼此的联系如何? 适用范围如何? 孰更为根本? 是否具有一以贯之的精神内涵? 等等,这些都是需要我们辨析和说明的。所以,我认为,原则的提出,宜少不宜多,在整体把握儒家生命伦理精神和综合儒家文献的基础上,提出的根本原则在内涵上要有一贯性,并且切实体现了儒学的根本精神和诉求,在这个前提下,再根据具体的情境,分解出不同适用范围的具体原则。我的意见是,"生生"和"顺天",可看作儒家生命伦理的根本原则,这两个原则本质上是同一的,因为它们都统一在天地自然的"常道"上。其他各种具体原则,无非是对此"常道"在具体情况下的说明和应用。儒家无论是讲"参赞天地之化育"也好,还是充分发挥人的主体作用也好,都是在遵循

---

① 李翱《复性书》(中),亦参见中国社会科学院哲学研究所中国哲学史研究室编:《中国哲学史资料选辑》,中华书局1990年版,第933页。
② 朱熹对"格物在致知"的解释,由于其伦理目的诉求,其解释与今日所谓"科学主义"其实也是两码事,但在认识方法上,朱熹的确有近现代科学主义的思维特征。
③ 朱熹:《四书章句集注》,中华书局1983年版,第6—7页。

天地常道的基础上说的,本质上不是要我们挑战"天道"。在儒家这里,
"天"作为根本的"善"的价值来源的地位是绝对的,是无可挑剔的,因为一
旦"天"不是纯然本善的,人也就没有必要"唯天为大"而"则之"了。人对
"天地"的"参赞",不是改变"天道",而是为了帮助"天道"更好地呈现。李
瑞全先生曾提出两个儒家生命伦理的原则,一曰"参赞天道"原则;一曰"各
尽其性分"原则。① 但我认为,这两个原则其实是同一个意思。从文献来源
看,李先生提出的这两个原则其实来自于《中庸》里的同一段话。

> 唯天下至诚为能尽其性,能尽其性,则能尽人之性,能尽人之性,则
> 能尽物之性,能尽物之性,则可以赞天地之化育,可以赞天地之化育,则
> 可以与天地参矣。②

在这一段话里,"参赞天道"与"各尽其性分"这两层意思其实具有逻辑
地统一关系,它们彼此不是独立的。在这里,"尽性"是"参赞天地之化育"
的前提,通过"尽性"的工夫,人就可以"参赞天地之化育",而"参赞天地之
化育"的内容也在于去帮助万物尽其性分。明确地说,"参赞天地之化育"
就是帮助万物更好地"尽性",而帮助万物尽其"性分",则即人"参赞天地之
化育"的要求和表现。所以,在《中庸》这段话里,"尽性"与"参赞天地之化
育"实质是一回事,就其本质而言,都是要我们在尊重、因循、利用自然规律
的基础上,使万物的本性得到更好的发展。在这里,"各尽其性分"的意思,
相当于《易经》所谓"各正性命"。无论是"各尽其性分",还是"各正性命",
其背后都是强调的要以客观的自然规律为本,以"天道"为本,人在其中的
作用,不过是使"天道"表现得更好而已,而非强调人可以改变"天道"。所
以,即使这两个原则可以独立使用,在儒家伦理原则中,也最多只能算作
"次级原则",而非"根本原则"。"参赞"要以顺应"天道"为前提,儒家不会
主张人的"任性"和"自以为是"可以凌驾于"天道"之上,"天道"的绝对地

---

① 参见李瑞全:《儒家生命伦理学》,台湾:鹅湖出版社1999年版,第四章。
② 《中庸·第二十二章》。

位是不能动摇的。这也是为什么我坚持"顺天"作为儒家生命伦理根本原则的原因。

由上,关于儒家生命伦理的实践原则问题,这实在并非是一个自明的问题,相反,而是一个需要辨析、论证的问题。在这方面,我们实际上也很容易犯"原则主义的谬误"。所以,我认为固然提出一些原则很重要,但我们在面对实际的生命伦理问题中,也要避免机械地应用某些原则。儒家伦理是个很注重情境化解决现实问题的伦理学说,这一点我们应当给予特别的注意。在很多具体的情况,我们一方面要运用原则的指导,更要懂得结合儒家伦理的精神和特定的情况作出合宜的判断和采取相应的行动。在这方面,充分理解儒家的"时生"①的重要内涵对于我们更好运用儒家思想解决现实问题,是十分重要的。本章对克隆人、医疗资源的分配、养老等伦理问题的分析,即本着这样一种精神和原则。一方面,我们侧重于从儒家伦理的根本依据角度剖析儒家在这些问题方面所持的可能立场,一方面我们也注重从现实角度结合儒家伦理的精神探究儒家在这些问题上的具体的态度。总之,运用儒家思想解决当代生命伦理问题,应当在综合儒家文献、对儒学精神的整体把握的前提下,凝练出相应的伦理原则,并结合特定的情境应用之,而不宜片断化、机械化运用儒家的伦理原则。同时还要注意到,儒家思想毕竟产生于古代社会,固执于某种见解或教条化理解儒家义理,都可能带来很大问题。适宜的做法,是以一种开放和包容的心态,以对话的态度,来加强儒家思想与多种文化的协调研究。紧扣时代脉搏,以开放的姿态把儒学与现实问题结合起来,这才是建构儒家生命伦理学的正确之道。

---

① 关于儒家的"时生"思想,拙著《儒家"生"之伦理思想研究》(中国社会科学出版社2010年版)有着较为详细的说明。我认为"时生"包含着两条重要的原则:一是"与时偕行"原则;一是"经权"原则。对这两个原则该书有着详细的说明。这两个原则对于我们更为健全地理解和应用儒家生命伦理的精神和原则都至关重要。请读者参阅该书的第200—208页。这里不再赘述。

参考文献

一、中文文献

（一）著作类

1. 阮元校刻：《十三经注疏（附校勘记）·周易正义》，中华书局 1980 年版。

2. 王弼、韩康伯注，孔颖达疏，陆德明音义：《周易注疏》，中央编译出版社 2012 年版。

3. 苏轼：《苏氏易传》，中华书局 1985 年版。

4. 黄寿祺、张善文：《周易译注》，上海古籍出版社 2001 年版。

5. 金景芳、吕绍纲：《周易全解》，吉林大学出版社 2013 年版。

6. 孔安国传，孔颖达疏，黄怀信整理：《尚书正义》，上海古籍出版社 2007 年版。

7. 孙星衍撰，陈抗、盛冬铃点校：《尚书今古文注疏》，中华书局 2003 年版。

8. 蔡沈：《新刊四书五经·书经集传》，中国书店出版社 1994 年版。

9. 李民、王健：《尚书译注》，上海古籍出版社 2004 年版。

10. 毛亨传，郑玄笺，孔颖达疏：《毛诗正义》，山东画报出版社 2004 年版。

11. 周振甫：《诗经译注》（修订版），中华书局 2010 年版。

12. 苏东天：《诗经辨义》，浙江古籍出版社 1992 年版。

13. 郑玄注，孔颖达正义，吕友仁整理：《礼记正义》，上海古籍出版社 2008 年版。

14. 孙希旦：《礼记集解》，中华书局 1989 年版。

15. 王文锦：《礼记译解》，中华书局 2001 年版。

16. 杨伯峻：《春秋左传注》，中华书局 1990 年版。

17. 张宗友：《左传》，中州古籍出版社 2010 年版。

18. 杜预：《春秋经传集解》，上海古籍出版社 1978 年版。

19. 杨伯峻：《论语译注》，中华书局 1980 年版。

20. 杨伯峻：《孟子译注》，中华书局 2005 年版。

21. 《诸子集成第 1 册·孟子正义》，中华书局 1954 年版。

22. 高长山：《荀子译注》，黑龙江人民出版社 2003 年版。

23. 《郭店楚墓竹简》，文物出版社 2002 年版。

24. 曾振宇、傅永聚：《春秋繁露新注》，商务印书馆 2010 年版。

25.周敦颐著,谭松林、尹红整理:《周敦颐集》,岳麓书社2002年版。

26.程颢、程颐著,王孝鱼点校:《二程集》,中华书局2004年版。

27.朱熹:《四书章句集注》,中华书局1983年版。

28.黎靖德编,王星贤点校:《朱子语类》,中华书局1986年版。

29.朱熹注,赵长征点校:《诗集传》,中华书局2011年版。

30.张载著,章锡琛点校:《张载集》,中华书局1978年版。

31.陆九渊著,钟哲点校:《陆九渊集》,中华书局1980年版。

32.卫湜:《中庸集说》,漓江出版社2011年版。

33.邵雍著,卫绍生校理:《皇极经世书》,中州古籍出版社1993年版。

34.王守仁著,谢廷杰辑刊:《王阳明全集》,中央编译出版社2014年版。

35.王阳明著,张怀承注译:《传习录》,岳麓书社2004年版。

36.方俊吉:《尔雅义疏释例》,文史哲出版社1980年版。

37.徐朝华:《尔雅今注》,南开大学出版社1987年版。

38.许慎撰,崔枢华、何宗慧校点:《说文解字》,北京师范大学出版社2000年版。

39.刘钊:《郭店楚简校释》,福建人民出版社2003年版。

40.李零:《郭店楚简校读记》,北京大学出版社2002年版。

41.黄宗羲著,沈芝盈点校:《明儒学案》,中华书局1985年版。

42.戴震:《戴震全集》,清华大学出版社1991年版。

43.王夫之:《船山全书》,岳麓书社1988年版。

44.王夫之:《读通鉴论》,中华书局1975年版。

45.胡广、杨荣、金幼孜等纂修,周群、王玉琴校注:《四书大全校注》,武汉大学出版社2009年版。

46.吕坤:《吕坤全集》,中华书局2008年版。

47.薛瑄撰,孙玄常等点校:《薛瑄全集》,山西人民出版社1990年版。

48.曾枣庄、刘琳主编:《全宋文》,上海辞书出版社,安徽教育出版社2006年版。

49.王肃:《孔子家语》,辽宁教育出版社1997年版。

50.陈鼓应:《庄子今注今译》,商务印书馆2007年版。

51.上海师范大学古籍整理组点校:《国语》,上海古籍出版社1978年版。

52.班固撰,赵一生点校:《汉书》,浙江古籍出版社2002年版。

53.司马迁:《史记》,中华书局2008年版。

54.顾迁:《淮南子》,中华书局2009年版。

55.王充:《论衡》,上海人民出版社1974年版。

56.陈生玺:《治国明鉴》,浙江古籍出版社2014年版。

57.毛奇龄:《古文尚书冤词》,上海古籍出版社影印文渊阁《四库全书》本1987年版。

58.康有为:《新学伪经考》,北京联合出版公司2013年版。

59. 沈善洪:《黄宗羲全集》,浙江古籍出版社 2005 年版。

60. 梁漱溟:《儒学复兴之路:梁漱溟文选》,上海远东出版社 1994 年版。

61. 熊十力:《境由心生》,北京联合出版公司 2014 年版。

62. 钱穆:《国学概论》,商务印书馆 1997 年版。

63. 贺麟:《文化与人生》,上海文艺出版社 2001 年版。

64. 傅斯年:《性命古训辩证》,广西师范大学出版社 2006 年版。

65. 徐复观:《中国人性论史》(先秦篇),上海三联书店 2001 年版。

66. 冯友兰:《中国哲学史新编》(上卷),人民出版社 1998 年版。

67. 冯友兰:《冯友兰选集》下卷,北京大学出版社 2000 年版。

68. 郭沫若:《甲骨文字研究》,人民出版社 1952 年版。

69. 张岱年:《中国哲学大纲》,江苏教育出版社 2005 年版。

70. 张岱年:《心灵与境界》,北京联合出版公司 2014 年版。

71. 任继愈:《中国哲学发展史》(先秦),人民出版社 1983 年版。

72. 唐君毅:《中国哲学原论·原性篇》,中国社会科学出版社 2005 年版。

73. 牟宗三:《历史哲学》,吉林出版集团有限责任公司 2010 年版。

74. 牟宗三:《中国哲学十九讲》,上海古籍出版社 2004 年版。

75. 牟宗三:《心体与性体》,上海古籍出版社 1999 年版。

76. 牟宗三:《周易哲学演讲录》,华东师范大学出版社 2004 年版。

77. 牟宗三:《中国哲学的特质》,上海世纪出版股份有限公司、上海古籍出版社 2007 年版。

78. 杨向奎:《宗周社会和礼乐文明》,人民出版社 1997 年版。

79. 吕思勉:《经子解题》,华东师范大学出版社 1995 年版。

80. 陈来:《古代宗教与伦理:儒家思想的根源》,生活·读书·新知三联书店 1996 年版。

81. 陈来:《宋明理学》(第二版),华东师范大学出版社 2004 年版。

82. 陈荣捷:《王阳明与禅》,台北:学生书局 1984 年初版。

83. 杜维明:《东亚价值与多元现代化》,中国社会科学出版社 2001 年版。

84. 杜维明、范曾:《天与人:儒学走向世界的前瞻》,北京大学出版社 2010 年版。

85. 葛兆光:《中国思想史》,复旦大学出版社 2009 年版。

86. 闻一多:《闻一多全集》,生活·读书·新知三联书店 1982 年版。

87. 廖名春:《〈荀子〉新探》,中国人民大学出版社 2014 年版。

88. 廖名春:《〈周易〉经传十五讲》,北京大学出版社 2004 年版。

89. 欧阳祯人:《先秦儒家性情思想研究》,武汉大学出版社 2005 年版。

90. 丁四新:《郭店楚墓竹简思想研究》,东方出版社 2000 年版。

91. 周法高:《金文诂林》,香港中文大学出版社 1975 年版。

92. 李天虹:《郭店竹简〈性自命出〉研究》,湖北教育出版社 2003 年版。

93. 王锷:《〈礼记〉成书考》,中华书局 2007 年版。

94. 中国社会科学院哲学研究所中国哲学史研究室编:《中国哲学史资料选辑》,中华书局 1990 年版。

95. 刘建国:《古文尚书伪书辨正》,陕西人民出版社 2004 年版。

96. 王新华:《黄帝内经类编下》,上海辞书出版社 2013 年版。

97. 孙熙国:《先秦哲学的意蕴:中国哲学早期重要概念研究》,华夏出版社 2006 年版。

98. 韦政通:《传统与现代之间》,中华书局 2011 年版。

99. 刘大钧:《大易集思》,上海科学技术文献出版社 2013 年版。

100. 张立文主编:《天人之辨——儒学与生态文明》,人民出版社 2013 年版。

101. 罗光:《儒家生命哲学》,台北:学生书局 1985 年版。

102. 李明焕:《易经的生命哲学》,台北:文津出版社 1992 年。

103. 范瑞平:《当代儒家生命伦理学》,北京大学出版社 2010 年版。

104. 李瑞全:《儒家生命伦理学》,台北:鹅湖出版社 1999 年版。

105. 唐文明:《与命与仁——原始儒家伦理精神与现代性问题》,河北大学出版社 2005 年版。

106. 顾士敏:《中国儒学导论》,云南大学出版社 2007 年版。

107. 李辛儒:《民俗美术与儒学文化》,中央民族学院出版社 1992 年版。

108. 路德斌:《荀子与儒家哲学》,齐鲁书社 2010 年版。

109. 张京华:《庄子哲学辨析》,辽宁教育出版社 1999 年版。

110. 许建良:《先秦儒家的道德世界》,中国社会科学出版社 2008 年版。

111. 黄德昌等:《周易与养生之道》,四川人民出版社 2001 年版。

112. 刘金波:《中国古代文论范畴发生史——〈礼记〉卷:礼以节情 乐以发和》,武汉大学出版社 2009 年版。

113. 成守勇:《古典思想世界中的礼乐生活——以〈礼记〉为中心》,上海三联书店 2013 年版。

114. 北京大学《儒藏》编纂与研究中心编:《儒藏》(精华编二六一册集部),北京大学出版社 2013 年版。

115. 山东大学儒家高等研究院、中国孔子基金会编:《儒家思想与社会正义》,山东人民出版社 2013 年版。

116. 李玄伯:《中国古代社会研究》,开明书店 1949 年版。

117. 黄绍祖:《易经与中医学》,台湾《中华日报》出版社 1980 年版。

118. 汤一介:《当代学者自选文库:汤一介卷》,安徽教育出版社 1999 年版。

119. 赵汀阳:《论可能生活——一种关于幸福和公正的理论》,中国人民大学出版社 2004 年版。

120. 潘乃穆等编:《中和位育——潘光旦百年诞辰纪念》,中国人民大学出版社

1999 年版。

121. 谢元鲁、王定璋：《中国古代敬老养老风俗》，陕西人民出版社 1994 年版。

122. 善继伟：《正义的两面》，生活·读书·新知三联书店 2001 年版。

123. 张舜清：《儒家"生"之伦理思想研究》，中国社会科学出版社 2010 年版。

124. 王正平：《环境哲学——环境伦理的跨学科研究》（第 2 版），上海教育出版社 2014 年版。

125. 江畅：《幸福与和谐》，人民出版社 2005 年版。

126. 李德顺：《新价值论》，云南人民出版社 2004 年版。

127. 徐远和：《儒家思想与东亚社会发展模式》，广西人民出版社 2002 年版。

128. 黄河选编：《儒家二十讲》，华夏出版社 2008 年版。

129. 杨通进：《环境伦理 全球话语 中国视野》，重庆出版社 2007 年版。

130. 任丑：《人权应用伦理学》，中国发展出版社 2014 年版。

131. 雷毅：《河流的价值与伦理》，黄河水利出版社 2007 年版。

132. 乔清举：《河流的文化生命》，黄河水利出版社 2007 年版。

133. 张旭东：《全球化时代的文化认同》，北京大学出版社 2005 年版。

134. 孙慕义：《新生命伦理学》，东南大学出版社 2003 年版。

135. 孙慕义：《后现代生命伦理学》，中国社会科学出版社 2015 年版。

135. 翟晓梅、邱仁宗：《生命伦理学导论》，清华大学出版社 2005 年版。

136. 沈铭贤：《生命伦理学》，高等教育出版社 2003 年版。

137. 吴彤等编：《科学技术的哲学反思》，清华大学出版社 2004 年版。

138. 宋志明：《中国现代哲学通论》，中国人民大学出版社 2008 年版。

139. 加达默尔著，洪汉鼎译：《真理与方法》，上海译文出版社 2004 年版。

140. H.T.恩格尔哈特著，范瑞平译：《生命伦理学基础》，北京大学出版社 2006 年版。

141. 托马斯·A.香农著，肖巍译：《生命伦理学导论》，黑龙江人民出版社 2004 年版。

142. 塞缪尔·亨廷顿著，周琪等译：《文明的冲突与世界秩序的重建》，新华出版社 1999 年版。

143. 居友著，余涌译：《无义务无制裁的道德概论》，中国社会科学出版社 1994 年版。

144.《不列颠百科全书》（国际中文版），第 10 册，中国大百科全书出版社 1986 年版。

145. 本杰明·史华兹著，程钢译：《古代中国的思想世界》，江苏人民出版社 2004 年版。

146. 家井真著，陆越译：《〈诗经〉原意研究》，江苏人民出版社 2012 年版。

147. 赫伯特·芬格莱特著，彭国翔、张华译：《孔子：即凡而圣》，江苏人民出版社

2002 年版。

148. 江文思、安乐哲编,梁溪译:《孟子心性之学》,社会科学文献出版社 2005 年版。

149. 黑格尔著,范扬、张企泰译:《法哲学原理》,商务印书馆 1961 年版。

150. 斯坦利·杰文斯著,郭大力译:《政治经济学理论》,商务印书馆 1984 年版。

151. 霍尔姆斯·罗尔斯顿著,杨通进译:《环境伦理学》,中国社会科学出版社 2000 年版。

152. 汤姆·雷根著,李曦译:《动物权利研究》,北京大学出版社 2010 年版。

153. 宇野哲人著,马福辰译:《中国近世儒学史》,中国文化大学出版社 1982 年版。

154. 查士丁尼著,张企泰译:《法学总论》,商务印书馆 1993 年版。

155. 约翰·罗尔斯著,何怀宏等译:《正义论》,中国社会科学出版社 1988 年版。

156. 布莱恩·巴里著,孙晓春、曹海军译:《正义诸理论》,吉林人民出版社 2004 年版。

(二)论文类

1. 李学勤:《郭店简与〈礼记〉》,载《中国哲学史》1998 年第 4 期。

2. 李学勤:《易传与子思子》,载于《中国文化》1989 年创刊号。

3. 李学勤:《先秦儒家著作的重大发现》,载《国际儒联学术委员会编〈中国哲学〉第二十辑》,辽宁教育出版社 1999 年版。

4. 庞朴:《孔孟之间——郭店楚简的思想史地位》,载《中国社会科学》1998 年第 5 期。

5. 陈来:《郭店楚简与儒学的人性论》,载《第二届中国南北哲学论坛暨"哲学的当代意义"学术研讨论文集》,发表时间 2005 年 10 月 22 日。

6. 梁涛:《"以生言性"的传统与孟子性善论》,载《哲学研究》2007 年第 7 期。

7. 梁涛:《竹简〈性自命出〉与〈孟子〉"天下之言性"章》,载《中国哲学史》2004 年第 4 期。

8. 彭国翔:《从出土文献看宋明理学与先秦儒学的连贯性——郭店与上博儒家文献的启示》,载《中国社会科学》2007 年第 4 期。

9. 彭国翔:《全球视域中当代儒学的重构》,载《中国哲学史》2006 年第 2 期。

10. 廖名春:《荀子人性论的再考察》,载《吉林大学社会科学学报》1992 年第 6 期。

11. 廖名春:《郭店楚简〈性自命出〉篇校释》,载《清华简帛研究》第 1 辑,清华大学思想文化研究所 2000 年版。

12. 吕绍纲:《性命说——由孔子到思孟》,载《孔子研究》1999 年第 3 期。

13. 蒙培元、任文利:《儒家哲学中关于"命"的学说》,载《齐鲁学刊》1998 年第 4 期。

14. 蒙培元:《周易哲学的生命意义》,载《周易研究》2014 年第 4 期。

15. 蒙培元:《儒学是人类中心主义吗?》,载《现代哲学》2004 年第 1 期。

16. 唐文明:《弘道崇德:孔孟儒家的两个终极伦理观念》,载《北京大学学报》(哲学社会科学版)2000 年第 2 期。

17. 唐文明:《顺天休命:孔孟儒家的宗教性根源》,载《孔子研究》1999 年第 4 期。

18. 肖巍:《生命伦理学的兴起与疆域》,载《学习时报》2005 年 10 月 24 日第 006 版。

19. 张志伟:《"断裂"与"兼容":儒学复兴面临的困境》,载《中国人民大学学报》2007 年第 1 期。

20. 崔大华:《人生终极的理性自觉——儒家"命"的观念》,载《孔子研究》2008 年第 2 期。

21. 丁为祥:《命与天命——儒家天人关系的双重视角》,载《中国哲学史》2007 年第 4 期。

22. 郑吉雄、傅凯瑄:《易传作者问题检讨》(上),载《船山学刊》2015 年第 3 期。

23. 郑吉雄、傅凯瑄:《易传作者问题检讨》(下),载《船山学刊》2015 年第 5 期。

24. 张践:《从〈易传〉、〈礼记〉看儒家的人文精神》,载《国际儒学研究》第十七辑,九州出版社 2010 年版。

25. 黄玉顺:《生命结构与和合精神——周易哲学论》,载《社会科学研究》1998 年第 1 期。

26. 王中江:《道与事物的自然:老子"道法自然"实义考论》,载《哲学研究》2010 年第 8 期。

27. 白奚:《儒家的人类中心论及其生态学意义》,载《中国哲学史》2004 年第 2 期。

28. 张祥龙:《良知与孝悌——王阳明悟道中的亲情经验》,载《广西大学学报》(哲学社会科学版)2015 年第 3 期。

29. 张舜清:《儒家生命伦理学何以可能》,载《道德与文明》2008 年第 4 期。

30. 张舜清:《儒家生命伦理的原则及其实践方式——以"生"为视角》,载《哲学动态》2011 年第 10 期。

31. 张春香:《论周易的生成性思维结构》,载《哲学研究》2010 年第 2 期。

32. 肖群忠:《传统孝道与当代养老模式》,载《西北师大学报》(社会科学版)2000 年第 3 期。

33. 肖群忠:《"孝道"养老的文化效力分析》,载《理论视野》2009 年第 1 期。

34. 杜治政:《关于生命伦理学——伦理学道德观念面临的挑战》,载《医学与哲学》1986 年第 7 期。

35. 范瑞平:《研究方法论的导向》,载《中外医学哲学》(香港),2009 年第 VII 卷第 1 期。

36. 范瑞平:《中美生命伦理学——幼稚与无聊》,载《中外医学哲学》(香港)2002 年第 IV 卷第 1 期。

37. 罗秉祥:《如何思考复制人?》,载《中外医学哲学》(香港)1998 年第 I 卷第 3 期。

38. 陈强立:《从中国生命伦理学到复制人类的道德问题——一个方法学上的省思》,载《中外医学哲学》(香港)1998 年第 I 卷第 3 期。

39. 韩跃红、孙书行:《人的尊严和生命的尊严释义》,载《哲学研究》2006 年第 3 期。

40. 甘绍平:《克隆人:不可逾越的伦理禁区》,载《中国社会科学》2003 年第 4 期。

41. 何伦:《论中国多元化医疗公正的选择》,载《医学与哲学》2005 年第 3 期。

42. 白彤东:《中西、古今交融、交战下的先秦政治哲学——关于比较哲学方法的一些思考》,载《云南大学学报》(社会科学版)2009 年第 1 期。

43. 贾红莲:《马克思主义与儒学关系研究的现状》,载《求是学刊》2003 年第 7 期。

44. 李鹏程:《中国马克思主义哲学中的中西文化关系》,载《哲学动态》2000 年第 9 期。

45. 原新:《中国如何应对人口老龄化挑战》,载《国家治理》2014 年第 21 期。

46. 王京生:《中华民族的伟大复兴就是中华文化的复兴》(上),载《中国文化报》2012 年 7 月 5 日第 10 版。

47. 诺埃勒·勒努瓦著,阿劳译:《生物伦理学:宪制与人权》,载《第欧根尼》1997 年第 1 期。

48. A.V.开普拜尔文,单继刚译:《全球生命伦理学——梦想还是梦魇》,载《世界哲学》2002 年第 5 期。

49. 山崎康仕:《东亚型式生命伦理规范的架构》,载《法治论丛:上海大学法学院上海市政法管理干部学院学报》2004 年第 6 期。

二、外文文献

1. H. Tristram Engelhardt, *Bioethics Critically Reconsidered*, NewYork: Springer Science and Business Media, 2012.

2. Schwartz, *The World of Thought in Ancient China*, Cambridge: Harvard University Press, 1985.

3. Alastair V.Cambell, *Bioethics : The Basics*, Routledge, 2013.

4. A.C.Graham, *Studies in Chinese Philosophy and Philosophical Literature*, Singapore: The Institute of East and Asian Philosophies, 1986.

5. Warren T.Reich.ed, *Encyclopedia of Bioethics*, New York: The Free Press, 1978, P.126.

6. Ruiping Fan, *Confucian Bioethics*, Dordrecht; Boston: Kluwer Academic Publishers, 1999.

后　记

　　5年前,我以"儒家生命伦理思想研究"为题,申请了教育部人文社科项目,经过几年的探索,几经修改,终于以此书的出版算是对此事的一个交代。申请这样一个课题,缘于我很早的一个想法,即以经典儒家文献为基础,全面挖掘蕴含在这些经典中的生命伦理思想,以资当代的生命伦理学建设之用。这是一项基础性的理论研究工作,它的要旨不在于对儒家生命伦理思想作一个简单的结论性判断,而是想探究儒家究竟是在怎样一种意义上言说生命问题的,儒家理解的生命是何种意义上的生命,主要包括哪些生命伦理问题,他们的基本观点是什么,儒家处理生命问题的根本原则是什么等等,这些最为基础性的问题。我认为弄清这些问题是我们进一步运用儒家思想资源讨论当代生命伦理学问题的一个前提。这是本书的初衷和要着力解决的问题。

　　有想法固然可以推促行动,但是真正把这些想法落实下来,却不是容易的事。儒家谱系众多,资料浩如烟海,要做到整体性理解儒家的思想殊非易事。但所谓万变不离其宗,从儒家道统上来说,孔孟儒学无疑是根本的、核心内容,而从孔子始创儒学到秦汉之际,"七十子之徒"及其后学无疑是儒学走向全面的体系建构的中坚力量,所以,从根本的、核心的、体系化的儒学角度来看,原始儒学无疑代表了儒学最为本原和本真的内容,故我把主要的精力投入到了对原始儒家文献中蕴含的生命伦理思想的挖掘与分析当中。本书的中心主要是基于原始儒家文献对儒家言说生命的方式、主体内容和思想特色的概括说明,重点揭示的是儒家生命伦理思想的精神、根本原则,以及在处理各种生命问题上的观点和主张。出于实践与应用的考虑,我也希望通过这种探究明确儒家在解决当今具体的生命伦理问题如克隆人、基

362

因技术的应用、医疗公正问题、养老问题上的立场和态度。

需要说明一点的是,本书与拙著《儒家"生"之伦理思想研究》(中国社会科学出版社 2010 年版)具有相辅相成的关系,这部书可谓对上一部书的补充。这部书的目的和上一部书一样,主要是从思想史和文献学的角度对儒家生命伦理思想的探究,并期望借助这种研究,能够对我们深刻理解儒家言说"生命"的方式、内涵与义理特征提供思想史和文献学的支持,从而助益于当代生命伦理学的研究。但非常不同的是,相较于上书,本书的重点不在于梳理儒家生命伦理的核心概念或论证儒家生命伦理的精神,而是通过文献的分析,明了儒家生命概念的内涵和特色、言说的方式和逻辑,重点在于论证儒家对待生命问题的基本态度和根本原则。对此,我应当提醒读者注意。

完成这本书,着实耗费了我相当精力。平时教学任务很重,在教学之余我所有的力量都投入到了此课题的研究当中。除了吃饭睡觉,就是大量阅读各种文献,然后作大量笔记,并从中撷取可用的思想资源。这的确是一个让人头疼的过程! 所幸,在这一过程中,我得到了许多人的支持和鼓励。我要对这些给予了我支持和鼓励的人们致以诚挚的感谢,他们是:一直以辛苦的劳动支持我的我也深爱的妻子杨青女士,还有听话的儿子云皓小伙儿;我所在的中南财经政法大学哲学院的领导陈食霖院长、王雨辰教授和其他院系领导,以及教研室的同人们;我敬爱的清华大学哲学系博士生导师肖巍教授。没有你们的支持和鼓励,这本书也难以完成。此外,我还要特别感谢香港城市大学的范瑞平教授,在我访学和研究的过程中,给予的慷慨帮助! 我还要特别感谢我在美国莱斯大学访学时的合作导师恩格尔哈特先生,他关于儒家生命伦理学的一些看法对我颇有启发。

最后,我要特别声明的是,限于时间和学力,尽管我尽了自己最大的努力,但这本书仍然存在许多不足,诚恳希望得到读者的批评与修正意见,我将认真对待。

张舜清谨识

2018 年 4 月于武昌

责任编辑:洪　琼

图书在版编目(CIP)数据

儒家生命伦理思想研究:以原始儒家为中心/张舜清 著. —北京:
　人民出版社,2018.8
ISBN 978－7－01－019465－3

Ⅰ.①儒…　Ⅱ.①张…　Ⅲ.①儒家‐生命伦理学‐研究　Ⅳ.①B222.05

中国版本图书馆 CIP 数据核字(2018)第 134347 号

儒家生命伦理思想研究
RUJIA SHENGMING LUNLI SIXIANG YANJIU
——以原始儒家为中心

张舜清　著

人 & 出 版 社 出版发行
(100706　北京市东城区隆福寺街 99 号)

环球东方(北京)印务有限公司印刷　　新华书店经销

2018 年 8 月第 1 版　2018 年 8 月北京第 1 次印刷
开本:710 毫米×1000 毫米 1/16　印张:23
字数:370 千字

ISBN 978－7－01－019465－3　定价:69.00 元

邮购地址 100706　北京市东城区隆福寺街 99 号
人民东方图书销售中心　电话 (010)65250042　65289539

版权所有·侵权必究
凡购买本社图书,如有印制质量问题,我社负责调换。
服务电话 (010)65250042